新思

新一代人的思想

[美]苏珊·怀斯·鲍尔 —— 著　Susan Wise Bauer　　徐彬 陈幸子 刘在良 —— 译

世界史的故事

The History
of the Medieval World

3

大帝国的兴衰

前1世纪 —— 6世纪

100 B.C.

600 A.D.

中信出版集团 | 北京

图书在版编目（CIP）数据

世界史的故事. 大帝国的兴衰 中世纪的到来 /（美）苏珊·怀斯·鲍尔著；徐彬，陈幸子，刘在良译. -- 北京：中信出版社，2023.4（2025.1重印）
书名原文：The History of the Medieval World: From the Conversion of Constantine to the First Crusade
ISBN 978-7-5217-1933-8

Ⅰ. ①世… Ⅱ. ①苏… ②徐… ③陈… ④刘… Ⅲ. ①世界史－通俗读物 Ⅳ. ①K109

中国版本图书馆 CIP 数据核字（2020）第 093264 号

The History of the Medieval World: From the Conversion of Constantine to the First Crusade by Susan Wise Bauer
Copyright © 2010 by Susan Wise Bauer
Simplified Chinese translation copyright © 2023 by CITIC Press Corporation
ALL RIGHTS RESERVED
本书仅限中国大陆地区发行销售

世界史的故事·大帝国的兴衰　中世纪的到来
著者：　　［美］苏珊·怀斯·鲍尔
译者：　　徐彬　陈幸子　刘在良
出版发行：中信出版集团股份有限公司
　　　　（北京市朝阳区东三环北路 27 号嘉铭中心　邮编　100020）
承印者：　北京通州皇家印刷厂

开本：880mm×1230mm　1/32　印张：32　字数：725 千字
版次：2023 年 4 月第 1 版　　印次：2025 年 1 月第 4 次印刷
京权图字：01-2015-7858　　　书号：ISBN 978-7-5217-1933-8
审图号：GS（2018）3419 号（此书中地图系原文插附地图）
定价：398.00 元

版权所有·侵权必究
如有印刷、装订问题，本公司负责调换。
服务热线：400-600-8099
投稿邮箱：author@citicpub.com

献给

克里斯托弗

目 录

01 没落和重建　　　　　　　　　　　1
　　中国　公元前 33—公元 75

02 继承问题　　　　　　　　　　　　7
　　罗马帝国、帕提亚、印度　14—69

03 罗马世界的边缘　　　　　　　　　30
　　罗马帝国、帕提亚、不列颠　70—132

04 幼主即位　　　　　　　　　　　　45
　　中国　88—182

05 错误的继承　　　　　　　　　　　51
　　罗马帝国、帕提亚、中国　138—222

06 帝国拯救者　　　　　　　　　　　67
　　罗马帝国、帕提亚、波斯帝国　222—312

07 追求天命　　　　　　　　　　　　85
　　中国　265—420

08 上帝统治下的统一帝国   94
    罗马帝国 312—330

09 精神上的帝国   107
    印度 319—415

10 来自萨珊波斯帝国的威胁   116
    罗马帝国、波斯帝国、东非、阿拉伯 325—361

11 叛教者   128
    罗马帝国、波斯帝国 361—364

12 地震与入侵   135
    不列颠群岛、日耳曼人的土地 364—376

13 重建王国   148
    高句丽王国、百济王国、新罗王国 371—412

14 大公教会   155
    罗马帝国 378—382

15 逐出教会   162
    罗马帝国、不列颠群岛、波斯帝国 383—392

16 一分为二   174
    罗马帝国 392—396

17 罗马沦陷   182
    西罗马帝国、东罗马帝国 396—410

18	一性论与二性论 东罗马帝国、波斯帝国　408—431	194
19	找寻家园 西罗马帝国、日耳曼人的土地　410—418	202
20	笈多王朝衰落 印度　415—480	207
21	北方的野心 中国　420—464	215
22	匈人 西罗马帝国、日耳曼人的土地、匈人的土地、伊比利亚、北非　423—450	222
23	阿提拉 西罗马帝国、东罗马帝国、日耳曼人的土地、匈人的土地　450—455	234
24	正教 东罗马帝国、波斯帝国　451—454	240
25	爱尔兰高王 不列颠群岛　451—470	246
26	罗马神话的终结 西罗马帝国、日耳曼人的土地　454—476	255

27	**东哥特**	266
	东罗马帝国、意大利 457—493	
28	**拜占庭**	276
	东罗马帝国、波斯帝国 471—518	
29	**渴望**	288
	中国、高句丽王国、百济王国、 新罗王国 471—527	
30	**怨恨**	296
	中国 479—534	
31	**推选的国王**	305
	法兰克王国、西哥特王国、汪达尔王国、 东哥特王国、不列颠王国 481—531	
32	**敌人入侵与火山喷发**	317
	印度，苏门答腊岛、 爪哇岛等东南亚岛屿 497—535	
33	**美洲**	326
	中美洲 约 500—600	
34	**伟大神圣的王权**	336
	东非、阿拉伯、波斯帝国、 拜占庭帝国 510—529	

35	瘟疫	348
	拜占庭帝国、北非、意大利 532—544	
36	天赋王权	364
	高句丽王国、百济王国、新罗王国、大和日本 536—602	
37	重新统一	375
	中国、高句丽 546—618	
38	南印度国王	385
	印度 543—620	
39	两位皇帝	393
	意大利、西哥特王国、东罗马帝国、波斯帝国、阿拉伯 551—579	
40	宫相	405
	法兰克王国 558—656	

注　释	419
授权声明	436

/ 01

没落和重建

> 在中国，公元前33年至公元75年间，汉朝因内忧被一个新王朝取代，随后不久又重建和复兴。

丝绸之路的东端是中国汉朝，它同丝绸之路西端的罗马帝国一样逐渐发展壮大起来，建立了一个由多个州构成的大国。据《史记》记载，汉朝向西征服了一个又一个部落，将它们吞并。跟丝绸之路西端的统治家族如出一辙，汉朝皇室也经历了一番血雨腥风，帝国边境也因此变得动荡不安。

公元前33年，屋大维正致力于扩张势力之时，汉元帝驾崩。元帝继承的是汉宣帝之位，他死后皇位传给了他的儿子汉成帝。

汉成帝那时18岁，他的母后王政君成为皇太后。每当她建议成帝委任王氏宗亲以重要官职时，成帝都唯命是从。于是她的兄弟无不加官进爵，她的大哥甚至做了大司马大将军。其他王氏宗亲也都被封官，占据了朝廷中的很多高级职位。[1]

成帝于公元前7年驾崩，在位26年，无子嗣。他的侄子汉哀帝继位。在此之后，汉朝统治者的在位年限变得出人意料的短。6年后，汉哀帝驾崩，也没有子嗣；汉哀帝年仅8岁的堂弟汉平帝继位，汉平帝在位7年后于公元6年驾崩，亦没有子嗣。

太皇太后王政君依然健在，亲历了汉主四易。现在，太皇太后的亲侄子王莽将汉宣帝的玄孙刘婴立为皇太子，呼其为"孺子"，自己称"假皇帝"，暂时代理朝政。王莽饱读诗书，担任大司马多年，受人尊敬。历史学家班固在他的传记中说，他通过向他的门客赠送马车、马、礼服和毛皮等使他们忠于自己，壮大自己的势力，他自己的财富反而所剩无几；换句话说，他精通贿赂之道。[2]

朝廷中不满王家势力的大臣提出抗议，有一位大臣坚称王莽毒死了平帝，另有一些大臣发起了短暂的武装叛乱。但王莽承诺幼帝成年以后会尽快把权力还给他。

他只用了三年时间就说服都城的百姓相信，汉朝在皇位继承上的种种离奇厄运说明上天不再属意汉朝，如果没有一位成年的皇帝继位，那么社会将充斥盗窃、谋杀等种种犯罪行为。当开始有诸多预兆表示上天青睐王莽（其中一事是在井底发现一块白色的石头，上面写着"告安汉公莽为皇帝"）的时候，他宣告汉朝天数已尽，并自立为新帝。他宣布："予以不德，托于皇初祖考黄帝之后，皇始祖考虞帝之苗裔。"[3]

至此，汉朝已经延续了197年，对于一个王朝来说，这诚非易事。但在公元9年后的15年里，王莽的"新朝"却取而代之。

历经六朝的皇太后最终没有活着见到故事结束，她于公元13年逝世。但改朝换代的影响在她去世前就凸显出来。王莽不是一个残暴之人，他把孺子婴送到别处养着，并没有杀死他（不过传闻说孺子婴被精心看守，无法跟外界接触，第一次见到鸡的时候他甚至都不认识）。然而，他的这一决定给他带来了灾难。他宣称自己是恢复过去受人推崇的旧制之人，并试图终止汉朝为打破贵族特权的旧制所做的改变。他重新实施"井田制"的做法惹恼了农民，他重新提出"普天之下，莫非王土"，甚至坚称权贵的部分土地也属于他，这样做也触动了贵族的利益。[4] 他的政策牵涉面太广，一时间百姓骚乱不断，怨声载道。历史学家班固在王莽的传记中说：

> 愁法禁烦苛，不得举手。力作所得，不足以给贡税……民穷，悉起为盗贼。[5]

王莽当政期间气候也不好。干旱和饥荒同时笼罩着都城，公元 11 年，又发生洪灾，大水冲垮了黄河堤防，成千上万百姓被淹死。此前帮助王莽登上皇位的天兆如今预示着不祥的事情。班固说："民饥饿相食，死者数十万，长安为虚，城中无人行。"

政治变动和自然灾害催生了中国历史上第一个秘密团体——赤眉军，他们组织军队抵抗下乡执行王莽旨意的士兵。那个时候士兵还没有统一的制服，于是赤眉军就把眉毛涂红，以此区分敌友。[6]

公元 23 年，王莽逃离都城，后被杀死。他身后留下一个烂摊子，在所有的汉朝宗亲中，没有一个人有明确的帝位继承权。宗亲之间争夺帝位的战争持续了两年之久，最终一个叫刘秀的人赢得足够的支持，宣布登基。

较之于他的本名刘秀，他的谥号光武帝更广为后人所知，登基后光武帝开始收拾王莽留下的残局。但是他把都城从长安迁移到 300 多千米以东的洛阳，这样他建立的王朝与之前的汉朝（毕竟早已满目疮痍）就有了一定的差异；因此，第二阶段的汉朝通常被称为东汉，以此区别于先前汉朝的统治。

他没有重新采用王莽将重要职位授予皇室成员的旧制，当年王莽刚刚掌权时，通过这种办法获得了贵族的支持。相反，他将汉朝的土地重新划分，设置了很多新的县，将政府的职位授予很多非贵族出身的贤才。为了与旧时贵族家庭的影响对抗，他继续开办太学，培养未来的朝廷官员，由朝廷出钱请老师教授他们为国家效力时应该掌握的正确技能。他还推行考试制度。通过考试的考生，不论其家庭背景怎样，都可以得到朝廷的官位。这是一套选拔贤能的好办法，以儒家的秩序思想为基础，这套办法后来延续了许多个世纪。[7]

但是这些新任命的县令管辖的县要比之前更小，人口也更少；饥荒、内战和洪水夺去了大批中国人的生命。人口数据显示，在西汉末年和王莽新朝年间，有多达1000万的中国人死亡，这是中国历史上被隐瞒的最大灾难之一。[8]

光武帝在位长达32年，在他统治期间国家繁荣，之后他的儿子明帝继位。

明帝不是皇位的原定继承人。光武帝并没有完全摒弃通过与旧时显贵结盟壮大势力的传统。他的第一位皇后是旧时北部的一个贵族家庭的女子，联姻使他与北部的势力有了战略联系，这些势力支持他登基称帝。第一位皇后所生的儿子被立为太子。但是经过近20年的统治后，光武帝已经牢牢控制了北方地区，于是开始担忧南方的局势。他废黜了第一位皇后，另立皇后。新皇后的儿子（也就是后来的汉明帝）被立为太子。

明帝继位时29岁。为了消除北匈奴的侵扰，汉明帝派窦固等人北上征讨北匈奴。平定匈奴后，又继续征服了塔里木盆地的多个绿洲国家。此举再次打通了丝绸之路的东段，而此前帕提亚和罗马签署条约，已经打通了丝绸之路的西段。[9]

据后来的传记记载，汉明帝做了一个梦：他看见天上有一个金人让他膜拜他。他的谋士们告诉他，这是佛，他们听说这是来自印度的神。这其实是对业已发生的人口流动这一事实的比较诗意的表达。那时候，来自印度的商人和佛教徒频繁到访中国。

汉明帝于是派人出使印度，学习佛教。按照中国的历史记载，他们带回来了42部经文，经文的内容是类似《论语》的佛家语录。[10] 明帝很喜欢这些经文，不仅自己接受其教诲，还让朝臣研读学习。

实际上朝臣接受佛教思想是一个渐进的过程，上面的说法其实是对这个过程的一个简化，但这确实表现了佛教正在深入中国，而且其传播方式与儒家思想的传播方式非常不同。儒家思想得益于光武帝设立太学的措施，已成为汉朝官僚体制的一部分，开始深入民间，教化众生，让普通的男男女女都能了解公共生活中的伦理秩序。但是佛教进入中国后，是以自上而下的方式传播的：最先是皇帝接受，然后向下推广。在中国，佛教最初是读书人、达官显贵和富人的宗教。

时间线 1

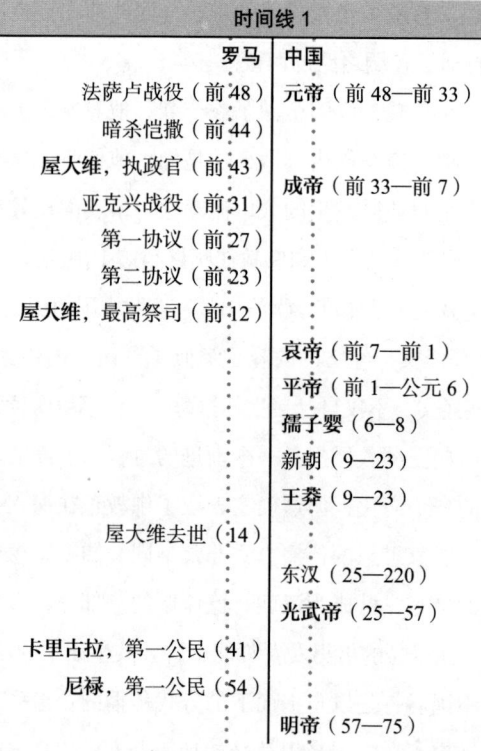

罗马	中国
法萨卢战役（前48）	**元帝**（前48—前33）
暗杀恺撒（前44）	
屋大维，执政官（前43）	**成帝**（前33—前7）
亚克兴战役（前31）	
第一协议（前27）	
第二协议（前23）	
屋大维，最高祭司（前12）	
	哀帝（前7—前1）
	平帝（前1—公元6）
	孺子婴（6—8）
	新朝（9—23）
	王莽（9—23）
屋大维去世（14）	
	东汉（25—220）
	光武帝（25—57）
卡里古拉，第一公民（41）	
尼禄，第一公民（54）	
	明帝（57—75）

注意：在所有的时间线上，统治者的名字均使用加粗字体，统治者名字后的年份表示其在位时间而非生卒年。

/ 02

继承问题

> 公元14年至69年间,罗马统治者一代比一代疯狂,罗马城发生大火,迫害基督徒的序幕也由此拉开。

奥古斯都死后,提比略(Tiberius)独揽大权,那一年他56岁。

提比略知道罗马人不会主动拥立他为下一任奥古斯都,他们大多都知道,奥古斯都之所以选择他,正如苏维托尼乌斯(Suetonius)所说的那样,"是出于必须而非偏爱"。[1]如果他操之过急,那么元老院很可能会兵戈相向。所以,在奥古斯都去世一个月后,他便去面见元老院的元老,让他们正式认定他为国家元首。他试图沿袭奥古斯都的统治政策,谦卑地放权,以使元老们能够自愿把权力交给他。但是,他并不擅长表演出谦卑的样子。当元老院试图把权力归还给他时,他给他们的回复一直是模棱两可、半推半就的。最后他们实在受不了了,其中有一人大声喊道:"要么同意,要么拉倒!"[2]最终,他还是成功使自己被确立为奥古斯都的继任者,但他从来都没有得到"终身元首"或"奥古斯都"的头衔。

提比略很早就指定好了自己的继承人（在奥古斯都尚未去世时），那便是他的侄子日耳曼尼库斯（Germanicus），日耳曼尼库斯过去一直在莱茵河一带（罗马人视其为日耳曼行省，并把附近徘徊游荡的凯尔特人也视为日耳曼人）担任军队指挥官。现在提比略将日耳曼尼库斯召回罗马，助其当选执政官，然后又将其派往叙利亚行省当总督。

可是到达叙利亚后没多久，日耳曼尼库斯就去世了，留下他的妻子和年幼的儿子卡里古拉（Caligula）。罗马人开始偷偷议论，说是提比略下令杀了日耳曼尼库斯。可是提比略一直是日耳曼尼库斯的支持者，对他的喜欢甚至超过了对自己亲儿子德鲁苏斯（Drusus，此人既不如日耳曼尼库斯英俊也不如他受欢迎）的喜欢，所以说提比略是幕后凶手有些牵强。但是这个说法好像已经扎了根。提比略性格忧郁，演讲沉闷，缺乏个人魅力；想当大权在握、无其名但有其实的皇帝，显然是需要一些个人魅力的，这样才能平衡表面的共和制和实际的帝国制之间的关系。提比略身上一点也没有恺撒大帝的魅力。

德鲁苏斯也是如此，他现在做了执政官，也是最有可能成为继承人的。但在公元 23 年，他因胃病去世。为此，提比略伤透了心。还不到三年，提比略便离开了罗马，首先前往坎帕尼亚（Campania），之后又去了卡普里岛。他在这里远程管理着罗马的事务，但再没回到过这个城市。

但这种远程管理国家事务的做法可不是元老院想要的。这些元老放弃了自己的权威，换来一个单一的权威统治者，他们这么做为的是防止内战和暴乱。但提比略却在南边的卡普里岛逍遥自在，跟一群光屁股的小男孩冲浪嬉戏，他把这群小男孩称作他的"小鱼"。他越来越倾向于放纵作乐。因为他现在是皇帝（虽然没有被授予名号），有足够的财富来挥霍并享受各种乐趣。他在他的私人岛屿周围开凿洞窟，雇了一群男孩和女孩，让他们打扮成仙女和牧羊神，他把这些地方称为"维纳斯的去处"，而且正如其名所暗示的那样，他也的确在里面搞了一些"活动"。他买来一幅著名的色情画，将它挂在自己的书房里，"这样如果有人在表演当中遇到困难需要指导时，就可以照着画上的姿势来做"。[3] 当地人都管他叫"那头老羊"。他是第三位罗马第一公民，却是第一个如此恣意放纵的。没过多久，他的这种特权就让其彻底堕落了。

与此同时，元老院担负起了维持城市运转的任务。内战似乎随时会降临。卢基乌斯·埃利乌斯·塞扬努斯（Lucius Aelius Sejanus）是罗马禁卫军（第一公民的常备私人军队）的新任指挥官，谋划着等提比略一去世就夺取政权。

但在公元 31 年，提比略发现塞扬努斯不仅是他死去的儿子德鲁苏斯的妻子的情人，而且他们俩还密谋毒死了他的儿子德鲁苏斯。至于他是怎么发现的，塔西佗并没有记载。于是提比略下令逮捕并审判了塞扬努斯。塞扬努斯被定罪，接着就是一场波及数百名罗马公民的大清洗，受害人不仅包括塞扬努斯年幼的孩子，连已故的日耳曼尼库斯的儿子也牵涉其中，最后饿死在监狱里。从那时起，提比略的自我放纵开始变成残酷暴虐。苏维托尼乌斯写道："他一个都不放过，将他们折磨致死。"

提比略在罗马滥施暴行时，一个名叫耶稣的流浪先知来到加利利。在耶路撒冷，他挑战了一个强大的祭司团对犹太人宗教生活的控制，因此惹怒了这个势力庞大的集团。* 由于废除了大祭司和总督

---

* 在耶路撒冷，祭司们分成两派，一派是法利赛人，另一派是撒都该人（Sadducees）。两派之间最大的差异在于神学的不同（主要争论的是人死后能否复活），犹太和加利利地区的内部政治也形成了有鲜明差别的政治派别。法利赛人是耶稣主要的敌人。

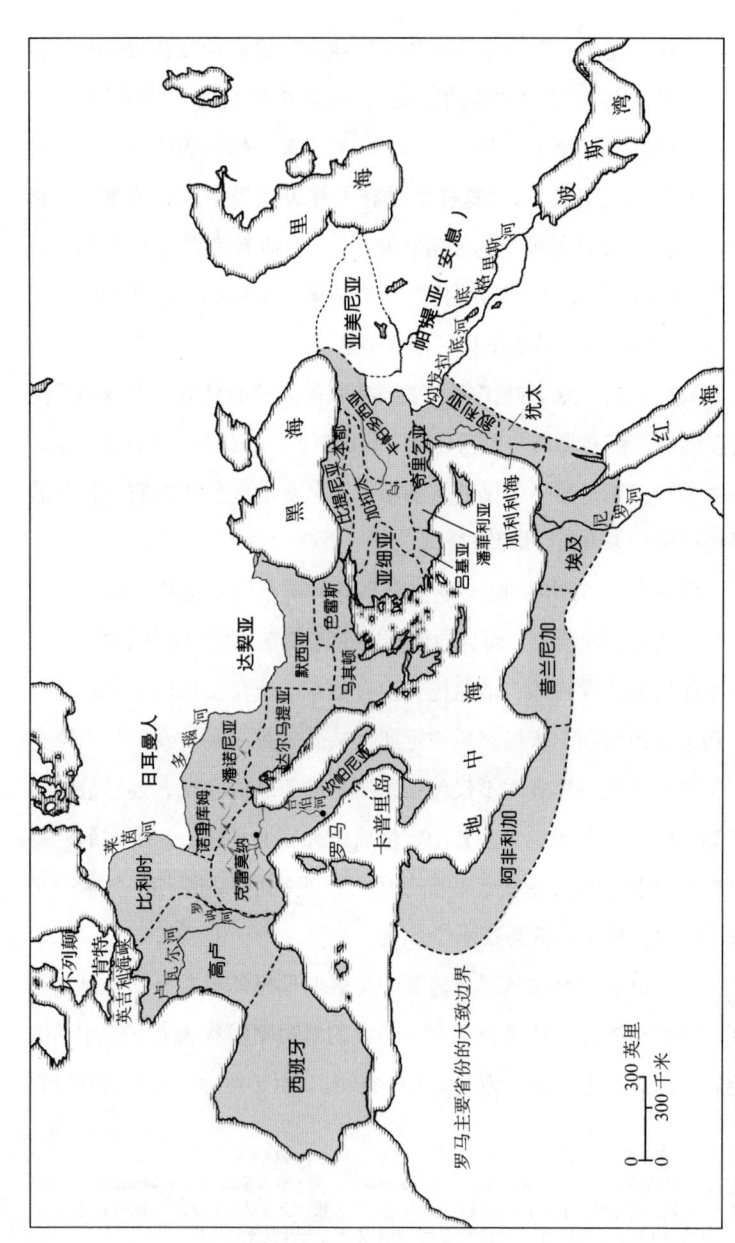

地图 2-1　提比略统治下的罗马

的职位，祭司不再有任何政治权力，于是就对手头剩下的宗教权力极其敏感，竭尽全力去维护它。

不过，为了让耶稣保持沉默，他们需要罗马人的帮助。他们使用了一些手段，让耶稣在罗马帝国的代理王希律·安提帕特（Herod Antipater）面前看起来有政治罪行。他们提出的控诉是耶稣曾自称为"犹太人之王"，这必然会激怒希律。

不过希律可能已经听说了罗马正在发生的洗劫事件，但凡与独立有关联的事情他一律不插手，尤其是在提比略正忙于清除任何抵抗的时候，更是万万不能随便插手。他直接将耶稣押送到了罗马皇帝代理人（procurator）面前［上一任代理人是他的弟弟阿基劳斯（Archelaus），现在已经由罗马人取而代之］，同时送去信息，说此问题应交由罗马人而不是他来处理。

实际上，代理人庞蒂乌斯·彼拉多（Pontius Pilate）的处境比希律也好不到哪儿去。他也不想因为自己的任何言行而莫名其妙地惹恼那位狂暴的、不可理喻的第一公民。如果巴勒斯坦在他眼皮底下发生什么革命，那可不是什么好事。在彼拉多审问耶稣是否真的自称是犹太人之王时，耶稣并没有反驳，于是他便决定处决耶稣。他们选择的处决方式是"钉十字架"，这是罗马处决起义者的传统方式。斯巴达克斯的追随者当年就遭受了这种酷刑。

彼拉多继续遵循这种宁可错杀也要维持稳定的政策。公元36年，又发生了一起类似的小事件，为此他将一群造反的撒马利亚人全部处死。这在巴勒斯坦激起了一股反罗马的情绪。彼拉多的上级、驻叙利亚行省的罗马总督将他撤了职，并将他遣送回罗马。这让他大失颜面。

公元 37 年，提比略因病去世。他死前弥留了很久，最后窒息而死。罗马人得知提比略死去的消息后纷纷奔走相告，大喊着"把提比略扔到台伯河里去！"[4]

无论是提比略还是奥古斯都，他们都未曾追求皇室头衔，不过大权的交接变得越来越像是皇室的做法。提比略选择了已故的日耳曼库尼斯的一个儿子作为他的继承人，即年轻的卡里古拉。*但是提比略并没有费心搞一个仪式，宣布卡里古拉是联合资深执政官；四年前，卡里古拉得到了财务官的职务，但是再没有过其他什么头衔。如今元老院授予他元首的称号，以及最高祭司和军队最高统帅的职务，没有首先承认他是联合资深执政官中尚存于世的成员，也没有让他走放弃那一权力的过场。

此时，很多罗马人还在为提比略的清洗运动担忧，在执政之初，卡里古拉缓解了他们的忧虑。他赦免了所有囚犯，邀请遭到流放的人回到罗马。他还推行税制改革，帮助罗马穷人脱离贫困。

不过，这一好的开端却纯属骗人。古代的历史记录对卡里古拉行为的记载有分歧：有的说他从一开始就很凶狠，很长一段时间内他只不过是把本性隐藏了起来，以此巩固自己的力量（苏维托尼乌斯甚至说是他闷杀了提比略）；有些则认为他在执政早期经历了一场大病，病愈后执政风格大变。一些古代史书记录了他犯下的令人发指的罪行：他谋杀了他的表妹、祖母及继父；把他的三个姐妹睡了个遍，此外还不放过男妓、妓女及别人的妻子；他凌迟处死了一名元老，并将他身体的碎片游街示众；他强迫他的保镖和他一起玩

---

* 实际上，在提比略的遗嘱中，他是任命卡里古拉与已故的德鲁苏斯的一个儿子提比略·盖米勒斯（Tiberius Gemellus）共同作为罗马的继承人。但卡里古拉首先宣布遗嘱无效，然后将盖米勒斯杀死。

打仗，保镖们在迟疑要不要攻击他时就会被他杀死；他提高了税收，花钱如流水。还有谣言称他打算任命自己的马为执政官，这无疑表明他根本就不尊重元老院。公元39年，他罢免了两位执政官并解散了元老院。

元老院议员曾经杀掉过有意当皇帝的人，如今在不到一个世纪的时间里，罗马就发生了巨变。罗马正在忍受一种前所未闻的独裁统治。随着卡里古拉的蜕变而来的还有偏私滥权的问题。他对那些支持他的人不吝钱财，并授以特权。所以，总会有人向卡里古拉举报他人的叛国行为，而卡里古拉在折磨处罚人上极有独创性，让人痛不欲生，所以很少有人会想去冒这个险。

虽然现在罗马还受他控制，但这肯定不会持续太久，下一场暴风雨即将到来。虽然帝国的中心已经开始土崩瓦解，帝国的事业却并未停止。

在罗马的东部边境，帕提亚王国的现任国王是阿尔达班三世（Artabanus Ⅲ），他就是那位将王位从满身罗马做派的沃诺奈斯一世手中夺过来的爱国者，他统治帕提亚之后，重新激发了人民的民族主义热情。硬币（在埃克巴坦那出土了很多）上的他留着古代波斯式的四方胡子，他的这种传统主义也体现在对帕提亚城市重新加强控制的举措上，他效仿古代波斯管辖区的制度，册封自己的亲族、王室子弟为主管帝国各个区域的王侯，并要求他们向他报告。

普林尼说，帕提亚共有18个这样的小王国，阿尔达班三世打算将亚美尼亚变成第19个。亚美尼亚是帕提亚和罗马之间的缓冲地带，一度归属塞琉古帝国。它并非一个自由国家。自从奥古斯都开始执政，亚美尼亚就一直被婉转地称为"受罗马保护的国家"，也就是说，罗马大军就在一旁虎视眈眈。阿尔达班三世计划将自己的儿子阿尔沙克推上亚美尼亚的王座，将其变成"受帕提亚保护的国家"。

30多岁时，阿尔达班三世对亚美尼亚发起了进攻，这次进攻得到了北方斯基泰人的军队的支持。战斗发生在亚美尼亚首都，最后阿尔沙克阵亡，阿尔达班三世极不情愿地放弃这里，赶紧为另一个儿子加冕。

罗马指挥官不希望在如此接近罗马东方边境的地方长期作战，所以提出进行和谈。公元37年，阿尔达班三世同意在罗马和帕提亚的边境上会见罗马外交官。两个人都不愿踏入对方的领土，于是两人就走到一座横跨在水面的桥上，在桥正中间的位置进行谈判。最后，帕提亚和罗马军队都同意撤离部分军队，亚美尼亚继续保持缓冲国的身份并享有独立。

阿尔达班三世同罗马人一样不想发生激战。此时，帕提亚的东部边境上出现了另一个敌人：贵霜王国。

贵霜人原本是游牧民族月氏人。入侵并占领巴克特里亚（即大夏）后，月氏人的一支向南吞并附近部落并慢慢形成一个统一的国家。贵霜人都是亚洲人，但是其硬币上刻着希腊文，这是他们在南下征服巴克特里亚时学会的语言。硬币的一面刻着宙斯，另一面可能刻着佛陀的盘腿坐像。后来，贵霜的势力扩展到犍陀罗，并开始接受西方和南方的双重影响。

公元30年左右，贵霜王国新王丘就却（Kujula Kadphises）即位，他野心勃勃。我们对他所知不多，只知道他执政50年，并在这50年间一直将贵霜向西扩展，直逼阿尔达班三世统治的帕提亚的东部边境。古代中国史书《后汉书》记载他入侵安息（帕提亚），"入侵"实际上就是吞并了东部那些尚未被帕提亚完全掌控的领土，"高附"（今喀布尔）就是其中之一。《后汉书》还补充说贵霜变得

地图 2-2　贵霜

非常富有。

　　丘就却统治下的贵霜不断发展,不过此时出现了另外一个人物,他征服了曾在贵霜管辖下的旁遮普地区,势力范围直达现今的喀布尔山谷,这对贵霜的发展起到了阻碍作用。他就是冈多弗纳斯(Gondophernes)。

　　我们对他的了解大多来自一个写于 100 多年后的故事:《多马行传》(Acts of Thomas),它是由一群从正统的基督教中分化出来的被称为诺斯替主义者（Gnosticism）的学者撰写的。故事先讲述了叙利亚的情形，然后提到了多马。他是耶稣的门徒，在《新约》福音中，他拒绝相信耶稣复活，直到亲眼见到才相信（因此他得了个外号——"多疑的多马"）。

据《多马行传》记载，多马前往觐见冈多弗纳斯的旅程始于耶路撒冷。耶稣被钉死在十字架上后复活，来到门徒面前让他们将自己的故事传到世界各地。多马的任务是到印度去。他对此并不上心，直到他梦见这样一幕："夜里，救世主出现在他的面前，对他说：'不要害怕，多马，请你去印度为众生宣讲，我的恩典与你同在。'"不久之后，多马便碰到一个"被印度的冈多弗纳斯王派来的商人阿伯尼斯（Abbanes）"。[5]

这位商人同意做他的向导，带他去印度。因为多马身上有很多奇迹故事，后来连冈多弗纳斯本人都听到了多马到来的消息。他召其觐见，请求多马以圣人的身份祝福他的女儿和女婿，这两人刚刚举行完婚礼。多马同意为新娘新郎祈福，后来耶稣出现在他们的卧室，对他们说，如果他们发誓拒绝肉体的欢愉（"放弃污秽的性交"）并不生育子女，他们就会得到启示（诺斯替主义的主要神学理论）。两人均信服于他，并皈依了多马的诺斯替主义基督教。然而，当冈多弗纳斯得知他们两人已经决定过这种贞洁的和谐生活（这意味着"没有子嗣"）时，他把衣服撕得粉碎，冲站在他旁边的人说：

> 赶紧出发，把整个城市翻个遍也要把这个男巫给我找出来，他来我们城市真的是一种厄运，我竟然亲手将他带进了宫殿。[6]

多马成功逃脱,历尽艰险,最终与国王化干戈为玉帛,而国王也皈依了诺斯替主义,接受了洗礼。

几百年来,人们一直将这个故事视为彻头彻尾的神话。但是冈多弗纳斯时代的硬币的出土说明他确实曾存在,并统治过印度北部。而且,这个故事说明他的王国与更西边的王国有很多沟通和交流。

至于冈多弗纳斯最终是否成为基督徒,我们不得而知,但在公元1世纪,基督教本身正在逐渐成形。罗马公民、犹太传教士保罗在这一时期正在撰写有关耶稣死后复活的故事,他写到耶稣的死亡和复活是一个过程,在基督徒的生命轮回中也有所体现。他在一封写给罗马基督徒的信中说,皈依就是让旧的腐朽自我死亡,然后基督的力量会让他复活,并焕然一新。"他死是向罪死了,只有一次,他活是向神活着,"保罗劝诫他的读者们,"要像从死里复活的人,将自己献给神。"[7] 基督教的传播给了信徒们一个新的身份。

旧的身份虽然可能被转换,但并没有完全消失。在一封致加拉太基督徒的信中,保罗写道:"并不分犹太人、希利尼人、自主的、为奴的,或男或女,因为你们在基督耶稣里,都成为一了。"但在其他信中,他则写得很明白,成为基督徒后,各人还是有各自的身份,如犹太人和非犹太人、奴隶和自由人,当然还有男人和女人。基督徒的核心身份是耶稣基督的追随者,但是正统的基督教并没有消除他们既有的国籍、性别或是社会地位。

毕竟,基督教起源于一片被征服的土地(犹太地),这片被征服的土地在保持自身身份认同的时候也在接受另一个身份。犹太地的犹太教徒是犹太人,而不是罗马人;但是他们也是罗马的附属子民,有些人甚至就是罗马公民。

所有罗马以外行省的人都面临着如何平衡两种身份的问题,对于犹太人而言，这一问题格外尖锐。罗马人与基督徒、罗马人与加拉太人，甚至罗马人与埃及人都无本质上的矛盾。但卡里古拉不允许一个人同时兼有罗马人和犹太人两种身份。

公元 40 年，卡里古拉决定自己应成为神。他下令竖起自己的雕像让大家崇拜。"他希望自己被奉为神明，"历史学家约瑟夫斯（Josephus）写道，"人人都要歌颂他为神明。"[8] 卡里古拉的法令被下达到整个罗马统治的区域。但在耶路撒冷，犹太人自己的律法禁止偶像崇拜，于是他们便恳求当地的罗马统帅不要强迫他们敬拜卡里古拉的雕像。

罗马统帅是一个通情达理的人，名叫佩特洛尼乌斯（Petronius），他同意写信给罗马询问是否真的有必要人人都敬拜雕像。但从首都传回的消息出乎人们的意料：卡里古拉死了。禁卫军杀死了他。他任第一公民的时间共有三年零十个月。

卡里古拉去世的消息传来 27 天后，另一封信也到了：信是发自已经死去的卡里古拉的，他威胁佩特洛尼乌斯，如果雕像没有竖立起来，就将他处死。在海上，传递这个疯子去世的消息的那艘船速度更快，在航行中超过了递送处决命令的船。

元老院开始考虑撤销第一公民这个职位，将集中在一个人手中的权力还给原来共和制下的官员。但有两股力量阻止了他们。卡里古拉的叔叔、已故的日耳曼尼库斯的弟弟提比略·克劳狄（Tiberius Claudius）盯上了第一公民的权位。禁卫军也很愿意接受贿赂，为行贿者提供支持：与之前的士兵相比，这些精英士兵对罗马内政更有发言权；而一旦恢复共和制，他们可能就会被解散。在共和制下，他们会丢掉工作、生计，以及对他们最有诱惑力的权力。

几天之后，克劳狄就获得了第一公民、最高祭司和终身元首的权力。他收买了禁卫军，下令处死杀死卡里古拉的凶手（大家都很感谢这些人，但是让他们活下去等于是开了一个不好的先例，所以只能舍弃他们），然后制定下一步行动计划。

他显然是决定使用恩威并施的手段来稳固自己的政权，他归还了之前卡里古拉没收的土地，释放了所有卡里古拉怀疑犯有叛国罪的嫌疑犯。通过焚烧审讯记录，他还大赦了卡里古拉判定有罪的人。

不过当他开始担忧自己有性命之虞时，这些慈悲之举就都停止了。公元41—42年，他觉得自身可能会有危险，便不分青红皂白处死了几名元老院议员和罗马贵族。他的妻子在背后煽风点火，凡是她的敌人，她都不放过，统统让她丈夫处死了。

克劳狄最伟大的成就是在不列颠取得的。当时，不列颠岛上崛起了一位名叫卡拉塔库斯（Caratucus）的国王，他挑战罗马人的权威。驻扎在不列颠的罗马军团一直都在东南部帮助当地小部落抵抗卡拉塔库斯的入侵。虽然此举并不能保证不列颠完全归属罗马，但至少可以保证不会让卡拉塔库斯攫取过多的权力并进而征服全岛。

公元43年，卡拉塔库斯在南方攻城略地，这足以威胁到罗马对海峡的控制。克劳狄派出了四个军团，其中很多士兵本身就是高卢人，他们渡海将不列颠人驱离海岸。

他们出其不意地在肯特登陆，卡拉塔库斯的手下从未见过如此庞大的罗马军团。这四个军团取得了胜利，在不列颠东南部建立了一条罗马前线。当他们把泰晤士河一带拿下后，克劳狄本人也亲临战场。他御驾亲征16天，对于一个一生中基本没有亲身参与过战争的人来说，这一举动非同寻常。与此同时，克劳狄的第二个军团在指挥官、克劳狄的信臣韦斯巴芗（Vespasian）的率领下向西部进发。

罗马在不列颠站稳了脚跟。*这是克劳狄在位期间一项重大的政治成果。

不久，克劳狄转而关注罗马内部的问题。他的妻子麦瑟琳（Messalina）再婚嫁给了她的情人，此举是极其鲁莽的挑衅，可能也是他们企图推翻克劳狄统治迈出的第一步。不管怎样，他们失败了，克劳狄将他俩都处决了。在她死后，克劳狄娶了卡里古拉的妹妹、他自己的侄女阿格里皮娜（Agrippina，这需要元老院特批）。她的上一次婚姻为她留下了一个年龄尚幼的男孩卢基乌斯·多米提乌斯（Lucius Domitius）。克劳狄收养了他，并赐予他尼禄的名字。

公元 51 年，他宣布尼禄为继承人。他宣布完了之后，阿格里皮娜就开始采取措施为自己保命。她认为他会厌烦她（塔西佗说，有一次她听到克劳狄在喝醉后说"他的命运就是先忍受妻子们犯的错，然后再惩罚她们"，于是她"惶恐之至"），[9]所以她希望将他除掉，让自己的儿子登基，这样就不用担心他不知什么时候就会来对付他们母子了。

塔西佗说她精心选择了一种毒药，这种毒药引起的反应看上去像一种慢性病，会让人慢慢死亡，而不会"突然起效"，因为那样的话她的罪行就会暴露。公元 54 年，她将毒药放入克劳狄晚餐吃的蘑菇里。可是不巧的是，克劳狄突发一场腹泻，将毒药基本都排泄出来了。阿格里皮娜招来医生为他催吐，假意要挽救他的生命。医生按他们串通好的那样，在羽毛上涂了更多的毒药，直接伸进克劳狄的喉咙里。

---

* 卡拉塔库斯被迫后退，但并没有被打败。直到公元 49 年，罗马才彻底除掉他。布里甘特人的女王卡逊蔓杜阿（Cartimandua）设计诱捕了他，并将他交给罗马人，以此来换取罗马的支持。

17岁的尼禄成为第一公民。他是有史以来得到这一职位时最年轻的人，依据他此前的履历，他根本没有资格获此职位。这个职位变得越来越像君主。

同克劳狄一样，尼禄在最开始统治的时候也是靠收买禁卫军获得他们的支持的。他在一次演讲中向元老院承诺，他会像奥古斯都曾设想过的那样，归还一些权力，这篇演讲稿是他的老师塞涅卡为他写的。这一举动非同寻常，表明他（或塞涅卡）完全了解了目前的政府已偏离原来的共和国体制有多远。这是一个颇有风险的举动，但是尼禄坚持听从塞涅卡的指导，显示其无所畏惧。

为了自保，尼禄也采用了克劳狄使用过的策略。仅四个月后，克劳狄的亲生儿子布里塔尼库斯（被废的麦瑟琳所生）便死于"癫痫发作"。尼禄还下令遣散了母亲的侍卫，将她贬斥到皇宫以外的地方。为了保全自己，她已经杀掉过一位第一公民，尼禄现在需要确保自己的安全。

此后五年是尼禄治国有方的五年，罗马人称这段时期为"尼禄五年"（Quinquennium Neronis）。可能在他年轻时，辅佐他的塞涅卡能够指导他，所以这些年他表现得还不错。之后情况急转直下，他也未能逃脱家族诅咒，变得越来越疯癫。从20岁起，他先是放纵自己的私生活，之后又逐渐变得疯狂。公元58年，他爱上了朋友奥索（Otho）的妻子波培娅（Poppea）。他把奥索派到外省执行公务，将波培娅请入宫；实际上，尼禄已经结婚了，但他根本无视妻子的抗议。

公元59年，他决定一了百了，除掉自己的母亲。他命人造了一艘船，送母亲乘船出行，这艘船的船体会在航行途中解体，把阿格里皮娜困在里面淹死。此时他还不至于疯到不考虑做事的影响。不过令他懊恼的是，母亲竟然游上了岸。据一份史料记载，他母亲上岸后，他就命令一位仆人将她杀死。然后，他与原配妻子离婚并将其杀死，拿她的脑袋当战利品向波培娅炫耀。他还宣布波培娅和她的丈夫奥索离婚，然后娶了波培娅。

与此同时，在不列颠的罗马驻军看到自己君主的这般行径，也开始不受管制，胡作非为起来。他们在不列颠给自己修建了一座新城，这样老兵们便能住在这里。[10] 这座城是在卡拉塔库斯首都的废墟上建起来的。修建新城的劳力则来自附近特里诺文特（Trinovantes）部落，罗马人夺取了当地人的土地，将居民强掠过来，充当他们的免费劳力。

公元 60 年，另一个小部落爱西尼人（Iceni）的国王去世，留下遗孀布狄卡（Boudicea）和两个女儿。由于国王没有子嗣，罗马驻不列颠总督决定将爱西尼人的领地直接纳入罗马的行省。接着，罗马士兵冲进城，强奸了过世国王的两个女儿，还暴打了布狄卡一顿。

受到侮辱并失去家园的布狄卡领导人民起义。被压迫的特里诺文特人也加入起义大军。他们计划对建到一半的城池发起突袭。罗马人后来说，这场袭击的发生早有预兆：胜利雕像突然倒塌，未完工的建筑里传出尖厉的喊叫，大海变成血红色，退潮后海滩上留下"尸体状的痕迹"。

不过，即便没有预兆，灾难也会发生。新城只有一小支驻军镇守，所以不列颠人没费多大力气就将其攻克。总部设在新城的第九分队惨遭屠杀，几乎无人生还，总督只身逃到高卢。

眼见形势不妙，罗马指挥官保利努斯（Paulinus）马上组织罗马军团展开反击。他带来的军队装备精良，打破了不列颠人的战线。[11] 布狄卡逃跑了，然后服毒自杀。

下一任总督在处理与不列颠人关系的时候比较小心,并且对罗马驻军管理很严,使他们行事比较温和。但是没有人敢让尼禄收敛其行为。他淫荡不堪,酗酒无度,为了支撑穷奢极欲的生活,他还提高了各行省的税收。此外,他还再次发动了卡里古拉曾搞过的臭名昭著的肃清叛国者运动。

公元64年,罗马城发生大火,火势很快便蔓延到城中穷人的居住区。此时起了大风,更助长了火势。城中满是比肩而立的木头房子,它们很快便消失在熊熊烈火之中。狄奥·卡西乌斯写道:"那座城市所经历的那场灾难,除了高卢人的入侵,真的没有其他灾难能与之相比。整座帕拉蒂诺山、托罗斯剧院和三分之二的城市都被烧毁。无数人命丧于此。"[12]

着火时尼禄并不在城中,但是他的残暴让罗马人认为他什么事都做得出来。街上当即就谣言四起:是尼禄下令放的火,为的是给修建新宫殿腾出土地……或者更糟:他放火纯粹是为了找乐子。

实际上,尼禄此时还没有完全丧失良知。他也进行了救援,但是在回城的第一天晚上他并没有立即采取措施。当时整个罗马城已成一片火海,他着迷于这一史诗般的景观,于是向屋顶爬去,一边爬一边大声唱着《征服特洛伊》。自那之后,他就名誉扫地,再也无可挽回。正如塔西佗评论的那样:"所有努力,所有(尼禄)慷慨赠予的礼物……都没能消除人们心中恶毒的想法,即大火是尼禄下令放的。"[13]

那场大火、尼禄的疯狂、对叛国罪的审判,所有这些都促使元老院议员计划在公元65年4月进行一场暗杀。自恺撒死后,百余年来元老院还未曾如此不择手段。但是这个计划被察觉了,尼禄处死了同谋者,自此变得更加丧心病狂。他那年迈的导师塞涅卡得

图 2-1 尼禄
罗马第一公民尼禄（54—68 年在位）的大理石头像，慕尼黑州立文物博物馆。
图片来源：Bildarchiv Preussischer Kulturbesitz/Art Resource, NY

知自己也被怀疑叛国后，便选择和妻子一起自杀，以免遭折磨和处死。

此时，针对基督徒的宗教迫害也开始了。尽管尼禄处死了无数被怀疑参与阴谋的人，但同时他也需要转移人们的注意力，不要让大家关注自己的暴行。基督徒正好可以拿来作为罗马大火的替罪羊。但他也可能确实是痛恨基督徒，所以要故意迫害他们。苏庇修斯·塞维鲁（Sulpicius Severus）在《编年史》中写道：

> 尼禄无论如何也无法摆脱人们对他下令纵火的指责。于是乎，他将矛头指向基督徒，无辜之人被迫害，经受了最残酷的折磨。不仅如此，尼禄甚至发明新的酷刑来处决基督徒。有的基督徒被披上野兽的皮后被恶狗咬死，多数基督徒是被钉十字架或是受火刑残害而死的，也有不少基督徒被肢解，还有的被

做成人烛，在夜幕降临时被点燃……当时保罗和（门徒）彼得也被判处死刑，保罗被斩首，彼得则遭受了十字架酷刑。[14]

保罗是一个罗马犹太人，后来皈依了基督教。他在《圣经》中明确指出，同一个身份可以适用于不同国家的多个民族，并将这些民族团结在一起。此时，他被视为帝国的威胁。

公元66年，尼禄做了一个决定，放弃亚美尼亚，正是这个决定将他送上了不归路。帕提亚现在的国王是沃洛加西斯一世（Vologases I），他即位后拒绝遵守两国于卡里古拉时期在幼发拉底河中间签署的协议，派帕提亚军队重新夺回亚美尼亚。公元53年，即克劳狄去世前的一年，罗马军队开始回击。战争难分输赢，久拖不决，持续了近14年。但罗马领土的其他地方也出现不少麻烦，各行省税负沉重，到处爆发骚乱，军队则由于分兵各处，力量很薄弱。

尼禄认为与帕提亚议和是最好的决策。他同意承认沃洛加西斯一世的哥哥提里达特斯（Tiridates）为亚美尼亚国王。3000多名帕提亚士兵跟随提里达特斯前往罗马城，参加尼禄移交亚美尼亚王冠的仪式。可能尼禄是想借此展现罗马的辉煌伟大，他下令将雅努斯神庙的大门关闭，这等于是向外界宣布整个帝国现在处于一片祥和之中，但在罗马人看来，数千名帕提亚人以胜利的姿态挤满罗马街头，看起来倒像是罗马战败了。

此外，尼禄的恶行变本加厉，简直令人难以想象。他在盛怒之下踢死了怀孕的妻子，后来他看上了一个长得酷似亡妻的小男孩，他让人将小男孩阉割，这样便可在一场公共仪式上迎娶他。

放弃亚美尼亚两年之后，罗马禁卫军长官宣布，如果西班牙行省总督加尔巴（Galba，他是一名身经百战的士兵，此前也担任过执政官）愿意成为统帅，即所有罗马军队的最高长官，禁卫军便会支持他。加尔巴不仅在西班牙有自己的军队，还得到了邻省总督的支持。这位总督不是别人，正是奥索，当年他的妻子被尼禄抢走后又遭到谋杀。他自然愿意让出自己的军队供加尔巴调遣。

尼禄意识到失去禁卫军的支持就等于失去了皇帝的位置，于是逃到奥斯蒂亚港，下令那里的人将船驶过来。但禁卫军就紧跟在他身后，没有任何一位船长敢让他上船。他仓皇逃出城，但被禁卫军团团围在郊外的一所房子里。遇此困境，一般人都会选择自杀。但尼禄不是自己解决的，他让人帮了一把，一名仆人握着他的手将匕首刺了下去。苏维托尼乌斯写道："人们欢呼雀跃，大家戴上自由之帽，涌上大街庆祝。"[15]

加尔巴此时已经 70 多岁，患有关节炎。他与之前任何一位罗马第一公民都没有关系。不过现在形势变得越来越明朗，第一公民的真正权力不在执政官、最高祭司、首席护民官或是其他任何被授予第一公民称号的官员身上。第一公民的真正权力就在于统率权，即指挥军队的最高权力。而要想保持最高权力，罗马的统治者需要禁卫军的支持。共和国已经变成帝国，帝国现在又落入了幕后的军阀手中：这是一群享有实权的士兵，他们可以拥立或推翻一个傀儡统治者，他们自己掌握着真正的权力。

加尔巴不是一个好的傀儡。他率军进入罗马城，走在最前面，身旁是奥索。但是进城之后，他并没有像之前几位皇帝那样，继续贿赂支持他的禁卫军。[16] 很快，就有预兆出现，说他的统治不会长久，最严重的凶兆是在一次祭祀时祭祀用的圣鸡居然飞走了。[17]

预兆很可能是由禁卫军中那些对他不满的士兵安排的，他们决定不再支持加尔巴，转而支持奥索。担任第一公民七个月后，当加尔巴正在阿波罗神庙祭祀时，禁卫军突然宣布奥索取代他成为终身元首。听到这个消息，加尔巴冲到广场上与叛军理论。禁卫军就在那里杀死了他，并将其抛尸街头；他的脑袋则被割下来，挂在一根竿子上。

元老院很不情愿地同意立奥索为最高统治者和第一公民。与此同时，驻扎在莱茵河地区的军队宣布他们希望让日耳曼驻军将领维特里乌斯（Vitellius）担任最高统治者。这样一来，罗马帝国出现了两位最高统治者，一位被元老院推举为第一公民并得到禁卫军的支持，另一位虽然未得到元老院的认可，却有规模庞大的军队支持。

维特里乌斯南下挺进意大利，他的人马在波河上临时搭了一座桥，他率军渡河与奥索的军队开战，这场战役史称克雷莫纳战役（Battle of Cremona）。奥索的军队人数很少，没怎么抵抗就四散而逃，这一次，他罕见地承认全面内战无论对于他本人还是对于罗马都很不利。他处理了一些公务，烧掉了所有文件，分配了财产，睡了一个好觉，次日清晨就自杀了。他的这一举动充满勇气，而且问心无愧。这正是罗马的最高统治者所需要的素质。

罗马下一任统治者是维特里乌斯，这个人精明但不讲原则。他向罗马进军，解散了禁卫军，重新从忠于自己的士兵中挑选人员组成了新的禁卫军，以显示自己牢牢掌握了大权。

看到他如此偏爱来自日耳曼行省的士兵，其他的罗马军团很不高兴。不久，驻扎在东部行省的军队就宣称他们支持另一个人选——韦斯巴芗，他在不列颠之战中就表现突出，并因此获得了管理叙利亚行省的权力。

韦斯巴芗本人远在罗马之外,他正在自己负责的行省中忙着解决犹太人制造的麻烦。自从当年卡里古拉威胁说要在圣殿中竖立自己的雕像之后,犹太人对罗马统治的反抗就愈演愈烈。当年的雕像风波不了了之,可是犹太人已经觉察出罗马早晚还会要求他们做些骇人听闻的事情,只不过是时间早晚的问题。公元66年,一群自称"狂热者"(Zealot)的起义军向驻扎在耶路撒冷的罗马军队发起进攻。当地总督派兵前往镇压,却被打败,形势非常严峻,韦斯巴芗不得不亲自出马解决问题。在他的儿子兼指挥官提图斯(Titus)的协助下,韦斯巴芗成功地将起义军赶回耶路撒冷城,将其团团包围。*

在罗马,维特里乌斯一直沉迷于满足饕餮之欲,他的士兵则准备保护他的统治。支持韦斯巴芗的罗马军队一步步逼近罗马。两军在克雷莫纳交战,效忠于韦斯巴芗的士兵最终取得了胜利,但这场战争引发了一场持续四天的烧杀抢掠,破坏甚至蔓延到罗马,毁灭了所遇到的一切。在城里,韦斯巴芗的支持者们试图从维特里乌斯的军队手中夺取主神殿,在接下来的战斗中,主神殿及其周围建筑都被夷为平地。公元69年12月,士兵冲进维特里乌斯的寝殿杀死了他,并按照传统方式,将他的尸体扔进台伯河。

韦斯巴芗很愿意接替这个位置,但是在耶路撒冷围城尚未结束时,他不想大老远地西去罗马。元老院急于讨好韦斯巴芗那些蛮不讲理的支持者,怕他们还会烧毁城里其他东西,就宣布韦斯巴芗同之前的奥古斯都、提比略和克劳狄一样,成为第一公民。于是,韦

---

* 罗马军队先是在具有战略意义的地点米吉多城(Megiddo,《圣经·启示录》中称这个地方为"哈米吉多顿")会合,才得以将叛军困于耶路撒冷。这场围城之战最终以耶路撒冷的被毁而告终,这使米吉多在犹太人的心目中有了特别的启示意义。

罗马	中国	帕提亚
屋大维，最高祭司（前12）		
	哀帝（前7—前1）	
	平帝（前1—公元6）	弗拉特斯五世（前2—公元4）
	孺子婴（6—8）	
	新朝（9—23）	沃诺奈斯一世（8—12）
	王莽（9—23）	阿尔达班三世（10—35/36—38）
屋大维去世（14）		
提比略，第一公民（14）	东汉（25—200）	
拿撒勒人耶稣被处决（约33）	光武帝（25—57）	
卡里古拉，第一公民（41）		
		沃洛加西斯一世（51—78）
尼禄，第一公民（54）		
	明帝（57—75）	
加尔巴，第一公民（68）		
韦斯巴芗，第一公民（69）		

时间线 2

斯巴芗尚未踏入罗马城，就获得了第一公民的头衔。

册封法令甚至都没有提到卡里古拉、尼禄、加尔巴、奥索和维特里乌斯的名字：他们的名字都遭到了"除忆诅咒"（damnatio memoria），被从各种记录中抹去。过去一年中，共有四名统治者获得了第一公民的权力，元老院代表人民授权的假象已经成为彻头彻尾的骗局。罗马真正的权力掌握在拥有最多军队支持的领导者手中。元老院没有将破坏这一假象的人的名字列出来，而是从根本上否认了他们的存在。罗马政治的核心内容仍是奥古斯都统治时期的典型做法——政治表演。

/ 03

罗马世界的边缘

> 公元70年至132年间,灾难降临罗马,但是罗马终于有了几位神志正常的皇帝。

公元70年9月,耶路撒冷的城墙终于被攻破,整座城市化为一片火海,第二圣殿也在熊熊大火中被烧毁。犹太起义军并未被完全打败,但韦斯巴芗认为自己已经胜券在握,可以离开前线了。他于当月动身返回罗马,此时距离他被册封为第一公民已经过去了九个月。

韦斯巴芗作为士兵身经百战,他很清楚士兵心里都是怎么想的,也知道军队的力量不可小觑。回到罗马后,他采取的第一个行动就是调整军队的指挥官,并重新拆分军队,打破了兵将之间原有的效忠关系。

在他统治的10年间,罗马城平静、有序、管理得当——这正是元老院希望看到的,一切都回归到奥古斯都统治时期的样子。帝国外围还有一些战事:在罗马最后占领的不列颠行省还有一些战斗,耶路撒冷战争也出现了可怕的后果。公元73年,犹太起义军的残兵被困于马萨达（Masada）要塞，他们誓死不向罗马人投降，最后这些人先是杀死了自己的孩子，然后自杀。犹太人失去了他们最后一个据点，一同失去的还有犹太和以色列古国的其他残余部分。

但罗马城基本上处在和平之中。韦斯巴芗避免进行叛国审判，并且减少了赋税，这两项举措为他赢得了民心，也使罗马变得更加平静。

公元79年，韦斯巴芗去世，终年70岁，他很可能死于流感。[1] 元老院确立他的儿子提图斯为继承人，不过他们在这么做的时候不无担心。在韦斯巴芗统治时期，提图斯就是一位残酷无情、恶名远扬的指挥官，他对待耶路撒冷的方式更是特别暴烈。不过在获得第一公民的头衔后，他便效仿他的父亲，得体有序地治理着国家。

然而，罗马还没来得及喘口气，三场灾难就接踵而至。

第一场灾难——维苏威火山爆发——发生在他即位两个月后。维苏威火山位于意大利西南海岸附近，离那不勒斯湾不远，在罗马人的印象里，维苏威火山一直发出低沉的隆隆声。住在火山脚下的庞贝城中的居民更是习惯了接二连三的小地震，虽然近期震感越来越强，但并没人在意；没有人知道地震可能是火山爆发的先兆。

公元79年8月23日，亦即火山爆发的前一天，罗马作家小普林尼恰在庞贝城中。他在给朋友的一封信中写道：

> 之前很多天大地都在震动，这在坎帕尼亚很常见，所以大家都未因此感到恐慌。但是那天晚上，大地震动得越来越厉害，人们觉得那不是地表的晃动，而是地壳上下颠簸……现在白昼来临，但黎明似乎非常慵懒，来得犹豫不决。我们周围所有的建筑物都在震颤。我们站在露天的地方，但那只是一块小小的区域，我们都很害怕，担心房屋会倒塌。最后我们决定离开镇

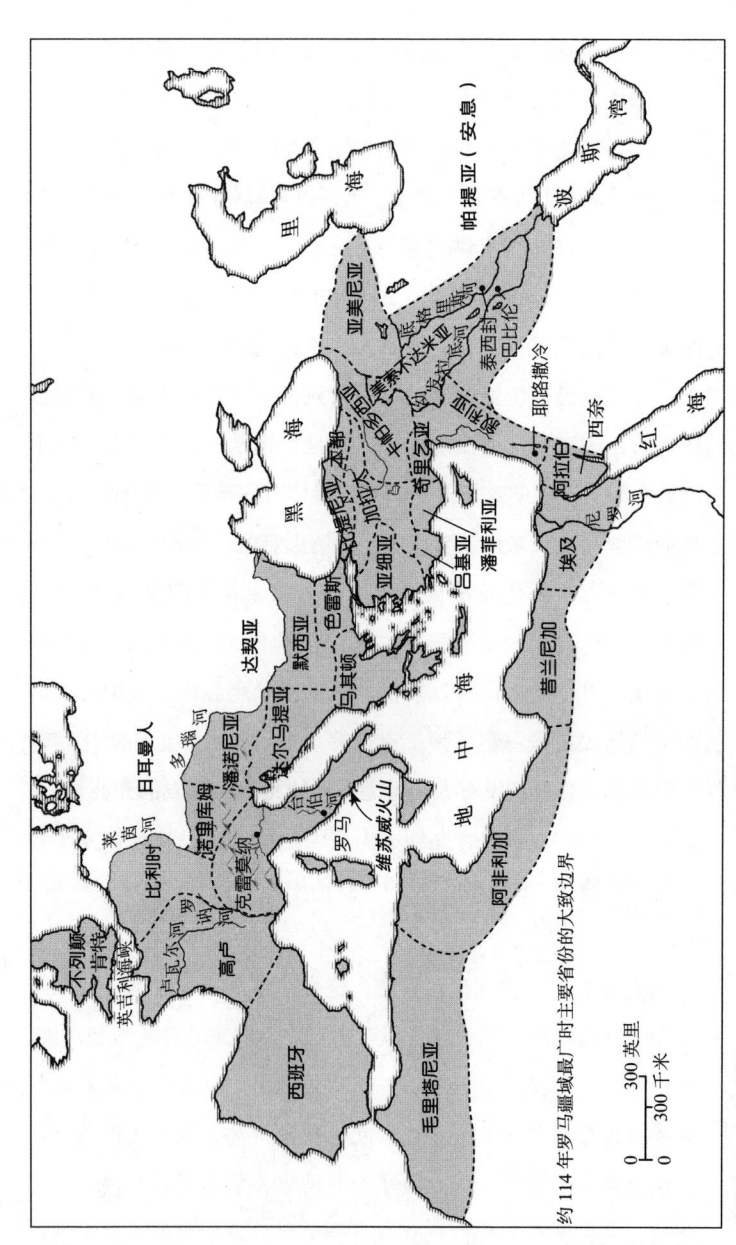

地图 3-1　罗马帝国

子，身后有一群茫然无措的人跟着我们，他们觉得我们的计划有道理（这是恐慌中智慧的灵光一现）。他们人数很多，拖慢了我们行进的步伐，随后很多人赶了上来。直到所有的建筑物都被甩在身后，我们才停了下来。在那里我们遇到了很多奇怪的事情，这让我们更是忧心忡忡。虽然地面明明是平的，但我们叫来的马车却朝相反的方向移动，我们用石头挡住车轮都无法使它停止不动。此外，海水看起来像是被什么吸走了，海面退回去，就像是大地的震动在将海水往外推。我们清楚地看到海岸线在向后退，很多海中生物就被遗弃在沙滩上。我们身后乌云压境，令人胆战心惊，闪电猛地将乌云撕开，露出后面巨大的火焰。这一片火焰如闪电一般亮，但是规模要更大……不久，乌云就压到了地平面，覆盖了整个海面……此刻一片灰尘扑面而来，起初只是薄薄一层。我回头看去，只见密集的乌云笼罩在我们身后，像洪水席卷大地般跟着我们。趁着还可以看清楚，我们赶紧靠边安顿下来，否则我们就会被困在大街上，被人群推倒，遭其踩踏。还未等我们坐下，四周就陷入一片漆黑，这漆黑不似没有月亮或者阴云密布的夜晚，而像是密闭无光的黑屋。你能听到妇女的哀叹、儿童的哭号和男子的叫喊。有人在呼唤自己的父母，还有人在呼唤自己的孩子或配偶；他们只能通过声音辨认亲人……天变亮了一些，但这似乎并不是白昼回来的迹象，倒更像是预示大火正在逼近。不过大火在距我们还有一段距离的地方便熄灭了，但黑暗和灰烬又接踵而至，而且来势凶猛。我们要反复地起身抖掉身上的灰烬，不然，我们会被灰烬埋没，并被其压死。我要是说在遭遇这种灭顶之灾时，我既没有发出哀号也没有说过任何胆小的话，这可能是吹牛。但我的确相信，那一刻我与世界一起毁灭，世界也与我一起毁灭。[2]

那些没能逃脱的人被埋在 7 米多厚的火山灰下，有的被热气和毒气呛死。一晚上就死了 2000 多人。

提图斯立即从罗马派人来救灾，而且待那里安全以后，亲自视察了现场。他第二次去庞贝城视察，看看还能提供什么救援时，罗马城内发生了火灾，烧毁了很大一片地方。火灾过后又暴发了传染病，罗马城中很多灾民因为拥挤在一起而染病丧命，死者无数。

公元 81 年，还在为灾后事宜尽力工作的提图斯突然发烧，随后就去世了，时年 42 岁。他任罗马第一公民不到三年，结果这三年里发生了如此多的可怕事件。也许他发的这场烧对于他来说也算是一种解脱。

提图斯死后，禁卫军推举他的兄弟多米提安（Domitian）为最高统治者，第二天他又被元老院确立为第一公民。多米提安从来都不是父亲最宠爱的孩子，不知他是不是因此而不自信，他开始对罗马采取蛮不讲理的措施，对元老院根本就不尊重。

这倒不完全是件坏事。苏维托尼乌斯说他的严厉只是体现在法律和发号施令上。苏维托尼乌斯写道："他执政公正，恭敬严谨。陪审团成员若是受贿，将同其他相关人员一起被降职……他严格管理城市官员和各行省总督，他们从来都没有如此诚实公正。"他还严格监督公众道德。苏维托尼乌斯评论说："他将一名前财务官从元老院驱逐出去，因为此人喜欢演戏和跳舞。"他还规定妓女继承遗产是非法行为。他发现一名女祭司有很多风流韵事，就命令按传统惩罚她：她被处以活埋之刑，她的情人也被当众杖毙。[3]

这些措施都是非常必要的，只是过于严厉。多米提安并不想要展现仁慈,他对待自己的权力非常严肃。他在继位后不久就接受了"主和神"(dominus et deus)的称号。他还下令所有公文开头都要冠以"主和神的旨意"。苏维托尼乌斯说:"于是就有了这一习俗。自此之后,无论是在书信还是交谈中都要这样称呼他,再不用别的尊称了。"[4]

与卡里古拉不同的是,多米提安神志清醒,没有用神权来破坏法律。他的谨慎和公正使罗马没有出现早期第一公民滥用权力而导致的社会不满。元老院没有提出任何有价值的反对意见,禁卫军也没有立即想要暗杀他。

但是我们回过头看"主和神"这个头衔时,就会发现,到了这时候,共和制政府一直戴着的那个面具终于被摘了下来。此前,哪怕最差劲的第一公民也是元老院确立的,不论其有多么不情愿。但是没有人会说,称呼统治者为"主和神"需要自己的人民的批准。多米提安并不是第一个将多种王权融为一体的罗马统治者,却是第一个这样说的人。第一公民终于变成了皇帝(emperor)。*

多米提安要求最大的权力,实行他制定的严格的法律,这与中国皇帝要求官员相互告密,或是斯巴达要求每个人都监督自己兄弟

---

* 拉丁语中并没有与"皇帝"对等的词语,英语中"emperor"的词源是"imperator"。塔西佗和苏维托尼乌斯撰写的历史中使用的是"第一公民"(princeps)这个词,即使这个词指的是奥古斯都或罗马帝国更早期的某位统治者,现在也常被译为"皇帝"。例如,塔西佗的《历史》第一章第七节中记载说奥古斯都死后罗马人更加小心,"ne laeti excessu principis neu tristiores primordio, lacrimas gaudium, questus adulationem miscebant"。这句话由丘奇(Church)和布罗德里布(Brodribb)译为英文"neither to betray joy at the decease of one emperor nor sorrow at the rise of another"(中文译文为:既不因一位皇帝的死亡而高兴,也不因下一位皇帝的崛起而悲伤)。这里英文译者就使用了"emperor"一词。这种做法把罗马统治者渐渐从"第一公民"变成"主和上帝"的转变过程给掩盖了,同时掩盖的还有共和的理想被慢慢埋葬的过程。对于多米提安之前的罗马领袖,我选择使用"第一公民"这个词,对其后的采用"皇帝"这个词,因为在我看来,多米提安的统治是一种思想变化成为另一种思想的转折点。

的规定一样，引起了民众的不满。罗马的气氛变得越来越压抑，塔西佗挚爱的父亲阿格里科拉（Agricola）是在多米提安统治之前去世的，他对父亲的去世表示非常欣慰：

> 多米提安已经不再给人喘息的时间和空间……在他的统治下，很多人都生活在监视和被监视中，叹口气都可能引来别人去告发你……阿格里科拉，你光辉的一生是快乐的，而你在适当的时间去世是再幸福不过的一件事了。[5]

对不法行为的无情惩罚导致不满，不满导致抱怨，抱怨导致阴谋，阴谋导致嫌疑，嫌疑导致判罪，判罪导致无情的惩罚，就这样周而复始地恶性循环下去。

多米提安和提图斯及韦斯巴芗一样，知道自己的权力来自何处。为了保证军队效忠于他，他提高了军饷。但他的家里人就不那么感激他了。公元96年，他的侍从、侄女（她丈夫因为信奉无神论而被处死）和一些禁卫军的头头合谋将他刺死在寝宫。[6]元老院立即宣布任命他们中的一员，即61岁的执政官涅尔瓦（Nerva）为皇帝。

这取悦了罗马人民，却没有取悦军队。公元97年，禁卫军（并没有全部参与刺杀多米提安的阴谋，部分禁卫军和军队对他还是很忠诚）将涅尔瓦关在他自己的宫殿里，将那个允许暗杀多米提安的人进入寝宫的内侍拉了出来，割掉了他的生殖器，把它塞进他嘴里，然后割断了他的喉咙。[7]涅尔瓦马上宣布他的继承人是图拉真（Trajan）将军，图拉真这会儿正驻守在莱茵河附近，很受军队的拥护。他可能是被告知只有这么做才能避免被暗杀，但是没有任何谈判记录留存下来。短短几个月后，涅尔瓦死于高烧。这种死法比其他可能的难看的结局要好得多,算是一种不错的解脱。

图拉真听说他现在已是皇帝之后,没有急于回到罗马,而是首先花时间检验自己的军队是否完全听从指挥。他一路沿着莱茵河和多瑙河的边境地带行军,以确保自己绝对安全,然后才往南开拔。涅尔瓦去世18个月之后,他才到达罗马。

在这期间罗马城一直平静无事,这倒检验出图拉真适合这个岗位。首先,军队尊重他的本领。其次,罗马人民从多米提安的统治中解脱了出来,还避免了涅尔瓦去世后原本可能发生的内战,因此大家都准备好欢迎他。

罗马几乎所有的历史学家都对图拉真称赞不已。他修缮了公路和港口,修建了图书馆,挖掘了运河,修理了污水系统,还发誓"绝不引起流血",这使他赢得了人民的爱戴。[8] 他的几番征战则使他赢得了军队的爱戴。106年,他将西奈半岛和多瑙河以北地区纳入罗马帝国的疆域。他每次都亲自率军出征,凯旋时举行盛大的庆典活动。为了纪念他的胜利,他北征多瑙河的故事像连环画那样被刻在了一根柱子上,这根柱子被称为图拉真纪功柱,至今仍矗立在罗马。

图拉真之所以能享有贤君的美誉,是因为他遵循最起码的公正原则,不偏不倚,将首都治理得井井有条,而且愿意为罗马的荣耀亲自出征。除此之外,贤君的美誉还与他谨慎处理与元老院的关系有关,他尊重元老院的那些无意义的繁文缛节。4世纪时的《古罗马帝王列传》(*Augustan History*)记载道:"他很敬重议员。"[*] 他在

---

* 《古罗马帝王列传》是公元117年后罗马多位皇帝的传记集。这些传记署名是6位不同的作者,但实际上很有可能另有其他作者,而且我们也没有办法知道他们到底援引了什么资料。这些史料不是太可靠,但是,这本书提供了其中的几位皇帝仅有的详细信息。

贯彻元老院的规则时也很谨慎。

他和元老院之间这种融洽的关系，几十年来都不曾见到。罗马共和国这个名字本身实际上是禁止皇帝控制国家的，但在这样一种氛围下，有人开始试图解释其合理性。几百年来，罗马一直在教授禁欲主义哲学，禁欲是罗马美德的基础之一。禁欲主义者不受欲望的支配，他能超然于快乐和痛苦，这样就能客观地判断如何做是好的。

此时，一位名叫爱比克泰德（Epictetus）的哲学家开始将禁欲主义哲学运用到解决皇帝名分的问题上。他写道，"罗马"这个词在当下的含义就是"顺从皇帝之情形"，但这不是说它与真正的自由不可并存。哪怕是那些法律和宪法上的"自由人"，也要与威胁和奴役他们的外力抗争：

> 难道你不曾被你爱的女人强迫着去做你不想做的事吗？你从来没有讨好过你最宠爱的男奴吗？你从未亲吻过他的脚吗？但是，如果有人强迫你去亲吻恺撒的脚，你就会愤怒地说那是暴君的丧心病狂……难道你从来没有在你不想出去的晚上出去，花了很多你本不想花的钱，说了感伤抱怨的话……那你凭什么还说你自己是自由的？[9]

爱比克泰德的出身是来自小亚细亚的奴隶，他很清楚什么叫顺从的生活。他的禁欲主义使自由成为灵魂的自由而非肉体的自由。他写道："一个人，如果能按照他希望的方式生活……得到他想要的东西，避免做他不喜欢做的事情，那他就是自由的。"皇帝反正已经在那儿了，既然如此，罗马人最好还是对自由重新进行定义。

03 罗马世界的边缘

在图拉真统治的最后几年，帝国出现了一种现象，而且国家也不知道如何解决是好：基督徒的数量越来越多。执政官普林尼此时正担任着小亚细亚行省的总督，他对这些基督徒非常担心，遂写信给图拉真询问如何处理他们。基督徒一直声称，他们属于一个没有尘世统治者的国家；这种态度令人不舒服地联想到犹太人，犹太人一开始就拒绝崇拜皇帝，后来就出现了战乱。

实际上，基督徒也希望有一个自己的王国，王国的统治者是上帝而不是图拉真。不过他们与犹太人有很大不同。自亚伯拉罕以来，犹太人对上帝的崇拜一直维系在一片土地上：上帝将以色列这片土地许诺给他们，这就意味着他们的信仰必然伴随着政治层面的诉求。基于神学，犹太人拒绝崇拜罗马皇帝（上帝说，除他之外，再没有其他的神），但是这同时也等于声称罗马人没有权力统治以色列，特别是耶路撒冷——它属于上帝。

而基督徒从来都没有建立真正的国家。他们谈论的国家只存在于精神层面，存在于另一个维度中，与他们现在身处的俗世国家平行存在。希伯来语的《新约全书》说，那是一座没有地基的城市，建造者是上帝。"基督徒"这个名字本身就表明，他们认为自己是上帝之子——那个在犹太地被钉上十字架的人——的追随者，而不是某个特定地方的居民。

罗马的皇帝及各行省总督从来都没弄明白这一点。普林尼的信中充满了谨慎和疑惑：如果基督徒不主动出击，他要对其穷追猛打吗？他是否应该允许他们在公众场合进行奇怪的宗教仪式？他应该如何应对？

图拉真建议采取不问不说的政策。普林尼认为，要压制基督教的公开活动，但也不必四处搜捕并处死基督徒。如果他们不惹麻烦，那就让他们和平生活。

图拉真对此事并不是太上心，部分原因是他把心思更多地放在了对外作战上。在他的领导下，罗马帝国的疆域达到顶峰。他把疆土向南北两个方向都进行了扩张。他的最后一战是与帕提亚的战争，此时帕提亚的统治者是沃洛加西斯三世（Vologases III）。113 年，他亲自率领罗马军队东进，途经亚美尼亚（亚美尼亚败给了罗马，成了罗马管辖的一个行省），跨过幼发拉底河，长驱直入帕提亚。帕提亚人被迫撤退。图拉真继续进军美索不达米亚，攻占了巴比伦，最终夺取了帕提亚的首都泰西封。

这是一场伟大的胜利，但是美索不达米亚的沙漠是出了名的难以对付，那里更适合游击战而不适合大部队。116 年，图拉真仍然在美索不达米亚打击帕提亚的抵抗力量，但总是不能将其彻底歼灭。在此之前，罗马的附属国发生了一场内乱。115 年，散布在从埃及往北的帝国各处的犹太人趁罗马专心对付帕提亚之际发动起义。马萨达之战一直保存在他们的记忆中，犹太人希望要回上帝赐予他们的土地。局势越来越严重，后来图拉真下令允许住在起义地区的非犹太人屠杀他们的犹太邻居。这场大屠杀暂时把这个问题压了下去。

不过，他还是决定暂停在帕提亚的军事行动，伺机再动，之后便率领军队打道回府。但是他只走到了小亚细亚。他在奇里乞亚得了中风，很快就病重不起，于 117 年 8 月 9 日去世，享年 64 岁。

由于图拉真没有做出明示，大家都不清楚应由谁来接任。他的法定被监护人哈德良（Hadrian）此刻任叙利亚行省总督，哈德良宣称图拉真打算立他为皇帝，但是图拉真的一些朋友则宣称图拉真打

地图 3-2　哈德良长城

算立别人，也有人说图拉真故意没做选择，这样可以让最佳人选自动胜出。由于没有比哈德良更好的人选，而且在质疑声传播开来之前，他已经朝罗马进发，元老院便立他为皇帝。到了罗马之后，哈德良按照惯例大大地封赏了禁卫军："士兵非常爱戴他，一方面是因为他关注军队，"《古罗马帝王列传》中总结说，"另一方面是因为他对士兵慷慨大方。"

在他统治的 21 年里，哈德良是一个谨慎、保守的人。他是一位中庸的皇帝，既不太受人爱戴，也不让人畏惧。他任上爆发的最大的战争不是侵略，而是因为错误的判断：他试图在耶路撒冷的废墟上再建一座新首都，甚至计划在第二圣殿的旧址上建一座朱庇特神庙。

这又引发了一场犹太人的大规模起义，对此狄奥·卡西乌斯是这样说的："这是一场激烈而又持久的战争。"[10] 犹太起义军的领袖是西蒙·巴·科赫巴（Simon Bar Kochba），据优西比乌记载，他有着"强盗和杀手的性格"，他向犹太人承诺，他会"为他们的不幸带来天堂之光"。[11]

哈德良派他最有经验的将军前去镇压起义。罗马军队对全国各地的犹太人游击战前哨阵地发起了多次小规模袭击："抓获部分小团体……将他们包围，断绝他们的食物供应。"这个策略在上帝的应许之地导致了彻底的大劫难。优西比乌写道："50个最重要的前哨阵地、985个最著名的村庄全被夷为平地，58万人在战斗中被杀，此外死于饥荒、疾病和火灾的人更是数不胜数。整个犹太地区变得荒无人烟。"[12] 此后犹太行省被撤销，成为叙利亚行省的一部分。

这是哈德良取得的最重大的一次胜利，但这只是一次防御行动。他没有再夺回图拉真曾经入侵的帕提亚领土。他只想守住罗马现有的疆域。这种态度明确体现在他在不列颠的行动上，他决定修建一堵横贯苏格兰的城墙。

这道所谓的"哈德良长城"（Hadrian's Wall）于122年开始修建。10年后，城墙接近竣工。城墙高达6米，由于城墙沿着山顶修建，地面在两侧顺着山势倾斜下去，更能凸显城墙的高度。这堵墙长达120千米，从北海一直延伸到爱尔兰海，横贯整个不列颠岛。

这座城墙成功地抵挡了来自北部的凯尔特人（他们是爱惹麻烦

图 3-1 哈德良长城
图片来源：苏珊·怀斯·鲍尔

又好战的皮克特人）对罗马的不列颠行省的袭击，因为此时罗马人已经在不列颠岛上扎下了根。但是这道城墙并不只是一个防御工事。它不是顺着某条河流或是其他天然边界延伸，它是人为划定的分界线，它宣告墙这边是罗马，墙那边则不是罗马，中间没有任何过渡地带或缓冲区。

就像占领亚美尼亚一样，修建这道城墙表明罗马人越来越不能容忍任何模糊的身份。皇帝的属民要么是罗马的公民，要么就是罗马的敌人。附属国的时代一去不复返，它们要么彻底变成帝国的行省，要么就被摧毁。

时间线 3

罗马	帕提亚	犹太
卡里古拉，第一公民（41）		
	沃洛加西斯一世（51—78）	
尼禄，第一公民（54）		
加尔巴，第一公民（68）		
韦斯巴芗，第一公民（69）		
		第二圣殿被毁（70）
		马萨达围困（73）
提图斯，第一公民（79）		
多米提安，皇帝（81）		
涅尔瓦，皇帝（96）		
图拉真，皇帝（98）		
	沃洛加西斯三世（105—147）	
哈德良，皇帝（117）		

/ 04

幼主即位

> 公元88年至182年间，一个个幼童相继继承汉朝皇位，宦官当权，最后发生了黄巾起义。

公元88年，明帝的儿子章帝在位的最后一年，汉朝已在很大程度上恢复了昔日的辉煌。西部疆域扩展到了安息边境，丝绸之路上的商贸往来使汉朝更加繁荣昌盛。章帝驾崩后没有成年君王来接替他的皇位，他的继任者和帝年仅9岁，但这次似乎并没有像汉朝早期那样因幼君即位而引发灾难。

公元91年，即和帝12岁时，他命宫中宦官清除其母族外戚，试图利用自己年轻的优势夺回实权。

不论是何种情况，总之汉朝的政治舞台上出现了一群新的当权者：宫廷宦官。之所以安排宦官为皇室服务，是为了保证皇帝的仆役都忠心耿耿：他们都被阉割过，所以没有野心（从理论上来讲）为他们的孩子或家族争地夺权。据估算，汉朝约有2000名宦官，他们深受皇帝的信任。[1]

和帝于 106 年驾崩，去世时年仅 20 多岁，没有留下任何合法继承人；他死时两个皇后没有一个怀孕或曾生育。于是和帝的一个生母不详的幼子继位，可是这个小皇帝不到一岁就去世了，后来谥号为殇帝。与他关系最近的亲属就是和帝的侄子刘祜，他于 106 年即位，史称汉安帝，当时年仅 12 岁。

势力强大的外戚再次从幕后走到前台。安帝还是个孩子的时候便结婚了，他娶的是一位有野心的官员的女儿。婚后，他被迫将政治决策权都交给皇后的家人。

146 年之前，登基继位的都是一些非常年幼的统治者，幕后推手则是一个接一个野心勃勃的贵族家庭。126 年，安帝的儿子顺帝即位，年仅 10 岁；顺帝的儿子冲帝不到 1 岁便登上皇位，不到 3 岁便去世了；随后冲帝的堂兄也就是 7 岁的质帝即位，但质帝在 8 岁时被毒死，由他的一位堂兄即 14 岁的桓帝接替他的皇位。

这些年来，汉室天下一直由外戚掌权，这些人与皇帝的关系有叔伯、表兄弟、姑母等。汉桓帝皇后的长兄梁冀管辖洛阳多年，现在更是直接替汉桓帝制定政策。汉桓帝被剥夺权力后，完全退居后宫，不理朝政。他还拒绝与皇后同床，结果他与宫中宦官的关系倒是亲近了不少。

宦官的法律地位也不断改变，渐渐地取得了越来越多的权力。几十年前，宦官收养儿子也并不罕见，但是一名宦官死后，把所有的土地留给了他的养子，开了养子可以继承财产的先例。20 年后，又有一名宦官得到允许，可以将头衔传给自己的养子。[2] 这些都是不小的变化。这样宦官便也有了属于自己的宗族。虽然宦官的宗族是通过领养关系而不是通过婚姻关系形成的，但终究也算是宗族关系。跟其他宗族一样，宫中宦官也开始积聚财富、家产，野心也逐渐膨胀起来。

159年，桓帝给忠于他的五位宦官下达了一项命令，让他们除掉他的内兄梁冀，事成后给他们封官并赐予土地。由于梁皇后刚刚去世，他对梁冀不再有姻亲上的顾虑，所以想夺回权力。

五位宦官召集宫廷侍卫包围了梁冀的宅邸。梁冀在他们冲进来前选择了自杀，但其家族成员则惨遭屠杀，整个宗族无一人幸免。

然而，桓帝夺权夺得太晚。在外戚专权统治天下的几十年里，没人关心国家社稷。汉朝推行的举孝廉制度开始起到适得其反的效果。举孝廉制度一度能让地方的治理权被交给训练有素的优良人才而非官宦贵族。但是那些有能力的人也同样有野心。时间长了，他们中的很多人都会夺取那些交不上税的人的土地，然后让那些债务人继续为他们耕种。[3]

这样做完全合法，比起将债务人送进监狱，这样做也更加人性化（而且更有利于生产）。结果是政府官员积累起了越来越多的土地，欠债者则形成了一个新的群体——佃农。把财产传给自己的子孙后代是人的本性。如此一来，另一套地主家族的关系网慢慢建立起来。这些家族与上世纪那些名门望族的姓氏不同，但结果一样：地主巨富控制着大面积的土地和产业，而在土地上耕作的穷苦农民则无力保护自己，也无权抱怨收入微薄。地主甚至开始雇人来保护自己土地的安全，这些家丁队伍不断发展，看上去越来越像私人军队。[4]

与此同时，通往西域道路的开通也带来了越来越多的贸易机会。商人（按照汉朝最初的制度，他们被视为社会的寄生虫）聚积起了巨额财富。[5] 东汉学者王符（卒于约163年）曾对这一现象发出哀叹，他著有《潜夫论》（他从未获得官方肯定），在《浮侈》一章中他抱怨贸易已经取代农业变成最赚钱的营生。*商贸之所以能繁荣起来，都是依靠穷苦农民缴纳的越来越高的税，这样国家才能派军队驻守丝绸之路，保护往来商旅安全，使其免受强盗袭击。

桓帝并没有采取任何措施来解决这些问题。167年，桓帝去世，身后无子。皇位传给了12岁的灵帝，汉朝所有的问题也都一并留给了灵帝。

扶立灵帝的皇太后窦氏是桓帝的第三任皇后。她辅佐灵帝处理政务，因为灵帝尚且年幼，她知道她能辅政相当一段时间。她最担忧的是宫中的宦官，在桓帝统治期间，这批人获得了巨大的财富，势力也有所膨胀，他们致力于从皇帝那里为自己尽可能多地谋取利益。

她身边的一位谋士儒生陈蕃上书主张除掉所有的宦官，认为只有这样才能保证帝国的安全。这些话传到了宦官耳朵里。宦官及其党羽冲进皇宫，软禁了窦太后。然后，他们对年幼的灵帝说他们来是为了解救他脱离皇太后的控制，并且会保护他的安全。

窦太后被软禁了四年，于172年郁郁而终。与此同时，灵帝越来越信任宦官，甚至称他们中最令人憎恶的张让为"父"。

此时汉朝统治下的中国无人掌舵，经济十分困难，不久又暴发了自然灾害。172年，首先暴发了瘟疫，其后又是洪水泛滥，紧接着又出现了蝗灾。177年，汉朝出兵北击鲜卑人，大败而归。两年后，也就是179年，另一场瘟疫席卷全国。

当年，正是这些凶兆预示了王莽的新朝的灭亡。当时赤眉军揭竿而起，而现在新一轮暴力周期又开始了。这群新的反叛者被称为黄巾军，他们将穷苦人组织起来，揭竿而起。

---

* 《潜夫论·浮侈》："今举世舍农桑，趋商贾。"——译者注

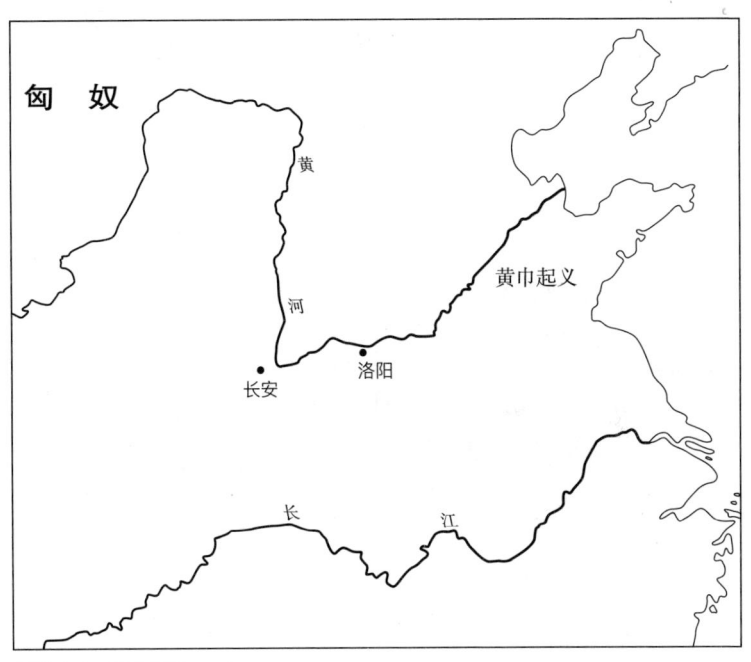

地图 4-1　黄巾起义

黄巾军不仅仅是一群叛乱分子，他们还是一个教派，预言经过战争后会进入理想的时代。数百万中国人过着苦不堪言的生活，他们希望的不仅仅是政治改革，更希望立刻能看到一丝曙光。黄巾军恰恰为他们提供了这样一种希望。他们的首领是信奉黄老学说的张角，他声称自己有法力，能用法术治愈各种疾病，这对于饱受瘟疫折磨的人来说无疑是最好的承诺。他对百姓许诺说喝下他的药水就能刀枪不入，战斗时毫无畏惧，这也正是那些体弱多病、没有武器、饥肠辘辘的人所需要的一种信念。[6]

184年，黄巾军人数超过了35万，他们都是没有土地、穷困潦倒、绝望愤怒的人。这年春天，他们发动起义，反抗压迫他们的人。

时间线 4

罗马	中国
尼禄,第一公民(54)	
	明帝(57—75)
加尔巴,第一公民(68)	
韦斯巴芗,第一公民(69)	
	章帝(75—88)
提图斯,第一公民(79)	
多米提安,皇帝(81)	
	和帝(88—106)
涅尔瓦,皇帝(96)	
图拉真,皇帝(98)	
	安帝(106—125)
哈德良,皇帝(117)	
	顺帝(125—144)
安东尼·庇护,皇帝(138)	
	冲帝(144—145)
	质帝(145—146)
	桓帝(146—168)
	灵帝(168—189)
	黄巾起义爆发(184)

/ 05

错误的继承

> 138年至222年间，奥勒留打破皇族收养传统，汉朝最终崩溃。

哈德良的统治平和，他之后的继任者也大体如此。138年，他收养了一位继承人：安东尼·庇护（Antoninus Pius），一位中年政治家，当过执政官和总督。当时庇护52岁，他的养父哈德良62岁。

就像之前，奥古斯都收养他的女婿提比略作为他的继承人，克劳狄则收养了尼禄，这种收养方式跟收养孩子不是一回事。它只是在法律上创造一种"亲缘关系"，就像汉朝宦官也以此方式来创建自己的宗族一样。对于罗马皇帝来说，将世袭制优势（谁会是下一位皇帝总是显而易见的）与贤者掌权的共和制择优理念相结合是罗马皇位继承的一个有效的方法。通过收养制度，每位皇帝可以将他的皇位传给他欣赏的人，而不是传给自己生养的儿子。

安东尼·庇护的统治经历与哈德良很像，他在位时间比较长，而且在位期间国家稳固，波澜不惊。他在位的23年间最激动人心的时刻是148年庆祝罗马建城900周年。[1] 庇护正式收养了两个人作为自己的继承人：一个是他的侄子马可·奥勒留（Marcus Aurelius），另一个是比马可·奥勒留小9岁的男孩卢基乌斯·维鲁斯（Lucius Verus）。*

161年，庇护去世，这时他的继承人中年纪稍长的马可·奥勒留已经40岁了。他当过一年执政官，完成了政治家的使命，不过他并不喜欢政治。他非常内向，天生就是个学者（据《古罗马帝王列传》记载，12岁之前，"他对哲学就有了浓厚的兴趣"）[2]，而且，他并不热衷于当罗马的皇帝。他是被"元老院强迫"去完成使命的，出于报复，他便让当时已经当了执政官的弟弟卢基乌斯·维鲁斯同他一起当了皇帝。[3]

两人刚一即位就不得不去处理一场战争。帕提亚人又开始蠢蠢欲动。沃洛加西斯四世（Vologases Ⅳ）看到前两位罗马皇帝的统治相对平静，便借机穿过亚美尼亚（已经被其控制），侵入了叙利亚。

帕提亚人在叙利亚受到热烈欢迎，这很大程度上是因为那些逃离科赫巴起义后的大屠杀的犹太人非常欢迎帕提亚人，这些犹太人击退了驻守在那里的罗马军队。卢基乌斯·维鲁斯指挥罗马军队向东进军，而马可·奥勒留留守国内。162年，维鲁斯在叙利亚有力地回击了帕提亚军队，并成功夺回了亚美尼亚。与此同时，另一位

---

* 罗马的皇帝有两套名字：出生时的名字，以及他们被过继为继承人时所起的名字。等到他们登上皇位时还会添加其他的名字。安东尼·庇护最初的名字是提图斯·埃利乌斯·富尔维乌斯·庇护·安东尼，他被选为继承人后名字变成了提图斯·埃利乌斯·恺撒·安东尼，"庇护"是他称帝后加入的名字。马可·奥勒留出生时名字是马库斯·安尼乌斯·维鲁斯，他被收养后被称为埃利乌斯·奥勒留·维鲁斯。他称帝后名字变成恺撒·马可·奥勒留·安东尼·奥古斯都。卢基乌斯·维鲁斯出生时名字是卢基乌斯·西尼斯·科莫多斯，后来被过继为继承人后名字变成了卢基乌斯·埃利乌斯·奥勒留·科莫多斯，成为罗马皇帝后名字改为恺撒·卢基乌斯·奥勒留·维鲁斯·奥古斯都。为了保持本书的可读性，在描写各代帝王时，我选择用其简单通俗的名字缩写，并没有一味地追求准确性而使用全名，那样的话会使行文晦涩难懂。

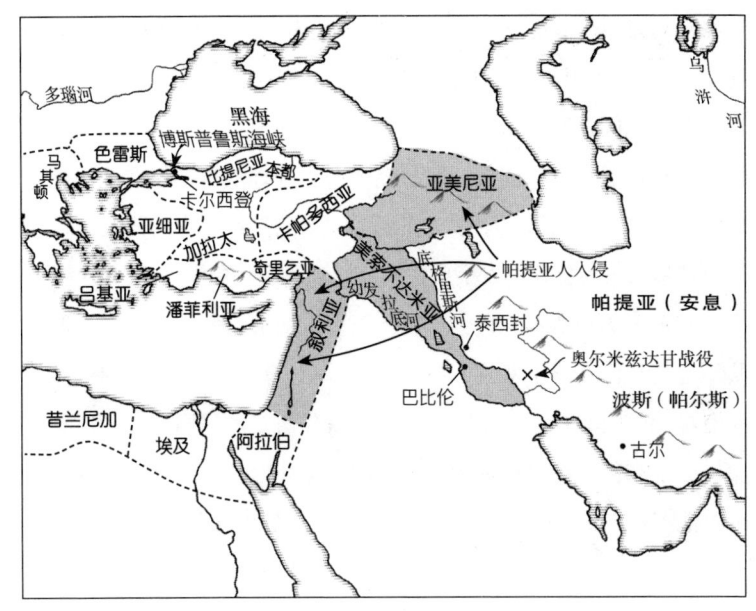

地图 5-1　帕提亚人入侵

指挥官带领另一支军队向东南部进军，进入美索不达米亚，并占领了泰西封。沃洛加西斯四世抛弃他的宫殿撤退了，宫殿随之被罗马人摧毁。

166年，罗马军队得胜归来，但是也带来了瘟疫。胜利游行结束时，这种疾病已经在整个城市蔓延开来。

168年，希腊医生盖伦接到罗马皇帝的紧急召唤，奉命来到罗马城。他在自己的专著《医术》（*Methodus Medendi*）中记录了这场瘟疫。他对病人症状的描述是：发热、咽痛、有脓疱。这场"安东尼瘟疫"极有可能就是天花。瘟疫持续了整整3年，最严重的时候每天死亡2000人。由于有大量尸体需要处理，奥勒留宣布在城中新建坟墓为非法行为，只有这样才能强迫罗马人将尸体拉出城外处理。[4] 之后的若干年，城中也一直饱受瘟疫困扰。

在此期间，军队由于受到疾病的侵扰而遭到削弱，多瑙河附近的部落趁机袭击罗马前线。两位皇帝前去处理危机，但在他们到达之前，入侵就被镇压了下去。在返回罗马的路上，灾难降临了。当时卢基乌斯·维鲁斯突发疾病，还没回到罗马就去世了。

马可·奥勒留带着这个与自己没有血缘关系的弟弟，也是罗马共治者的尸体返回了罗马，命人将其厚葬。然后，他又回到了多瑙河沿岸。中间有几次，帝国出现一些事务需要他回国处理，还有一次他去了东部边境处理传言中的叛乱，除此之外，一直到他统治结束，他都待在日耳曼行省，对抗那里越发猖狂的入侵行为。

长期远离首都往往会使皇帝丧失人心，但奥勒留因治国有道、爱民如子而名垂青史。接连不断的战争榨干了国库，他便拍卖宫廷的家具、金碟、珠宝，而不是增加税收，这使他更受人民爱戴。（《古罗马帝王列传》记载说，他甚至拍卖了"妻子的丝绸和金丝绣服"，他觉得这些东西放在家里也没什么用。）[5]

军旅营帐其实正是奥勒留喜欢的地方，在这里可以远离满是喋喋不休的元老院议员和闹闹哄哄的罗马市民的首都。在日耳曼前线的那几年，马可·奥勒留得以沉浸在哲学里。他的哲学著作《沉思录》成为斯多噶学派的经典著作之一。这是一个困于自己的职责，想要卸去帝国重任的人的沉思。他觉得，去国最远的时候才是最幸福的时候。他写道："如果你在履行自己的职责，那么不管你是冷还是暖，是困乏还是振作，是受人指责还是被人赞扬，是濒临死亡还是在做别的什么事情，对你来说都毫无差别。"[6] 稍后他又补充道："要注意，你不是恺撒，你不是这块料。让自己保持单纯、善良、纯净、严肃、不做作，做正义的人。"[7]

他本人从未想要成为恺撒，不过他很早便要求自己的儿子康茂德（Commodus）学习领导术。奥勒留总共有过14个孩子（传闻说有好几个孩子都是他的妻子趁他不在时对他不忠才有的。《古罗马帝王列传》写道，他曾经发现他的妻子与一位留宿的客人在吃早餐，却假装没有注意到）[8]，但是这么多孩子中活过4岁的只有康茂德。康茂德5岁时便被他立为继承人。177年，也就是康茂德16岁时，他宣布康茂德为他的共治者。马可·奥勒留此后没活多长时间。他身体一直有病，可能是患上了癌症，狄奥·卡西乌斯说他习惯于长期使用止疼药，这说明他很可能对鸦片上瘾。[9] 180年，在重病一周之后，他死在了前线。

19岁的皇帝康茂德立刻同日耳曼人达成和平协议，停止前线的战斗，打道回府。他是多米提安之后第一位血亲继承人。其实也正因为长期未由血亲继承，罗马才能得到大体良好的治理。养子继承制避免了世袭君主制最严重的缺陷，一个明智的、能有效管理国家的统治者登上皇位后，会挑选跟他相似的人作为自己的继承者。

但马可·奥勒留打破了这个传统。康茂德的上位是2世纪罗马最大的灾难，也是马可·奥勒留犯的最大的错误，马可·奥勒留过于孤僻，以至于没有心思去发现身边的优秀人才。他本性喜欢独处，觉得结交朋友耗费心力，没有费心去找继承人，于是干脆就让自己的儿子来继承皇位，这样做简单多了。

康茂德几乎从登上皇位之时就已经堕落。在返回罗马的途中，他还带着自己的同性情人，让他坐在自己所乘的战车里，而且在游行过程中还亲吻他。同性恋在罗马肯定不少见，但是这种行为被认为太过于希腊化，是阴柔的表现；如果非得找个男子作为情人，那

图 5-1　康茂德

罗马皇帝康茂德（180—192 年在位）童年时期半身像。藏于巴黎卢浮宫。图片来源：SEF/Art Resource, NY

么最明智的做法是不要在罗马公众面前招摇过市。

自那以后，他的种种劣迹都成为传奇故事。他在后宫召集了 300 名妇女和 300 名男子，男女比例均等。他喜欢格斗游戏，还将自己打扮成角斗士。他杀害了他的一位姐妹，强迫另一位侍寝。他还穿着女装、披着狮皮在罗马四处游荡，手持棍棒攻击罗马市民。[10] 但是若说他真的疯了，他倒是还没有完全与现实脱节。据《古罗马帝王列传》记载："他害怕理发师，所以常常（在自己给自己理发时）烧焦头发跟胡须。"这表明他自己也知道，可能会有人看不惯他的行为而要谋杀他。[11]

罗马人一致认为他一定是他母亲与某一个角斗士的私生子，他不可能有比肩圣人的马可·奥勒留的血统。这便为"谋杀一位合法的皇帝"找到了合理的理由。192 年，他的一名情妇和一位朝臣

05 错误的继承

下药毒死了他。但他没有马上死去,于是他们找来一个摔跤手掐死了他。

他死后,内战随即爆发。192—193 年,有四个人都想取得禁卫军的支持。最终胜出者是一位负责麻烦不断的多瑙河前线的将军——塞普蒂默斯·塞维鲁(Septimus Severus),他虽然身材矮小,但精力充沛。他出生于北非,在马可·奥勒留统治时期担任过元老院议员。

他向罗马进军,但是不等他到达,元老院就已宣布他为皇帝。他于 6 月 10 日进入罗马城,并立即采取一系列措施以确保自己的帝位无虞。他召集禁卫军举行了游行仪式(这意味着禁卫军没有带武器进城),然后派出自己在日耳曼的战事中训练有素的军队包围了他们。每个涉嫌拥护另一名候选人的禁卫军战士都受到警告,并被要求离开罗马城。等他们一逃走,他马上便任命忠诚于他的人来接替。

在此之后,他的统治期间战事频仍:抗击帕提亚人,前往不列颠袭扰苏格兰人,以及多次平定边患等。但他并没有从自己所目睹的事件中吸取任何经验教训。198 年,他任命长子卡拉卡拉(Caracalla)作为继承人。

209 年,也就是他去世前两年,他又指定他的小儿子盖塔(Geta)与卡拉卡拉一同做皇帝。他这样做也许是企图弥补他之前做出的不慎选择,现在看来这的确是一个错误。卡拉卡拉作为军人是好样的,但他威胁要杀死妻子,而且已经谋杀了岳父,还曾试图杀死生父。尽管如此,他仍然是他父亲挑选继承人的第一选择。

马可·奥勒留开创的世袭制几乎给帝国留下了一道致命伤。共和制已经死亡,取而代之的是已经发展成形的帝国,这二者之间只是稍微有点相似。在卡里古拉和后继者的统治下,帝国已经染上了疾病，看起来似乎无药可救，不过后来又奇迹般地康复了。3000多年前，中国的黄河流域的文明已经开始担忧王朝衰亡的问题。罗马人想出了给帝国统治披上共和外衣的办法，使二者实现平衡，避免了王朝的衰亡。而到了这个时候，世袭继承制的缺陷也将撕裂汉帝国的权力。

184年，酝酿已久的黄巾起义爆发了。

这场起义的领导者是张氏三兄弟：张角、张宝、张梁。在中国古代文学作品《三国演义》中，他们被描绘成肩负大同世界希望的人，带着几分原始共产主义的色彩。他们的口号是："苍天已死，黄天当立，岁在甲子，天下大吉！"他们希望没收富人的土地，将其平均分配给百姓。

对黄巾起义及其后续事件记载最全面的史书是学者兼政治家司马光所编纂的《资治通鉴》。该书在事件发生很久之后才编纂完成，但是司马光大量使用了几个世纪以来的官方记录。

起义从黄河以南、山东半岛附近开始。起初黄巾军被官兵击退，汉朝官员相信很快就会将起义镇压下去，于是他们在184年改元"中平"[12]，但起义军很快又组织了起来，重新发动进攻。189年，战事已经逼近首都洛阳。

同年5月，汉灵帝驾崩。他去世前并没有指定继承人，而是将此任务留给了皇后，也就是后来的何太后，以及宫廷宦官蹇硕。在死之前的某段时间里，汉灵帝曾将洛阳的兵权交给蹇硕，这样，他便成了整个国家最有权势的人之一。

这两人认为皇位应该由汉灵帝13岁的儿子刘辩，也就是后来的少帝来继承。由于军权在握，蹇硕计划进行一次大清洗，除掉汉朝的大将军何进，增强自己的权势。

何进听闻此事，处死了蹇硕——这个消息也传到了宦官们的耳朵里。皇宫内开始分成两派，各自都武装起来。最后宦官一派先下手，张让抓住了大将军并将其斩首。但后来另一位将军袁绍下令将宫殿的大门全部封锁，杀死了所有的宦官。"无少长皆杀之，凡二千余人，"司马光记载道，"或有无须而误死者。"[13]

此时，掌握兵权的前将军董卓看到机会，准备夺权。他从镇压羌族的战役中抽身而出，率军前往皇宫，控制了混乱的局势。他开始任命亲信为官，并依靠自己的军事实力发号施令。

事实上，他是在虚张声势。当时他手下的人手并不够。但他每晚都派一队人马趁着夜色悄悄出城，然后于次日清晨大张旗鼓地进城，以造成支持他的人不断加入的假象。

董卓随后废了少帝，毒杀了何太后。他立年龄稍小的陈留王刘协为帝，史称汉献帝，受他的保护。

董卓并不是唯一一位有野心的将军。此时黄巾军还没被完全打败，各方诸侯却打了起来。董卓带着年轻的汉献帝从洛阳撤走，迁都长安。各路诸侯联合起来讨伐董卓。最终董卓的亲信吕布杀死了他。[14]

之后的几年里，另一位将军曹操从诸侯中脱颖而出。196年，曹操控制了汉献帝，将朝廷迁到许都（后称许昌），挟天子以令诸侯。曹操随后将自己的女儿嫁给天子，并打算为他的新女婿夺回北方。

黄巾之乱此时虽已平息，但几十年来的战乱和政府的腐败已经让国家变得千疮百孔。汉献帝虽然坐在了汉室的宝座上，但他同后期的周天子一样，都是有名无实的统治者。在汉帝国的土地上，群雄并起，争夺霸权。曹操夺取了北方，但是在收复汉室天下这件事上，他没有同盟，因为有太多的对手都不希望看到许都成为权力中心。

208年，在长江的赤壁附近，曹操的军队遇到了两个最强劲的对手。隔江对峙的双方均被过去几年来的战争拖得疲惫不堪。[15]最终曹操主动出击，但中途发现风向发生逆转。对方将领抓住机遇，用一种令人生畏的武器发起了奇袭。司马光在《资治通鉴》中的记载如下：

> （黄盖）先以书遗操，诈云欲降。时东南风急，盖以十舰最著前，中江举帆，余船以次俱进。操军吏士皆出营立观，指言盖降。去北军二里余，同时发火，火烈风猛，船往如箭，烧尽北船，延及岸上营落。顷之，烟炎张天，人马烧溺死者甚众。瑜等率轻锐继其后，雷鼓大震，北军大坏。操引军从华容道步走，遇泥泞，道不通，天又大风，悉使羸兵负草填之，骑乃得过。羸兵为人马所蹈藉，陷泥中，死者甚众。刘备、周瑜水陆并进，追操至南郡。时操军兼以饥疫，死者太半。[16]

败走华容道彻底终结了曹操统一中国的野心。他的势力范围后来只限于汉朝的北方领土，虽然战争仍在继续，但他再也没有主动发起统一中国的战争。

汉献帝知道自己这个皇帝只是徒有其名。220年曹操去世，汉献帝被迫禅位给曹操的儿子。至此，汉朝的统治历经四百多年终于结束。

中国进入了三国时代。曹操的儿子曹丕统治了汉朝的北方疆域。南方的统治者分别是曹操在赤壁之战中的两位对手。孙权在长江中下游建立吴国，定都建业，即现在的南京。刘备则在岷江边的都城——成都——统治着西南地区，成为蜀汉的开国君主。[17]三国取

地图 5-2　三国

代了汉朝，和平一去不复返。接下来的三个世纪里战乱不休。

在西方，塞维鲁去世后，卡拉卡拉和盖塔两兄弟不得不共同做皇帝。他们从来都不是好朋友，盖塔成了联合统治的牺牲品：卡拉卡拉命人在皇宫中将其杀害，并烧掉了他的尸体。

《古罗马帝王列传》说卡拉卡拉很狡猾，设法赢得了禁卫军的拥护：

> 他的父亲去世后，他去了禁卫军营地，在士兵面前抱怨说："……我的弟弟准备了毒药想毒死我，而且我弟弟一直不

尊重自己的母亲。"他还公开感谢那些杀死（盖塔）的人。事实上，为了获取士兵们的忠诚，他给了他们额外的报酬。有些官兵对谋害盖塔一事很不满。他们说这两人都是塞维鲁的儿子，他们曾发誓要效忠两个皇帝，那就应该对他们两人都忠诚。（军营）的门向卡拉卡拉关上了，在很长一段时间内不欢迎皇帝入内。军队最终之所以没有闹事，不仅是因为卡拉卡拉不断对盖塔发出抱怨和指责，还因为他向他们支付了大笔金钱。[18]

然后，他开始清洗任何打算为盖塔之死展开报复的人。"在那些日子里，无数曾经支持他弟弟的人都被杀害，"据《古罗马帝王列传》记载，"杀戮无处不在。有人甚至是在沐浴时或在吃饭时被杀害的。"[19] 狄奥·卡西乌斯补充说，卡拉卡拉甚至取消了盖塔的忌辰仪式。

此后，他颁布了一项新的法律：在他的帝国，所有的自由人现在都是罗马公民。

300年前，就有人提出要授予意大利各城邦罗马公民权，结果罗马人对提出这一建议的人大发雷霆，兵戎相向。现在，甚至没有经过任何辩论或讨论，这项法律就施行了，而且也没有公众对此表示强烈反对。

从某个角度看，授予罗马公民权已经变得越发没有意义：罗马不再是一个共和国，所以一个人即使成为罗马公民，也不再有投票权（投票权在内战期间可是最大的问题）。但是从另一个角度来看，罗马公民权又绝非没有意义。哈德良长城将附属国（附属国会有某种程度的独立性及民族自豪感）变成严格控制的内部省份，对于所有住在罗马国境内的民族来说，这都指向了同一个不可避免的结果。

它们不能再继续像放在一个瓶子里的弹珠那样,维持"罗马治下"的国家集合体的身份。在先前的情况下,各地人民首先效忠的对象是他们的第一身份,当危机发生时,瓶子被打破,所有的弹珠都会跑出来。因此他们必须抛弃过去,接受一个全新的身份。他们必须变成罗马公民。

但是,现在成为罗马公民不再意味着对国家事务拥有投票权。身为罗马公民也不再意味着其出生地就是罗马城。罗马帝国吞并了广阔的土地,成千上万的罗马公民可能毕生都从未真正踏进罗马这座赋予了他们身份的城市。身为罗马公民也并不意味着知道罗马人如何就餐,或者会欣赏塞涅卡的诗歌,或者会讲拉丁语。

在卡拉卡拉的统治下,罗马公民权有三层含义:首先,正如几十年前爱比克泰德指出的那样,它意味着具有此身份的人要忠顺于皇帝;其次,它还意味着具有此身份的人同所有罗马公民一样有一定权利——如果一个人因犯罪而被处以死刑,他可以向罗马申请裁决(除非你是在一场清洗运动中被抓的),他的婚姻和其他合同在罗马法院被视为合法,他的孩子可以根据其遗嘱继承遗产;最后,它还意味着此人需要纳税。卡拉卡拉破产了。他为了行贿掏空了国库,他需要更多的公民,以便搜刮到更多的钱来填补国库的亏空。

简言之,罗马公民权已经成为一种交易。为了换取法律保护,罗马境内的自由人愿意付这笔钱。这笔交易并不太糟(尚未变得太糟,毕竟还没有提高赋税),但是这样做绝对无法将人们团结在一起。这完全不像伯里克利对雅典人发出的号召,让雅典人将自己奉献给身为雅典人的理念,也不像犹太人那样相信上帝向亚伯拉罕的后人许诺了一片属于他们自己的土地。这些是将人们团结在一起的信念。

212年，也就是卡拉卡拉宣布授予所有自由人罗马公民权的那年，一位名叫阿尔达希尔（Ardashir）的帕提亚诸侯王正在小心翼翼地四处讨伐其周围的其他小诸侯国。阿尔达希尔的王国在帕尔斯（Pars），它是帕提亚的一个省份，至今波斯人还生活在那片区域。他的王国首都是古尔（Gur），他的家族是古波斯帝国的后代。后来的记载称他还是大流士本人的直系后裔，不过这已无从考证。[20] 他丝毫没有惊动远方的帕提亚国王，而是通过劝降或恐吓控制周围的小诸侯王。

要不是帕提亚国王阿尔达班五世（Artabanus V）此时正自顾不暇，他才不会侥幸不被注意。阿尔达班五世的一个亲戚意欲夺取其王位，经过一场血腥的内战之后，对方控制了泰西封和美索不达米亚下游地区。阿尔达班五世被赶出首都，撤到西部地区，在底格里斯河和幼发拉底河之间的北部平原上安营扎寨。因此，他无暇顾及泰西封以东地区的情况。

卡拉卡拉认为此时正是将帕提亚变成附属国的好机会，于是他致信被赶下台的阿尔达班五世，主动提出要帮助他，条件是阿尔达班要将女儿嫁过来。阿尔达班五世看出这不是真心实意的联姻，而是意在吞掉他的王国，便拒绝了。卡拉卡拉于是率军东征，并于216年秋季侵入了帕提亚的西部边境。他的征战一直持续到冬季，然后军队在原地扎营过冬，等待来年开春再战。

217年4月初，卡拉卡拉还不等计划好新的进攻，就患上了严重的胃病。他同一名侍卫一起骑马时突觉胃部不适，他跳下马，捂着肚子蹲在地上。他的侍卫趁机杀死了他。

不远处骑在马上的士兵看到这一幕，赶来将暗杀者刺死。这名刺客与杀害卡里古拉的刺客一样，以自己的生命为代价挽救了整个帝国。卡拉卡拉的尸体被火化,骨灰被运回罗马。他统治了罗马6年,去世时29岁。

没有了皇帝,东部军团便宣布他们的首领马克里努斯(Macrinus)为他们的新皇帝。217年晚春,马克里努斯带领他们再次穿越帕提亚边境发动攻击。但是经过一个冬天,阿尔达班五世重新积蓄了力量,经过苦战,罗马人被迫撤退,一无所得。马克里努斯不愿意再发动一场战争,于是主动赔款求和。

这激怒了他手下的许多士兵。他是因为自己的军事才能才被拥立为皇帝的,一旦失去军心,他便一无所有,何况恰巧当时还有一个候选人也在争夺皇位。此人便是卡拉卡拉的表侄(他姨母的孙子),时年14岁,高大英俊,名叫埃拉加巴卢斯(Elagabalus),长得很像卡拉卡拉,曾经有流言说他是卡拉卡拉的私生子。

218年5月16日,也就是马克里努斯战败后几个月,一群士兵拥护埃拉加巴卢斯取代马克里努斯成为罗马皇帝。马克里努斯发现越来越多的部属弃他而去,去追随新的皇帝。最后,他不得不逃跑。但一个月后他在卡尔西登被追兵发现,当时他正试图穿越博斯普鲁斯海峡前往色雷斯。[21]他被关押了起来,没过多久就被秘密谋杀。

事实证明,埃拉加巴卢斯是个沉迷享乐、胸无大志的昏君,即使《古罗马帝王列传》中的故事只有一半是真的,也说明他在登基后不久便失去了理智。《古罗马帝王列传》通过辛辣的评价透露了很多细节,提到士兵们很快就对这位"一心淫乱享乐,沉迷于肉欲的第一公民"失去了耐心。[22]他还举行奇怪的宗教仪式,其中有一次是他崇拜起一块他找到的石头,说它是一个神,另外一次是他试图自己给自己割包皮(据说差点把自己阉了)。

222年,禁卫军转而支持另一个人做皇帝,一队侍卫前去抓捕埃

时间线 5

罗马	中国	帕提亚
图拉真，皇帝（98）		
	安帝（106—125）	沃洛加西斯三世（105—147）
哈德良，皇帝（117）		
	顺帝（125—144）	
安东尼·庇护，皇帝（138）		
	冲帝（144—145）	
	质帝（145—146）	
	桓帝（146—168）	沃洛加西斯四世（147—191）
马可·奥勒留和卢基乌斯·维鲁斯共治		
马可·奥勒留独治（169）	灵帝（168—189）	
康茂德，皇帝（180）		
	黄巾起义爆发（184）	
塞普蒂默斯·塞维鲁，皇帝（193）	少帝（189） 献帝（189—220）	
	赤壁之战（208）	
卡拉卡拉，皇帝（211）		阿尔达班五世（213—224）
马克里努斯，皇帝（217）		
埃拉加巴卢斯，皇帝（218）		
	三国（220—280）	

拉加巴卢斯。听到消息后，他躲入一个公共厕所，不过那些人找到了他并将他杀死。然后，他们又把他的尸体从臭水沟里捞出来，拖在马车后面跑了几圈，最后拴上一块石头扔进了台伯河。他与皇帝卡拉卡拉的血缘关系将他推上了皇位，但是这一关系没能救他的命。

/ 06

帝国拯救者

> 222年至312年间,帕提亚落入波斯手中,戴克里先试图拯救罗马帝国,并将这一未竟事业留给了君士坦丁。

222年,也就是埃拉加巴卢斯被谋杀的同一年,帕提亚国王阿尔达班五世打败了他的挑战者,重新夺回了泰西封。

他对首都的控制仅仅维持了两年。波斯年轻的阿尔达希尔设法将古老的米底、波斯的城邦及这些城邦的盟友变成了他的同盟者,并在家乡古尔加强了自己的实力。224年,他率军前往奥尔米兹达甘(Hormizdagan)平原迎战帕提亚大军。

在激战中,阿尔达班五世被杀,帕提亚帝国至此终结。阿尔达希尔进入了泰西封的王宫,并按古波斯的方式宣称自己为"万王之王"阿尔达希尔一世。他的新王朝名为萨珊(Sassanians),这来自他出身的波斯氏族的名称。

帕提亚帝国是一个游牧民族夺取政权后渐渐发展起来的帝国,一直由多个诸侯国组成,它们共同尊奉同一个国王。根据以往的经验，阿尔达希尔一世知道这种政体给了下面的诸侯王太多自由，让他们很容易发动叛乱。因此，他倾向于将自己的新帝国按照古波斯的方式来治理。他将帝国分成省份（或称管辖区），由掌管军权的总督来治理。在划定各省地界的时候，他有意地让新的边界线与古老王国的边界线交错，这样就能保证在阿尔达班五世被推翻后，新的地方头领难以形成同盟并发动反叛。那些出身萨珊王族的总督都有一个荣誉性的波斯头衔——"沙阿"（shah）。

对于那些经历了一个又一个无能的君主的罗马人来说，复兴的波斯就像一个从旧梦中复活的野兽。重建并复兴波斯帝国的开国之君阿尔达希尔一世的统治一直延续到241年，然后他将一个治理良好的帝国传给了儿子沙普尔（Shapur）。帝国万事俱备，只待扩张。

铸造于其统治末期的硬币上的图像显示，阿尔达希尔一世面对着一位年轻王子，这说明他似乎在去世之前就已经为自己的儿子加冕，让他做共治者。9世纪时的阿拉伯历史学家马苏迪（Abu al-Mas'udi）同希罗多德一样，曾游历当时已知的各国，搜集古代事迹，将其编纂成史书。他说阿尔达希尔一世亲手将王冠戴在了沙普尔一世头上，然后退位让沙普尔一世独立统治。[1] 这说明这个人对未来都做了妥善的安排（这种品质在过去几十年的罗马皇帝身上未曾出现过）。

沙普尔一世刚一登基，就召唤伟大的神阿胡拉·马兹达（Ahura Mazda），让他来支持他的统治。阿尔达希尔一世和沙普尔一世都是琐罗亚斯德教信徒，这是早在大流士一世时就开始由先知琐罗亚斯德[Zoroaster，或者称查拉图斯特拉（Zarathustra）]传播的一种神秘的宗教，又被称为"拜火教"。琐罗亚斯德教有着复杂的神学理论，其仪式也十分繁复。在沙普尔一世统治时期，这一宗教的主要教义是：世界由善和恶两股力量组成，二者势均力敌；善源于伟大的神阿胡拉·马兹达，恶存在于对立的神阿里曼（Ahriman）身上。[*][2] 这种双重性意味着善和恶总是处于不断的斗争中，琐罗亚斯德教的教徒需要投身于无休止的对抗以邪灵达瓦斯（daevas）为代表的恶势力的行动中。"我诅咒达瓦斯，"琐罗亚斯德本人所著的古代教义开篇即写道，"我宣布自己是阿胡拉·马兹达的崇拜者，所有的善都来自阿胡拉·马兹达。我希望那些有住宅的人，那些居住在大地上、有牲口的人，能够有随处迁徙、四海为家的自由……在所有现存或将来出现的宗教中，琐罗亚斯德教都是最伟大、最出众、最美的宗教。"[3]

沙普尔一世毫不迟疑地宣称，是阿胡拉·马兹达赐予他统治的神圣权力，就统治权而言，他无须考虑人民的感受。作为波斯王，他就是至善的化身。阿尔达希尔亲自宣布琐罗亚斯德教为新帝国的国教，这一宗教把各个属国用单一的目的集合在一起，结成神圣的团体。沙普尔一世的每位子民都是对抗达瓦斯的士兵，波斯的所有男人和女人对国家的忠诚也是为打击恶势力而斗争的承诺。这种官方宗教同时也是将国家团结在一起的非常强大的力量。

沙普尔一世的军事征服行动从罗马帝国这个庞然大物开始。他成功地击败了美索不达米亚的罗马驻军，而后进入叙利亚，进攻那里的罗马军队。但是波斯在那里最初的军事行动失败了。罗马的叙

---

[*] 这只是一种简单的说法。玛丽·博伊斯（Mary Boyce）的《琐罗亚斯德教：宗教信仰和习俗》（*Zoroastrians: Their Religious Beliefs and Practices*, Routledge, 2001）对琐罗亚斯德教的发展做了很好的梳理。保罗·克里瓦契克（Paul Kriwaczek）的《琐罗亚斯德教探秘：穿越伊朗和中亚寻找世界上首位先知》（*In Search of Zarathustra: Across Iran and Central Asia to Find the World's First Prophet*, Vintage, 2004）则更通俗一些，介绍琐罗亚斯德教对周围文化的影响。通常认为，琐罗亚斯德教是世界上第一种有宗教教义的宗教，其基本信仰由一整套固定的教义来界定。

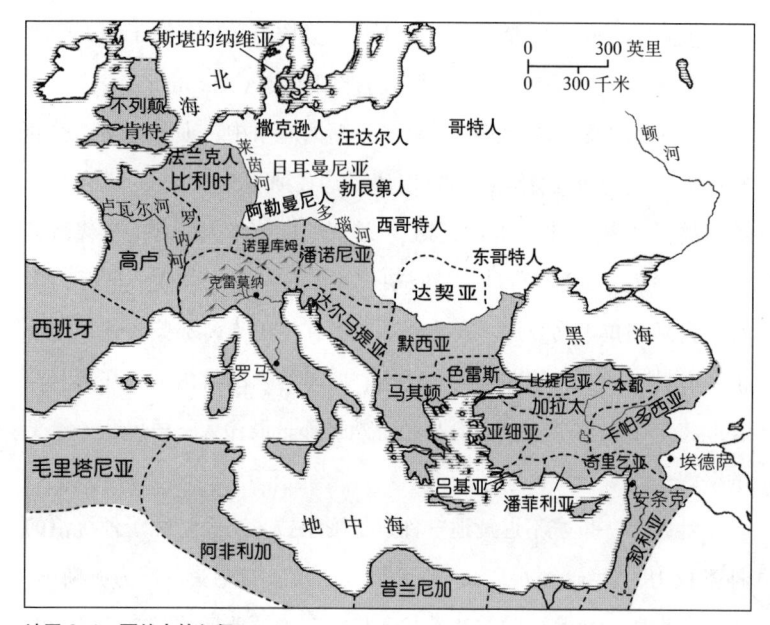

地图 6-1 哥特人的入侵

利亚驻军打败了沙普尔一世的军队，波斯人被迫撤退。*虽然罗马取得了胜利，但他们抵御波斯进攻的能力受到了严重影响。与此同时，在罗马北方出现了一个新的敌人。

2世纪前后，很早以前就居住在北部斯堪的纳维亚半岛的居民坐船穿过海峡，在欧洲海岸登陆。6世纪时的作家约旦尼斯（Jordanes）的记述是我们现今能读到的对当时情景最好的描述。"在北极地区，"他在史书中写道，"有一个大岛斯堪查（Scandza），我的故事（感谢上帝）就从这里开始。有一个民族，其来源大家都不

---

* 罗马历史学家和沙普尔一世留下的记述彼此相左，因此对当时结果的任何再现都是不确定的。

得而知,他们就像一群蜜蜂一样从这个岛上涌出,然后来到了欧洲大陆。"[4]

罗马人将这些新来者称作哥特人。约旦尼斯说他们"人数众多,种族多样",而且列举了统称为哥特人的一众部落。这些部落的人勇猛强悍,"他们所受的苦远超过其他民族,因为在极昼时,他们日复一日看着太阳沿着地平线转圈,但在极夜时又完全看不到太阳"。[5]由于哥特人能够习惯24小时的极昼和极夜,所以他们对极端行为也很习惯。

在欧洲,他们越过日耳曼部落一路打到多瑙河,有些人还继续往东来到斯基泰人的故土。在此之后,约旦尼斯把他们分成西哥特人和东哥特人两支。西哥特人现在正准备从多瑙河进军,威胁罗马的领土,东哥特人则涌入了色雷斯和马其顿的原有领地。

249年,来自北方的入侵威胁日益严峻,罗马大军不得不严阵以待。时任罗马皇帝是后人极少记起的菲利普*(Philip),他试图用金钱收买哥特人,但是每期支付总是延迟,西哥特人以此为由渡过多瑙河,劫掠了沿岸的村落。多瑙河驻军对皇帝的懦弱大为不满,宣布立他们的将军迪基乌斯(Decius)为皇帝。据约旦尼斯说,还有一些士兵则直接抛弃了他,加入了哥特人的队伍。

迪基乌斯执政两年整。他前往罗马接受权力后,旋即回到战场上抗击入侵者。251年,他在多瑙河南边的战场上战死。他是第一位因打击外族入侵者而战死沙场的罗马皇帝,其他皇帝都是被自己的族人所杀的。

---

* 从埃拉加巴卢斯在222年去世到此时,罗马一共有过八位皇帝,其中四位在位都不过几年甚至几个月时间:塞维鲁·亚历山大(222—235年)、马克西米努斯·色雷克斯(235—238年)、戈尔狄安一世(238年)、戈尔狄安二世(238年)、普皮恩努斯·马克西姆(238年)、巴尔比努斯(238年)、戈尔狄安三世(238—244年),以及菲利普(244—249年)。

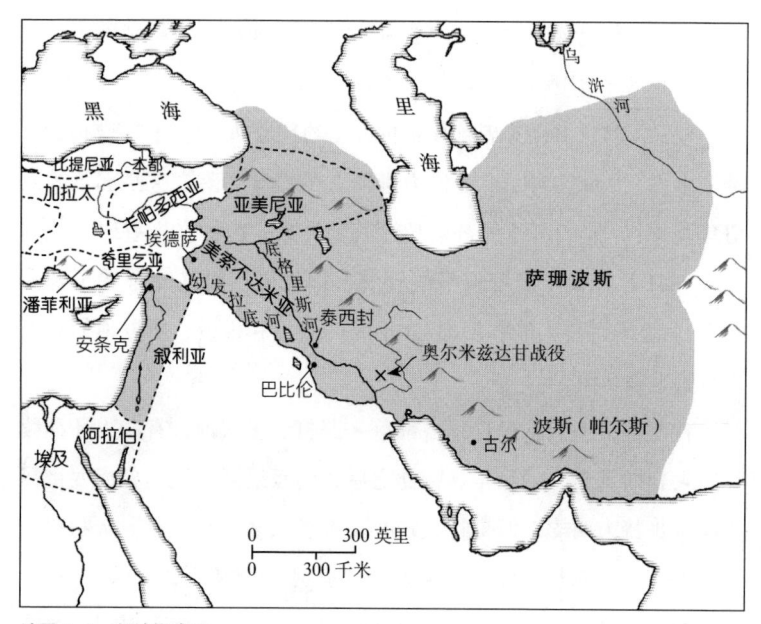

地图 6-2 新波斯帝国

252 年,沙普尔一世又一次从叙利亚边境向罗马人发起进攻。此时,罗马军团形势危急,既要抵御东部边境上波斯人的进攻,又要抗击北部边境上哥特人的入侵。东部边界首先被攻破。沙普尔一世击破叙利亚驻军的防线,将叙利亚占为己有。253 年,他攻克并洗劫了东部重要城市安条克。

同年,罗马终于迎来了一位执政超过两个月的皇帝。瓦勒良(Valerian)做过执政官和大将军,已经快 60 岁了,不过在头几年统治期间,他看上去能挽救罗马帝国衰落的命运。他任命自己的儿子伽里恩努斯(Gallienus)统领西部军团。伽里恩努斯很快就在莱茵河附近击退了入侵者,瓦勒良本人也开始在东边赢得一系列战役。

他究竟赢得了多少场战役不得而知，但是他在257年的罗马钱币上被称为"世界光复者"，这（其中必有一定程度的夸张）说明他赢得了相当了不起的胜利。但是，260年暴发的一场瘟疫席卷了他的大军，大大影响了军队的战斗力。当波斯人在埃德萨向他发起进攻时，他只能撤退，并最终请求谈判议和。

沙普尔一世同意了这个提议，条件是皇帝只能带着一小队士兵与其会面。瓦勒良带着几名侍卫来到谈判地点。沙普尔一世杀死了他的随从并囚禁了他。

后世的基督教历史学家对瓦勒良的生平记载最全。这可能是因为瓦勒良迫害过基督徒，这些历史学家都很厌恶他，称他的被俘是上帝对他的判决。"上帝以一种全新的、特殊的方式惩罚他，"拉克坦提乌斯（Lactantius）说，"波斯王（沙普尔）将他变成阶下囚，波斯王乘车或上马时都让这个罗马人伏在地上给他当上马凳；每次波斯王把脚踏在瓦勒良肩上时，都会带着一丝恶毒的笑容说：'这是真的，而不是罗马人在墙上描绘的图景。'瓦勒良在他的征服者手下虽然受此凌辱，却活了很久，后来，在很长一段时间里，这个罗马名字都是那些野蛮人的笑柄。"[6]

一个还在帝位的罗马皇帝被波斯野蛮人抓去当了俘虏，并且还给他们当上马凳，这件事对于罗马人来说是难以想象的奇耻大辱。但对沙普尔本人来说，这是一件令其无比得意的大事，他让人将这一情景刻在了自己陵墓的壁画上。壁画中，他身形巨大，得意扬扬地骑着马，扯着瓦勒良的胳膊，前罗马皇帝菲利普在马前谦恭地跪着。

罗马突然之间就变得不再那么可怕，不再不可一世了。罗马各行省纷纷发生叛乱。罗马大军变得越来越弱，因为他们既要应对内部叛乱，又要打击北部入侵之敌：日耳曼人、阿勒曼尼人正在入侵意大利，法兰克人（也源自日耳曼人）正在伊比利亚半岛上攻打罗马的省份，高卢人则宣布脱离罗马，建立了自己的国家。

瓦勒良现在还被囚禁着，但仍然是皇帝，他的儿子伽里恩努斯算是代理皇帝。伽里恩努斯是一个很有能力的将领，但是他所面临的乱局却是任何人都难以掌控的。只要他能证明自己作为指挥官的才能，他就仍能掌握权力，但他很清楚，自己的时日不多了。他让政敌与他一同吃饭，这样可以避免被毒死。在他身边永远有一小群他最信赖的士兵保护着他。但在 268 年，这群他最信赖的士兵中的一人却将他杀死了。

之后，在我们不得而知的某个时间，他的父亲瓦勒良也死于波斯。沙普尔将他的尸体当作战利品。"他被剥了皮，"拉克坦提乌斯说，"剥皮之后他的身体被用朱砂染色，放置在野蛮人的神殿中，作为对胜利的纪念物传之后世，而且这一奇观很可能总被展示给我国的使节，作为对罗马人的训诫。见到他们的皇帝变成了俘虏，并作为战利品被放置在波斯的神庙中，他们就不应对自己的实力太过自信。"[7]

268 年伽里恩努斯被谋杀后，罗马帝国（此刻只是勉强还能称为帝国）尚能苟延残喘。271 年，野蛮人已经深入意大利半岛腹地。此时的皇帝奥勒良（Aurelian）也出身军旅。按照 4 世纪历史学家尤特罗庇乌斯（Eutropius）所说，他是"一位在战场上颇有能力的人……性格残酷"。[8] 他指挥军队打了几场精心策划的战役，几乎恢复了以前的边界。分裂的趋势暂时被扭转，赫赫战功也为奥勒良赢得了尊敬，虽然人们不一定爱戴他。"他非常残暴嗜血，"尤特罗庇乌斯说，"从某些方面来讲，当时那个时代所需要的正是这样一位皇帝，而不是一位和蔼可亲的人……然而，在很大程度上，他是一个改革者，有着军人的纪律性，同时也行为放荡。"[9]

但是单纯重整军队并不能解决罗马的问题。奥勒良正是看到了这一现实，才下令在罗马城外修建围墙。300多年来，罗马都没有围墙，罗马市民骄傲地说，是强大的罗马军队在保护着他们。[10] 现在他们已经无法再依赖这种保护了。此时，皇帝的权力完全依赖于军队的效忠，但是军队的效忠却过于多变，完全靠不住。5 年后，禁卫军就在罗马的一条公共道路上杀死了奥勒良。[11]

元老院将权力交到皇帝手中，皇帝依靠军队的力量，但是罗马大军战线过多，军力过度分散，导致其实力既不稳定也不可靠。奥勒良死后9年内共有6位皇帝登基，结果每个人都被谋杀了。

其中唯一可能的例外是第四位皇帝卡鲁斯（Carus），他的手下声称他在底格里斯河岸驻扎时被闪电击中。[12] 但这种说法不太可信。此外，卡鲁斯"被闪电击中"时，他的侍卫官戴克里先也在他的营帐中。之后，卡鲁斯的儿子努梅里安（Numerian）即位，但是在军队行进时神秘死亡。他当时患有眼疾，需要坐在轿中以免被阳光直射，结果他在轿中死后，竟然无人知晓。"他的死……直至死尸散发出气味才被人所知，"尤特罗庇乌斯说，"随行照顾他的士兵都闻到了这股气味，于是打开轿帘，发现他已经死了好几天了。"[13]

他的死亡弥散着阴谋的气息（有人可能会想"照顾他"是什么意思，如果真是照顾他，那么努梅里安死了几天怎么会无人知晓）。不久，疑犯就被指认出来。当时，军队聚到一起准备选出新的领袖，戴克里先激动地大声说他知道是谁杀死了努梅里安：那人就是努梅里安的岳父、禁卫军的长官。戴克里先控制不住激愤之情，"当着军队的面"，拔剑杀死了努梅里安的岳父，这样也就避免了调查这项指责是否属实。[14]

卡鲁斯的朋友们宣布他的另一个儿子登基称帝。戴克里先的野心现在已是世人皆知。他率领支持者对抗新帝的军队，并将他的对手杀死在战场上。

这下，戴克里先成为罗马帝国的领袖。拉克坦提乌斯将其描述为"善于制造邪恶和痛苦的人"。[15] 同他的几位前任一样，他也迫害过基督徒，所以在基督教神父的笔下他也是个十恶不赦的坏人。拉克坦提乌斯谴责他腐败、残酷、过度征税、强奸，还将其他能想到的任何罪名都加在他的头上，说他差一点就毁了罗马。"这个人，部分是出于贪婪，部分也是因为同时期执政官的懦弱，将罗马帝国搞得天翻地覆，"他抱怨道，"因为他让另外三个人与他共享帝国，因此，帝国被一分为四，军队人数激增，四个统治者中的每一位都希望保持强大的军事实力，甚至比之前任何一个皇帝所拥有的军力都要强大。"[16]

事实上，正是这种拆分挽救了罗马帝国。毫无疑问，戴克里先是个野心勃勃的人，但是他比拉克坦提乌斯描述的要更加老谋深算。他并非仅仅为了攫取权力。他是在为帝国出现的问题寻找解决方案，而且他发现解决这一问题的方法就是将他的大部分权力分散出去。

他登基第二年便找了一个副手，这个人是他非常熟悉的军队指挥官马克西米安（Maximian）。他赐予马克西米安"奥古斯都"的头衔，任命其为共治皇帝。这是卡拉卡拉和盖塔共享这个头衔后，帝位第一次由两人共享。

戴克里先认为，帝国的最大问题就是疆域过于辽阔。如果不施行独裁专制，任何人都不可能掌控这么大的国土；然而一旦实施独裁专制，就会引来杀身之祸。另外，即便是最为独裁的皇帝也不可能赢得所有军队的支持，毕竟罗马大军遍布在从高卢至幼发拉底河的广阔区域。军团肯定支持跟他们最亲近的人，因此戴克里先让帝国的两个半边各由一个在当地最有威望的人统治。

军队的力量一直是戴克里先的心头大患。293年，戴克里先进一步调整军队，使其无法参与权力的更迭。他任命了两个"副皇帝"，这两人得到了"恺撒"的头衔（皇帝赐予继任者的惯常名号）。这两名"恺撒"分别是君士坦提乌斯（Constantius）和盖勒留（Galerius），二人与两位皇帝的私交甚笃：盖勒留娶了戴克里先的女儿，君士坦提乌斯则娶了马克西米安的女儿。（"两人都被迫与之前的妻子离婚。"尤特罗庇乌斯评论道。[17] 稳定都是有代价的。）

305年，戴克里先做了一件此前任何皇帝都没有做过的事情：他退位了，把权力移交给他的恺撒，并要求马克西米安也退位。他已经年迈，身体衰弱，认为与其一直紧握权力不放，不如让权力在自己的监督下平稳过渡给下一代。马克西米安很不情愿地照做了，在同一天，两人各自在帝国东部和西部举行了退位仪式，参加了胜利巡游，然后在仪式的最后正式脱下皇袍，穿上市民的衣服。[18]

戴克里先这样做是在试图重新定义"罗马共和国"这个棘手的概念：罗马市民无须臣服于一个皇帝，而只须接受皇帝权威的概念就可以了。帝国像剧院里的演员一样，又换了一身衣服。戴克里先试图证明皇帝在一个时间段内代表罗马，但是代表这一任务本身比承担代表任务的人的品质更为重要。

简单来说，这个方法奏效了。君士坦提乌斯成了高卢、意大利和非洲的皇帝，盖勒留则成为罗马帝国东部的皇帝，二人另外新选定了两名恺撒，作为他们的副手。但是君士坦提乌斯在306年，即

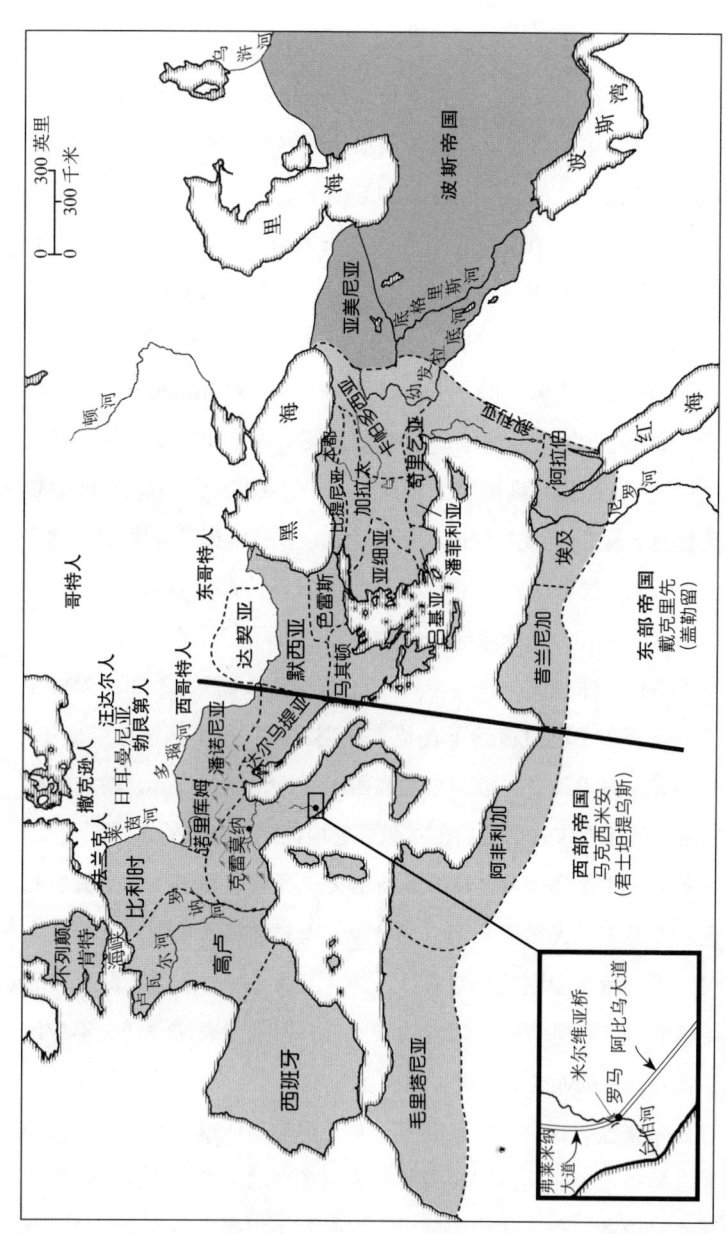

地图 6-3 罗马帝国的分裂

登基的第一年便去世了。此后，军队开始重新参与到继位问题中来。军队并没有领悟戴克里先对皇帝权力进行重新定义的深意，君士坦提乌斯去世前很受西部士兵的爱戴。他去世后，士兵们坚决要求他与前妻生的儿子，也就是年轻的君士坦丁继承帝位。不管国王的儿子有什么样的性格，都应该让其即位——这种不理智的想法自从苏美尔的伊塔那时代起就一直存在于人类的思维中。哪怕是在3000年后，它依然根深蒂固。

这正是戴克里先想要避免的事情，但是现在，旧习俗与新制度发生了冲突。东罗马皇帝盖勒留坚称，君士坦提乌斯的副手塞维鲁二世应该按计划成为西部的皇帝。对权力的渴望（自吉尔伽美什的年代就已出现）也再度浮现。马克西米安本就不愿退休，这次他再度出山。在塞维鲁的劲敌君士坦丁的帮助下，他率军向塞维鲁发起进攻，并将其击败。

此时帝国的乱局比以往都要复杂。唯一拥有合法统治权的人就是盖勒留。塞维鲁死了，马克西米安本该退休，但君士坦丁支持马克西米安出山，并娶了马克西米安的女儿，也就是说他的继祖父现在成了他的岳父。马克西米安的儿子马克森提乌斯（Maxentius）则看出来，只要他父亲能当权，而且君士坦丁不从中作梗，他就会成为下一任皇帝。

一系列战事就此爆发，权力从一个人手中转移到另一个人手中，从东边转移到西边，帝国的居民只好作壁上观，等待最终结局。312年，一系列对抗终于演化成一场大战：君士坦丁计划率领驻扎在罗马以北的军队向马克森提乌斯发起进攻。马克西米安两年前就因未能成功夺权而羞愤自杀。马克森提乌斯此刻正指挥自己的军队控制着罗马。

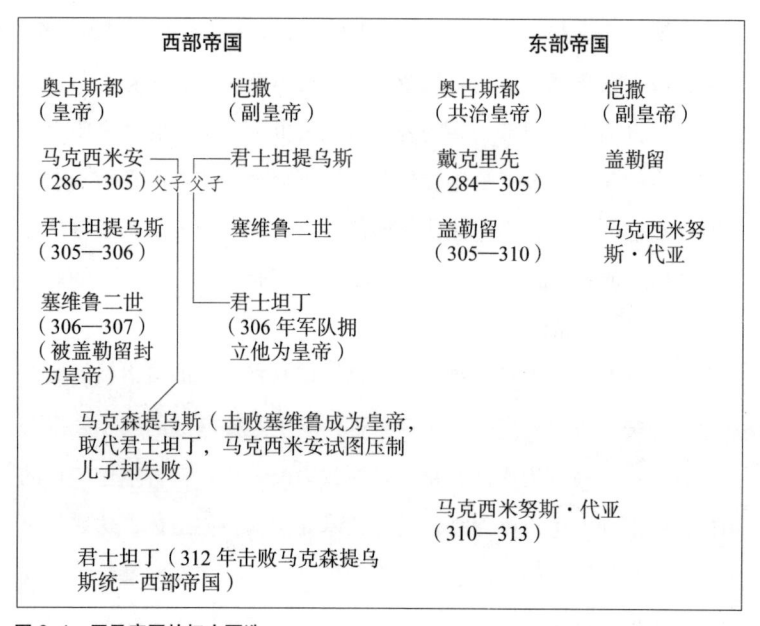

西部帝国		东部帝国	
奥古斯都（皇帝）	恺撒（副皇帝）	奥古斯都（共治皇帝）	恺撒（副皇帝）
马克西米安（286—305） 父子	君士坦提乌斯 父子	戴克里先（284—305）	盖勒留
君士坦提乌斯（305—306）	塞维鲁二世	盖勒留（305—310）	马克西米努斯·代亚
塞维鲁二世（306—307）（被盖勒留封为皇帝）	君士坦丁（306年军队拥立他为皇帝）		
马克森提乌斯（击败塞维鲁成为皇帝，取代君士坦丁，马克西米安试图压制儿子却失败）			
		马克西米努斯·代亚（310—313）	
君士坦丁（312年击败马克森提乌斯统一西部帝国）			

图 6-1 罗马帝国的权力更迭

10月，君士坦丁率军向罗马城进发。基督教历史学家优西比乌对此的记载很像是来自君士坦丁本人的记述，其中用我们熟悉的套路把此次行动描述得像是正义之举："罗马帝国的都城正在遭受暴君的压迫……他（君士坦丁）说，只要看到城市还在受难，他的生活就无欢愉可言，而他就会准备好去推翻暴政。"[19]

但是，只要说自己是解放者就能将帝国统一起来的日子已经一去不返。居住在首都的罗马人见过了太多这样的解放者，这些解放者无非是换一种方式奴役他们。所以君士坦丁还需要让自己顺利进军更有说服力的"幌子"。

优西比乌好像不是很喜欢后面发生的事情。就在君士坦丁考虑是否需要一位罗马神灵来为他的夺权助力时（这种做法极大地帮助了沙普尔一世），他眼前出现了这样一番景象：

> 一个无比神奇的兆头从天而降，出现在他眼前，对其他人描述这番景象可能很难让其相信。但是问题是，很久之后，这位获胜的皇帝亲自向这段历史的书写者叙述了此事，此时他已经受到他的朋友和民众的尊敬与爱戴，并通过宣誓确认了自己称帝的声明，那么谁还会对此持怀疑态度呢？他说，在午时左右，太阳刚刚开始偏西，他亲眼见到太阳上出现了一个明亮的十字架，十字架上刻着"你必以此大获全胜"。见到此番景象，他惊呆了……就在他继续揣摩这句话的含义时，夜幕突然降临，然后在睡梦中神所立的基督出现了，其身上所带的符号同他在天上所见的一模一样，基督命令他把看到的符号当成护身符，与敌人作战时随身佩戴。[20]

优西比乌在描述这一段的时候十分小心谨慎，因为基督教神学一般不鼓励这样的神秘想法，这反映出正统的基督徒对这个故事的后半部分持怀疑态度。但是君士坦丁按照要求做了，他将基督名字的头两个希腊字母"X"和"P"刻在了他的头盔上，绘制在他的军旗上。

面对君士坦丁的进军，马克森提乌斯率军出城迎战，沿着弗莱米纳大道前进，渡过台伯河，在米尔维亚桥前扎营。君士坦丁要想攻进罗马城，就得突破他们的防线，通过大桥。

马克森提乌斯一方在人数上占优，但优西比乌的记载中提到，当时城中正在闹饥荒，所以马克森提乌斯的人马可能战斗力不足。

图 6-2　君士坦丁

罗马皇帝君士坦丁大帝的大理石半身像。藏于罗马康塞巴托里宫殿美术馆。
图片来源：Archive Timothy McCarthy/Art Resource, NY

君士坦丁的进攻逼得他们转身向台伯河溃逃。米尔维亚桥太窄，无法承受如此多溃逃的士兵，于是溃逃的士兵便试图在旁边搭起一座浮桥。可是由于超载，撑起浮桥的船只沉入河中，数百人淹死，其中就有马克森提乌斯本人。他是被他自己沉重的盔甲拽进河里的。君士坦丁成为罗马城的主人，而且不久之后，他将成为整个帝国的主人。

优西比乌在讲到马克森提乌斯被淹的时候，忍不住引用了以色列人在跨过红海并将埃及人甩在身后任由其淹死时说的话："我要向耶和华歌唱，因他大大战胜，将马和骑马的投在海中。"[21] 唱诵这些诗句的那个民族，他们的信仰与国家的政治存在是合二为一的，但是基督徒从来不曾这样。然而，君士坦丁在基督教中看到了自己国家未来的希望。在坚持了三个世纪后，基督教的身份——这个身份对于信徒来说是绝对的核心，但它从未掩盖一个人之前的世俗身份——终于证明自己比其他身份更为强大。

罗马帝国一直在将自己的边界向外扩展，吞并昔日的同盟者，先是要求子民效忠皇帝，而后要求他们效忠皇帝权威的理想化信念。后来，这个帝国变得越来越腐朽，越来越充满争议。与此同时，历经血腥的战争，基督教存续下来，传播到了罗马人已知世界的大部分地区。基督教实现了罗马帝国未能实现的事业：它一开始只是犹太教的一支，后来慢慢从其起源地发展壮大，最终将犹太人、外邦人、色雷斯人、希腊人、叙利亚人和罗马人团结在了一起。

自从君士坦丁在米尔维亚桥上将自己同基督教的上帝看作一个联盟之后，他就将罗马变成了一个全新的帝国。在他之前的历代帝王都试图寻找根植于罗马城的"罗马性"（Romanness）并超越之，而他放弃了这种徒劳无益的寻找，而且超越了这种"罗马性"。他选择以另一种信仰来取代它。当他在战旗上画上十字架，并以基督之名奔赴战场的时候，他等于是为自己的未来下注，认为基督教能够将一切凝聚在一起。

古代的罗马帝国就此终结。无论是好还是坏，结果都出现了一种更强大的东西。

时间线 6

罗马	中国	帕提亚
	黄巾起义（184）	
塞普蒂默斯·塞维鲁，皇帝（193）	少帝（189） 献帝（189—220）	
	赤壁之战（208）	
卡拉卡拉，皇帝（211）		阿尔达班五世（213—224）
马克里努斯，皇帝（217）		
埃拉加巴卢斯，皇帝（218）	三国（220—280）	

波斯

阿尔达希尔一世（约226—241）

沙普尔一世（241—270）

迪基乌斯，皇帝（249）

瓦勒良，皇帝（253）

伽里恩努斯，皇帝（260）

奥勒良，皇帝（270）　　西晋统一（280）

卡鲁斯，皇帝（282）

努梅里安，皇帝（283）

戴克里先，皇帝（284）

戴克里先／马克西米安，共治皇帝（286）

君士坦提乌斯／盖勒留，共治皇帝（305）

君士坦丁，皇帝（306）

/ 07

追求天命

> 265年至420年，晋朝掌握天命，而北方的蛮夷迫切地要争夺它。

西方的君士坦丁在统一帝国时，东方的晋朝却在分崩离析中。

晋怀帝被囚禁奴役。313年，他29岁时在匈奴的宴会上被主人用毒酒毒杀。

西晋统治时期十分短暂，仅存在了52年。汉朝把中国各省结合成庞大统一的整体长达几百年，相当于东方的罗马帝国。但到了220年前后，汉朝陷入了反叛和动乱。汉朝一分为三，产生了曹魏、蜀汉和东吴三国政权，它们为争权互相讨伐，社会局势动荡不安。

三国中位置最靠北的曹魏，实权由其将领掌握。皇帝年幼无知，易被操控，对身边的将领言听计从。265年，近30岁的将领司马炎决定篡夺曹魏的皇位并称帝。他目睹了权臣将领是如何操控傀儡皇帝的。曹魏军队的多名将领，包括他的祖父和父亲，征服了邻国蜀汉，打破了三国鼎立的格局。曹魏统治了北方地区，但其将领依旧不是君主。

司马炎跟他们不同，不愿只控制着傀儡皇帝。他早已掌握大权，他渴望的是名正言顺的权力，合法的权力——与兵权相称的名号。

根据记述汉朝衰落后三国时期的著名小说《三国演义》，司马炎带剑拜见年幼的魏元帝曹奂，即曹操之孙。他问曹奂："魏之天下，谁之力也？"年幼的元帝突然意识到内廷里都是司马炎的拥护者，回答说："皆晋王父祖之赐耳。"司马炎说："吾观陛下，文不能论道，武不能经邦。何不让有才德者主之？"只有一个大臣反对，他刚说完，便被司马炎的拥护者打死。

《三国演义》是一部千年后创作的小说，有许多夸张的虚构，但它描述了西晋崛起前后的一些真实事件。魏元帝让位于司马炎。司马炎建造了一座受禅坛，魏元帝在复杂庄重的仪式上，手握国玺走到受禅坛顶端，将其交给司马炎，然后走下受禅坛，被废为陈留王。

> 是日，文武百官，再拜于坛下，山呼万岁。[1]

登基大典后，司马炎成为合法统治者，上天认可的皇帝，天命的持有者。魏元帝的权力被剥夺，不过他30多年后才去世。

司马炎死后谥为"武皇帝"，他建立的新王朝国号为晋（后世叫西晋）。到276年，他已经对自己王朝的实力非常有信心了，于是向东吴发起了进攻。

此时统治东吴的是个昏庸暴虐的皇帝。他最喜欢宴请少数大臣，把他们全部灌醉，同时让守在门外的太监记下他们所说的一切。第二天早上，他会把宿醉难受的大臣们召集到朝堂上，挑出他们说过的每个轻率字眼，并惩罚他们。[2]当晋军到达东吴的都城建业时，东吴百姓无不欢欣鼓舞。

这则故事取自西晋官方编写的史书，我们从中了解的可能更多是晋武帝而非其对手。晋武帝竭力让自己的皇位显得合法，他知道自己是如何掌权的。他明白，几千年来，朝代因德而兴，因恶而败。天子受命于天，如果他们变得暴虐、腐败，上天就会支持另一个王朝来取代他们。晋武帝不想仅凭武力统治东吴，他还需要更正当的理由。

尽管如此，他还是靠武力进入了建业城。晋军想通过渡河攻入建业，却被铁链挡住了去路。于是，他们把浇灌上麻油的原木高高地堆在竹筏上，点燃原木，让竹筏行到铁链那里，铁链熔化并断开，晋军随即涌入建业城内。[3] 东吴昏庸暴虐的皇帝投降了。三国时代结束了。280年，西晋统一了整个中华大地。[4]

这个朝代仅仅延续了约半个世纪。

晋武帝于290年去世，将皇位传给次子司马衷，司马衷常被讨厌他的臣子描述为"甚愚"。晋武帝还糊涂地给另外十几个儿子封了王（他在后宫显然非常放纵）。[5] 他一驾崩，内战立即爆发了。司马衷的皇后、岳父、继外祖父、皇叔、皇兄弟都想要掌控这位愚痴的皇帝。

人们后来把291年到306年间吞噬西晋的这场动乱称为"八王之乱"。事实上，参与这场动乱的皇亲国戚不止八位，但只有八王想设法夺取愚痴皇帝的位置。动乱中，愚痴皇帝于307年去世，据说是被东海王司马越毒死的。[6]

司马衷死后，一群人竭力扶持其异母皇弟登基。新皇帝晋怀帝是一位有智慧、有教养、心思缜密的年轻人，对纵欲或暴政没什么特别的兴趣。但他得处理一些棘手的事情。"八王之乱"削弱了西晋的力量，许多想要争夺皇位的人率领着身后的军队，仍然虎视眈眈。北方也很危险，一些尚武的小国家想要征服他们南边的大国。南边的中原人把他们统称为"十六国"，尽管具体的政权数量一直在变。

最后，十六国之一的前赵*击败了风雨飘摇的西晋。前赵的军队不断向南行进，入侵西晋的领土。311 年，他们到达西晋都城洛阳的城墙脚下。

洛阳早已被八王的内战摧毁，难以抵抗重重围困。城墙外，晋军与前赵入侵者打了几场恶战。但城内的人快饿死了，城门最终还是开了。晋怀帝出逃，想前往长安城，在那儿避难。但事与愿违，他在途中就被俘获了，并作为战俘被掳至前赵的新都城平阳。[7]

前赵的统治者刘聪把晋怀帝打扮成下人，命令他在皇室宴会上为大臣们斟酒。晋怀帝在宫内当了两年悲惨的下人。但看到这位曾经的天子被奴役的时候，宴会上的宾客都十分震惊。用威胁和操纵的手段来掌控天命没什么用，天命的光辉仍覆盖着他。刘聪朝中的许多大臣都觉得晋怀帝应该得到释放。刘聪在证明了自己的军事力量比晋怀帝的天命更强大之后，处死了晋怀帝。[8] 3 年后，他率军至长安，击败了西晋剩余的力量。

西晋短暂的统治就此结束。但"晋"这个名字仍被沿用。西晋皇室中的司马睿掌控着驻扎在建康（原建业）的重兵。他是军事实力最强的人，317 年，西晋灭亡一年后，他在士兵的支持下称帝。他死后被谥为"元皇帝"，虽然他本人在位时间很短，但他的后代延续了其政权，以建康为都城统治着中国的东南部地区，史称东晋。

无论是前赵还是十六国中的任何一个国家，都没能打败东晋，这可能是因为长江以南不适合骑马作战（骑兵作战是北方人从他们游牧祖先那里继承来的惯用战术）。对于东晋来说，长江是华夏与

---

*　304—318 年国号为汉，319 年改国号为赵，史称前赵。——编者注

/ 07 追求天命

地图 7-1 西晋与东晋

北方蛮夷之间的边界。尽管王朝历史短暂,但东晋的皇帝试图通过传承古代文明来证明天命掌握在他们手中。建康的宫廷参照了汉朝的传统,复兴了因几十年战乱而淡化的祖先祭拜仪式,并兴办传统儒学,教导人们认识并认真履行其责任。东晋皇帝坚持孔子的主张,相信为政以德的统治者会赢得民心(根据孔子的教诲,"君子之德风,小人之德草,草上之风,必偃"),因此他们恪守生活的礼节,遵循传统的仪式。《论语》中写道:"道之以德,齐之以礼,有耻且格。"[9] 为政以德则国家常胜这一思想,让东晋即使在被北方蛮夷打败的情况下也团结在一起。

"蛮夷"是一个指代不固定的术语。东晋越想把自己与北方野蛮的士兵区分开来，那些野蛮的士兵就越想融入东晋文明。

4世纪后半叶，最有野心的北方"蛮夷"是前秦君主苻坚。苻坚想成为真正的中原人。他在前秦建了儒家书院，改革国家政治，按照中原的路线治理国家。他的都城是古都长安。他冷酷无情的丞相王猛也是中原人。[10]

357年，苻坚继承了前秦的皇位，对附近的十六国发动接连不断的进攻。经过20年的战争，他合并了十六国中的大多数政权，几乎成功统一北方，并且他也意图消灭东晋。

379年，北边的前秦军队南下直逼东晋边境地区。晋孝武帝出兵反击，但在接下来的几年里一个接一个地丢掉了边境城市。383年，前秦苻坚准备发动决定性的攻击。他大举出兵南下。据史书记载，前秦派出了60万步兵和27万骑兵，虽然数字有些夸张，但这一军队的规模依旧是前所未有的。[11]

晋孝武帝率少量兵力北上迎敌，为保卫东晋核心地带而奋力抵抗。双方军队于淝水交战，这场史诗般的战役成为中国历史上最著名的战役之一：淝水之战。有人形容当时的情形是"死者相枕"。[12]

令两位君主惊讶的是，兵力弱小的东晋取得了胜利。由于这场兵败，苻坚统一中原的愿望破灭了。他刚改建的中原式政治从未得到确立；他的王朝通过军事力量凝聚在一起，并且每场征战都会影响到现行政权。入侵东晋前，一位谏臣告诫他："我数战，兵疲将倦，有惮敌之意。"失败后，苻坚因叛乱失去了一块又一块领土。淝水之战兵败两年后，苻坚被自己的手下勒死了。[13]

07 追求天命

跟苻坚一样，拓跋珪也是北方的一股力量，其祖先是游牧民族鲜卑族，并且"拓跋"这个姓也说明了他的"蛮夷"血统。他的国家代国10年前被苻坚征服了。他的祖父一直是代王，直到苻坚吞并了代国来壮大其北方王朝。

拓跋珪宣布重兴代国。他将国号从鲜卑的"代"改为中原的"魏"，史称"北魏"。* 随着其中原地区权力的稳固，他开始发动战争来统一北方，后来被称为魏道武帝。

同时，晋军在另一处边境也面临着挑战。400年左右，一个名叫孙恩的海寇，从岸边居住的水手和渔民中征募船员。[14] 两年来，海寇军队沿海岸航行，到处抢劫、焚烧、偷窃。东晋皇帝派将军们镇压叛乱，于402年成功地击败了孙恩的军队，同时，东晋也壮大了自身实力。

东晋政权力量衰弱，北部边境的动乱日益加剧，北方的政权不断变化：中国变动不断。佛教兴盛起来，给在战乱中信佛的人一种彻底解脱的方法。

出家的行为可以追溯到佛陀本人，据说他建立了第一个僧团，僧人在僧团中可以集中精力"潜心修行"。[15] 5世纪初人们主要推崇新兴的净土宗。在402年前后，两位高僧——东晋的慧远和印度的鸠摩罗什——一直在传播阿弥陀佛也就是"无量光佛"的教义，阿弥陀佛住在西方极乐世界——净土——"所有念佛之人都会往生净土"。[16]

与无常的现世相比，西方极乐世界特别令人向往。西方极乐世界离战乱不断的北方国家和衰落的东晋都非常遥远，因此公元5世纪初的僧侣群体也远离朝堂政治。进入佛门就要摒弃尘世，抛弃所

---

* 这是为了与早前的王朝"魏"区别开来。

有财产，斩断佛门外的对于文化、社会或国家的兴趣与欲望。但佛寺也是慰藉的场所。你可能放弃了在社会中上升的机会——但反过来，你收获了安宁。

佛教的僧侣与尘世的权力无关。慧远几乎不迈出寺庙，他的弟子也跟他一起逃离尘世。[17] 他们修行的方式和西方的基督徒完全不同。在西方，基督教开始服从皇帝的要求；但在晋朝，慧远认为佛教僧人不应屈服于皇帝，无须向皇帝叩头行礼。他们选择生活在一个不同的世界中，南北方的战争都无关紧要。

时间线 7

罗马帝国	中国
	汉朝灭亡（220）三国鼎立
迪基乌斯（249—251）	曹魏、蜀汉、东吴
	魏元帝（260—265）
	蜀汉灭亡（263）
	曹魏灭亡/晋朝建立（265）
	晋武帝（265—290）
奥勒良（270—275）	东吴灭亡
	西晋统一（280）
戴克里先（284—305）	
	八王之乱（291—306）
君士坦丁（306—337）　马克森提乌斯（306—312）	**晋怀帝**（307—311）
李锡尼（308—324)	
马克西米努斯·代亚（310—313）	（前赵）**刘聪**（310—318）
米尔维亚桥战役（312)	
塞里努斯广场战役（313）　《米兰敕令》（313)	
	西晋灭亡（316）
	晋元帝（317—323）
尼西亚公会议（325）	
	（前秦）
	苻坚（357—385）
	淝水之战（383）
	北魏崛起（386）
	拓跋珪（386—409）

/ 08

上帝统治下的统一帝国

> 312年到330年间,君士坦丁将他的意志强加给罗马帝国,并确立了基督教教会的教义。

312年10月29日早晨,罗马军人君士坦丁在他的士兵面前,走进罗马的城门。

他此时38岁,6年来他一直在为夺取终身元首的皇冠而奋斗。不到24个小时前,他终于在米尔维亚桥战役中打败了在位的罗马皇帝马克森提乌斯。君士坦丁的手下边打边前进,突破了米尔维亚桥的防线,冲向罗马城,最终守军崩溃,四散奔逃。马克森提乌斯身上的盔甲过重,坠入河中的淤泥里淹死了。基督教历史学家拉克坦提乌斯记载说,君士坦丁的士兵进入罗马的时候,每个人的盔甲上都带着基督的标记。罗马*作家佐西穆斯补记道,君士坦丁把马克森

---

* 后期的罗马帝国史通常将其公民分为基督徒和异教徒,当时"异教徒"(pagan)通常的意思就是"非基督徒"。这种做法有两个问题:第一,中世纪初宗教的整体情况比这种简单的分类要复杂得多;第二,"异教徒"这个标签近来又有人开始使用,但是有了一套完全不同的关联含义。我的选择是完全避免使用这个词。比如,佐西穆斯(Zosimus)通常被称为"异教徒历史学家",他信奉的是原有的罗马宗教,所以我称他为"罗马人"。

提乌斯的尸体挖了出来，将其斩首。君士坦丁的士兵把他被水浸泡过的首级挂在长矛上。[1]

君士坦丁在皇宫里住了下来，开始观察新帝国的形势。他立即开始处理马克森提乌斯的支持者，审慎地下令处死了一批人：只有马克森提乌斯的"最亲近的朋友"成为新政权的牺牲品。[2]他解散了禁卫军，这支军队曾支持马克森提乌斯夺取王位。他还让人把马克森提乌斯的首级装在匣子里，送到了北非，等于是给马克森提乌斯的支持者送信，表明他们应该改变自己效忠的对象了。然后，他转过头来解决他的共治皇帝的问题。

战胜马克森提乌斯后，君士坦丁获得了一顶皇冠，但没有获得整个帝国。大约30年前，戴克里先任命了共治皇帝，一起治理广大的罗马帝国——这个制度已经产生了好多个继承人的分支。当前，还有另外两个人掌管帝国的一部分。李锡尼本是一个农民，通过军功获得提升，宣称自己是潘诺尼亚以东、黑海以西的帝国中部的最高统治者；同样农民出身的马克西米努斯·代亚（Maximinus Daia）控制着东部领土 *，那里不断受到前来侵略的波斯帝国军队的威胁。

戴克里先是个理想主义者，他设计这样的国家体系，是为防止权力落入任何单一的人手中。但他并没有考虑到人们的权力欲。君士坦丁无意分享自己的统治权。不过，他非常精明，不会同时进行两场战争。于是乎，他与李锡尼做了一个交易，与其结为同盟。李锡尼比马克西米努斯距离君士坦丁更近，而且也更弱。作为回报，李锡尼虽已年纪不轻，却会迎娶君士坦丁同父异母的妹妹，年轻的君士坦提娅（Constantia）。

---

* 这些领土包括亚细亚、叙利亚、埃及等行政区。

李锡尼立即接受了这一条件。为了向自己的大舅哥表示善意，他与马克西米努斯·代亚在313年4月30日兵戎相见——距君士坦丁进入罗马刚刚半年。李锡尼只有不到3万人，而马克西米努斯则集结了7万人。但李锡尼的军队像君士坦丁的军队一样，是举着基督教上帝的旗帜进军的，这很有号召力；而马克西米努斯以朱庇特的名义发誓，要在他的领土上清除基督教。于是，基督教旗帜的存在就表明，这场争夺领土的战役变成了一场圣战。

两军在哈德良堡城外的一个叫作塞里努斯广场（Campus Serenus）的地方（名字起得真不好）遭遇，李锡尼以少胜多。马克西米努斯·代亚乔装逃跑，但是李锡尼紧追不舍，一直追到亚细亚行省，最后在塔尔苏斯（Tarsus）围住了他。眼见无路可逃，马克西米努斯·代亚吞下了毒药。不幸的是，他服毒之前不想做饿死鬼，大吃了一顿，延迟了药力的发作。历史学家拉克坦提乌斯写道，他过了4天才死去：

> 由于他肚子吃得太饱，毒药的药力无法立即生效，反而产生了类似瘟疫的严重病痛……他经历了各种痛苦和折磨，以头撞墙，眼球都从眼眶里掉了出来。变成了瞎子之后，他想象自己看到了上帝，上帝的仆人都身穿白衣，坐在那里审判他……然后，他发出了那种被活活烧死的人的呻吟，他吐出了最后一口气，经历了残酷折磨后死去，结束了罪恶的一生。[3]

他所经历的死亡虽然恐怖，但不是最后一次类似的事件。李锡尼接着杀害了马克西米努斯·代亚两个不到9岁的年幼孩子，还淹死了他们的母亲；他还处死了另外三个有可能问鼎东部王座的人，

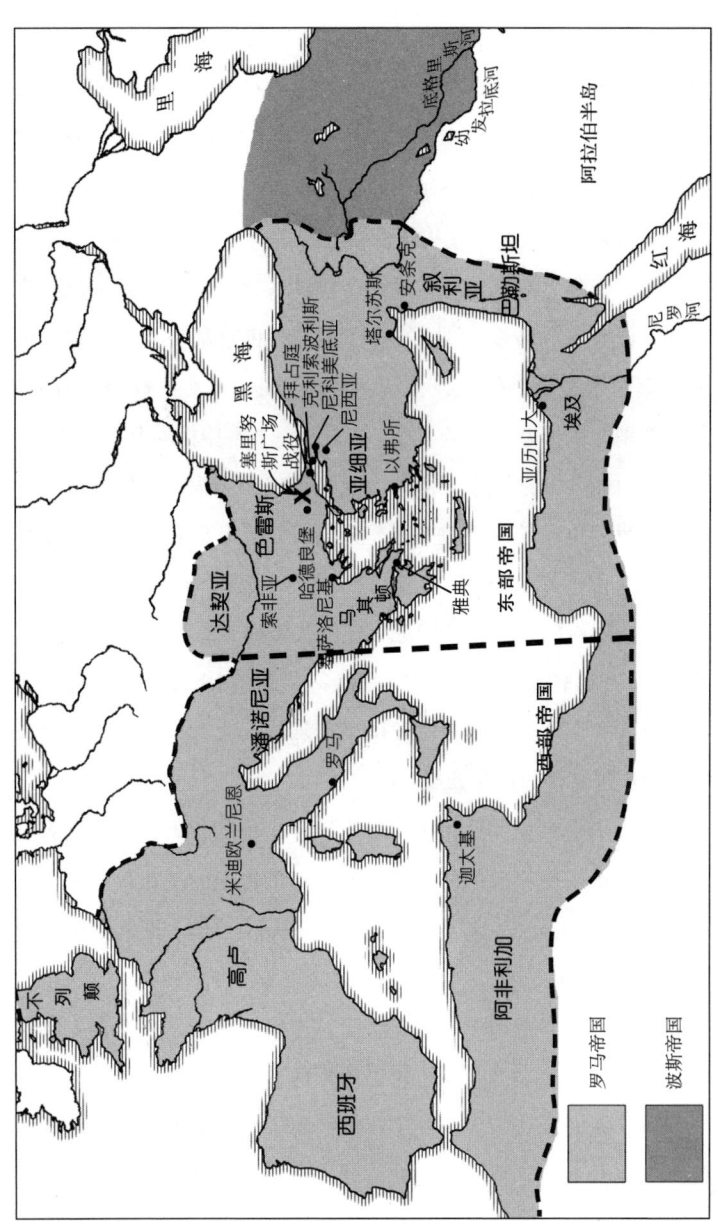

地图 8-1 罗马和波斯帝国

这些人都是已经死去的皇帝的孩子。

君士坦丁发现，他必须无视这些流血事件。两人在米迪欧兰尼恩（Mediolanum，现在的米兰）会面，庆祝李锡尼迎娶君士坦提娅，并且发表一则敕令，晓谕全国，宣布基督教合法——这一点非常有必要，因为此时两人为了获得统治权，都举起了上帝的旗帜。

实际上，除了东部以外，罗马帝国的各地都对基督教采取宽容的态度。但是这一敕令，即《米兰敕令》，将对基督教的保护扩大到了马克西米努斯·代亚以前统治的领土上。《米兰敕令》宣布，无人应被剥夺信仰基督教的机会："任何一个希望信奉基督教的人，都可以自由而公开地信奉，而不会受到骚扰……为了我们这个时代的和平，我们也向其他宗教宣布，人们可以公开而自由地信奉，每个人都能自由信奉自己愿意信仰的宗教。"以前没收的基督徒财产理应归还，所有的基督教教堂都应还给基督徒来掌控。《米兰敕令》最后说道："愿这事实现，这样一来，正如我们上面所说，神会眷顾我们，如我们所经历的最重要的情形那样，永远保护我们，使我们的成功更加辉煌，国运永续。"[4]

在拉克坦提乌斯的记述中，君士坦丁是神的仆人，他的敌人是由于上帝的审判而失败的。撰写了君士坦丁传记的基督教教士优西比乌也持同样的观点：君士坦丁是"上帝所爱的"，把关于圣子的知识传递给罗马的子民。[5]

优西比乌是君士坦丁的朋友，而拉克坦提乌斯是一个食不果腹的修辞学教师，后来君士坦丁聘请他担任宫廷教师，改变了他的命运。但是，他们撰写历史，并不仅仅是渴望跟皇帝站在一边。两个人很可能在君士坦丁自己明白之前就清楚，基督教最能让帝国存续下去。

君士坦丁可以解决多个皇帝的问题，他已经除掉了三个对手中的两个，而李锡尼也时日无多。但是帝国此时遇到了更复杂的麻烦。几个世纪以来，罗马帝国都是国中有国：帝国里的行省、区以及城市等都保持了更根深蒂固的身份认同。塔尔苏斯是罗马的，但它还是一个亚洲城市，在这里你更有可能听到人们说希腊语，而不是拉丁语。北非是罗马的，但是迦太基是一个非洲城市，那里的人都是非洲人。高卢是罗马的，但是居住在这里的日耳曼部落说自己的语言，崇拜自己的神。罗马帝国中到处都是这些双重身份——罗马和他者，但是他者的离心力非常大，以至于帝国的边界几乎无法限制住它。

君士坦丁把十字架放在旗帜上，不是为了获得基督徒的忠诚。就像俄罗斯历史学家 A. A. 瓦西里耶夫（A. A. Vasiliev）所指出的，以"当时十分之一的根本不参与政治的人口"为基础建立自己的政治战略，是十分荒谬的。[6] 君士坦丁也不是突然信仰基督教的。君士坦丁时期的硬币上一直铸有太阳神的像；直到去世之前，他都是传统罗马宗教的最高祭司；他一直拒绝接受基督教的洗礼，直到 336 年，他意识到自己命不久矣，这才受了洗。[7]

但是，他在基督教中看到了一种迷人的理解世界的新方式；在基督徒身上，他则看到了罗马公民的榜样，他们因一种超越了普通的忠诚的信念而结合在一起。信奉基督教与其他的身份并行不悖。一个人几乎不可能既是彻底的罗马人，又是西哥特人，或者既是罗马人，又是非洲人。但是一个基督徒却可能同时是希腊人或拉丁人，奴隶或自由人，犹太人或外邦人。基督教从成为宗教的那一天起，就没有政治上的祖国，这意味着一个不断吞并其他小国的帝国可以采纳它。君士坦丁通过将罗马帝国转变为基督教帝国，就可以用基督的名义统一分裂的帝国。此前，以恺撒和奥古斯都的名义进行统一的努力都失败了，但以基督的名义却可能成功。

这倒不是说他完全依靠基督之名得到了他所需要的一切。324年，李锡尼为君士坦丁除掉共治皇帝提供了完美的借口。东部的这位统治者指责基督徒在他的朝堂上为西方的共治皇帝刺探情报（他们无疑是在做这件事），把他们赶走了。君士坦丁立即宣布，根据《米兰敕令》，李锡尼是在迫害基督徒，于是率军东征。

两人有两次相遇：第一次在哈德良堡附近，李锡尼曾在此战胜前东部皇帝马克西米努斯·代亚；第二次是在四个月后，9月18日，在克利索波利斯（Chrysopolis）相遇。在第二次的战役中，李锡尼彻底战败，同意投降。[8]君士坦提娅为他求情，君士坦丁饶他不死，将他放逐到塞萨洛尼基（Thessalonica）城。

君士坦丁现在成了罗马世界唯一的统治者。

成为唯一的皇帝后，君士坦丁的第一个动作是保证基督教信仰的统一。如果基督教分裂成多个派别，相互争斗（确实有这个危险），那么对他来说就没有什么助益了。几年来，帝国各个地方的基督教领袖一直在争吵，围绕着"道成肉身"*的确切性质为何，争吵越来越激烈。

基督教教会自建立以来就普遍承认，耶稣同时具有人性与神性。"耶稣是主。"J.N.D. 凯利论述道，这是基督教最早和最基本的信条。根据最早一批基督教神学家的说法，基督"只有一个位格，不可分割"，也是"完全的神和完全的人"。[9]这有点像同时把两满杯不同的液体倒入一个玻璃杯而不会溢出，基督徒从一开始就要面对这个悖

---

* 道成肉身是基督教的核心教义：上帝以耶稣基督的肉身来到尘世。

论。安条克的伊格那丢（Ignatius of Antioch）在公元前110年前后死于罗马的一个竞技场，他用一系列平衡的对立原则阐述了正统的解释：

> 那位大医生，他既有肉身，又有灵；
> 既是被造的，又不是被造的；
> 上帝存在于肉身之中；
> 在死亡中有真正的生命；
> 既是从马利亚生的，又是从上帝生的……
> 因为"道成肉身"。
> 他没有形体，又在身体之中；
> 他无人能害，却在身体之中忍受苦痛；
> 他是不朽的，却在终有一死的身体之中；
> 他就是生命，却要经受朽坏。[10]

但其他人提出了不同的解决方案。早在2世纪，伊便尼派（Ebionites）就认为，基督本质上是人，只有在他被选为犹太人的弥赛亚的意义上，才是"神圣的"。幻影派（Docetists）则采纳了古希腊人的"物质不洁"[11]的观点，坚持认为基督不能存在于会朽坏的身体之中；他是灵，只是看起来像人。诺斯替主义者把幻影派的基督幻影说推进了一步，认为神圣的基督与作为人的耶稣建立了短暂的合作伙伴关系，以拯救人类免受物质世界的腐蚀。*君士坦丁

---

* 有一大堆令人眼花缭乱的宗教信仰可以被归类为"诺斯替主义"。通常，诺斯替主义的教义要求其追随者追求高水平的知识（gnosis），只有少数被选中的人才能真正获得。大家要是感兴趣，可以阅读卡伦·金（Karen King）所著的《什么是诺斯替主义？》（*What Is Gnosticism?* Belknap Press, 2005），特别是第一章："为什么诺斯替主义如此难以定义？"

和李锡尼为皇冠而战的同时,一位名叫阿里乌(Arius)的基督教神父开始传播另一种教义:因为上帝只有一个位格,"唯他没有开始,唯他真实,唯他不朽,唯他智慧,唯他全善,唯他全立",所以上帝之子必然是被造的。上帝之子与其他的受造物也许不同,但他不具有上帝的本质。[12]

阿里乌在埃及亚历山大的教会中供职,一直广收门徒,这让他的主教*无比烦恼,最终把他逐出了教会。这造成了一个潜在的严重裂痕,这一裂痕很可能让一大群基督徒从基督教信徒的主体中分裂出去。君士坦丁在了解到这一裂痕后,给埃及寄了一封信,强烈建议两个人坐下来解决分歧:"让我重新拥有平静的生活,没有纷扰的夜晚,享受……平静生活的喜悦。"[13]

但主教和阿里乌都不愿意让步,情急之下,君士坦丁召集教会领袖举行大会来解决这个问题。他原先打算在尼科美底亚(Nicomedia)召开这次宗教会议,但是在主教们赶往那里的时候,一场严重的地震袭击了这座城市,建筑物倒塌,数百人当场殒命,炉膛和火盆里的火引燃了干燥的房屋,火势迅速蔓延,用索佐门(Sozomen)的话说,城市"瞬间被大火吞没"。[14]

突如其来的灾难让许多人认为,上帝对即将召开的宗教会议不满,在路上的主教们纷纷停下来,并紧急询问皇帝的决定。他是否会取消这次宗教会议?他们是否应该继续?

君士坦丁得到了巴兹尔(Basil)的保证,说地震不是上帝的审判,而是魔鬼在阻止大家,使教会无法面对面解决问题。于是君士

---

* 基督教从最早期开始,每个教堂就都有一个高级领袖,被称为"监督"(episkopos)或"主教"(bishop),为教众承担最大的责任。到了4世纪,每个有基督教会的城市都有一位主教,代表着那个地理区域内的所有基督徒。

坦丁回答说，主教们应该改道去尼西亚。他们于325年春末到达了那里，准备好进行会谈。

通过宗教会议解决神学问题不是基督教的新发展。从使徒时代开始，各个教会就认为自己是整体的一部分，而不是独立的会众群体。但是此前从来没有一个皇帝，即便是宽容的皇帝，会运用自己的权威来召集教会的会议。[15] 325 年，在尼西亚，基督教会和西罗马的政府携手合作。

有人可能会问，君士坦丁既然能毫不费力地调和他的阿波罗信仰和自称信奉的基督教，那他为什么会关心基督神性的确切定义？很可能他对这个问题的兴趣不是神学方面的，而是出于实用考虑：防止教会发生分裂。如果教会发生分裂，就会威胁到君士坦丁的打算。他希望基督教能成为一种将不同的人群组织起来的系统，让他们共同效忠于一个更高的结构。如果其整体结构崩塌，这个系统也就毫无用处了。

这或许可以解释君士坦丁为何决定要反对阿里乌派。在了解了最有影响力的宗教领导人的态度后，他意识到，最强有力的主教都不同意阿里乌神学。阿里乌派基本上是创造了一个多神体系，圣父位于顶端，圣子则是某种造物主（demiurge），等级稍低一点。这为基督教的犹太教根基以及希腊的柏拉图主义哲学所不容，后者在东罗马帝国大部分地区都蓬勃发展。*

在主教和反阿里乌派的皇帝本人的指导下，聚集在尼西亚的神职人员提出了至今仍被基督教会奉行的信条——《尼西亚信经》。信经称：

---

* 柏拉图的哲学中没有"神的等级"的说法，柏拉图式哲学认为所有这些神都属于神界（理念世界），但其中一些神不如另一些符合理念。

> 我信独一上帝,
>
> 全能的父,
>
> 创造有形无形万物的主。
>
> 我信独一主耶稣基督,
>
> 上帝的独生子,
>
> 在万世以前为父所生,
>
> 出于神而为神,
>
> 出于光而为光,
>
> 出于真神而为真神,
>
> 受生而非被造,
>
> 与父一体,
>
> 万物都是借着他造的。

这样的信条强调了基督的神性,并向阿里乌派牢牢关上了大门。

而且它还为基督教盖上了帝王的印章。在牢牢抓住基督教,将其作为自己的工具的同时,君士坦丁也改变了基督教。君士坦丁在米尔维亚桥不可思议的神圣经历在当时非常有用;但是,要想用这种不可思议的经历将一群人长期集合起来,为了共同的目标做事,效果其实非常差。当时的罗马帝国由蜘蛛网般密集的联系结合在一起,需要基督教会更有组织,更有规矩,更具理性。

另一方面,基督徒也是人,君士坦丁提出给他们盖上皇权的印记,这诱惑很难抵挡。君士坦丁给了教会种种好处。他承认基督教的教士跟罗马宗教的祭司有同等的身份,免除其税负以及那些可能对他们的宗教义务产生妨碍的国家责任。他还下令,任何人都可以把财产赠予教会;瓦西里耶夫指出,这一举措一举将"基督教众"

变为了"合法法人实体"。[16]

他还开始建设一个新首都，新都从一开始就布满了教堂，而不是罗马宗教的神殿。他这么做等于是将自己的皇权跟基督教的未来绑在了一起。君士坦丁已经决定，将他的帝国的首都搬离罗马及罗马诸神，搬到古城拜占庭，这座位于通往黑海的要冲的城市将被重建为一个基督教城市。[17]

突然间，基督徒不再只是一个身份，而是成了具有法律和政治地位的群体——君士坦丁最初决定举着十字架旗帜进军的时候，基督教远不是这样。教会像君士坦丁的帝国一样会稳定地存在。而且像君士坦丁一样，它必须关注自己的未来。

在尼西亚会议上遭到谴责后，阿里乌逃走了，藏在位于帝国远东地区的巴勒斯坦。阿里乌派并没有消失，它作为一个强大而不满的地下组织存留下来。事实上，君士坦丁的亲妹妹就成了阿里乌派的支持者，她拒绝了她哥哥让她接受《尼西亚信经》作为唯一的基督教正统的命令。[18]

她这样做可能是出于怨恨。325年，尼西亚会议刚过几个月，君士坦丁就撕毁了要宽大处理她的丈夫李锡尼的承诺，让人绞死了他。而且，君士坦丁不愿留下任何人挑战他的皇位，把她10岁的儿子、自己的亲外甥也送上了绞架。

330年，他正式宣布拜占庭为新首都，也就是他的帝国的新罗马城。他不顾罗马人的抗议，让人从帝国的大城罗马、雅典、亚历山大、安条克、以弗所等地运来了纪念碑，竖立在新城的教堂间和街道上。他命令罗马"身居要位的人"连同家人和财物通通搬到他的新城。[19]他按自己的意愿改造了罗马，让它处于十字架的阴影下。公共广场喷泉的装饰，是狮子洞中的但以理，这位勇士面对异教徒

时间线 8
罗马帝国

戴克里先（284—305）

马克森提乌斯（306—312）　　　　**君士坦丁**（306—337）

李锡尼（308—324）

　　　　　　　　　　　　　　　　马克西米努斯·代亚（310—313）

米尔维亚桥战役（312）

塞里努斯广场战役（313）　　　　　《米兰敕令》（313）

尼西亚公会议（325）

的威胁，为他的神而战。黄金和珠宝装饰的耶稣受难像被置于宫殿屋顶的中心。[20]

　　到 330 年，君士坦丁已经成功地建成了统一的帝国、统一的皇室、统一的教会。但是，当新罗马在庆祝时，老罗马正因失去原有的地位而愤慨。君士坦丁在尼西亚创造的统一的教会是由徒有其表的帝国的约束合在一起的。君士坦丁的三个儿子对父亲的帝国虎视眈眈，等待着他的死亡。

/ 09

精神上的帝国

> 319年到415年间,印度笈多王朝征服了整个地区,复兴了梵文,用梵文来记录自身的伟大。

当晋朝试图在缩小的领土里复兴重建时,当君士坦丁王朝统治位于黑海的新城市时,印度却是一片相互交战的小王国和部落国家的海洋。没有能使它们走向联合的宗教或思想,也没有能将它们统一成一个国家的国王。统治过这块次大陆大部分地区的最后一个王朝——孔雀王朝,已经覆灭了很长时间。印度北部地区被一批又一批的外族占领,其中有希腊人、中亚人和帕提亚人。[1]

统一的局面在南方已经维持了一段时间,一个叫作百乘(Satavahana)的王朝已经统治了讷尔默达河(Narmada)以南的德干(Deccan)沙漠地区。但到了3世纪,百乘王朝也瓦解了,取而代之的是一系列相互竞争的地方割据势力。更往南一点,姓氏为卡拉布拉(Kalabhra)的历代国王正逐渐建立起一个更持久的王朝,这个王朝掌权300多年,领土覆盖次大陆的整个南端。但这个王朝的铭文记录少之又少，也没有留下其他文字史料。在印度其他地方，小国彼此紧邻，没有任何国家能比邻国占有更多的领土。[2]

319年，在这些相互争斗的小国中的一个不起眼的小国，国王将王位传给了儿子。这个父亲名为迦多铎卡伽（Ghatotkacha），他最初拥有的领土在何处无法精确考证，或许在靠近恒河口的古摩揭陀（Magadha）王国，又或许在稍远一些的西部。

迦多铎卡伽一生中最重要的成就，是撮合了他的儿子旃陀罗笈多和李查维（Licchavi）家族的公主。李查维家族曾统治过一个小王国并且一直控制着北方地区。[3]因此当旃陀罗笈多在319年继承父位时，相比印度其他绝大多数实力弱小的国王来说，具有一定的优势：他不仅拥有自己的王国，还与其妻子家族的国家结成了联盟。事实证明，这些就足够了。他开始征战，并且在接下来的几年里征服了摩揭陀国以及憍萨罗国（Kosala）和跋蹉国（Vatsa）古代领土的广大区域，建立起一个以恒河为中心的小帝国。为了夸耀自己的功绩，他自封为"摩诃拉贾迪拉贾"（maharajadhiraja），意为"伟大的王中之王"（一个在一定程度上预言了现实的称号）。[4]

335年，旃陀罗笈多去世，王位由他的儿子沙摩陀罗笈多（Samudragupta）继承。沙摩陀罗笈多统治时期，这个小王国百姓众多，有必要向印度偏远地区扩展领土以迁移人口。他在当政的45年间，使疆域在原有的基础上，以不规则圆环状向外扩张，几乎占领了整个恒河流域。他也向南扩张，占领了其他王朝的土地。这些王朝〔有东南沿海的帕拉瓦国（Pallava）、德干高原上的百乘王朝残余势力、西部的伐迦陀迦（Vakataka）〕并不强大，无法抵御沙摩陀罗笈多的进攻，只能一个接一个被迫向他纳贡。

他在首都华氏城（Pataliputra）进行统治，这座城市坐落于恒河的一个河叉附近,沙摩陀罗笈多将他征服土地的名字刻在了很久以前阿育王(Asoka)时代竖立的古代石柱上。阿育王把这些刻有铭文的柱子分散在他的帝国四处,后来它们被称为阿育王石柱法敕(Pillar Edicts)。沙摩陀罗笈多在阿育王所刻文字之上又刻下了自己的光辉战绩。

沙摩陀罗笈多极力宣扬自己的辉煌历史。他面临着一个巨大的挑战:将一个由许多军阀、国王和部族首领组成的地域合并为一个庞大的帝国,那些人顽固地坚守着自己的权力、血统和身份。君士坦丁也曾面临同样的问题,他是用十字架旗帜将帝国凝聚在一起的,但是沙摩陀罗笈多却采取了双管齐下的战略。首先,他并不坚持要拥有君士坦丁的那种权力和控制力。他称自己是"大地四方的征服者"[5],但这牛皮吹得太大了。沙摩陀罗笈多比之前的印度国王统治着更多的土地,但他并不是整个印度的主人。大部分"被征服"的土地实际上没有并入他的帝国。在北方和西方,他迫使"被征服"的国王交纳贡金,然后将自己的军队撤回,让那些国王像以前一样统治自己的领土——其实他所谓的胜利只是名义上的。他甚至没有尝试去征服其中最顽固的独立据点:位于印度西部的塞迦(Shaka),由黑海北面的游牧部落斯基泰人后裔统治的地区。

不要看不起沙摩陀罗笈多直接统治的地区;事实上,这是自4世纪前孔雀王朝覆灭以来最大的印度帝国。但在最强大的国王阿育王的统治时期,孔雀王朝几乎控制了整个次大陆。对比两者,沙摩陀罗笈多的帝国只拥有次大陆五分之一的土地,跟孔雀王朝的荣耀相比大为逊色。

不过如果沙摩陀罗笈多把附属国也算在内,就是那些同意每年缴纳贡品的国家,那么他国土的面积就能增加两倍。所以他觉得最好直接忽略帝国与附属国之间的区别。在他看来，他征服了南部和西部的所有邻国。假如印度当时面临即将到来的外敌入侵，这种"征服"就没有意义了。但沙摩陀罗笈多凭借山区的防御优势维持了这种状态，还能把手从"被征服"的土地上收回来。他可以既享受帝王的虚荣，又不用伤脑筋管理广阔的领土。

因此，在笈多王朝的统治下，印度进入了所谓的黄金时代，有时也称为印度文明的古典时代。这个名称指明了沙摩陀罗笈多战略的第二部分，从他使用旧的阿育王石柱这一点上，我们可以看出：他故意利用人们的怀旧心理，试图借助历史创造出一个价值核心，对帝国的边缘地区施加引力。

多年来，历代笈多国王为了巩固权力，都从历史中获取力量。在沙摩陀罗笈多统治的几十年中，古梵语被越来越广泛地用于学术、宫廷、政府甚至经济领域。梵文很久以前就传入了印度，从渗入印度的中亚好战的部落（他们的另一支进入波斯，成了波斯人）开始，慢慢沿山脉传播。梵文像所有语言一样演化、转变，与其他语言融合：由梵文产生了简化的日常使用语言，比如摩揭陀语和巴利语，两者都被称为帕拉克里语（prakrit）或"俗语"。[6] 但是，在发生了这么多演化后，梵语古老的原始形式又经历了前所未有的复苏。在公元前300年前，梵语是政府公文使用的语言；在沙摩陀罗笈多占领印度之时，梵文也是宫廷语言和哲学家及学者的首选语言。[7] 被视为印度经典的《往世书》（*Puranas*），还有法律条文、《罗摩衍那》（*Ramayana*）和《摩诃婆罗多》（*Mahabharata*）的史诗故事，全都是用梵文撰写的。

梵文的守护者是印度笈多社会受过教育的上层阶级婆罗门。佛教此时在印度盛行。佛教徒那时建造纪念碑、开凿石窟，在印度的自然景观中留下自己的印记。但梵文的主导地位表明，婆罗门至少在印度北部稳居于社会顶端。

这就很难解释为什么笈多时代，这个由旃陀罗笈多开创并在沙摩陀罗笈多时期达到鼎盛的时代，经常被看作印度文化的"黄金时代"和"古典时期"。罗米拉·塔帕尔（Romila Thapar）指出，这两个术语都靠不住，因为这两个术语暗含着对整个历史框架的认知。"黄金时代"表示"生活的每种表现形式几乎都登峰造极"的状态，而"古典时期"则意味着一种文化达到了巅峰并开始衰落。要想判断这两种情形，历史学家首先要明确定义"登峰造极"和"巅峰"：印度史家把这两者定义为印度教和梵语的兴盛。以这两者为标准考量，笈多时代确实是黄金时代。[8]

笈多王朝其实算不上"印度教王朝"，因为"印度教"指的是后来更复杂的系统。他们建造印度教寺庙，用梵文题写铭文，但是他们也建造佛塔，供养佛教寺院。印度教和佛教这两个理解世界的宗教体系，在那时尚未互相为敌。而且沙摩陀罗笈多满足于名义上对边远地区的统治，没有迫切的政治需要来促使他推行严格的正统宗教。

但笈多宫廷的官方语言是梵文，而且沙摩陀罗笈多在征服行动中也利用印度教，成功地让印度教仪式成为其皇权的工具。他觉得把自己的统治和辉煌历史结合起来是很有用的：过去代表着学问、荣耀和胜利。沙摩陀罗笈多的统治特点就是怀旧与保守。

正如历史上许多怀旧和保守主义运动那样，沙摩陀罗笈多的统治建立在对过去的彻底误解之上。为记录其胜利所刻的铭文就是一个例子。阿育王的征战将孔雀王朝的疆域推到最广，但是他发起的战争却使成千上万的人死去（特别是在南方），一旦国家安定，他就陷入了深深的懊悔和遗憾。远离战争和胜利时，他把余生都用来追求美德和正义。作为忏悔的一部分，他在领土内的石柱上刻下了自己的罪行。"大肆屠杀、迫害和驱逐百姓是惨无人道的，"他哀叹道，"……我精神上背负着沉重的包袱。"[9]

沙摩陀罗笈多也想成为伟大的国王。他希望自己能像阿育王一样，于是把自己的种种功绩铭刻在标志着孔雀王朝帝王功绩的石柱上。但是他在使用石柱的时候，似乎还没理解石柱上原有的、当时仍依稀可辨的法敕。他无意中把自己的成就和荣耀刻在了阿育王的遗憾和忏悔旁边。[10]

沙摩陀罗笈多的死亡时间约在375年至380年间，随后发生了一场短暂的王位争夺战。当时铸造的硬币表明，王位先是传给了他的一个年纪较长的儿子拉玛笈多（Ramagupta）。两个世纪后，戏剧《德维旃陀罗笈多》（*Devi-Chandra-gupta*，只有几段保存下来了）表明，拉玛笈多想要杀死他那跟王国开创者同名的弟弟旃陀罗笈多。年轻的旃陀罗笈多大胆地进攻了西部的敌国塞迦，男扮女装混进了塞迦宫廷，暗杀了塞迦王。这一成就让他很受欢迎，因此拉玛笈多决定除掉他。发现这一秘密后，旃陀罗笈多怒火中烧，他冲入宫殿杀死了他的哥哥。[11]

约380年，他加冕为国王旃陀罗笈多二世。上任8年后，他把塞迦纳为笈多王朝的附属国。跟其曾祖父一样，他也撮合了一桩婚事：他的女儿波罗婆瓦蒂（Prabhavati）嫁给了德干沙漠西部伐迦陀迦的国王。这种间接策略使伐迦陀迦的部分领土归属于笈多帝国。他们结婚后不久，波罗婆瓦蒂的丈夫就去世了，她成了摄政的王太后，并在父亲的指导下统治着伐迦陀迦。旃陀罗笈多二世还统治着印度的另外两个区域，他自封为"超日王"（Vikramaditya），意为"非凡的太阳"，来纪念自己的新功绩。[12]

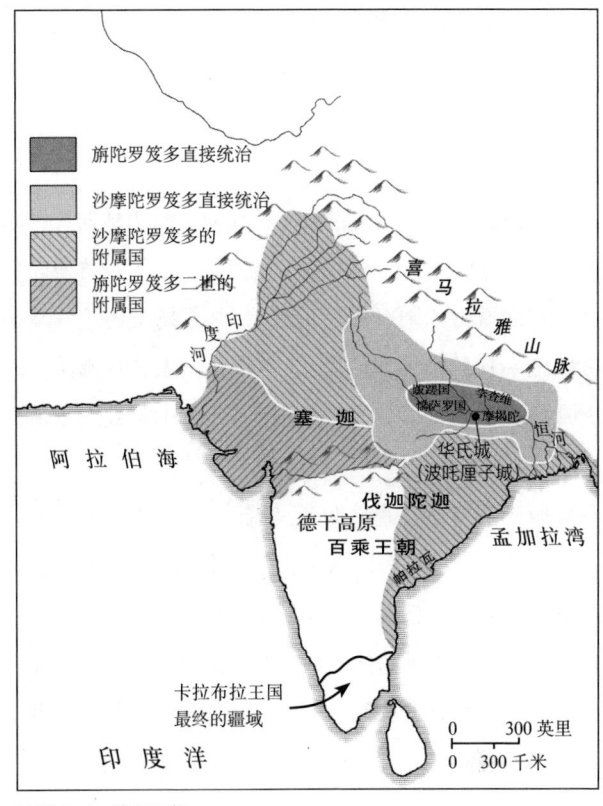

地图 9-1　笈多王朝

旃陀罗笈多二世像他的父亲一样，只求在名义上控制帝国的边远地区，并且拒绝推行严格的正统印度教。中国僧人法显为了取经和朝圣，曾在 400 年至 412 年间来到印度。他为这个自由放任政府带来的和平与繁荣景象惊叹不已：

> 人民殷乐，无户籍官法，唯耕王地者乃输地利。欲去便去，

欲住便住。王治不用刑罔。有罪者但罚其钱，随事轻重，虽复谋为恶逆，不过截右手而已。王之侍卫、左右皆有供禄。举国人民悉不杀生，不饮酒，不食葱蒜。

法显在笈多王朝的都城华氏城时，对当地居民的财富和精神状态印象十分深刻："民人富盛，竞行仁义。"他称旃陀罗笈多二世宫殿所在之城为"阿育王所治城"，并赞扬了旃陀罗笈多二世跟之前的国王一样弘扬佛教的做法。"赖此一人弘宣佛法。外道不能得加陵众僧。"[13] 旃陀罗笈多二世跟他父亲一样，把自己和光荣而神秘的历史联系在一起。

旃陀罗笈多二世在位近 40 年。他在 415 年去世后，成为传奇人物：英明的超日王，众多英雄故事和神话歌曲的主人公。他留下的帝国，尽管核心领土比不上沙摩陀罗笈多在位时统治的范围广大，但他名义上控制了东南、西部和北部区域，帝国覆盖了次大陆除西南部以外的所有地区。这个帝国的统治未受挑战，并不推行正统宗教，也不需要忠诚的信仰——它是一个精神上的帝国。

时间线 9

中国	印度
汉朝灭亡（220）/ 三国开始：	
蜀汉、曹魏、东吴	
魏元帝（260—265）	
蜀汉灭亡（263）	
曹魏灭亡 / 晋朝建立（265）	
晋武帝（265—290）	
东吴灭亡（280）	
西晋统一（280）	
八王之乱（291—306）	
晋怀帝（307—311）	
（前赵）**刘聪**（310—318）	
西晋灭亡（316）	
晋元帝（317—323）	**旃陀罗笈多**（319—335）
	沙摩陀罗笈多（335—约380）
（前秦）**苻坚**（357—385）	
	旃陀罗笈多二世（约380—415）
淝水之战（383）	
北魏崛起（386）	
拓跋珪（386—409）	
	法显前往印度

/ 10

来自萨珊波斯帝国的威胁

> 325 年到 361 年间,萨珊波斯帝国的沙普尔二世一直挑衅罗马帝国,君士坦丁策划了第一次对波斯的远征,而他的子嗣却为争夺权力而互相厮杀。

君士坦丁将首都东迁,因此他就需要直面他最危险的敌人:波斯王。

沙普尔二世(Shapur II)还未出生就成了国王。他的父亲霍尔米兹(Hurmuz)在他出生前一个月就去世了,波斯的贵族和国教琐罗亚斯德教的祭司共同为王后腹中的孩子举行了加冕。在沙普尔二世 16 岁之前,萨珊波斯帝国一直被摄政的官员控制,比起萨珊波斯帝国的福祉,这些官员更关心自己手中的权力。所以在君士坦丁当权时,波斯帝国一直无法夺取更多的领土。

事实上,那时萨珊波斯帝国正在抵御来自南方的入侵:几个世纪以来,一些没有君主的阿拉伯游牧部落一直定居在阿拉伯半岛上,但由于地下水位下降,他们不得不向北迁移。阿拉伯历史学家泰伯里(al-Tabari)认为,由于土地条件恶劣,这些游牧部落成了"世界上最贫困的民族",他们发动的攻击也越来越难对付。"他们抢夺当地居民的牛群,"泰伯里哀叹道,"占领他们的耕地,劫掠他们的物资,造成了极大的破坏……但波斯人却难以反击,因为他们将王冠戴在了一个孩子的头上。"[1]

但这一切都在沙普尔成年后改变了。325 年,沙普尔通知军队的指挥官,自己将接管萨珊波斯帝国的防御事务。他挑选了 1000 名骑兵,亲自指挥他们对阿拉伯入侵者发动攻击。"然后沙普尔二世带领他们继续前进,"泰伯里写道,"打击那些把法尔斯(Fars)当作牧场的阿拉伯人……对他们进行大规模的屠杀,对其他人施加了最严酷的刑罚,他们的残兵败将落荒而逃。"然后沙普尔乘胜追击,派出一支舰队穿越波斯湾前往巴林(Bahrain),在阿拉伯东部登陆,掀起了一场腥风血雨般的屠杀。[2] 他的军队此次到达了一个叫麦地那(Medina)的小绿洲城市,他在那儿抓住了一些俘虏。

尽管如此,让泰伯里印象最为深刻的并不是沙普尔二世的军事力量。泰伯里告诉我们,沙普尔二世的智慧在他年轻的时候就显现出来了。他看到他的子民在过底格里斯河上的一座桥,人们在拥挤的通道上互相推搡。他觉得这样效率十分低下。

> 于是他下令再建一座桥,那么朝这个方向走的人可以走这座桥,而朝另一个方向走的人可以走另一座桥……这样一来,人们在过桥时就不必担心有危险了。仅仅一天,这个孩子的地位和声望就提升了,而其他人若想有这样的声望,则需要花费很长的时间。[3]

管理一个波斯那么大的帝国不仅需要军事才能,更要有行政能力。沙普尔二世创造出的新交通模式就是一项革新。沙普尔二世聪慧且精明，足以抵御君士坦丁妄图统治全部已知世界的图谋。

君士坦丁迁都到拜占庭，就是他想要挑战萨珊波斯帝国东方霸主地位的无声证词。但他第一次和沙普尔二世接触的方式还是比较友好的。沙普尔二世刚摆脱了他的摄政者，君士坦丁就用诚恳但明确的口吻给他写了一封信，希望沙普尔二世不要迫害波斯的基督徒。"我希望你善待他们，因为你太伟大了，"君士坦丁巧妙地措辞，"请用你平常的人性珍视他们：这种对待信仰的姿态将给你我双方带来不可估量的价值。"[4]

沙普尔二世同意宽容对待对他领土内的基督徒，但随着时间的推移，这种宽容变得越来越难以维持。在君士坦丁写信不久后，非洲国家阿克苏姆（Axum）的国王便改信了基督教——这一举动既是在宣告他对天堂的盼望，又相当于宣告了他与罗马帝国的友谊。

这位国王名为埃扎纳（Ezana），他所统治的王国就在红海西岸。*在狭长的红海另一边的是阿拉伯，在4世纪30年代，阿拉伯地区到处都是波斯士兵。沙普尔二世在统治初期就把阿拉伯侵略者从他的南部国界驱逐出去了，之后又继续展开入侵阿拉伯中部的狂热军事行动。泰伯里告诉我们，在沙普尔二世的整个统治期间，他一直都"很想把阿拉伯人赶尽杀绝，撕裂他们首领的肩膀"，这就

---

* 在希腊语和拉丁语的文献中，人们也把阿克苏姆王国所在的区域称为阿比西尼亚（Abyssinia）或埃塞俄比亚（Ethiopia）。罗马人也曾用"埃塞俄比亚"来指代埃及南部的王国努比亚（Nubia），有时也直接把阿克苏姆称为"埃塞俄比亚"。同样，人们也把阿拉伯的希米亚里特（Himyarite）王国所在地称为也门，有时就用也门来指代希米亚里特王国。当谈到4世纪和5世纪的王国时，我避免使用埃塞俄比亚或也门这两个名词，因为人们更多地把它们当作一般的地理标签来使用。

是为什么人们都叫他"肩膀人"(Dhu al-Aktaf)。*埃扎纳转变了信仰，因此他一旦遭到波斯跨海侵犯，能确保获得君士坦丁的支持。[5]

沙普尔二世暂时没有侵略这个非洲王国，而是派兵侵入了亚美尼亚（Armenia）。

亚美尼亚是一个有近千年历史的王国，位于罗马东部边界附近，长期饱受侵扰。几个世纪以来，罗马皇帝要么与这个王国结盟，要么侵略这个王国，使其成为罗马帝国的一部分。东边的古波斯和帕提亚王国也是如此，它们希望把亚美尼亚当作罗马扩张的缓冲区。

此时，亚美尼亚虽是独立的，但它再次被挤在了两个庞大且正在扩张的帝国之间。它与罗马和波斯都处于和平状态，但它对罗马帝国更为友好。303年，亚美尼亚的国王提里达特斯（Tiradates）受一位名叫格列高利（Gregory）的修道士洗礼而成为基督徒，那时基督教在政治上还没有多大作用。[6]当君士坦丁把基督教设立为罗马帝国的国教后，亚美尼亚与罗马帝国的联系就越来越紧密了。

沙普尔二世派出的奸细越来越担心信仰基督教的亚美尼亚将再也不是波斯帝国的盟友，设法说服了提里达特斯的侍从叛变。330年，那位侍从下毒杀害了他的国王。可惜波斯人未能如愿，刺杀并没有使亚美尼亚王国放弃基督教，反倒使提里达特斯成了一名殉教者（最终被封为圣徒），而他的儿子"矮个子库思老"（Khosrov the Short）成了国王。

既然间接的方法失败了，沙普尔二世就直接派兵出击。336年，沙普尔二世对亚美尼亚的进攻也失败了，军队败退回来，但他向君士坦丁传达了一个明确的信息：即使波斯邻近罗马的地区信仰基督

---

* "撕裂肩膀"似乎是沙普尔二世特有的做法，这样做并不一定会杀死受害者，而只是把肩膀扯坏，让敌人对抗波斯王时使剑的那一侧手臂只能悬在身上，再无用处。

教,他也不打算放弃这些地区。

改信基督教已经充满了政治意蕴,于是沙普尔二世决心在萨珊波斯帝国中打击基督教。波斯人越发怀疑基督徒是为罗马工作的间谍。337年初,对波斯基督徒的系统迫害就开始了,迫害大多发生在波斯的西部边界上。

住在底格里斯河东岸马马泰修道院(Mar Mathai)的波斯基督徒亚弗拉哈特(Aphrahat),将这些迫害事件都记录了下来。他写信给住在波斯境外的一名修道士同伴说,沙普尔"屠杀了大批殉教者",波斯的基督徒却坚韧不拔,相信他们一定可以收获"巨大的回报",但波斯的迫害者们却对此"十分轻蔑"。[7]

在西边,君士坦丁正密谋着让这些基督徒的话成真。他那时正在策划一场远征。他出兵的理由是波斯基督徒需要他的帮助。他想带一个便携的礼拜帐幕,随军主教会定期带领士兵到这个帐幕中礼拜。他还宣布一旦到了约旦河,他就会在那里接受洗礼(这件事他一直没时间做)。统治者以宗教为由发动战争,这是历史上第一次。[8]

但在随军远征之前,君士坦丁就病了。337年5月22日,君士坦丁去世了。

为了纪念他,人们把拜占庭的名字改成了君士坦丁堡,而后把他葬在了圣使徒教堂(Church of the Holy Apostles)中他已准备好的一个陵墓里。陵墓里有为十二使徒准备的12个具象征意义的棺材,加上君士坦丁的是13个。后来史学家们认为这个行为太过狂妄自大,但这种殡葬方式也有其理由:君士坦丁就像使徒们一样,也参与建立了基督教信仰。"在罗马的历代皇帝之中,只有他尊崇上帝这位全权者,"优西比乌总结道,"从没有人像他一样如此尊崇教会……

像他一般的伟人,前所未有。"君士坦丁将基督教和国家政治结合起来,也永远地改变了这两者。[9]

君士坦丁去世的消息一传来,沙普尔二世便又一次对亚美尼亚发动了进攻。这一次他成功了,信仰基督教的亚美尼亚国王库思老被迫逃往罗马边境。沙普尔二世安排了一个波斯傀儡来顶替库思老。这个位于军事缓冲区的王国如今是他的了——至少暂时是这样。[10]

罗马并未立即对此做出回应,因为君士坦丁的子嗣正忙着在君士坦丁堡互相厮杀。君士坦丁这位政治家在世时如此精明,却没有明确安排好继承的问题;他似乎希望自己可以长生不老。然而,他的三个儿子和一个侄子都被授予了恺撒的头衔,为他统治着帝国的不同地区,并且都可以声称自己有权继承皇位。

至于君士坦丁死后几周内究竟发生了什么,还没有公正的历史记载,但当流血事件结束时,他的侄子、两个姐夫以及朝廷的多位高官都已经被谋杀了。君士坦丁的三个儿子——君士坦丁二世（Constantine Ⅱ,21岁）、君士坦提乌斯二世（Constantius Ⅱ,20岁）和君士坦斯（Constans,14岁）——达成了某种家族协议,这使得他们三人活了下来,而几乎所有可能的竞争者和反对者都死了。[11]唯一免遭厄运的是他们年仅5岁的堂弟尤里安（Julian）,那时他生活在小亚细亚的一个城堡里,远离这场肃清运动。

337年9月,君士坦丁的三个儿子在君士坦丁堡称帝,他们成了罗马的共治皇帝。罗马帝国再次分裂,这一次分裂为三部分（或三个辖区）。君士坦丁二世接管了高卢地区;君士坦斯接管了意大利地区,不仅包括罗马,还有北非;君士坦提乌斯二世则接管了整个东部地区以及色雷斯地区,这意味着他得到了君士坦丁堡。君士坦提乌斯二世立刻派兵入侵亚美尼亚,协助库思老重获王位。

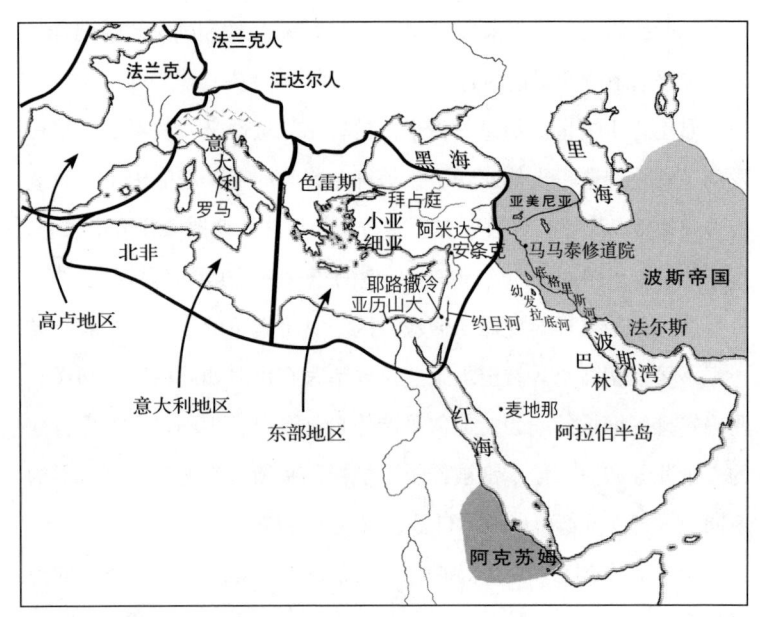

地图 10-1 罗马人和波斯人

虽然君士坦斯年仅 14 岁，但他很快就证明了他的实力。340 年，他的哥哥君士坦丁二世企图从他手中夺走意大利，君士坦斯便与之开战，在意大利北部伏击并杀死了他。此时，罗马帝国成了两部分，君士坦斯占据了西部，君士坦提乌斯二世则占据东部。

虽然君士坦斯对基督教会给予了坚定的支持，但很少有人喜欢他。他的个性太顽劣，即使那些对信仰基督教的皇帝过分恭维的教会历史学家也不喜欢他。他在罗马又生活了 10 年，但在 350 年，他 27 岁时，被手下的部将杀死了。[12]

罗马帝国的将军们并没有支持三兄弟中唯一剩下的那个君士坦提乌斯二世，而是又扶立了一位新的共治皇帝：一个名叫马格嫩提乌斯（Magnentius）的军官。为了赶走这位篡权者，君士坦提乌斯二世向西进军，但整整打了两年才最终将马格嫩提乌斯打败。马格嫩提乌斯不愿落入君士坦提乌斯二世手中，选择了自杀。352 年，君士坦提乌斯二世（像他的父亲一样）成了整个帝国的统治者。

同时，由于君士坦提乌斯二世一直没能顾及东部的边境地区，沙普尔二世乘虚而入，重新占领了亚美尼亚。库思老的儿子一直以罗马盟友的身份统治着亚美尼亚。沙普尔入侵亚美尼亚，活捉了这个国王并挖出了他的眼睛，他的儿子只有在服从波斯帝国的前提下才可以继承王位。[13]

君士坦提乌斯二世并没有立即对波斯的挑衅做出回应。他还有其他问题需要解决，其中最为迫切的便是找到一个继承人。由于他没有儿子，在 355 年，他任命了他唯一幸存的堂弟尤里安成为罗马帝国继承人。尤里安在 23 岁之前一直藏匿于小亚细亚地区，并且通过导师马多尼乌斯（Mardonius）接受了良好的基督教教育。

君士坦提乌斯二世更愿意待在君士坦丁堡，所以他安排尤里安去处理帝国西部边境的战事。这个年轻人在莱茵河畔的作战获得了巨大成功，军人们纷纷成为他狂热的支持者；他又减轻了西部的赋税，人民也非常爱戴他。

尤里安越来越受欢迎，而君士坦提乌斯二世的人气却减弱了。君士坦提乌斯二世和他父亲一样是基督徒，但不同的是，他信奉阿里乌派的学说，而当时官方已将其定为异端。在他任命尤里安为恺撒的同一年，君士坦提乌斯二世动用皇权驱逐了一名罗马主教，这位主教名叫利拜耳（Liberius），是一个反对阿里乌派的教士，他也十分不赞同君士坦提乌斯二世的信仰。为取代利拜耳，君士坦提乌斯二世又任命了一位他选择的主教。

这个问题很严重，因为罗马主教可能是整个基督教会中最有影响力的人物。罗马的主教们认为自己是使徒彼得的属灵继承者，他们也认为彼得是基督教会的创始者。几十年来，罗马的主教都声称有权对其他城市的主教做出具有约束力的决定。*

罗马教会的这项特权常常遭受质疑。在亚历山大、安条克、耶路撒冷这些城市，基督徒群体的历史一点不比罗马基督徒的短，他们对罗马是基督教世界中心的假设非常不满。尽管如此，所有的主教都一致认为，君士坦提乌斯二世不应该随意任免主教。君士坦提乌斯二世不顾他们的反对，在359年召开了宗教会议，并将阿里乌派的基督论定为正统学说。罗马主教——无论是被免职的利拜耳还是刚被任命的那位主教——都没有收到邀请。

教会人士对这种似乎源于神学信念的高压政策都十分不满（以这种方式干涉教会事务，君士坦提乌斯二世没有获得任何政治利益）。君士坦提乌斯二世失去了人心，尤其是在帝国西部的教会人士中，反对阿里乌派的情绪尤其强烈。所以当君士坦提乌斯二世对尤里安日渐增长的人气感到惶恐，要求他把部分军队撤往东部以削弱其武装力量时，尤里安考虑到他的堂哥在西部日益不得人心，而自己的声望日隆，拒绝了他。莱茵河地区的军队十分支持尤里安，并把他抬高到了共治皇帝的地位。

罗马帝国又变成了由两位皇帝统治，这种局面让他们两位都感到无法接受。但尤里安并不急于对君士坦提乌斯二世发动公然的进攻，毕竟君士坦提乌斯仍拥有君士坦丁堡和东部大部分地区。而君

---

* 这个信念基于《马太福音》(16:18)，在那一节中，耶稣对彼得说："我要把我的教会建造在这磐石上。"罗马教会将这句话解读为彼得是基督教会的创始人。因为在此之后彼得去了罗马传教，所以罗马的基督徒也认为罗马是教会的发源地。

10 来自萨珊波斯帝国的威胁

士坦提乌斯二世也不敢离开东部在西部与尤里安交战。与此同时,来自波斯的威胁突然降临,沙普尔二世的军队正逐渐接近罗马的边境地区。

罗马士兵阿米阿努斯·马塞利努斯(Ammianus Marcellinus)被提前秘密送往亚美尼亚(已被波斯控制)去监视波斯国王的举动,他后来记录了罗马与波斯的这场战争。他站在悬崖顶上,看到敌人正步步逼近:"四周布满了无数的士兵,"他回忆道,"国王在前面领军,身着华丽的铠甲。"[14] 罗马军队烧掉了敌人前方的田野和房屋,想断掉他们的食物来源,并在幼发拉底河畔反击;但波斯军团接受了一个已经归顺波斯的罗马叛徒的建议,选择向北转,穿越未被毁坏的田野和果园。

罗马军队进行追击,两军终于在罗马境内一个叫阿米达(Amida)的小城市相遇了。这里十分有利于防御,因为通往这座城市的道路(据阿米阿努斯·马塞利努斯记载)只允许狭窄的单行队列通过,于是罗马军队就在这条窄缝里占据了防守位置。但是罗马人不知道的是,波斯骑兵早已在城后分散开来,包围了这座城。罗马人被波斯士兵两面夹击,这才意识到自己被困在了在这个狭窄的区域。阿米阿努斯在混战中被困了整整一天。"我们一动不动地待到日出,"他写道,"非常拥挤,那些被杀死的人的尸体都没有地方倒下,只能竖立在人群中。我前面有一个士兵,他的脑袋已经被一把锋利的剑劈成了两半,但由于被四周的人挤着,他只能直挺挺地像个木桩似的站着。"[15]

最后,阿米阿努斯和其他幸存的罗马士兵一起退入城里。波斯人依靠弓箭手和战象攻击城墙,那些大象"满是皱纹的身体令人毛骨悚然,上面载满了全副武装的士兵,这个可怕的景象超越任何一种形式的恐怖"。阿米达承受了波斯人73天的围攻。街道上堆满了"蛆虫横生的死尸",瘟疫在城中蔓延开来。防御的士兵们用火焰箭对付木制的攻城兵器和大象,但波斯人最终还是通过堆土丘翻过了城墙。当地居民也遭到了屠杀。阿米阿努斯从城的后门逃了出去,他发现一匹马,这匹马被困在灌木丛间,还与它死去的主人绑在一起。阿米阿努斯解开尸体,骑着马逃跑了。[16]

君士坦提乌斯二世不仅被迫交出了阿米达,还交出了至少两座堡垒要塞、几个设防的城镇和东部的部分土地。同时,尤里安依然在西部威胁他。君士坦提乌斯二世被夹在这两股敌对势力之间,根本不敢撤走一边的军队去转攻另一边。

最后,一场发烧把他从困境中解脱出来。361年10月5日,君士坦提乌斯二世死于一种病毒性疾病,他的身体烧得滚烫,连侍从都不敢碰他。尤里安自然成了整个罗马帝国唯一的皇帝。

时间线 10

印度	罗马帝国	波斯帝国
	戴克里先（284—305）	
	马克森提乌斯（306—312）　君士坦丁（306—337）	
	李锡尼（308—324）　马克西米努斯·代亚（310—313）	
		沙普尔二世（309—379）
	米尔维亚桥战役（312）	
	塞里努斯广场战役（313）　《米兰敕令》（313）	
旃陀罗笈多（319—335）		
	尼西亚公会议（325）	
		（亚美尼亚）"矮个子库思老"（330—338）
沙摩陀罗笈多（335—约380）		
	君士坦丁二世（337—340）	
	君士坦提乌斯二世（337—361）	
	君士坦斯一世（337—350）	
	阿米尼宗教会议（359）	
	尤里安（360—363）	
旃陀罗笈多二世（约380—415）		
法显前往印度		

/ 11

叛教者

> 在361年到364年间,尤里安努力复兴古罗马的生活方式,但失败了。

尤里安刚一控制君士坦丁堡,人们就明显看出他所受的基督教教育是完全失败的。他与指导他学习希腊文学和哲学的著名修辞学教师李巴尼乌斯(Libanius)有多年的通信往来,他在成年之后的大部分时间里都秘密支持古罗马宗教。

现在他公开宣布自己反对基督教。他说,他的洗礼是一场他想要忘记的"噩梦"。他还下令重新开放以前的神殿,其中有许多是在基督教皇帝当政时期关闭的。他下令不允许基督徒教授文学。由于所有的政府官员都需要接受文学教育,这一决策最终将保证所有罗马官员接受的都是完全的罗马式教育。[1]

这也意味着罗马帝国的基督徒将长期无法接受足够的教育。大多数基督徒都拒绝将孩子送往学校,因为那里会以古罗马的方式向孩子灌输知识。作为替代,基督教作家开始尝试创造自己的文学,在他们自己开办的学校中使用。瓦西里耶夫写道,他们"将赞美诗翻译成类似于品达(Pindar)颂歌的形式,将摩西五经以六音步诗行的形式呈现出来,把福音书用柏拉图的对话体重新演绎"。[2]

这些文学大部分水平都不高,几乎立刻就被遗忘了,很少有留存下来的。

这是一种别有用心的迫害方式。这种方式揭示出尤里安在本质上很像笈多王朝的国王,虽然他们根本不可能见面。尤里安是一个保守主义者。他想复兴辉煌的过去,他想在罗马人和非罗马人之间划分明确的界线。君士坦丁决定以信仰而非基于罗马文化的骄傲来统一帝国,已使这条界线走向消失,而尤里安想要重建它。他想重建罗马文明的城墙,不仅用来抵制基督徒,而且抵制所有不遵循古罗马传统的人。"你知道,"李巴尼乌斯在358年写信给他,"如果有人毁掉了我们的文学,我们就会变得和野蛮人一样。"没有文学意味着忘记过去,忘记过去就会变成野蛮人。在尤里安看来,基督徒既是野蛮人,又是无神论者。他们没有文学,也不信奉罗马众神。[3]

尤里安明确地意识到,如果要与基督教会联合起来的力量斗争,古罗马宗教就必须更新。所以他采取了两个策略。首先,他窃用了基督教会中最有用的元素,将其融入罗马宗教。他研究了基督教会的等级制度,它在集合分布广泛的信徒这方面很有效,他以同样的方式改革了罗马祭司制度。他命令罗马祭司模仿流行的基督徒礼拜仪式对罗马诸神进行礼拜,在古罗马仪式中引进讲道(像布道那样)和颂歌。对朱庇特的敬拜从来没有像现在这样与对耶稣的礼拜相似。

他的第二个策略更为巧妙。他允许所有在《尼西亚信经》与阿里乌派的对峙中站错队而被流放的基督教会人士回来。他知道这些人不可能和谐相处。果然，激烈的神学争论很快就爆发了。这与君士坦丁的做法正相反。尤里安利用的是基督教的分裂力量，而不是其统一人心的力量。[4]

他所做的一切使他得到了"叛教者尤里安"的别名。

讽刺的是，他的政治问题迫使他承认野蛮人可以享有罗马人的特权，同时他又在恢复古罗马的旧思想。因为无法同时与东部的沙普尔二世和北方入侵的日耳曼部落对战，尤里安别无选择，只能让法兰克人的日耳曼部落以"罗马同盟者"（foederati）的身份定居在高卢北部，享有罗马公民的诸多权利。

法兰克人的威胁消除后，尤里安发动了一场对波斯的战争。363年，他率领8.5万人向东方进军，其中不仅有罗马人，还有哥特人（自君士坦丁统治时期以来一直是同盟者的日耳曼部落）和阿拉伯人，他们急于报复沙普尔二世"撕裂肩膀"的暴行。他还带着传统的占卜者和希腊哲学家，代替君士坦丁曾计划使用的教士和帐幕。这两组人之间的争论使事情变得复杂：占卜者坚持认为兆头不好，应该撤军，而哲学家却反驳说这种迷信是不合理的。[5]

在波斯边界，尤里安决定让军队兵分两路，他派3万人沿底格里斯河顺流而下，自己则率领其余的人驾驶舰船沿幼发拉底河而下。这些舰船是他们在流经罗马境内的幼发拉底河岸边建造的，舰船也从这里顺流而下。尤里安的想法是，他们在波斯首都泰西封（位于底格里斯河东岸，巴格达南部）会师，对波斯人展开钳形攻势。

据阿米阿努斯记载，罗马舰队规模惊人，由50艘战舰和1000艘满载食物和造桥材料的补给船组成。沙普尔二世意识到逼近的罗马军队规模庞大，恐慌不已，于是逃离首都以防不测。因此尤里安抵达时，波斯国王已经不知所踪。军队在底格里斯河上搭建了通往东岸的桥梁，并对泰西封进行围攻。围城战拖延日久。安全逃脱的沙普尔二世从其帝国的僻远之地召集了另外的士兵和盟友，返回泰西封同围城军队战斗。尤里安被迫撤回底格里斯河西岸，且战且退，尽力保障他士兵的生存。波斯人在进军途中烧毁了所有的农田和仓库。

撤退花费了整个春天的时间。到了初夏，罗马士兵还没有撤回到自己的边界。他们饥饿难耐，遍体鳞伤，还不断受到追赶他们的波斯人的攻击。6月的某一天，在波斯人的又一次伏击中，尤里安被一支波斯长矛刺中了小腹。他被抬回营地，在那里他流着血慢慢死去：只有三位罗马皇帝在对抗外敌时战死，他就是其中一位。*

与军队同行的阿米阿努斯·马塞利努斯描写了一次悲壮的古典式死亡：顺应命运的尤里安平静地与两位哲学家讨论"灵魂的高贵性"，直到去世。基督教历史学家狄奥多勒（Theodoret）坚持认为，尤里安是在痛苦中死去的，他认识到了耶稣的力量并且大喊："你已经赢了，加利利人！"（"加利利人"指耶稣。）可惜他认识得太晚了。[6]

这两个记载都不太符合史实，不过基督教的版本更接近于当时的情形。尤里安的军队被困，群龙无首，需要领导和救援。经过一番争吵和摇摆，军官们给他们中一名威严又善良的将领约维安（Jovian）披上了皇帝的长袍，宣布他成为皇帝。[7] 约维安时年33岁，是一名基督徒。

自此之后，统治罗马帝国都将是信基督教的皇帝。古罗马宗教再也不能控制罗马朝堂。但是斗争并没有就这样结束。这只意味着

---

* 另外两个是瓦勒良（260年被波斯人杀死）和迪基乌斯（251年死于与哥特人的战斗中）。

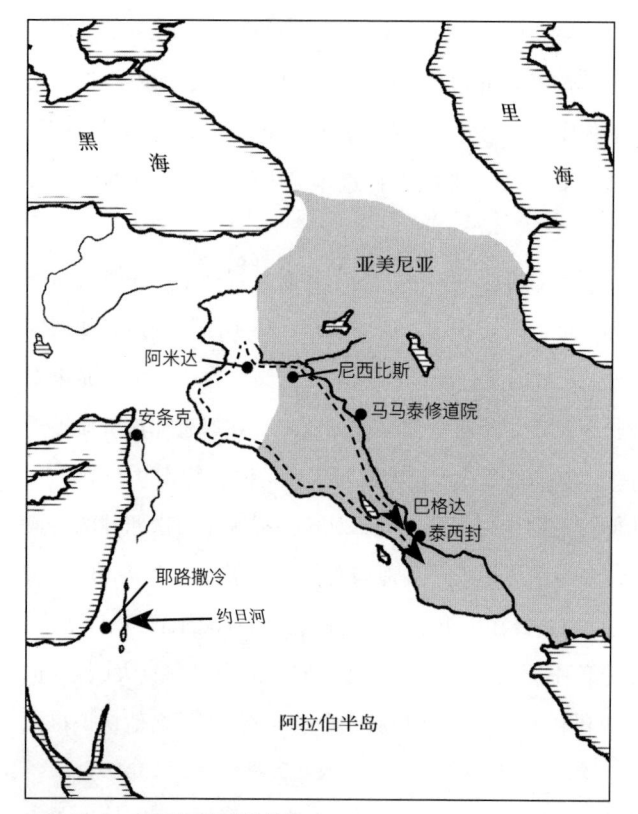

地图 11-1 尤里安对波斯的战争

过去和现在、古罗马和新帝国之间的争斗转入了地下。

约维安是个实用主义者。他不想打仗，戴上皇冠后，就请求同沙普尔二世和谈。两人和谈签订的条约允许罗马军队平安回国。作为交换，约维安同意将底格里斯河以东的所有罗马土地让给波斯人，包括尼西比斯的罗马要塞。此后，尼西比斯将成为波斯侵扰罗马边境的基地。它再也没能回到西方的控制之下。[8]

军队在约维安的指挥下缓慢向西前进，准备面对回国之后罗马人民的鄙视和愤怒。该条约被视为一项耻辱，这是罗马人的耻辱，是尤里安领导的、损失惨重的冒险战争造成的难以接受的结果。

约维安甚至没有回君士坦丁堡。他一回到罗马的土地，就驻留在安条克，并立刻开始制定折中的方案。他撤销了尤里安所有的反基督教法令，但是他也没有对罗马宗教施加限制，而是宣称宗教信仰自由。他自己毫不掩饰地遵循《尼西亚信经》，但他决定把宗教信仰从罗马帝国的政治中心清除出去。基督徒、希腊人、罗马人：所有人都有平等的礼拜权和参政权。[9]

但这种举措为时已晚。宗教和政治合法性、宗教和政治主张在帝国的中心缠绕交织在一起。一个强势且有个人魅力的皇帝（心善的约维安并不是）也许能够在执掌大权的同时，倡导宗教信仰自由，但是约维安的权势已经因为与波斯签订不得人心的条约而被大大削弱了。他掌权的唯一希望就是利用宗教权威，建立严格的宗教正统信仰作为他的权力基石。

他拒绝这样做就意味着他无法保住任何权力。364年，约维安被选为皇帝8个月后，就死在了帐篷中，当时他仍然在向君士坦丁堡缓慢行进的途中。对他的死因人们有诸多猜测。据说他死于从排风不畅的炉子里的冒出的烟，也有人说他死于消化不良或"头肿症"。"据我所知，"阿米阿努斯说，"没有人去调查他的死因。"罗马皇位在等待下一个主张有权继承它的人。[10]

时间线 11

印度	罗马帝国	波斯帝国
	君士坦丁（306—337）	沙普尔二世（309—379）
	米尔维亚桥战役（312）	
	塞里努斯广场战役（313）	
	《米兰敕令》（313）	
旃陀罗笈多（319—335）	尼西亚公会议（325）	
		（亚美尼亚）"矮个子库思老"（330—338）
沙摩陀罗笈多（335—约380）	君士坦丁二世（337—340）	
	君士坦提乌斯二世（337—361）	
	君士坦斯一世（337—350）	
	阿米尼宗教会议（359）	
	尤里安（360—363）	
	约维安（363—364）	
旃陀罗笈多二世（约380—415）		
法显前往印度		

/ 12

地震与入侵

> 在364年至376年间，自然灾害和蛮族的袭击使罗马帝国陷入困境。

约维安的死亡意味着罗马帝国在四年间换了三位皇帝。阿米阿努斯·马塞利努斯称这个时期为"环境剧变期"，是罗马的宗教与边界同罗马的最高领导人一样迅速变动的时期。

没有人支持约维安尚在襁褓之中的儿子继位。（没有经过授权就成为整个帝国代表的）军队选择了另一名军官成为下一任皇帝。

瓦伦提尼安（Valentinian）43岁，一直在军中，是很热心的基督徒，这使得准确描述他的情况有点困难。信奉传统罗马宗教的历史学家佐西穆斯勉强地称瓦伦提尼安是"优秀的士兵，但几乎不识字"；基督教的历史学家狄奥多勒认为，瓦伦提尼安"不仅勇气出众，而且还以谨慎、节制、正义和名望而著称"。[1]

帝国在这一时期所需要的并不是一个有经验的领导人，而是一个有经验的将领，而瓦伦提尼安的决定表明，他在军中的履历并不一定能使他具有当皇帝的能力。他在尼西亚时军队很拥护他。在动身去君士坦丁堡加冕之前，他决定任命一个共治皇帝。这是一个士兵所能想到的预防措施。去往东部省份的路途充满凶险，而瓦伦提尼安没有子嗣。

据阿米阿努斯记载，瓦伦提尼安把他的同袍们聚集在一起，问他们对他的弟弟和战友瓦伦斯（Valens）有什么看法。最后是骑兵指挥官打破了沉默，他说："陛下，如果您爱您的亲属，那您就有一个兄弟，但如果您爱国家，就要小心每一个觊觎皇位的人。"[2]

但是瓦伦提尼安最终决定不理会这个建议。他授予了他的弟弟皇帝头衔，并让他掌管远至色雷斯的东罗马帝国，自己则去了意大利，他在米兰而不是罗马设立了他的朝廷。

这是对罗马西部的短暂倾斜，年纪更长的皇帝定居在意大利，而年纪轻的皇帝定居在东部。不过瓦伦斯没有前往君士坦丁堡，而是住在奥龙特斯河边的安条克。当时那位骑兵指挥官为何会有顾虑，几乎马上就变得清楚了。这个帝国面临着各种各样的军事问题。日耳曼部落正在入侵高卢并跨越多瑙河；不列颠尼亚的罗马领地受到当地人的攻击；北非领土正遭遇南部部落的敌对行为；沙普尔二世声称他与约维安订立的条约因约维安的死亡而失效，正在准备攻击东罗马帝国。[3]

但是东罗马帝国的瓦伦斯显然更担心内部的纯粹性，而不是外在的威胁。他的哥哥瓦伦提尼安信奉基督教《尼西亚信经》，但对阿里乌派和传统罗马宗教信徒都很宽容。事实上，瓦伦提尼安最具侵略性的举措之一是通过了一项禁止夜晚祭神的法律，但是他的一位地方总督指出，他的许多臣民都把这些古老的习俗视为界定自己属于罗马社会一部分的方式，于是瓦伦提尼安立即就命令大家忽略他颁布的新规定。[4]

但年轻的瓦伦斯属于基督教的阿里乌派,而且他完全不能容忍任何其他形式的教义。他开始了一场对安条克的尼西亚基督徒的灭绝战争:流放他们的领袖,驱赶信徒,并将其中一些人淹死在奥龙特斯河中。这让波斯人能更容易地侵扰东部边界,因为瓦伦斯既没有经验,又对防御毫不上心,对东部要塞几乎没有安排驻军保护。佐西穆斯说,瓦伦斯管理手下人的经验太少,不能"担此重任"。士兵阿米阿努斯的说法则更加简洁:"在这个时期,实际上整个罗马世界都听到了战争来临的号角声。"[5]

然后灾难就降临了。

365年7月21日的黎明,一场源自地中海海底的地震从海底扩散,沿着海床向上延伸到罗马海岸。克里特岛上,建筑物直接倒塌在熟睡的居民身上。昔兰尼加(Cyrenaica)地动山摇,这里的城市摇摇欲坠。地震也袭击了科林斯,往西的意大利和西西里岛也感到了震动,地震还一直影响到东部的埃及和叙利亚。[6]

当海岸各处的罗马人开始穿过瓦砾,扑灭火灾,挖掘财物并悼念死者时,在海对面的地中海南岸——尼罗河三角洲上的亚历山大——海水突然远离海岸。亚历山大人走到海滩上观察情况。阿米阿努斯·马塞利努斯回忆说:"汹涌的海水从陆地上退去,人们看到了许多被困在泥沙中的海底生物,还有绵延的山脉和深深的峡谷……许多船只搁浅,就像停在干旱的陆地上一样,一动不动,许多人不再担心海水,他们走来走去,捡拾鱼和贝壳。"

这种愉悦只持续了不到一个小时。"然后,"阿米阿努斯写道,"汹涌咆哮的海水,就像之前被强迫着撤退一样,又重新被推了回来。海浪越过沙滩,肆意地在岛屿上、广阔的土地上、城市里整齐的建筑物间和任何能流动的地方流淌……大量的海水在人们毫无防备的时候涌回，溺死了数千人。"[7]

当海啸平息时，海岸上到处散落着船只。尸体被抛到街道上，横在建筑物的顶部，或者在浅水里脸朝下漂浮着。几年后，阿米阿努斯在前往附近城市的路上，看到一艘船被海浪抛到了离海足足3千米外的沙地上，接缝处都裂开了。

毁灭过去之后，瓦伦斯和瓦伦提尼安都竭尽全力维持所统治地区的统一。瓦伦斯受到了叛乱者普洛科皮乌斯的挑战，后者是已故皇帝尤里安的表弟，他设法说服了哥特军队支持他夺取东罗马帝国皇位。瓦伦斯匆忙给西方的哥哥瓦伦提尼安发信，请求援助；但瓦伦提尼安也正在远征，在高卢同阿勒曼尼人（另一个日耳曼部落联盟）打仗，而且他也没有多余的士兵可供派遣。[8]

瓦伦斯采用巨额贿赂的方法，使普洛科皮乌斯的两位高级将领和部分军队背叛了他，因此瓦伦斯成功地在推雅推喇城（Thyatira）的战斗中击败了普洛科皮乌斯。他一抓住普洛科皮乌斯这个反叛者，就把他五马分尸了。他还处决了普洛科皮乌斯的两个主要将领，道貌岸然地谴责他们为了他而背叛了主子。[9]

传统的罗马编年史家，比如阿米阿努斯等，用普洛科皮乌斯的篡权来解释灾难性的海啸。他们只是简单地把海啸发生的时间往后推，放到了叛乱发生之后，坚持说是叛乱引起了自然秩序的剧变。而基督教历史学家在记录海啸的时候，更倾向于将其归咎于叛教者尤里安，是上帝在因尤里安的罪行而惩罚罗马帝国。尤里安的老朋友李巴尼乌斯则认为是世界正在悼念尤里安的死亡，地震和海浪是"世界对他的尊崇，你也可以说是波塞冬对他的尊崇"。[10]

基督徒和罗马人都试图解释这场毁灭性的灾难。这样的灾难必然是有原因的。无论是在罗马宗教还是在基督教的世界里，所有灾难都是对人类行为的直接反应——任何一个世界中都不存在纯粹偶然的恶。

紧随自然灾害而来的是一系列政治灾难：蛮族侵袭罗马领土，逐渐削弱罗马军力的优势。

瓦伦斯对哥特人的宣战引发了第一场政治灾难。军队中的哥特士兵曾支持反叛者普洛科皮乌斯，于是瓦伦斯想惩罚他们。

到这时，罗马人和哥特人已经找到了一种共存的方法。哥特人为罗马军队提供士兵，作为回报，罗马人允许哥特人在罗马定居，让他们享有罗马公民的一些特权。而且在过去的几十年里，有越来越多的哥特人信奉基督教。哥特人的主教乌斐拉（Ulfilas）创造了哥特字母，用它将《圣经》翻译为他们自己的语言。像瓦伦斯一样，乌斐拉是一位狂热的阿里乌派基督徒。（他宣称尼西亚基督教是"魔鬼可憎、恶劣、堕落的……发明"。）[11]

但这些都没能阻止瓦伦斯对哥特人定居的土地进行惩罚性的讨伐。他的复仇战争始于367年，持续了整整3年，始终没有真正达到目的。此时，对一个倾向于友好相处的民族宣战是个很糟糕的事情，在西方，瓦伦提尼安已经在同阿勒曼尼人交战了。367年末，当瓦伦斯在与哥特人交战时，阿勒曼尼人跨过了莱茵河，在瓦伦提尼安自己的地盘上袭击了他。瓦伦提尼安成功地在一场激烈的对战中击败了他们，但他失去了太多的士兵，无法赶走入侵者。

与此同时，不列颠的罗马领地也遭到蛮族的袭击。

袭击不列颠的"蛮族"是居住在不列颠诸岛北部的部落。早在122年，罗马皇帝哈德良就命人修筑了一道横跨不列颠岛的城墙，将文明社会与蛮族隔开。罗马占领的不列颠——"不列颠尼亚"行省——在这道城墙的南边。不列颠尼亚中的 6 个城镇被授予了完整的罗马公民权利。*其中最大的伦底纽姆（Londinium）有 2.5 万居民和复杂的罗马基础设施体系，包括船舶航线、浴室和排水系统以及军用设施。[12]

至于城墙以北，在罗马人看来，就只有旷野。

居住在哈德良长城以北和不列颠尼亚以西较小岛屿上的部落，也许早在公元前 500 年就入侵了不列颠海岸。现在他们成了本地人（在某地居住上千年，就会发生一种有趣的效应，让人们在土地上扎根），是数十个部落王国的主人。最强的部落是皮克特人（Picts）和喀里多尼亚人（Caledones）的部落（罗马历史学家塔西佗说，"他们有着红色的头发和粗壮的四肢"）。在未被罗马人占领的西部岛屿上，维尼（Venii）部落占领了重要城镇塔拉及以南的土地，而乌尔乌提（Uluti）部落则控制着北方的大部分地区。[13]

不列颠尼亚一百多年来一直遭受着北方的皮克特人的侵犯，忍受着西方岛屿上的部落发动的海盗袭击，不胜其扰。**在 4 世纪，另一个日耳曼部落也开始通过海路袭击此地，那就是撒克逊人，他们来自高卢以北，跨海侵犯不列颠尼亚东部海岸。

负责保卫不列颠尼亚免受这些袭击的罗马官员称作不列颠尼亚边境长官（Dux Britanniarum）。他由一个特殊的指挥官辅助，该指挥官称作"海岸保卫者"（Comes Litori），他的职责是让撒克逊人远离东南沿海地区。但是在 367 年末，瓦伦提尼安正激烈地抗击阿

---

* 这六个城镇分别是埃勃雷肯（约克郡）、维鲁拉米恩（圣奥尔本斯）、格莱昂（格洛斯特）、林杜姆（林肯）、卡姆罗多努（科尔切斯特）和伦底纽姆（伦敦）。
** 罗马人称这些海盗为"斯科蒂人"（Scoti），这源自他们语言中的一个单词，意思是"掠夺者"。这很容易与现在表示苏格兰人的"Scot"混淆，实际上罗马时期的斯科蒂人来自现在被称为爱尔兰的岛屿。

地图 12-1　不列颠和爱尔兰

勒曼尼人，瓦伦斯与哥特人僵持不下，不列颠尼亚的防御体系崩盘，来自四面八方的蛮族涌入这个地区。[14]

这是一场精心策划、多方配合的袭击事件。阿米阿努斯·马塞利努斯称之为"野蛮人的阴谋"（Barbarica Conspirato）。驻扎在哈德良长城的罗马军队多年来一直与皮克特人交好，允许皮克特士兵越过长城进入罗马不列颠。与此同时，来自西方岛屿的海盗在海岸登陆，撒克逊人则入侵了不列颠尼亚的东南部和高卢北部。不列颠尼亚边境长官和海岸保卫者都被打败了。在过去的几十年里，罗马控制不列颠尼亚的能力因为军队向大陆转移而逐渐减弱。[15]

368年，尽管瓦伦提尼安忙于对付阿勒曼尼人，他仍然将经验丰富的老狄奥多西（Theodosius the Elder）将军派往不列颠尼亚，试图夺回本属罗马的行省。老狄奥多西顺从地带着身为副官的儿子弗拉维乌斯·狄奥多西（Flavius Theodosius）去往不列颠。他在伦底纽姆站稳了脚跟，在那里打了一年的仗，最后恢复了罗马对不列颠尼亚的控制。一位罗马诗人钦佩地写道："他用皮克特人的鲜血温暖了整个北方，冰冷的爱尔兰为成堆的尸骨哭泣。"新堡垒沿着东南部海岸修建，塔楼守卫可以密切监视撒克逊船只的接近。[16]

但情况并不太好。这些侵略活动破坏了城市，烧毁了住所，摧毁了整个驻防地，中断了不列颠尼亚与北部部落之间曾经存在的贸易联系。长城附近的皮克特村庄现在已经被烧毁，那里的人民遭到了屠杀，沿边界的罗马驻军也把自己关进了与外界隔绝的简陋堡垒中。[17]

而在罗马帝国本土，皇帝兄弟俩正被迫与蛮族敌人讲和。369年，瓦伦斯放弃征服哥特人，并与他们的首领签署了条约；374年，瓦伦提尼安与阿勒曼尼人的国王马可瑞阿努斯（Macrianus）讲和。但是几乎马上，又一场与蛮族的战争爆发了。

一年前，瓦伦提尼安曾下令在多瑙河以北建造新堡垒，所用的土地属于被称为夸迪人（Quadi）的日耳曼部落。夸迪人没有太大的威胁（阿米阿努斯称他们为"一个不大可怕的民族"），当堡垒开始建造时，他们派出了一位有礼貌的大使去找当地的指挥官，要求停止建造。控诉被忽视后，他们又派出了其他使节。[18]

最后，显然罗马指挥官无法想到更好的解决方案，就邀请夸迪国王参加宴会，并在宴会上杀害了他。这种残暴的处理手段激怒了夸迪人，他们和邻近的部落聚集在一起，突袭跨过了多瑙河。没有一个生活在边界处的罗马农民能预料到这次袭击：入侵者"毫无预兆地跨过了多瑙河，出现在忙于收获的村民面前。大多数村民被入侵者杀害，被抓走的幸存者成了囚犯"。[19]

对于引起这场争斗的指挥官的无能，瓦伦提尼安愤怒不已，他将老狄奥多西和他的儿子弗拉维乌斯从不列颠尼亚召回，派他们去征讨那个动荡的地区。瓦伦提尼安在不久之后抵达，他火冒三丈，并承诺惩罚他的刚愎自用的官员。但是当他亲眼看到边境受到的破坏时，他大吃一惊。他决定忽略谋杀夸迪国王的事情，并发动了一场惩罚性的入侵。他亲自领导了这场袭击；阿米阿努斯对此持批评态度，他记载说，瓦伦提尼安烧毁了村庄，对他能抓到的所有夸迪人"不分年龄，肆意杀害"。[20]

事实上，这样的行为表明瓦伦提尼安早就有点失去理智了，这很可怕。当他试图骑上马夫为他牵着的马时，这匹马用后腿站了起来，他就砍断了马夫的手。他曾有一个无辜的年轻秘书，因为一个不合时宜的玩笑就被他折磨致死。他甚至在一场战争失败后，下令处死在不列颠尼亚为他尽忠职守的老狄奥多西，并将他的儿子弗拉维乌斯流放到伊比利亚半岛。最后，夸迪派出使节来谈判求和。他们尽力解释自己一方不是最早发动侵略的，瓦伦提尼安变得越来越愤怒，竟中了风。"就像被天上的闪电劈中了一样，"阿米阿努斯说，"人们看到他说不出话，喘不上气，脸像火一样红。突然他的血液就停止了流动，流淌出预示着死亡的汗水。"他没有任命继承人就死了。[21]

西部帝国暂时没有了领导人，前线的军官匆忙停止了针对夸迪的一切敌对行动。瓦伦斯传话，瓦伦提尼安的儿子，16岁的格拉提安（Gratian）应该继承皇位，并与他的弟弟、4岁的瓦伦提尼安二世（Valentinian Ⅱ）共治国家。

格拉提安的第一个行动（表现出了绝佳的判断力）是从西班牙召回老狄奥多西的儿子弗拉维乌斯·狄奥多西，并让他负责北方边境的防御。弗拉维乌斯·狄奥多西已经在不列颠尼亚学会了如何作战，事实证明他是一个杰出的战略家。376年，在瓦伦提尼安死去一年后，他成了整个中央地区军衔最高的将军。

他的能力正是人们所需要的。罗马人已经开始听到新威胁的传言：东方的游牧敌人正无情进军，这些无所畏惧的战士大肆屠杀，毁灭一切，他们没有宗教信仰，没有关于是与非的定义，甚至不会说像样的语言。黑海东部的所有部落都处于焦虑不安中。在顿河以东生活了几个世纪的阿兰人（Alans）已经被赶出了他们的领地。宣称自己是"邻国的恐惧"的哥特国王已经被打败了。难民正挤在多瑙河北边，请求进入安全的罗马领土。[22]

匈人来到了西方世界的遥远边界处。

对于从未见过他们的罗马人来说，他们像地震和海啸一样可怕，是几乎无法抵抗的邪恶力量。当时的历史学家并不确定这些可怕的新来者究竟来自哪里，但他们确信那是个可怕的地方。罗马历史学家普洛科皮乌斯（Procopius）坚持认为，他们是与魔鬼结合的女巫的后裔，由此产生的匈人是一个"发育迟缓、肮脏丑恶的弱小部落，他们几乎算不上人类，不会说话，只能发出与人类的语言有些许相似的声音"。[23]

这个故事并不是他原创的，普洛科皮乌斯借鉴了《创世记》中的说法：在大洪水之前的黑暗时代，"神的儿子们和人的女子们交合生子"。教父们认为，这描述了堕落的天使——魔鬼与人类女子

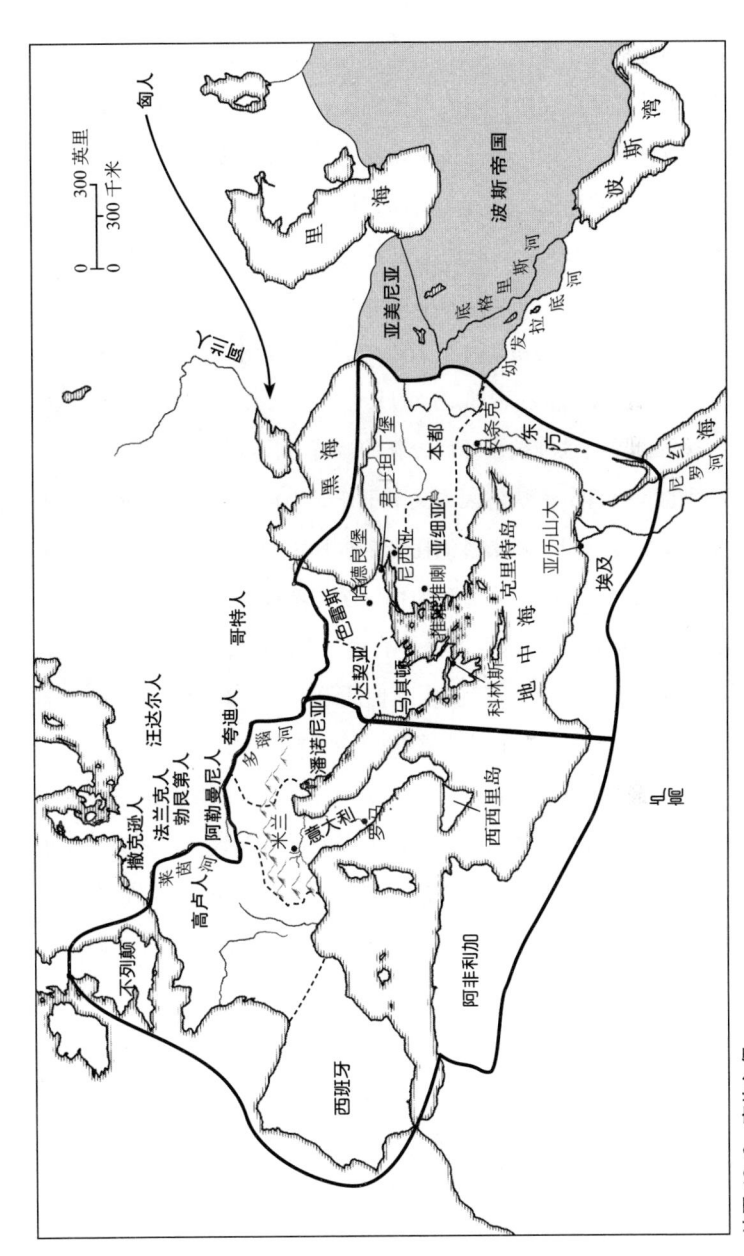

地图 12-2 蛮族入侵

的结合，他们生下了这些为世界带来巨大灾难的孩子。此时，基督教对历史的解读已经跟可怕的现状结合了起来：匈人不仅仅是蛮族，还是要毁灭地上天国——基督徒的罗马帝国的恶魔。[24]

匈人仍然离得很远，当务之急是如何处置难民。瓦伦斯接见了来自哥特的官方代表团，他们请求在多瑙河另一边的罗马土地上定居。他之前已经被迫与哥特人讲和，现在他决定允许哥特人移民。作为回报，新移民将在色雷斯开垦未耕种的土地，并为罗马军队提供额外的士兵（正如先前在帝国定居的其他哥特人已经同意的那样）。[25]

罗马边界的水坝被破坏后，新的哥特难民涌过了多瑙河。负责新移民的罗马官员很快就因为文书工作而不堪重负。由于税收政策不当，资金被挪用，新来者消耗光了食物供应，饥荒开始出现。不到两年，瓦伦斯的决定就导致他再一次与蛮族开战。一支由愤怒的哥特人组成的队伍在色雷斯横冲直撞，"毫无秩序地抢劫、谋杀、伤人、放火，造成一片混乱"，他们屠杀无辜，烧毁村庄，掳掠居民，并朝向君士坦丁堡的城墙进军。[26]

瓦伦斯从安条克出兵保卫他的城市。在西方，年轻的格拉提安从东部出兵帮助他的叔叔。在格拉提安的增援部队抵达之前，瓦伦斯和哥特人的军队在君士坦丁堡以西的哈德良堡遭遇了，这个城市的名字源自曾建造了抵御野蛮人的长城的皇帝哈德良。

378年8月9日，瓦伦斯与他的手下冲入战场，在交战中被杀。他的三分之二的士兵和他一起战死了。罗马士兵在急行军后都已饥渴交加。瓦伦斯没有穿象征帝王的紫色袍服，他的尸体毁坏严重，没有被辨认出来。阿米阿努斯记载，地面上的鲜血深至脚踝。第二夜，哈德良堡的人们都可以听到黑暗中伤员的哭泣声，还有留在战场上的濒死者的喘息声。

时间线 12

印度	罗马帝国	波斯帝国
	君士坦丁（306—337）	沙普尔二世（309—379）
	米尔维亚桥战役（312）	
	塞里努斯广场战役（313）　《米兰敕令》（313）	
旃陀罗笈多（319—335）	尼西亚公会议（325）	
		（亚美尼亚）"矮个子库恩老"（330—338）
沙摩陀罗笈多（335—约380）	君士坦丁二世（337—340）	
	君士坦提乌斯二世（337—361）	
	君士坦斯一世（337—350）	
	阿米尼宗教会议（359）	
	尤里安（360—363）	
	约维安（363—364）	
	瓦伦提尼安（364—375）　瓦伦斯（364—378）	
	哥特战争（367—370）	
	格拉提安（375—383）　瓦伦提尼安二世（375—392）	
旃陀罗笈多二世（约380—415）法显前往印度		

　　哥特人对城市进行了围困，但是他们的攻城经验不如正面交战，很快就撤离了。他们在君士坦丁堡做了同样的尝试，再次发现没有攻破城墙的希望。因此他们退兵了。但是他们已经证明了一点：罗马帝国远不是不可征服的。地震和洪水能摧毁它，来自远方的蛮族能破坏它，就连衣衫褴褛的流亡者也能将皇帝打倒。

/ 13

重建王国

> 在371年至412年间,高句丽采纳了佛教和儒家思想,并且打败了邻国。

越过君士坦丁堡,越过波斯和印度,经过晋朝和北魏,在遥远的东方,另一位国王也在努力从战败中恢复。在371年,年轻的国王小兽林王继承了高句丽的王位,而此时的高句丽是一个支离破碎、士气低落的国家。他没有重振王国的坚实基础。他的军队惨遭重创,军官在战斗中牺牲,土地也被肆意劫掠。

372年,他在一个和尚那里找到了答案。

高句丽王国位于亚洲的东北部,其民族的祖先可能是很久以前从黄河流域迁来的,但中国和高句丽的文化已经分隔了数个世纪。[*]在高句丽南部是朝鲜半岛,半岛上的人声称自己拥有古老而杰出的传统。据其传说记载,公元前2333年,檀君建立了这片土地上的第一个王朝,后人称之为檀君朝鲜,这一时期正是中国最古老王朝的

---

[*] 在语言方面,半岛上的人民很早就与中国人区分开来。他们的语言属于通古斯语系,这与古汉语所属的汉藏语系不同,古汉语是最古老的汉语书面语形式。

时期。

在汉武帝时期，汉朝占领了朝鲜半岛北部的土地，并派驻了地方官员，他们的家人也定居在那里。而在汉朝所占领土的周边则形成了三个独立的王国：新罗、高句丽和百济。与此同时，在半岛的最南端，一个部落联盟（伽倻联盟）抵抗住了邻国想将其并入日益强大的君主制国家的企图。

对于汉朝来说，高句丽的不断侵扰非常棘手，汉朝一直想抑制其朝鲜领土周围的这些小王国的发展，不让它们强大起来。《三国志》中写道："其人性凶急，喜寇抄。"[1] 汉王朝覆亡之时，它对朝鲜半岛的控制已经缩小到了只剩一个管辖区域：乐浪郡，以古城王俭城（后来的平壤）为中心。

乐浪郡在历史上存在的时间比汉朝还要长，延续至313年。在那年，高句丽王国的统治者，雄心勃勃、精力充沛的国王美川王向南扩张，吞并了乐浪郡，将其纳入自己的领土，并赶走了剩下的晋朝兵马。这使得美川王统治下的高句丽领土扩张为其邻国的三倍，高句丽成为朝鲜"三国"中最强大的国家，占主导地位。

但这也使它成为最大的受攻击目标。美川王于331年去世，留下他的儿子故国原王继承王位。故国原王显然不是可与他父亲相提并论的战士。他在位40年，一直采取不作为政策，这期间高句丽遭受了两次侵略。342年，前燕的军队掳掠了数千人，并将首都丸都城夷为平地。371年，百济王太子率领入侵军队，直捣王俭城。

高句丽王放弃了撤退的想法，亲自上阵与邻国作战。在防守王俭城的战斗中，他不幸战死。百济占据了高句丽大部分领土。战败国王的儿子、伟大的美川王的孙子小兽林王接过了高句丽王国遗留的烂摊子。

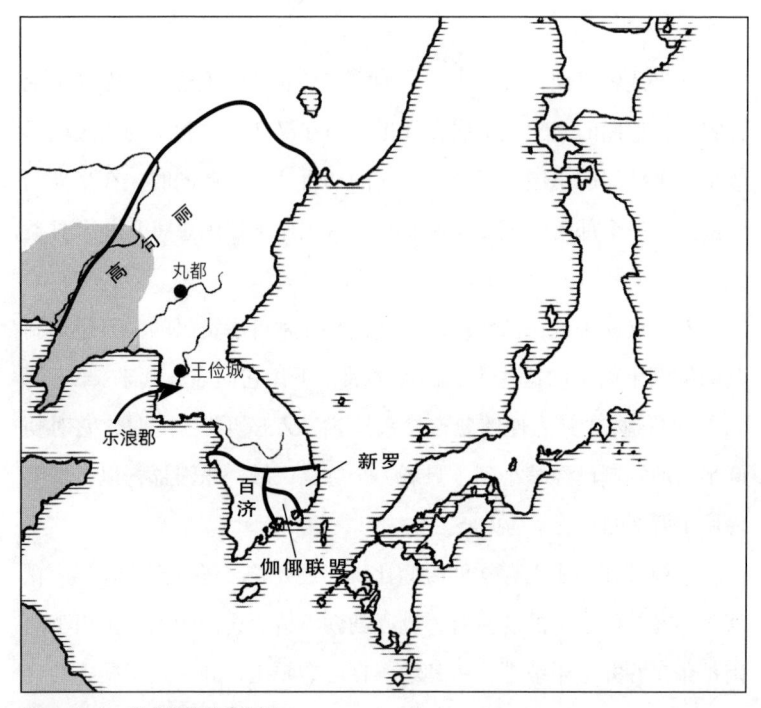

地图 13-1　鼎盛时期的高句丽

小兽林王继承王位之后不久，一位从西方旅行而来的和尚造访了他的宫廷。这个和尚名为顺道，他带来了礼物和佛经，说信奉佛教有助于保护高句丽免受敌人的侵害。小兽林王十分欢迎顺道并采纳了他的建议，不久之后，他自己也皈依了佛教。372 年，他建立了"太学"，这是仿照中国的太学建立的。[2]

佛教与儒学本质上虽截然不同，却形成了一个很适合高句丽的混合体。顺道教导小兽林王和他的王室成员，不满、不悦、野心和恐惧皆为"有为法"（samskrita），开悟的学生可以认识到，事实上世上并没有不满、不悦、野心和恐惧。高句丽王国本身就是有为法，这一概念在本质上是不真实的。如果小兽林王及其官员能够真正理解这一点，意识到禅师说的"世界和现象皆为虚无"，他们才能够在世上发挥作用。他们的决定不会因渴求财富、安全、幸福而受到影响。[3]

另一方面，儒家思想教人接受物质世界的现实，并教会其信徒如何怀着美德和责任过一种良好的生活。佛教理论给了高句丽王国一种崭新的团结形式，即精神上的一致。儒家思想帮助小兽林王培训新的文臣、武将、会计和吏役，它提供的是实现国家繁荣昌盛所需的已证实可行的框架。佛教是僧侣的哲学，儒家思想则是太学传授的教导。

但由于佛教并非一个信条宗教（信条宗教是指信奉者有一致认同的有关信仰的书面表述），因此佛教和儒家思想可以并存。佛教与基督教有所不同，信奉者认为佛教从来不是排外的，不要求教徒放弃所有与之对立的信仰。所以虽然小兽林王信奉佛教，但他并没有将其设为高句丽的国教。设为国教将赋予它排外的权力，而在佛教的思想框架内，这样做毫无意义。[4]

此时，高句丽不再处于解体的边缘，小兽林王将其从覆灭的边缘解救回来。但是，要想进行占领和扩张，高句丽还需要一些时间来巩固基础。

此时，百济仍然是半岛上最强大的国家，由近肖古王统治，正是他发动入侵，杀死了小兽林王的父亲。百济的边界不断膨胀，已囊括了半岛南部的大部分地区，近肖古王（像他的北方邻居那样）需要采取一些措施以维持国家统一。之前，百济从未有过王位父子相传的先例，都是一位接一位的战士通过武力争夺，胜者称王。但是如果领导者都将精力放在内部夺权上，而不是向外部扩张，那么继承之战很可能会导致百济丧失领土。于是，为了保护他征战获得的领土，近肖古王宣布要将王位传给他的儿子。直到他于375年去世时，他的安排仍然非常牢靠。他的王位首先传给了他的儿子，儿子早逝后，又传给他的孙子枕流王。[5]

384年，途经中国传播佛教的印度僧侣摩罗难陀（Malananta）从晋朝到了百济。枕流王听说他在讲经后，就让摩罗难陀来到都城，亲自接见并听他讲经。像小兽林王一样，他也接受了佛教的教义。[6]

到了391年，小兽林王的侄子好太王继位，他的前辈所建立的基础已足以支持他进行征伐。佛教哲学虽然广为传播，却并没能说服好太王放弃野心和早期征战获得的好处。加冕一年后，好太王发动了一场对百济的袭击，而百济在几十年前似乎还是坚不可摧的。

他设法与半岛上的第三个王国新罗缔结了盟约。391年，新罗正处于奈勿尼师今的统治下，这位君主十分有先见之明。他早已派出外交使臣越海出使晋朝。现在他以友好姿态回应了好太王的结盟建议，并对找到一位共同对抗不断扩张的百济的盟友感到十分高兴。

于是，新罗和高句丽的军队联合起来，如风暴般席卷了百济。曾经无比强大的百济已经衰弱，无力长期抵抗。不久，百济就被新罗和高句丽的联军击败。396年，百济王交出了1000多名人质，保证自己的行为不逾矩，并同意向好太王纳贡。

好太王在位剩下的时间里，他将精力全部用在扩张上，并自封为"广开土王"。391年到412年间，这位广开土王为高句丽征服了65座城池和1400个村庄，收回了几十年前被夺走的北部土地，并让百济退回半岛南部。他的丰功伟绩被刻在石碑上，至今仍伫立在他墓前，成为朝鲜历史的最古老文献："恩泽洽于皇天，威武振

时间线 13

罗马帝国	波斯帝国	高句丽	百济	新罗
君士坦丁（306—337）		美川王（300—331）		
	沙普尔二世（309—379）			
米尔维亚桥战役（312）				
《米兰敕令》（313） 塞里努斯广场战役（313）				
尼西亚公会议（325）				
		故国原王（331—371）		
君士坦丁二世（337—340）				
君士坦提乌斯二世（337—361）				
君士坦斯一世（337—350）				
			近肖古王（346—375）	
				奈勿尼师今（356—402）
阿米尼宗教会议（359）				
尤里安（360—363）				
约维安（363—364）				
瓦伦提尼安（364—375） 瓦伦斯（364—378）				
哥特战争（367—370）				
		小兽林王（371—384）		
		佛教传入		
格拉提安（375—383） 瓦伦提尼安二世（375—392）				
			枕流王（384—385）	
		广开土王（391—412）		

被四海……国富民殷，五谷丰熟。"他为纪念自己的胜利而修建的寺庙中有一座石碑，碑上刻有一段他自己的话，里面提到他自己信奉佛教而令国家昌盛。[7]

/ 14

大公教会

> 在378年到382年间,格拉提安反对古罗马的宗教,而狄奥多西则试图为兄弟友谊与团结立法。

在瓦伦斯去世5个月后,格拉提安为东罗马任命了一位新统治者:弗拉维乌斯·狄奥多西,他现在成了皇帝狄奥多西一世(Theodosius I)。从严格意义上说,格拉提安当时只有7岁的弟弟瓦伦提尼安二世(Valentinian II)才是格拉提安的共治者,但他还太小,东部帝国需要一个有能力的皇帝。

东罗马最大的威胁——萨珊波斯入侵的势头正在逐渐被削弱。379年,萨珊波斯的一位伟大人物——沙普尔二世在统治几乎70年后去世,他的弟弟阿尔达希尔二世(Ardashir II)继承王位,比起入侵外国国土,他更关心的是守住他的王冠。相比之下,无论是格拉提安还是狄奥多西,都致力于确保罗马帝国的生存。北部哥特人的势力稳步增长,变得越发强大,但更紧要的问题是罗马同盟从内部分裂的趋势仍在继续,君士坦丁通过信仰来稳固帝国的希望仍未实现。

虔诚的基督徒格拉提安很快就发现，自己与仍坚持罗马传统宗教的罗马元老院有分歧。在哈德良堡战役结束4年后，格拉提安对元老院申明，他不会让罗马众神来破坏帝国的基督教信仰。382年，他把胜利祭坛（Altar of Victory）搬出罗马的元老院大厅。作为胜利女神的纪念物，它自400多年前马克·安东尼与克丽奥佩特拉被奥古斯都打败以来就一直放置在那里。元老院议员都提出激烈抗议，但格拉提安毫不屈服。他还从他拥有的头衔中去除了传统罗马宗教的最高祭司，即大祭司长的头衔。而且，当人们按照传统把神圣的长袍带到他面前准备为他穿上时，他拒绝了。在他这样做的时候，他拒绝的不仅是罗马众神，也是整个罗马的过去。正如佐西穆斯严厉指出的那样，从千年前努马·庞皮里乌斯（Numa Pompilius）统治之时起，罗马的国王就已经接受了最高祭司的称呼。甚至连君士坦丁都穿上了长袍。"如果君主拒绝成为最高祭司，"据说，当时其中一个祭司喃喃自语道，"我们马上就会另立一个。"[1] 格拉提安的权力能否在元老院议员的敌意之中继续行使还有待观察。

在东罗马，狄奥多西被迫处理基督教分裂带来的破坏性结果。反对尼西亚公会议观点的阿里乌派否认耶稣的神性，这一观点已经蔓延到社会的最底层。尼撒的格里高利（Gregory of Nyssa）主教在君士坦丁堡的布道中抱怨说：

城市的每个地方都充满了这样的事情，它存在于小巷、广场、大道和居民区之中，在斗篷推销者、货币兑换商和卖给我们食物的人之间。如果你问他们要零钱，他们就会对你讲述"受生"（Begotten）和"未受生"（Unbegotten）的哲学。如果你询问面包的价格，得到的答复会是："圣父是更伟大的，圣子要受他的约束。"如果你说"洗澡水烧好了吗",他们会说圣子存在于不存在之中。我不知道这种罪恶应该被称为什么——是大脑的炎症,还是疯狂,抑或某种造成推理混乱的流行病?"[2]

狄奥多西致力于制定和完善法律,希望以此修复帝国,使其符合君士坦丁盼望的基督教统一的愿景。他利用古罗马的法律结构来支持基督教的发展(他从来没有想过这与古罗马的传统完全相反)。他用君主的权力影响基督教的信仰,目的是用基督教信仰来巩固帝国。这两种传统的交织一直在以无法逆转的方式改变着这两种传统。

在狄奥多西即位一年后,也就是 380 年,他宣布《尼西亚信经》是唯一的标准信仰,并将以法律处罚来威慑异见者。他呼吁成立一个单一、统一、大公的(catholic,这个词意为普适,即适用于全人类)基督教会。基督教历史学家索佐门写道:"他宣布'大公教会'的头衔应该仅限于那些对三位一体中的三位表现出同等敬意的人,而那些持反对意见的人应该被视为异教徒,他们应受到人们的蔑视并接受惩罚。"[3]

在狄奥多西之前,基督教主教就把大公教会(ecclesia catholica)与不信仰真正的基督教教义的异教徒区别开来。但从来没有人在法律上规定过"异教徒"的定义。现在,"异教徒"有了一个法律定义:不信奉《尼西亚信经》的人。狄奥多西颁布的法律规定:"所有人都应信仰三位一体的上帝,且以大公教会的基督徒为名。那些不相信三位一体的教徒会面的场所不能被称为教堂,并且那些人可能会受到神和世俗的报复。"[4]

狄奥多西实际上相信他可以通过立法来让他的国民只信仰《尼西亚信经》所定义的神。他是一个聪明的政治家,但他神学上的推论往往是天真且无经验的。例如,索佐门写道,当狄奥多西翌年(381年)召开作为法律颁布后续举措的宗教会议时,他把"繁荣兴旺的教派的领袖"汇集起来,以便他们讨论他们之间存在的分歧:"因为他设想教义中存在的所有模棱两可的理论观点都可以通过自由的讨论达成一致。"[5]

这个想法过于乐观,并且正如任何参与过教会工作的人都能预测得到的那样,它没有奏效。但是,狄奥多西依然坚持推行他的主张。既然他的法律已经颁行,他就可以开始在实践层面上实施基督教统一的措施了。他把不信奉《尼西亚信经》的基督徒的集会地点和教堂全部取缔,并将它们移交给了尼西亚派的主教,这对那些幸运的神职人员来说无疑是一笔财富。他威胁说要驱逐那些从君士坦丁堡来的坚持传道的异教徒,并没收他们的土地。他并不总是坚持贯彻这些威胁措施。索佐门赞许地评论说,虽然他颁布了对异端进行严厉惩罚的法律条文,但是惩罚往往并未施行:"他不想迫害他的国民。他只想通过恐吓的方法来强化国民对上帝看法的一致性。"[6]

狄奥多西发现,实现统一比宣布统一困难得多。在许多方面,哥特人比异教徒更容易处理,因为他所要做的就是杀死他们。

在召开宗教会议并制定教义的同时,狄奥多西也在领导打击哥特人入侵的战争。哥特人已经成了大问题,以至于在西罗马帝国,格拉提安同意把帝国中哥特人数量最多的地区——潘诺尼亚中部的三个教区——转让给东罗马帝国,这样狄奥多西就要负责把哥特人驱赶出去。

不幸的是,东罗马帝国的军队不够强大,无法承担这项额外的任务,所以狄奥多西用创新的策略扩充军队:他从一些地区招募蛮族来对抗其他地区的蛮族。他会雇用潘诺尼亚的哥特雇佣军并把他们派到

14 大公教会

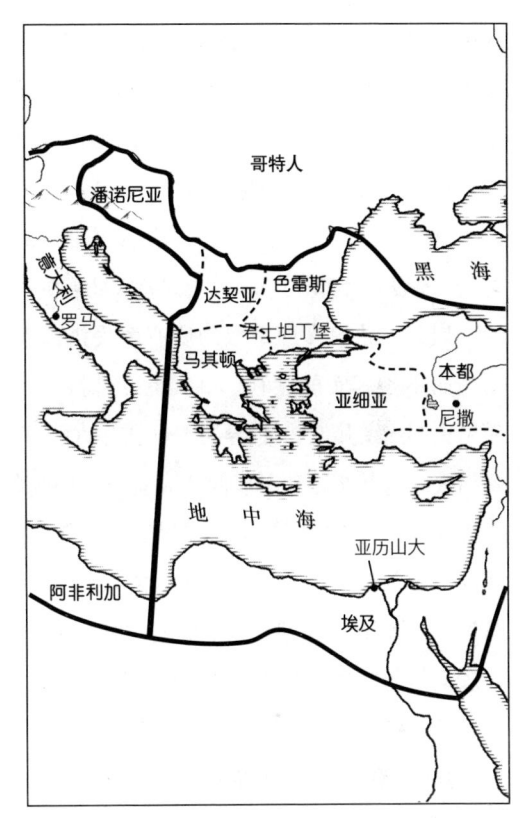

地图 14-1 潘诺尼亚的转让

埃及,然后把罗马士兵从埃及派到潘诺尼亚,让他们与其他哥特人战斗。"罗马士兵"的定义就像"罗马"的定义一样,变得越来越模糊,尽管与此同时,狄奥多西正设法让"基督徒"的定义更具体准确。[7]

在382年,罗马人与蛮族之间的界线变得越来越不明显,这时,经过与哥特人4年的战争之后,狄奥多西决定,与其在战争中投入更多的精力,不如与他们达成和平协定。协定允许他们在罗马帝国的境内定居，并且由自己的国王治理。哥特国王作为君主要服从于狄奥多西，但哥特人不必服从于任何罗马官员。当哥特人为罗马而战时，他们会像盟军那样协助作战，而不是像罗马士兵那样，被编入正规的罗马军队，服从罗马军官的指挥。[8]

到了382年，狄奥多西已经可以宣布他大致平息了帝国东部地区的混乱。基督教会实现了统一，与哥特人处于和平状态，世界一切正常。

但是，狄奥多西采取的所有解决措施都只获得了表面上的成功，而不是真实的胜利。事实上，哥特人并没有被征服。阿里乌派（更不用说其他20种异端）也没有消亡。帝国的基督徒没有实现团结统一。甚至连狄奥多西新成立的大公教会，其领导能力都有待商榷。作为381年宗教会议议程的一部分，狄奥多西宣布君士坦丁堡的主教与罗马的主教拥有相同的权威，"因为君士坦丁堡是新罗马"。[9]尽管这条法律写在纸面上，但在382年，甚至是狄奥多西还在庆祝他的胜利的时候，老城市（传统的基督教中心）的主教们就开始反对提升君士坦丁堡这个新兴教区的地位了。

382年，罗马主教在罗马也召开了他自己的宗教会议，并宣布罗马主教是其他所有主教的领袖，其中也包括君士坦丁堡的主教。罗马的教徒赞成这个决定，罗马的主教便命令一个名叫哲罗姆（Jerome）的年轻书记员把它记录下来。这次罗马宗教会议还同意，擅长语言的哲罗姆应该开始《圣经》拉丁文新译本的翻译工作。

说希腊语的东方想与西方平起平坐，而这是西方对东方的直接回应：罗马宗教会议现在已经宣布西方的语言——拉丁语——是适合书写《圣经》的语言（并且是适用于公共礼拜的语言）。狄奥多西宣称所有的基督徒都是统一的，但是他的大公教会的东部和西部已经开始分裂。

14 大公教会

时间线 14

高句丽	百济	新罗	罗马帝国	波斯帝国
美川王 (300—331)				沙普尔二世 (309—379)
			米尔维亚桥战役（312）	
			塞里努斯广场　《米兰敕令》 战役（313）　（313）	
			尼西亚公会议（325）	
				（亚美尼亚） "矮个子库思老" (330—338)
故国原王 (331—371)				
			君士坦丁二世（337—340）	
			君士坦提乌斯二世（337—361）	
			君士坦斯一世（337—350）	
	近肖古王 (346—375)			
		奈勿尼师今 (356—402)		
			阿米尼宗教会议（359）	
			尤里安（360—363）	
			约维安（363—364）	
			瓦伦提尼安　瓦伦斯 (364—375)　(364—378)	
			哥特战争（367—370）	
小兽林王 (371—384)				
佛教传入				
			格拉提安　瓦伦提尼安二世 (375—383)　(375—392)	
			狄奥多西（379—395）	阿尔达希尔二世 (379—383)
	枕流王（384—385）		君士坦丁堡公会议（381）	
广开土王 (391—412)				

/ 15

逐出教会

> 在383年至392年间,一名西班牙人成为布立吞人之王,狄奥多西则察觉自己低估了教会势力。

383年,不列颠的罗马军队叛变,宣告确立了一位新皇帝:马格努斯·马克西姆斯(Magnus Maximus),他们的将军。

起初,仅大不列颠的军队臣服于他。尽管他是罗马公民,出生时是西班牙人,但他实际上是布立吞人(Briton)的王。他可能多年以来一直就在孤悬海外的不列颠尼亚行使国王般的权力。他的名字在威尔士的传奇里出现,在那里他被称为马克森·韦尔蒂格(Macsen Wledig),这是史诗《马克森之梦》(*Breuddwyd Macsen*)中的一个半传说性质的人物。在这个故事中,他作为皇帝统治罗马,后来他梦到一个少女,觉得一定要娶她为妻。他到处寻找,最后漂洋过海来到不列颠,在那里,他如愿以偿找到了这个美丽少女,娶她为妻。之后,他花了7年时间在不列颠建造城堡,修筑道路——花费的时间太长了,以致罗马的篡位者从他手中夺走了宝座。

这个神话中隐含着些许历史真相。事实上马格努斯·马克西姆斯在不列颠的确自封为"罗马皇帝",而且毫无疑问,他在罗马指挥官任上花了许多时间命人修筑道路,并在岛上建设了罗马风格的基础设施。马格努斯·马克西姆斯有可能还允许来自西方岛屿(也就是现在的爱尔兰)的部落定居在不列颠的西海岸,而正是这种文化的融合造就了威尔士这个国家。这就能解释他为何也出现在威尔士的国家起源故事中,也正因为他频繁出现,所以约翰·戴维斯(John Davies)称他为"无处不在的潜伏者"。[1]

此时不列颠人还没有普遍信奉基督教。身处不列颠尼亚的罗马军队对传统罗马宗教忠心耿耿,因此,对于两位身为基督徒的罗马君主格拉提安和狄奥多西,他们心怀不满。而马克西姆斯则不加掩饰地信奉罗马宗教。军队拥戴他时,他向朱庇特表明自己的忠心,然后集中兵力向高卢进发,希望能够在实质上而非仅仅在名义上掌控西部王权。

这场征战记载在蒙茅斯的杰弗里(Geoffrey of Monmouth)所著的《不列颠诸王史》(尽管内容不太可靠)一书中,书中提到,亚瑟王带领大军航行至高卢,抗击统治高卢的罗马护民官。在那个版本中,亚瑟王大获全胜(把乡村变成一片废墟),并在塞纳河畔的古罗马要塞鲁特蒂亚-巴黎西(Lutetia Parisiorum,巴黎的古称)建造了一座宫殿。在现实世界中,进军高卢的是马格努斯·马克西姆斯,他抵达鲁特蒂亚-巴黎西,在那里和格拉提安在战斗中相遇。格拉提安的军队中,有一部分人期望拥戴一位崇拜朱庇特而非基督教上帝的君主,这部分人叛投到马克西姆斯一边,而剩余大军惨败。格拉提安逃亡,不久之后,他被马克西姆斯的士兵俘获并杀害,还有说他是被自己的部下刺杀的。[2]

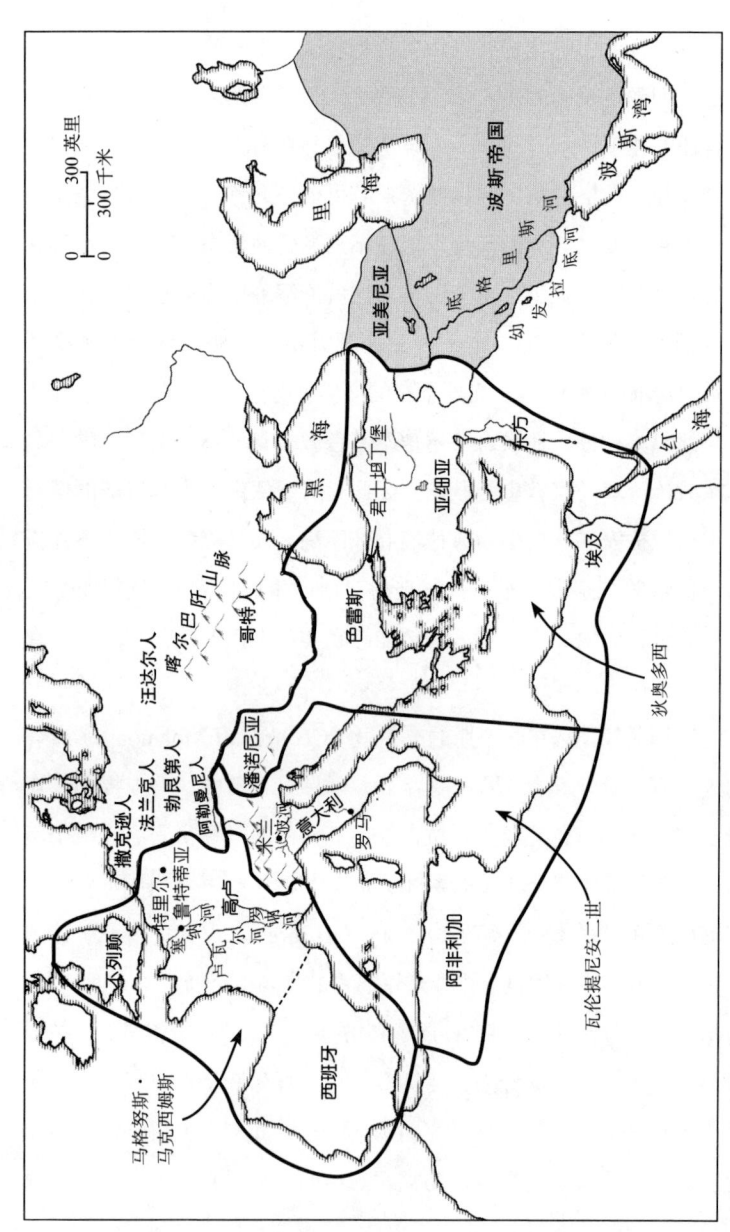

地图 15-1　帝国一分为三

如此一来，马克西姆斯就控制了高卢，他宣称自己是高卢、西班牙还有不列颠尼亚的皇帝。帝国被一分为三：最西边的是马格努斯·马克西姆斯的，东部是狄奥多西的，格拉提安的弟弟和前共治皇帝瓦伦提尼安二世仍然在意大利和北非地区掌权。

控制了西边大陆的部分领土后，马克西姆斯向狄奥多西传递了一份正式信函（这是君主间的书信往来），建议他们结成同盟，成为好朋友。马克西姆斯入侵速度太快，狄奥多西无法阻挡，既然木已成舟，他认为接受马克西姆斯的提议方为明智之举。其实他和马克西姆斯是老熟人，他们年轻时曾在不列颠尼亚并肩战斗。他同意承认马克西姆斯的合法君主地位，这种三足鼎立的局面持续了4年，其中，狄奥多西是资格最老的奥古斯都。"尽管如此，"佐西穆斯写道，"与此同时，他私底下时刻备战，竭力用各种奉承和谄媚迷惑马克西姆斯。"[3]

当然，备战也包括与波斯人谈判。狄奥多西可不想在朝西进发的时候，突然发现东部边境正遭受袭击。沙普尔二世的长兄阿尔达希尔二世，因在位4年间的无能遭宫廷中的波斯贵族罢黜；现在是沙普尔二世之子沙普尔三世在位。最容易引发两帝国间另一场战争的问题是亚美尼亚的控制权，因此，狄奥多西派遣一位使者出访沙普尔三世的宫廷，欲以谈判方式解决这一争端。[4]

这位使者名叫斯提里科（Stilicho），是罗马士兵，出生于帝国北部。他的母亲是罗马人，但他的父亲是汪达尔人——一个"野蛮人"，是居住在喀尔巴阡山脉北部的日耳曼族人。与哥特人不同的是，汪达尔人当时并不对罗马帝国构成任何威胁。然而，在许多罗马人眼中，斯提里科身上有野蛮人的影子。历史学家奥罗修斯（Orosius）不喜欢他，总拿他的出身指责他；他是"汪达尔人，这是一个怯懦贪婪、奸诈狡猾的民族"。[5]

但狄奥多西却信任他,作为回报,当时只有20多岁的斯提里科完成了一次令人印象深刻的谈判壮举。公元384年,沙普尔三世同意将亚美尼亚的控制权划分给两个帝国。亚美尼亚的西部交由罗马支持的国王统治,东部由忠于波斯帝国的国王统治。狄奥多西深表感激;当斯提里科归来,狄奥多西就提拔他为将军,并把自己的亲侄女兼养女,14岁的公主塞雷娜(Serena)许配给了他。

与波斯人缔结条约一举,让狄奥多西能继续与西部篡位者抗衡。同时,马格努斯·马克西姆斯正在筹划东进,以迎战瓦伦提尼安二世的王朝。马克西姆斯想成为真正的西部帝国的皇帝,而只要瓦伦提尼安二世仍然掌管意大利,他的合法地位将一直笼罩在阴影之中。

瓦伦提尼安二世年仅15岁,因而掌控意大利实权的是他的一众将军和母亲优斯提那(Justina)。386年,优斯提那给了马克西姆斯入侵意大利所需的借口。她本身是一名阿里乌派基督徒,这就使得她与米兰的正宗主教安布罗斯(Ambrose)产生分歧。他们争论不休,长达数年,但在386年,优斯提那(经由她的儿子)颁布了一道谕令,命令安布罗斯将米兰的一个教堂转交给阿里乌派,从而为他们提供一个专门的集会场所。安布罗斯愤然回绝,优斯提那却变本加厉要求换取另一座教堂,一座更重要的教堂——新巴西利卡大教堂。

她在棕枝主日(教会年历中最重要的一周圣周的开端)之前的周五派遣官员造访大教堂,此时,安布罗斯正在给一小部分皈依者布道,帮他们做洗礼的准备。这些官员开始更换教堂里的门帘挂饰,安布罗斯则继续布道,显然是在无视他们。

15 逐出教会

朝廷官员入侵教堂的行为彻底激怒了米兰的尼西亚派基督徒，他们随即在教堂聚集抗议。示威蔓延开来。圣周期间，街道上随处可见各种暴乱，武装逮捕公民的事件时有发生（"监狱里塞满了商人"，安布罗斯随后写信给妹妹说），而且还有越来越多的帝国士兵出动。安布罗斯无法走出这座大教堂，因为教堂已被士兵团团包围，无奈之下，他只能与教会成员们静坐抗议。在静坐抗议期间，他宣讲称教会绝不能受君主控制。教会是上帝的象征，是基督的化身，正因为基督是完全的神（这给了阿里乌派一记耳光），教会与圣父合二为一。[6]

最终，瓦伦提尼安二世出面干涉，命令士兵撤退。然而，他对安布罗斯拥有的权力深感不满，这甚至比阿里乌派接管教堂的挫败更使他愤懑："倘若安布罗斯下令，你肯定会给我戴上镣铐，送到他面前。"他厉声呵斥他的那些宫廷官员，与此同时，安布罗斯生怕接下来自己要面临叛国罪的指控。

此时，马克西姆斯听闻这种不安定的风声，立刻宣布了攻打瓦伦提尼安二世的计划。教会历史学家索佐门写道："攻打的托词，就是他想要阻止在古老的宗教和教会秩序的形式上增加任何创新。"他时刻观望，密谋以这样一种方式攫取帝国统治的权力，就好像他已经借法律而非暴力取得了罗马的管辖权一样。[7]

考虑到马克西姆斯最初是以朱庇特的名义参战的，毋庸置疑，他以尼西亚派信仰守卫者的新姿态出现未免显得有些不合情理，站不住脚。但是，这表明在罗马帝国晚期，基督教在某种程度上已经不单单是权力的化身了，它也是法理正宗的化身。马克西姆斯不仅仅想当皇帝，他还想成为真正合法的皇帝，此外，为了能够获得一切维护其合法地位的机会，他不得不与基督教会结盟。即使安布罗斯鼓吹教会独立于君主权力之外，君主们仍然将教会作为互相攻击的武器。

马克西姆斯行军穿越阿尔卑斯山脉，前往米兰之际，狄奥多西带领部下朝西进发，而瓦伦提尼安二世和优斯提那从意大利逃往潘诺尼亚，随同他们一起出逃的还有瓦伦提尼安二世的妹妹加拉（Galla）。如此一来，米兰的大门敞开，马克西姆斯率领他的军队长驱直入。狄奥多西抵达潘诺尼亚后，优斯提那提出，如果他能将马克西姆斯赶出去，她就愿意将女儿加拉嫁给他。狄奥多西接受了这一提议。据说，加拉貌美如花，这桩婚姻不仅可以使他抱得美人归，还可以将他这位来自伊比利亚半岛、行伍出身的粗鲁之人与瓦伦提尼安王朝联系在一起。

然后，他率军一路向西往米兰进发，他预先放出大量口风，说他的军队规模庞大，英勇无敌。也许，马克西姆斯未曾料到，狄奥多西会真的离开东部边境，一路向西杀来。不管怎样，等到狄奥多西到达米兰时，马克西姆斯手下的士兵被吓破了胆，将马克西姆斯囚禁起来交给了狄奥多西。就这样，不费一兵一卒，这场战争就宣告结束了。随后，狄奥多西处死了马克西姆斯，这就为布立吞人第一个国王的统治画上了句号。他还派出刺客，即他信任的将军阿博加斯特（Arbogast），去寻找马克西姆斯的儿子，也就是他的继承人。阿博加斯特在特里尔找到了这个年轻人，勒死了他。[8]

整个侵略过程对狄奥多西来说堪称完美。如今，他对西部的掌控到达了一个全新的高度；他现在既是瓦伦提尼安二世的妹夫，又是他的救命恩人。他班师回到罗马，以此作为他统治的中心。随后他带着自己年轻貌美的妻子离开，让他的将军阿博加斯特（勒死马克西姆斯的儿子后返回）留下，成为瓦伦提尼安二世新的得力助手。

15 逐出教会

与斯提里科一样,阿博加斯特也带有蛮族血统。他的父亲是法兰克人,因此,尽管他可以追求辉煌的军旅生涯,但他没有一丁点登上皇位的希望。狄奥多西的亲信多半(或者更多)都带有这种蛮族血统,他们不会对自己主人的皇位构成任何威胁。那时,阿博加斯特是一名经验丰富的军人,早已习惯于受人操控的瓦伦提尼安二世也无力对抗他。阿博加斯特接管了西部帝国的行政大权,直接听命于东边的狄奥多西,而瓦伦提尼安二世虽身居帝位,却实为傀儡。

本质上,狄奥多西如今已经掌握了整个帝国,于是他将注意力再次转移到统一大业上来。在返回君士坦丁堡的途中,他颁布了一系列法令,后来这些法令被统称为《狄奥多西法令》,它们将整个罗马帝国置于正统的基督教规范之下。第一道法令颁布于389年,从根本上打击了传统罗马宗教和罗马帝国的联系:狄奥多西宣称,以前一直作为国家法定节假日的传统罗马宗教节日,现如今都改为工作日。和现在一样,法定节假日是奠定一个国家神话根基的方式,教育公民抚今追昔,铭记过去的辉煌历史。狄奥多西不仅将整个帝国基督教化了,而且还要重新改写历史。

他的这些做法不太符合西部帝国民众的想法。罗马元老院的议员们已经三次上诉米兰宫廷,请求在元老院内重新安放传统的胜利祭坛(曾被格拉提安移走)。上诉是由昆图斯·奥勒留·叙马库斯(Quintus Aurelius Symmachus)领头的,他是罗马城的执政官。他恳求瓦伦提尼安二世保持旧俗,他写道:"我们请求恢复我们的罗马宗教,正是在罗马宗教的指引下,我们的共和国才能长久保持繁荣昌盛。我恳求您,容许我们在暮年之时可以将我们在孩童时期所接受的一切传统教育,传递给我们的子孙后代。伟大来自对传统的热爱。"

然而，叙马库斯争论的核心问题在于对信仰的理解。他始终难以理解，基督教的胜利为何必须以铲除一切与传统罗马宗教有关的事物为前提。他还在继续呼吁：

> 我们应该在哪里宣誓遵守你的法律法规？又应该如何惩罚那些欺诈做伪证的人？上帝的确无处不在，做伪证者无处藏身。但是，当我们面对圣物之时，内心就会有一股强大的力量来抵制犯罪。那座祭坛将世间所有一切和谐地凝聚在一起，那座祭坛唤醒每个人心中的信仰。没有什么能比上帝的旨意更重要的了，可以这么说，尽管向上帝发过誓，欺诈和做伪证还是要受到惩罚的……我们仰望同一片星空，我们生活在同一片蓝天下，我们拥有同一个世界。每一个人用何种方式来寻求真理，这又有什么要紧呢？[9]

这确实是个问题，狄奥多西也许会回答说，如果帝国的公民以各种不同的方式寻找真理，他们就不会有统一的信仰，大家将变为一盘散沙。帝国早已一分为二，或一分为三，这一事实已经为罗马帝国敲响了丧钟；它丧失了以统一的罗马公民的身份团结在一起的机会，西罗马帝国和东罗马帝国已经开始呈现出不同的特点。

米兰的大主教安布罗斯反对上述请愿；他对叙马库斯的回答表明，基督教是唯一的宗教体系，有助于巩固皇帝执政。

> 你感到迷惑，我们通过聆听上帝的教诲来解决；你靠着猜想去追求，我们坚信上帝的智慧和真理。因此，我们和你们的文化习俗不同。你们请求皇帝赋予诸神以和平，我们在基督那

里为皇帝祈祷和平。你们崇拜你们双手创造出来的东西，我们认为把任何能够创造出来的事物都称作上帝是亵渎神明……信奉基督教的皇帝早已学会只能尊重基督的祭坛……让我们的皇帝只为基督称颂，让他自己表明心中只信仰上帝，因为王的心灵在上帝手中。[10]

安布罗斯十分坚定，从不妥协，他也明白什么才是当务之急。只能敬仰基督祭坛：这是狄奥多西留下的实现统一大业的唯一希望，它的力量非常强大。

然而，狄奥多西的统一过程也不是一帆风顺的，而是充满曲折的。390年，就在第一条《狄奥多西法令》颁布后的第二年，狄奥多西与他一心想要利用的教会发生了冲突，于是，安布罗斯将他逐出教会。这是有史以来第一次，一位君主因为政治行为而遭到基督教会的惩罚。

这一行为令人瞠目结舌，说得严厉一点的话，那就是报复。在潘诺尼亚，一位罗马地方长官在一家酒馆惹了麻烦，有天晚上他在酒馆里喝酒喝到很晚，他自己"不知羞耻地暴露"在大家面前，一位坐在他旁边驾驭战车的人"感到非常愤怒"。[11]这位深感窘迫的地方长官将这个驾驭战车的人投进监狱，由此，一场普通的醉酒事件竟演变成了一次事变。不巧的是，这位驾驭战车的人是第二天战车比赛中最受欢迎的一位选手，然而罗马这位地方长官拒绝及时释放他参赛，他的支持者们发动了暴乱，洗劫了长官的官邸，并杀死了他。

狄奥多西立即采取了严厉措施，处死了所有参与这次暴动的人，就连那些站在旁边围观的人也受到牵连。安布罗斯对这种不公之举深感震惊。狄奥多西接下来抵达米兰视察他所管辖的西部领地事务时，安布罗斯禁止他踏入教堂，更不许他祷告和领圣餐——圣餐礼是区分基督徒与非基督徒的重要仪式。

记录下这一切的基督教历史学家只是表示，狄奥多西随后认罪，并苦修赎罪，后来又回到教会。然而容易被忽略的事实是，狄奥多西花了 8 个月进行苦修才实现自我救赎。狄奥多西站在台阶上，凝望着安布罗斯那张桀骜不驯的脸，他肯定早已意识到自己颁布的法令正在产生一种意想不到的后果。唯一的大公教会将他的帝国统一在一起，因为它比国家、民族忠诚和个人都更强大。

它的权力甚至比皇帝还大。

狄奥多西进行了 8 个月的反思，这 8 个月他一直在考虑基督教那悬而未决的未来。要是狄奥多西能想出任何更理想化的策略，他早就可以拒绝安布罗斯的要求。然而，一旦这样做，他要么放弃领圣餐，这会让他的灵魂受到谴责；要么否定安布罗斯的权威，这会表明基督教会实际上并不比皇帝的权力更大。基督教历史学家狄奥多勒总结道，"狄奥多西熟知神谕，他清楚地知道什么归神父所有，什么归皇帝所有。"[12]

皇帝所拥有的一切不足以将整个帝国团结在一起。最终，狄奥多西回到了米兰，接受了安布罗斯的宗教权威，接受了安布罗斯为他安排的数月苦修赎罪，之后教会才重新接纳他。随后，狄奥多西下令关闭所有的罗马神庙，如此一来，基督徒们就可以拆掉它们并建起基督教堂。他还命令，将罗马广场上由维斯塔贞女守护的圣火正式熄灭。他宣布将举办最后一次奥林匹克运动会，之后将永久取消。

最后他宣布，任何崇拜传统罗马诸神的行为都会被视为背叛皇帝。教会可能会比皇帝更强大，但是皇帝可以将人们对教会的虔诚转变为对国家的忠诚。[13]

/ 15　逐出教会

时间线 15

高句丽	百济	新罗	罗马帝国	波斯帝国
			君士坦丁二世（337—340）	
			君士坦提乌斯二世（337—361）	
			君士坦斯一世（337—350）	
	近肖古王（346—375）			
		奈勿尼师今（356—402）		
			阿米尼宗教会议（359）	
			尤里安（360—363）	
			约维安（363—364）	
			瓦伦提尼安（364—375）　瓦伦斯（364—378）	
			哥特战争（367—370）	
小兽林王（371—384） 佛教传入				
			格拉提安（375—383）　瓦伦提安二世（375—392）	
			狄奥多西（379—395）	阿尔达希尔二世（379—383）
			君士坦丁堡公会议（381）	
	枕流王（384—385）		马格努斯·马克西姆斯（383—388）	沙普尔三世（383—388）
			《狄奥多西法令》	
广开土王（391—412）				

/ 16

一分为二

> 392年至396年间,东西罗马帝国互相对立。

392年,在被阿博加斯特"辅佐"4年之后,瓦伦提尼安二世在米兰自杀身亡,年仅21岁。

他的离世随即点燃了内战的导火索。瓦伦提尼安的妹妹加拉,如今是狄奥多西的妻子,坚信她的哥哥绝不可能自杀。狄奥多西表示有义务调查此事,而阿博加斯特意识到,皇帝采取的第一个措施很可能就是剥夺他的权力。还没等狄奥多西采取行动,阿博加斯特便前往罗马元老院寻求支持,他承诺将会帮助元老院的议员们重新安放胜利祭坛,并保护罗马宗教免于消亡。阿博加斯特和元老院议员们一起挑选了一个罗马官员做西部帝国的新皇帝,这位新皇帝叫尤金尼乌斯(Eugenius),他生性善良,易被掌控。他虽是一名基督徒,却愿意支持传统罗马宗教的势力。

狄奥多西听闻这一消息,拒绝承认尤金尼乌斯作为皇帝的合法地位，反而将自己 8 岁的儿子霍诺留（Honorius）推到了西部皇帝的宝座上。然后他开始备战，还雇用了只为自己而战的指挥官阿拉里克（Alaric）的罗马同盟军来壮大自己的队伍。394 年 9 月 5 日，他率军向西，麾下有他的将军兼女婿斯提里科，在冷河与尤金尼乌斯、阿博加斯特和罗马元老院议员率领的军队狭路相逢，这就是有名的冷河战役（Battle of the Frigidus）。

奥罗修斯（Orosius）坚持认为，狄奥多西在双方交战之前亮出了十字架标志。三位不同的基督教历史学家记录下了这样一个场景：一阵神风猛烈刮过，西部军队射来的箭全部被反向吹回去，射入了他们自己的躯体。*索佐门补充说，开战之前，有个魔鬼出现在狄奥多西祈祷过的教堂，对基督教冷嘲热讽，然后在狄奥多西的军队将要取胜之时消失了。斯提里科和阿拉里克率领大军从两翼发起进攻，主要负责摧毁西部的罗马军队。尤金尼乌斯在当天就被杀死；阿博加斯特看到自己的军队一败涂地，在第二天也自杀了。奥罗修斯说，这是一场"必要的神圣"战役。[1]

也许这些历史记录不能很好地反映冷河战役的真实过程，然而，神风和魔鬼的故事却表明历史学家懂得什么才是生死攸关的核心。这不仅仅是另一场两个互相抵触的皇帝之间的战争，这是两种截然不同的世界观之间的战争。当战争结束后，狄奥多西控制了整个帝国：东部由他亲自掌控，西部由他年轻的儿子霍诺留充当名义上的皇帝。这是罗马帝国最后一次仅由一位统治者主宰。

---

* 战场上可能刮来了一阵叫作"布拉"（bora）的风，这种风是因冷空气被吸入亚得里亚海上空的一片低压区域而形成的。弗雷德里克·辛格尔顿指出，布拉风时速可达 160 千米，可以使气温迅速降低 20 多摄氏度。参见：Fred Singleton, *A Short History of the Yugoslav Peoples*（Cambridge University Press, 1985）, pp.1-2。

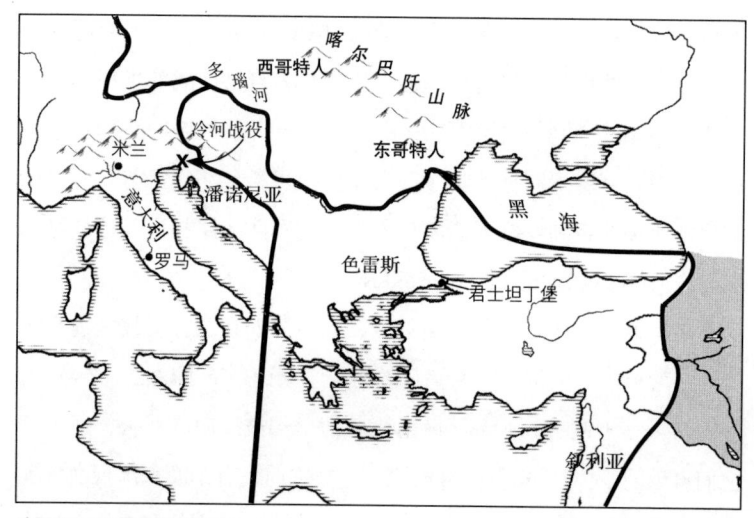

地图 16-1　冷河战役

　　395 年，也就是战后第二年，狄奥多西去世。在他死后，狄奥多西与第一任妻子所生的两个儿子以共治奥古斯都的名义划分各自的管辖区。18 岁的阿卡狄乌斯（Arcadius）登上了君士坦丁堡的帝位，霍诺留则继承了西部帝国的帝位。当时，霍诺留年仅 10 岁，因而狄奥多西临终时嘱咐斯提里科将军担任他的监护人，斯提里科将军有一半汪达尔人的血统。他还将其 7 岁的女儿帕拉西达（Placidia，年轻貌美的第二任妻子加拉所生）托付给斯提里科和他的罗马妻子塞雷娜抚养。名义上，斯提里科因为蛮族人的身份无法称帝，而实质上，他才是大权在握的皇帝。

　　在东部，阿卡狄乌斯性情温顺，容易受到胁迫，他在鲁菲努斯（Rufinus）将军的协助下掌控帝国。鲁菲努斯是皇帝的贴身侍卫首领，是东部帝国的最高军事长官，也是帝国的最终决策者。像斯提里科一样，他拥有最高权力。佐西穆斯写道："整个帝国被阿卡狄乌斯和霍诺留掌管，他们在名义上的确拥有帝国的最高统治权，但真正行政事务的大权却掌握在东部的鲁菲努斯和西部的斯提里科手中。"鲁菲努斯与斯提里科不同，他没有蛮族血统；他怀有野心，希望将来能成为皇帝。[2]

帝国的两个部分现在受到狄奥多西一世以前的盟友阿拉里克的威胁，他曾在冷河战役中指挥哥特人的罗马同盟军。在狄奥多西死后，阿拉里克希望正式成为罗马军队的司令官——大元帅（magister militum）。然而，两位皇帝都不肯赐予他这份殊荣。确切地说，这归咎于他的哥特血统。他的军队已经表现出不满情绪；很多哥特人（超过1万名）在冷河战役中牺牲，于是他们怀疑自己一直被当作罗马正规军的人肉盾牌。

阿拉里克并没有继续争取罗马特权，相反，他掌控了哥特人的军队，任命自己为最高指挥官和元首。如此一来，阿拉里克成功缔造了一个新的国家——西哥特王国，并成为首位国王。[3]

罗马帝国末期的历史学家［最出名的要数约旦尼斯和卡西奥多罗斯（Cassiodorus）］将哥特人分为两部分：东部的东哥特人与西部的西哥特人。但是这些名称不代表民族，它们只是一种从地理上简单区分哥特人的方式：一部分居住在靠近黑海的地方，一部分住在更远的地方。阿拉里克时期之前，并不存在一个真正意义上的哥特王国。相反，只有一群不断迁移的日耳曼部落，他们有时一致对外，有时互相对抗。

阿拉里克的哥特军队之所以能够团结一致，并不是因为他的士兵来自同一个部落（尽管他们都拥有相近却不纯正的日耳曼血统），而是因为他们形成了一支具有凝聚力的军队。当阿拉里克宣布成为国王之后，他们第一次拥有了军队之外的另一个身份。他们变成了一个自治的族群，他们依靠同一个目标而非单一的部落血统凝聚在一起。这种新的联盟形式得名于他们中许多人曾生活过的地方——西部哥特土地；但是，它也包括那些来自更东部的哥特人以及北部的其他部落成员，即"西哥特人"。历史学家将这个过程称为"族群形成"（ethnogenesis）：一个联盟因为某种必然性或者地理因素维系在一起成为一个族群，拥有自己族群的名称、历史以及王族世系。[4]

正是由于面对被罗马人蔑视的外界压力，阿拉里克领导下的西哥特人已然变成一个独立的族群，而且他们还生活在罗马帝国的腹地。西哥特王国的人们内心充满愤懑，还填不饱肚子，但他们拥有一个具有丰富军事经验的强大领袖。因此，他们在王国成立之后的第一次行动就是突袭周边的罗马各省，抢走他们认为应属于他们的东西，并谋划选定一条进军君士坦丁堡的路线。[5]

东部帝国的皇帝阿卡狄乌斯和他的将军（真正的幕后主人）鲁菲努斯并没有做好抵挡的准备。大多数罗马军队都在斯提里科的率领下驻扎在靠西的地方。面对求助，斯提里科答应派兵抗击阿拉里克。然而阿拉里克却顺势撤退，转而开始劫掠希腊的乡村，究其原因，要么是因为这场激战存在危险，要么（更有可能）是因为斯提里科与他进行了私下谈判。

然后，罗马士兵继续向君士坦丁堡进军；很显然，斯提里科早已命令他们加入东部大军，以算作对东部帝国皇帝阿卡狄乌斯的支持。当部队兵临城下之际，阿卡狄乌斯出城迎接，他的将军鲁菲努斯尾随其后。当时的罗马诗人克劳狄安（Claudian）记录了随后的事件：

16 一分为二

> 鲁菲努斯及密集的士兵跟在君王后面
> 军队也排开长队紧随其后
> 但是他们逐渐首尾相接
> 形成了一个被鲁菲努斯忽视的圆圈
> 中心空间变得越来越小
> 还有密密麻麻的像翅膀一样的盾
> 逐步形成了越来越小的圆圈……
> 然后一个比其他人更大胆的人拔剑出鞘,向前一跃
> 于是无数攻击的话语和闪烁的眼光直冲鲁菲努斯射去
> 其他人立刻举起长矛向他刺来,他被刺得千疮百孔……
> 他们在他还没断气时挖出他的眼睛
> 用脚踩着他贪婪的面孔
> 有人砍下了他的双臂
> 一个人砍断他的脚,另一个人把他的肩胛硬生生地拽下来
> 一段连着脊椎的碎裂的肋骨,他的一个肝脏,他的心脏
> 和他还在喘气的肺
> 他们的愤怒没有完全发泄,他们的仇恨没有能够平息[6]

按照西罗马帝国官方的说法,那些士兵的所作所为皆为一时冲动之举。但是,克劳狄安坚持认为,首先刺向鲁菲努斯的那个哥特士兵跳上前去大声喊道:"这是斯提里科的手在惩罚你。"他并非唯一一个把这次事件归咎到斯提里科头上的人;佐西穆斯发现两位帝国皇帝的幕后操纵人都不得人心(他抱怨道,"在各自的城市里,来自各个渠道的钱财从四面八方流向了鲁菲努斯和斯提里科的金库"),他也认为是斯提里科下令展开的刺杀行动。[7]

倘若真的是斯提里科所为,这是他企图将他的权力触角延伸到整个帝国的第一步。然而,软弱无能的阿卡狄乌斯身边的另一位侍臣迅速崛起,填补了这一权力空缺:他就是宦官尤特罗庇乌斯(Eutropius)。据佐西穆斯记载,尤特罗庇乌斯的威望还不如死去的鲁菲努斯。他"醉心于捞取财富,自我陶醉,心比天高"。并且,他比鲁菲努斯更危险,因为他现在对他的敌人心知肚明。"他回忆道,"佐西穆斯说,"斯提里科在西罗马帝国只手遮天;因此……他说服皇帝召开元老院会议,然后通过法令公开宣布斯提里科是帝国的敌人。"[8]

尤特罗庇乌斯并非皇帝,他无法带兵夺取西部帝国的权力。他只好借助法律当武器,他的这种做法把罗马帝国的二元性暴露在众目睽睽之下。罗马帝国一直受两位君主的掌控,有两个都城,但是,名义上它仍然是以单一的疆域存在的帝国。然而,一分为二的分裂局面已然变得清晰可见:斯提里科是西罗马帝国的监护人,而如今在东罗马帝国却是一个法外之徒。

时间线 16

高句丽	百济	新罗	罗马帝国	西哥特人	波斯帝国
			尤里安（360—363）		
			约维安（363—364）		
			瓦伦提尼安 （364—375）	瓦伦斯 （364—378）	
			哥特战争（367—370）		
小兽林王 （371—384）					
			格拉提安 （375—383）	瓦伦提尼安二世 （375—392）	
佛教传入					
			狄奥多西（379—395）		阿尔达希尔二世 （379—383）
			君士坦丁堡公会议（381）		
	枕流王 （384—385）		马格努斯·马克西姆斯 （383—388）		沙普尔三世 （383—388）
			《狄奥多西法令》		
广开土王 （391—412）					
			尤金尼乌斯（392—394）		
			冷河战役（394）		
			霍诺留 （395—423）	阿卡狄乌斯 （395—408）	
				阿拉里克 （395—410）	

/ 17

罗马沦陷

> 396 年至 410 年间,阿非利加行省暴乱,西罗马皇帝撤至拉韦纳,西哥特人洗劫罗马。

对于北非沿海的罗马民众来说,权力的争夺和更替早已不足为奇。几个世纪以来,他们都生活在双重权威之下:既受遥远皇帝的统治,又遭皇帝派驻在地方的代表,也就是罗马行省总督的欺凌。阿非利加远离罗马;而罗马行省总督表面上对皇帝阿谀奉承,私底下与皇帝的旨意对着干是再平常不过的事了。

396 年,斯提里科与尤特罗庇乌斯骑马比武,以争夺对帝国的控制权,与此同时,一位新的主教受命接管繁华海滨城市希波(Hippo Regius)的基督教会。这位新任命的主教就是奥古斯丁。奥古斯丁是一名非洲土著裔的罗马国民,在迦太基的罗马学校受过教育。他努力对自身接触的两大对立权威的本质做出解释,为人们了解这个世界提供一幅栩栩如生的虚构画面——不仅整个基督教会,乃至西方世界的国王们都想要搞清楚这一点。

17 罗马沦陷

奥古斯丁20多岁的时候曾住在罗马，担任修辞学教师；30多岁的时候，他在米兰定居，师从主教安布罗斯，安布罗斯既是他的朋友也是他的导师。在他人生的大多数时候，他都是一名摩尼教徒。摩尼教是由波斯先知摩尼早在一个多世纪前创建的；摩尼教宣扬，宇宙是由两股强大的力量构成，即永远处于对抗的善良力量与邪恶力量，万事万物在本质上都是邪恶的，人类只有通过尽可能地减少与邪恶物质的接触来回归善良。[1]

在倾听了安布罗斯的教导之后，奥古斯丁放弃了他信仰多年的摩尼教，经过一番思考之后，他决定成为一名遵循《尼西亚信经》的正统教派的基督徒。他接受新的基督教教导，这令他陷入越来越多的迷茫与苦恼之中。一天，当他坐在米兰的一座花园里，为心中的苦恼而哭泣时，他听到一个孩童诵唱的声音："拿起书来读吧，拿起书来读吧。"他认为这是命令他把身旁圣保罗写给罗马人的书信拿起来。就在阅读之际，他即刻意识到自己对基督的信仰：他在自传中写道："那一刻，救济之光涌入了我的心扉，因疑虑而生的全部阴霾顷刻间烟消云散。"[2]

他回到家乡，在教会中谋得一个职位。但是，由于基督教会面临的纷争，他所在的北非教会变得四分五裂。北非的基督徒们争论的焦点不在于基督的本质，而是与教会本质有关的问题。

这场争论源于100年前戴克里先对基督徒施加的迫害。戴克里先曾下令处死整个帝国的基督徒，但是在北非，当地的罗马官员并未执行对基督徒施加迫害的命令。相反，他告诉当地的牧师说，只要基督徒们交出《圣经》以表明他们改变宗教信仰，他们就可以做自己的事情了。[3]

有人这样做了，有人则拒绝了。迫害一结束，曾经拒绝官员提议交出《圣经》的基督徒们猛然发现,有一个曾经向当局上交《圣经》的教士将被任命为迦太基的主教,这令他们非常愤怒。他们坚称,这个人所行使的任何洗礼都是虚假的,他的主教辖区会玷污整个基督教会。[4]

在多纳图斯·马格努斯(Donatus Magnus)的领导下,北非的基督徒们举行抗议活动,因此他们被称作多纳图斯派信徒。他们认为教堂是彰显上帝恩惠的圣洁之地,神职人员在这里把上帝的福音传达给信徒。对于多纳图斯派信徒来说,洗礼仪式是有其实际作用的,而且,只有管理他们的牧师本身是一个神圣之人,圣餐才是真实的。多纳图斯派领袖帕提利努斯(Petilianus)质问道:"因为自己的恶行而有罪的人怎么能为其他有罪之人赎罪呢?这是邪恶的行为!"[5]

对此,奥古斯丁回应道:"没有人能为自己的邻居赎罪,因为他不是上帝。"他的回答反映出了罗马主教的立场:教堂是彰显上帝恩惠的圣洁之地,传道者之所以能将上帝的福音传给信徒,并不是因为他们有能耐身居要职,而是因为传道是上帝的意旨。多纳图斯派信徒是最早的基督教清教徒,他们最早坚持教会理应是圣洁与正直之人的聚集地,应清除那些邪恶、卑鄙之徒;与之相反的是,那些正统的教会思想家则宽宏大量,他们认为人们试图去净化上帝的教堂是不可能的(也是完全错误的)。[6]

应多纳图斯派信徒的要求,奥古斯丁为教会做了一个界定,他写道,教会归根结底还是一个"混合体",是真正的信仰者与伪善者暂时聚集在一个阵营中的地方。他总结道,"教会宣称两者当下皆存在,这是因为好鱼与坏鱼同一时间混在同一张渔网中。"不应由世人区分善恶;只有到了最后,当基督归来,一切尘埃落定之际,欺诈才会被大白于天下。[7]

这可不是一个小问题，而是个严重的问题。北非的动乱最终衍生出了宗教裁判、异端审判和英国清教徒。尽管这是一个神学上的问题，它却受政治的影响。在成为一名真正意义上的罗马人这一概念越来越模糊的混乱年代，多纳图斯派教徒坚持创造一个他们能够掌控的身份以及一个界定十分清晰的组织——毫不含糊，非常明确。

只不过，在接下来的几年中，这种政治混乱变得更加糟糕。397年，阿非利加行省起义造反。起义的首领是阿非利加野战军指挥官（Comes Africae）吉尔多（Gildo），他是在北非的罗马领地上负责防御的官员。由于北非是西罗马帝国的一部分，它掌控在年轻的君主霍诺留和他的监护人斯提里科手中。但是，斯提里科的死对头，也就是东罗马帝国皇帝阿卡狄乌斯的幕后操控人宦官尤特罗庇乌斯，曾说服吉尔多拒绝向霍诺留效忠。佐西穆斯写道："（相反，）他投奔到阿卡狄乌斯的麾下，斯提里科（为此）极为不悦。"[8]

这次反叛给斯提里科带来一个直接难题，毕竟北非的沃土正是帝国西部的主要粮食供应地。吉尔多的第一步行动就是劫持前往罗马的玉米运输船，这一举动很快令城中的百姓陷于饥饿之苦。作为回应，斯提里科说服元老院向吉尔多宣战。在吉尔多弟弟马斯塞泽尔（Mascezel）的指挥下，5000名罗马士兵乘船到达非洲，迎战吉尔多和他的7万大军。马斯塞泽尔不仅要为罗马复仇，也要为他的两个儿子复仇，吉尔多杀害了他的两个儿子，他们也是吉尔多的亲侄子。

这本来应该是罗马军队进行的一场大屠杀，结果却变成了一场滑稽剧。马斯塞泽尔与吉尔多的掌旗官正面交锋，他挥剑向这位旗手的手臂上砍去；旗手扔下了手中的旗帜，看到此种情况，所有吉尔多的护旗手都认为已经下达了投降指令，因而纷纷放下了手中的旗帜。在他们身后的士兵们立即选择投降。双方几乎没有任何伤亡，马斯塞泽尔就宣布取得了胜利。吉尔多试图逃跑，不料他的船却被风吹回非洲海岸，他不得已自杀了。

在宣布斯提里科为东罗马帝国的敌人之后，尤特罗庇乌斯已经赢得了权力战争的第一回合；如今，斯提里科重新宣布非洲北部归西罗马帝国所有，这就赢回了第二回合。尤特罗庇乌斯的阴谋宣告失败，变得不堪一击。不久，他就走向了他死去的前辈鲁菲努斯的命运。哥特王国的将军盖纳斯（Gainas）率军抵达君士坦丁堡皇宫，要求皇帝处死尤特罗庇乌斯，然后由自己取而代之，成为阿卡狄乌斯的幕后控制者。不到一年，盖纳斯也把命搭了进去，此时，另一位名叫弗拉维塔（Fravitta）的哥特士兵成了阿卡狄乌斯的执政官与谋士。

接下来，另一场危机降临到西罗马帝国的斯提里科和霍诺留的头上。400年，仍然掌管着新国家的西哥特国王阿拉里克率军入侵意大利的北部。随他而来的不仅有西哥特的士兵，还有士兵们的一家老小。他们打算找个地方定居下来。

西哥特人的入侵迫使霍诺留和他的朝廷逃离米兰，在拉韦纳寻找藏身之所。拉韦纳四周沼泽地环绕，防御也相对容易，但是想要从这里发动一场对西哥特人的战争是不可能的。西罗马帝国正在努力自保，势力日渐衰微。两年后，西哥特人就占领了意大利北部。

与此同时，在东罗马帝国，阿卡狄乌斯做了父亲，有了个儿子——未来的皇帝狄奥多西二世。对于皇帝们来说，立一名还在襁褓中的婴孩担任共治皇帝已成惯例；如此一来，如果父亲去世，被加冕的储君就可以随时继位。但是，阿卡狄乌斯害怕宣布他的儿子

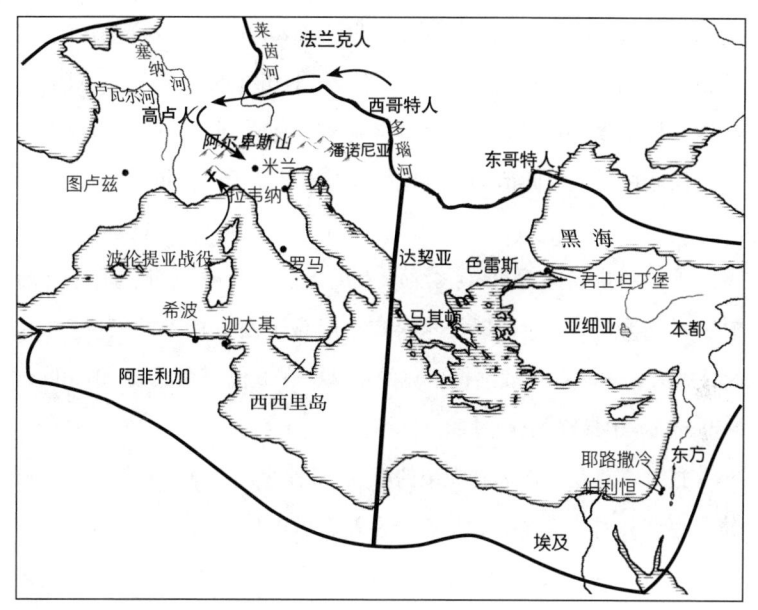

地图 17-1　西哥特人入侵

成为他的共治皇帝，会成为给这个孩子下达的死刑执行令。阿卡狄乌斯知道自己始终处于危险之中，如果自己死了，没有人能够捍卫他儿子的权力。"若皇帝离世，而遗孤又举目无亲。此时很多觊觎皇位的人必然会乘虚而入。若他们最后篡夺皇权，那么狄奥多西二世难免会有性命之忧。"罗马历史学者普洛科皮乌斯写道。阿卡狄乌斯不敢奢求自己能得到霍诺留的帮助，毕竟眼下的意大利已经是千疮百孔了。[9]

于是，阿卡狄乌斯转而向波斯人求助。早在20年前，斯提里科代表阿卡狄乌斯的父亲与波斯谈判以后，波斯一向与东罗马帝国和平共处；当时波斯国王沙普尔三世同意斯提里科所提条款。后来他的王位传给了他的小儿子伊嗣俟一世（Yazdegerd Ⅰ）。普洛科皮乌斯说，伊嗣俟一世"继续维持与罗马和平相处的政策"。[10] 阿卡狄乌斯对伊嗣俟一世的深情厚谊印象深刻，他看到自己的帝国内无人可以信赖托付，因此请求伊嗣俟一世充当其幼子的监护人。

普洛科皮乌斯曾写道："意大利的局面一团糟。"不过有了逐渐转好的迹象。402年，斯提里科成功阻止了西哥特人的入侵。4月6日这天，他率军迎战阿拉里克的军队，在波伦提亚战役（Battle of Pollentia）中最终大获全胜。

这并不算是一次非常光荣的胜利：4月6日恰逢复活节，尽管阿拉里克曾经身为蛮族人，但是信奉基督教的他认为复活节是一个神圣的节日，这一天禁止发生战争冲突。斯提里科无视这一禁忌，集结军队出击，（据诗人克劳狄安所言）大声呐喊为他们打气："赢得这场胜利，重塑罗马帝国昔日的辉煌；帝国的大厦已摇摇欲坠，用你们的臂膀支撑起它！"[11]

随后发生的这场战役对于双方而言都代价不菲，双方都伤亡惨重，不过，当斯提里科的士兵们冲进阿拉里克的军帐，活捉了他的妻子后，战斗就宣告结束了。两人通过谈判签订协议，斯提里科归还阿拉里克的妻子，阿拉里克则将意大利北部还给斯提里科。阿拉里克退回到阿尔卑斯山，仍然没有自己的一片家园。[12]

但是，即便取得了意大利战斗的胜利，西罗马帝国仍然处于风雨飘摇之中。罗马帝国统治下的不列颠尼亚也面临着严重的问题。当马格努斯·马克西姆斯跨越重重阻隔入主高卢称帝时，他带去的都是罗马军队的精兵强将，在此后的数年里，剩下的士兵们拼命抗击"凶猛的不列颠人"，阻挡这群来自北部和海洋的入侵者。407年，在不列颠尼亚的罗马帝国残余军队与远在拉韦纳的罗马宫廷之间的政治关系日益紧张,于是他们拥立他们的一位将军为皇帝,即君士坦丁三世。和马克西姆斯一样,君士坦丁三世并不满足于只做不列颠尼亚的皇帝,因为不列颠尼亚地处偏远,如同是罗马帝国的西伯利亚地区;他也着手准备出征高卢和伊比利亚半岛。[13]

就在君士坦丁三世率军向东进发之际,霍诺留突然要求获得独立,他想要走出斯提里科的阴影。如今他已经23岁了,想必是厌倦了由斯提里科替他操纵人生、控制帝国的做法。他开始听信各种流言蜚语,例如斯提里科正计划让他的儿子迎娶霍诺留的妹妹帕拉西达;在狄奥多西死后,帕拉西达一直由斯提里科和他的妻子抚养,如今已经19岁了。这听起来像是一场权力游戏:也许,斯提里科卸任之前再也无法拥有皇帝这一头衔了,但是,他那带有少量汪达尔人血统的儿子如果拥有一位皇室妻子,倒有可能染指皇位。[14]

霍诺留听信宫廷中那些指控斯提里科密谋叛国的罗马官员的话,逮捕了他的监护人斯提里科,并于8月23日那天,在拉韦纳处死了斯提里科。当时斯提里科还不到50岁,却已效忠罗马帝国30多年。

看到他强大的老对手已死,尚在中欧漫无目的游荡的阿拉里克率领西哥特人马立即返回,对罗马城展开围攻。罗马元老院竭力促成和谈,许诺只要他撤兵,便同意偿付给他金银、丝绸、皮革以及香料。阿拉里克拿了赎金和财物之后就撤退了,但是,他并不仅仅是为了得到这些钱财。409年,他捎给霍诺留一个信息,威胁称如若霍诺留不在伊利里库姆(Illgricum)给西哥特人留一片立足之地,他就会向罗马城发起第二次围攻。阿拉里克仍然在寻找那片遥不可

及的家园。*

　　霍诺留拒绝了他的要求，随后，阿拉里克兑现了他之前的威胁，率军大举围攻罗马。这一次围攻持续时间更长，直到罗马城内补给断绝，并开始遭受瘟疫之苦。阿拉里克拒绝撤军，扬言除非他获得一席安身之地，否则他要眼睁睁地看着这座城市因饥饿折磨而灭亡。

　　霍诺留舒舒服服地躲在拉韦纳，没有提供任何援助。在君士坦丁三世离开之后，他就已经收到了留在不列颠尼亚的罗马士兵请求支援的消息，他只是敷衍了一下，命令他们自行应对。他没有士兵可以增派到不列颠尼亚或罗马去救援。

　　因此，罗马元老院只好向阿拉里克提出和谈交易。罗马人民绝对不会接纳阿拉里克当他们的皇帝，但是，元老院将会任命元老院资深议员阿塔罗斯（Attalus）为一国之君，取代霍诺留皇帝的地位。然后，阿拉里克可以成为他的大元帅，做最高军事统帅；就像之前的斯提里科一样，除了不是名义上的皇帝，他将统治一切。

　　为了达成这份交易，西哥特王国与元老院互换人质，这一做法意在以人质的生命安全来确保双方遵守达成的协议。罗马人送出的人质名叫埃提乌斯（Aetius），年仅 14 岁，是一位罗马高级官员的儿子；他必须在西哥特待到成人为止。[15]

　　现在，西部帝国一共有三位皇帝：拉韦纳的霍诺留、罗马的阿塔罗斯以及高卢的君士坦丁三世。没过多久，在伊比利亚半岛上，一名罗马官员也自立为帝。任何期望依靠基督教信念凝聚分崩离析局面的想法完全破灭了。重新统一西罗马帝国的唯一希望就是四位

---

*　"伊利里库姆"包括潘诺尼亚、达契亚、色雷斯以及马其顿等省份，也就是现在的奥地利、斯洛文尼亚、克罗地亚、波黑、塞尔维亚、保加利亚、马其顿和阿尔巴尼亚等国家。

17 罗马沦陷

中的一位能征服其他三位。

很快,名义上的皇帝阿塔罗斯和他的最高军事统帅阿拉里克就分道扬镳了。当时,元老院建议组建一支西哥特人和罗马人的联合部队,由一名西哥特军官来指挥,阿塔罗斯听后愤然拒绝。他认为,让一名西哥特将领来指挥罗马士兵是一种耻辱。看到阿塔罗斯如此排外,反对蛮族人担任联合军指挥官,阿拉里克勃然大怒,命令阿塔罗斯到位于意大利东北部海岸的阿里米努姆(Ariminum)来拜见他。在那里,他强行夺走了阿塔罗斯的紫袍和王冠,并把他囚禁在了自己的营帐中。[16]

然后,阿拉里克率军杀回罗马。410年8月,他抵达罗马城下,不费吹灰之力,长驱直入。他愤懑不平;多年以来,他一直努力试图取得罗马那些守旧权贵们的认可,尽管他有蛮族的血统,但他想靠自己的技能和本事来弥补先天的不足,然而,这种认可他却始终求而不得。盛怒之下,他命令士兵们洗劫这座城市,喜欢什么就拿什么,夺回那些本应该属于他们的东西。西哥特人闯入金库,抢走了金币和财宝,并放火烧掉了所有那些他们想要而得不到的东西(尽管阿拉里克告诉他们不要损坏教堂)。阿拉里克还掳走了霍诺留的妹妹帕拉西达。

这次发生在410年的事件史称"罗马之劫",和以往罗马遭受的更沉重打击相比,这一次沦陷并未对这座城市造成太大破坏。然而,对于广大的帝国公民而言,无论他们身在东部帝国还是西部帝国,这都是一次令人震惊的警示。这座不朽之城,这座他们曾经认为将会屹立不倒的罗马城已经变得如此羸弱,就这样被一支西哥特部队几乎不费吹灰之力蹂躏。公元前387年,那时的罗马城还不是帝国的一部分,从那时起近800年来,还没有任何一支外族军队曾侵入这座城市。哲罗姆年轻时曾任罗马主教的秘书，如今已经年近古稀，退隐家中了。他住在东罗马，离伯利恒（Bethlehem）很近。哲罗姆一直致力于将经文翻译为拉丁文，供西罗马人使用。他后来写道："每每想到那次战争，我就悲从中来，泣不成声。这个曾经称霸世界的城市如今却被他人占领了。"[17]

在北非，奥古斯丁听闻此消息也悲痛万分。面对罗马的沦陷，他开始创作历史巨著《上帝之城》(The City of God)。很显然，罗马不再是那座曾经的不朽之城了。它曾经是一座上帝之城，服务于上帝的意旨，现在已经沦为一个世俗王国，它的辉煌时代已然过去。但是，罗马主教的命运又将如何？难道这座城市的衰败也意味着基督教会的凋零吗？

为了找寻解答，奥古斯丁耗费了整整13年的时间。他再一次使用了双重存在和二元权威的概念。他写道，罗马就是一座世俗之城，而且，在任何时候和任何地方，世俗之城与上帝之城共存，上帝之城才是真正的不朽之城，无形的精神王国。人类有权选择他们在哪一座城市居住。并且，尽管世俗之城和上帝之城的目标偶尔会交融（居民们也觉得他们能够和谐相处），但是居民们却有着迥异的最终目的。世俗之城的人们追求权力；上帝之城的居民们只敬仰上帝，追求上帝的荣耀。罗马已经沦陷，然而上帝之城将会永远留存下来。

17 罗马沦陷

时间线 17			
罗马帝国		**西哥特人**	**波斯帝国**
狄奥多西（379—395）			
君士坦丁堡公会议（381）			沙普尔三世
马格努斯·马克西姆斯（383—388）			（383—388）
《狄奥多西法令》			
尤金尼乌斯（392—394）			
冷河战役（394）			
西罗马帝国	**东罗马帝国**		
霍诺留（395—423）	阿卡狄乌斯（395—408）	阿拉里克（395—410）	
奥古斯丁任希波主教（396）			伊嗣俟一世（399—420）
波伦提亚战役（402）			
君士坦丁三世（407—411）			
阿塔罗斯（409）			
罗马沦陷（410）			

/ 18

一性论与二性论

> 408年至431年间,波斯国王因捍卫东罗马帝国皇位而不得人心,一场关于神学的争论揭示了更深层的分歧。

东罗马帝国的皇帝阿卡狄乌斯原以为自己会死得轰轰烈烈,然而到头来,一场疾病夺走了他的生命。408年,他去世后,东罗马帝国的皇位传给了他年仅7岁的儿子狄奥多西二世。

得益于波斯国王伊嗣俟一世的监护,狄奥多西二世安然继承皇位。伊嗣俟一世尽职尽责,捍卫少主的权力。他给年幼的皇帝找了一位学问高深的波斯老师;他还给东罗马帝国的元老院写信,详细阐明了他保护狄奥多西二世的意图,并且威胁说,谁要是胆敢进攻东罗马帝国,他就向谁宣战。"伊嗣俟一世在位长达21年,"东罗马帝国的历史学家阿伽提亚斯(Agathias)告诉我们说,"在位期间,他从未对罗马人民发动战争,也从未以任何方式伤害他们,他的一贯主张就是和平与安定。"[1]

他的这一态度并不受波斯人的拥护。宫廷里的那些波斯贵族们极其厌恶他的和平政策。他们甚至也看不惯他在自己的国家里对基督教的宽容；对他们来说，基督教根本不是什么宗教信仰，而是对罗马忠诚的象征。伊嗣俟一世赢得了来自罗马帝国的基督教历史学家们的赞誉；但是，波斯人给他起了一个"罪人伊嗣俟"的绰号，而且，阿拉伯世界的历史学家普遍把他塑造成反面形象。穆斯林作家泰伯里说："他的臣民们只有通过坚持以前的统治者们的优良传统和高贵品质，才能使自己忍受他的严酷以及暴政所带来的苦难……"

换言之，波斯人非常渴望回到昔日他们与罗马人争夺统治权的美好时光。他们一直抵制伊嗣俟一世颁布的政策和法令，这只能让他变得越来越强硬，强行推行他的政令。下面是对他的一个负面评价："他人性险恶，性情暴烈，把小的过失无限放大，把芝麻大的问题看成极大的罪恶。"泰伯里挑剔地写道。[2]

最后，伊嗣俟一世还是妥协了。当时，泰西封有位过度狂热的基督教牧师，企图放火烧毁宏伟的琐罗亚斯德教寺庙，伊嗣俟一世下令严厉惩罚这些波斯基督徒。

这就使得伊嗣俟一世与东罗马帝国之间产生了裂痕——尤其是引发了狄奥多西二世的姐姐普尔喀丽娅的不满，她比皇帝年长两岁，是一个虔诚的基督徒。普尔喀丽娅早在15岁时就已是个厉害角色，她曾说服罗马元老院任命她为女皇，和皇帝共同治理国家。420年，普尔喀丽娅21岁，她的弟弟狄奥多西二世19岁，她说服她弟弟向他此前的监护人宣战。[3]

然而，这次对波斯基督徒的严厉惩罚仍然不能让波斯贵族老老实实地听话。420年，伊嗣俟一世在穿越位于里海东南部的赫卡尼亚地区的途中去世。官方的说法是他突发疾病去世，但是，一则古

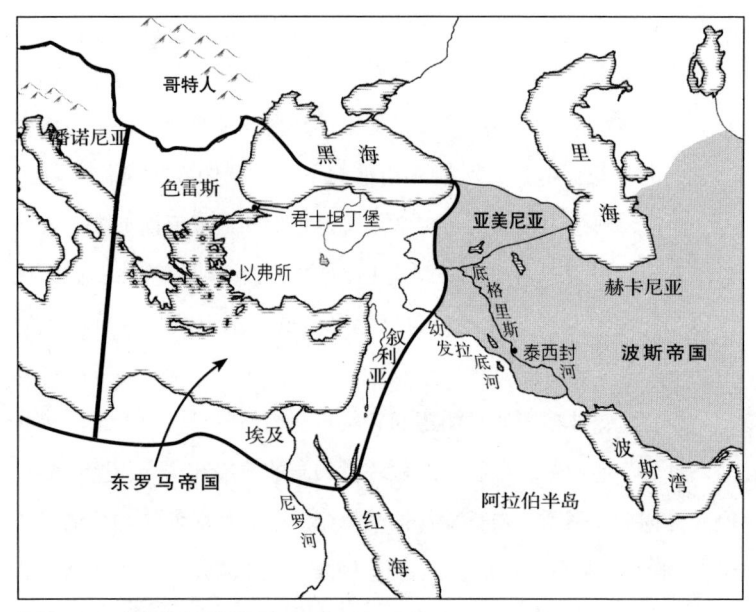

地图 18-1 波斯和东罗马帝国

老的波斯故事却记载了另外一种更为惨烈的结局：当时伊嗣俟一世正在行进途中，突然一匹神马从附近的河里一跃而起踩死了他，然后又跳回河中消失了。马是波斯贵族的象征，毫无疑问，这一定是事先埋伏在那里，等着伏击国王的。[4]

几乎是在顷刻间，波斯王储也被侍臣暗杀。波斯王储从小由伊嗣俟一世抚养长大，是准备继承他的政策的。波斯国王的二儿子巴赫拉姆（Bahram）此前一直被父亲流放在阿拉伯半岛，现在回来接替了他哥哥的王位，加冕成为巴赫拉姆五世。泰伯里写道，当巴赫拉姆走进这座宫殿时，伊嗣俟一世的前任大臣立即上前恭迎，结果却为他的英俊相貌所震惊，甚至忘了要行叩拜大礼，通常这是波斯人要对君王行的礼节。这则故事反映出波斯人笃信琐罗亚斯德教《阿维斯陀经》的说法，只要是拥有天命的帝王都有这种神圣的"光环"环绕，这种"王家光辉"证明他有能力执掌大权。巴赫拉姆的统治正如狄奥多西曾经的统治一样，合法性都来自神的意愿。[5]

为了避免再犯类似父亲那样的错误，巴赫拉姆五世继续对基督徒们施加迫害。为了应对狄奥多西二世的宣战，他还通过进攻来加强防守，集结了一支由4万兵马组成的军队，向东罗马帝国的边境发起进攻。这场战争持续时间不长。不到一年，狄奥多西二世和巴赫拉姆五世就决定签署停战协议，他们认识到这样做更明智。双方势均力敌，难分伯仲，如果打下去肯定是一场漫长而痛苦的战争。双方均同意不在边境上修建新的堡垒，并且不再干涉住在沙漠边缘的那些阿拉伯部落（这两个帝国都在主动向阿拉伯部落示好，以争取他们的效忠，波斯人愿同他们友好结盟，罗马人则派出了基督教传教士）。

"当他们决定达成协议之后，"普洛科皮乌斯总结道，"双方都开始专注于自己的事务。"[6]对于狄奥多西二世来说，他要娶姐姐普尔喀丽娅替他选定的女人为妻。他和姐姐、皇后三个人一起生活在皇宫里。

得益于早些年和波斯签订的和平条约，狄奥多西二世的王朝如今实现了一定程度上的稳定，这使得东罗马帝国能够像一个真正的帝国一样正常运转，而不再是一个将军们都忙于互相残杀的战场（西罗马帝国目前就是这样的状态）。如今，狄奥多西二世享受到了真正的统治乐趣，而不再是仅仅为了生存而斗争。429年，他任命了一个立法委员会，将其帝国管辖范围内所有的不规范以及相互矛盾的法律整合起来，形成一部独立、清晰的法典，即《狄奥多西法典》。*他因修建保护君士坦丁堡的新城墙，即狄奥多西城墙而备受好评。而且，他还在君士坦丁堡创立了一所学校，教授法律、拉丁语、希腊语、医药学、哲学以及其他高级学科，这所学校最终变成后来享有盛誉的"君士坦丁堡大学"，它是欧洲最古老的大学之一。

创办这所大学的目的是取代雅典的罗马大学，该大学是古罗马宗教留存下来的最后一座堡垒。帝国的文化中心开始向东部转移，原因是东部相对和平而西部一片混乱。此外，在君士坦丁堡大学，一共有13个"席位"或者说教学职位是给拉丁文教师的，而有15个是给教授希腊语的教师的；由于哲罗姆翻译的《圣经》在帝国西部依然广受欢迎，教授希腊语和希腊哲学的职位要多于教授拉丁语的。二者差异虽小，但对于希腊语和希腊哲学来说却意义重大。[7]

431年，狄奥多西二世不得不着手解决另一个饱受争议的神学问题，这一争议在以弗所公会议上全面爆发。

阿里乌派（其教义宣称基督是由圣父上帝创造的，而非与之共存）仍然存在，然而，它已经从帝国的核心位置被推向边缘：人们认为它是野蛮人的宗教，是没有被罗马人的身份完全同化的象征。但是，关于基督的真正本质的问题却远未得到解决。在那些坚守《尼西亚信经》的正统教徒中，产生了一个新的教派，他们宣称基督既是神也是人。然而，这两种性质是如何互相联系起来的呢？由此便产生了两个教派。第一个教派认为，这两种性质已然神秘地合二为一，集中在基督身上，无法被剥离开来；第二个教派则显得更为理性，认为不论神性还是人性，两种不同的属性都同时存在却又

---

* 这部法典完成于438年，是后来《查士丁尼法典》的立法基础；参见第28章。

各自不同,就像是一个罐子里两种不同颜色的大理石那样。[8]

这种认为基督只有单一属性的教派被称为基督一性论(Monophysitism),而那种认为耶稣是由两种属性合为一体的被称为聂斯托里派(Nestorianism),因为当时聂斯托里(Nestorius)是君士坦丁堡的主教,他坚定地支持这一教派。[*]狄奥多西二世本人也是聂斯托里派的支持者,但是以弗所公会议在经过长时间的讨论之后,却最终否定了聂斯托里派的宗教主张,并且谴责聂斯托里为异端。狄奥多西二世被迫屈从于众人压力,将聂斯托里流放到一个埃及的修道院。

对狄奥多西二世来说这是一场失败,而他也感觉到了。这场争论不仅仅是神学上吹毛求疵的辩论,因为神学辩论中总会有这样那样的政治倾向。这场特别的争论部分涉及帝国的权力中心:支持人神一体的二性教派主要集中在安条克,而更加神秘的一性教派则集中在亚历山大。这两座城市在帝国中都有举足轻重的地位。同样,对这两座城市里那些富有野心之人的权力亦是如此:西里尔(Cyril)是亚历山大的主教,信奉一性论(和罗马主教一样);而君士坦丁堡的主教聂斯托里是二性论者。聂斯托里的被贬清楚地表明,罗马主教仍然处于教会权力体系的顶端。

对波斯人势力的恐惧让这次争论愈演愈烈。波斯人信奉琐罗亚斯德教,琐罗亚斯德教和基督教一样是一神论的宗教信仰;不过由于它是敌人的宗教,基督教义和琐罗亚斯德教只要有一点相似,就会引起罗马和亚历山大的基督徒的疑心。琐罗亚斯德教拒绝承认在这个世界曾经存在过任何神圣与尘世物质合二为一的东西,

---

[*] 这可以从对马利亚的称呼方式中窥见一斑。如果耶稣、上帝和人是神秘的一体,马利亚就是圣母,是上帝之母;反之,如果神性与人性合为一体,马利亚就是基督之母。

聂斯托里的二性论在某种程度上合乎波斯人的宗教模式，而神秘的一性论却完全不合乎这种模式。在那些远离边境的主教眼中，这进一步败坏了二性论的名声；他们怀疑聂斯托里曾受波斯哲学理念的影响。[9]

这场有关基督神性本质的神学辩论尚不能归结为政治或民族主义的斗争。不过，更大规模的战争会因此一触即发，两种截然不同的思维方式将陷入全面冲突。

实际上，关于基督一性论和二性论的争论和现代美国对于神创论的争论如出一辙。关于是否应按字面意思理解《创世记》中世界的创造，观点莫衷一是：这种世界观包含了超自然和无法解释的东西，有人担心承认它会破坏道德准则，也有人讽刺它只体现了咬文嚼字的学究的傲慢与优越感。在另一方面，完全否定所有神创论的主张（比如理查德·道金斯或者山姆·哈里斯的作品中的判断）也揭示出另一种担忧：人们担心接受有关地球起始的神秘解释，将会引发很多非理性和暴力的行为，或者对神创论的让步将会加强某些宗教团体的世俗力量。

在5世纪也是如此。在亚历山大、罗马以及君士坦丁堡，人们对有关基督的理论争论不休，并为神秘主义的地位和理性主义的力量大打出手，他们担心波斯的势力，从而完全摒弃了波斯文化，不仅如此，人们还怀疑东部帝国有可能在政治和实权上会控制西部帝国。

时间线 18

罗马帝国		西哥特人	波斯帝国
尤金尼乌斯（392—394）			
冷河战役（394）			
西罗马帝国	东罗马帝国		
霍诺留 （395—423）	阿卡狄乌斯 （395—408）	阿拉里克 （395—410）	
奥古斯丁任 希波主教（396）			
			伊嗣俟一世 （399—420）
波伦提亚战役（402）			
君士坦丁三世 （407—411）	狄奥多西二世 （408—450）		
阿塔罗斯（409）			
罗马沦陷（410）		阿陶尔夫 （410—415）	
			巴赫拉姆五世 （420—438）
	《狄奥多西法典》 （429—438）		
	以弗所公会议（431）		

/ 19

找寻家园

> 410年至418年间,西哥特人在高卢西南部定居下来。

依靠罗马的支持,阿拉里克和他的西哥特大军一路挥师南下,入侵非洲,获得不少战利品和俘虏。

这次出征的时间不长,约旦尼斯告诉我们,在西哥特人从西西里岛出发后的航程中,一阵突如其来的狂风暴雨摧毁了船只,迫使他们撤回意大利南部。正当阿拉里克盘算着下一轮行动计划之时,一场疾病突然夺走了他的生命。他的手下将附近的布森图斯河(Busentus)改道,并"带领一众俘虏进入河床中央,为他挖出了一个墓穴。他们将阿拉里克葬在河道中央的墓穴里,还陪葬了很多金银珠宝,然后又将河水引回到原来的河道里。他们杀死了所有的挖墓人,这样也许就再也没有人会知道阿拉里克的墓葬在哪里了"。西哥特人的第一任国王穷其一生在找寻君王的功名,尽管从未得到认可,但至少他死后得到了一次英雄的葬礼。[1]

随后，西哥特人阿陶尔夫（Ataulf）继位。阿拉里克死后没多久，阿陶尔夫在意大利北部的一个小城市（很显然，西哥特人已然放弃了前往北非的计划）举行了结婚仪式，正式迎娶了帕拉西达。约旦尼斯说："他被帕拉西达的高贵、美貌和纯洁所吸引。"不管这是一次征服者与被征服者的浪漫结合，还是出于政治目的，正如约旦尼斯所说，结果都是一样的："如今，罗马帝国和哥特人似乎结为一体了。"阿拉里克终其一生既无法抹去一直拥有的罗马身份，也无法将其与自己的身份相融合；阿陶尔夫的这次婚姻就将西哥特人与罗马人的血脉混合在一起，因而此举起到了多重作用。[2]

结婚以后，阿陶尔夫认为，相比意大利南部或北非，高卢有更多可乘之机。当时，高卢正处于动乱之中。高卢曾一度落在不列颠尼亚的冒牌皇帝君士坦丁三世的手里，然而就在阿陶尔夫在意大利北部完婚之际，西罗马帝国的君主霍诺留派出一支军队跨过阿尔卑斯山，意图夺回高卢。这场重新征服几乎在瞬间就大获全胜。君士坦丁三世驻扎在高卢的士兵为了自保而纷纷叛逃，把他自己扔在乡下；正面遭遇罗马军时，他那疲弱的军队只会落荒而逃。君士坦丁三世逃向最近的教堂，让人授予了他神父的头衔。[3]

这种用十字架庇护自己的无耻企图只取得了暂时性的成功。阿拉里克曾拒绝烧毁罗马的教堂，而霍诺留（并不是像阿拉里克那样的蛮族人）绝不会比他更过分。他赦免了君士坦丁三世，但是将他囚禁起来。然而，在被带回罗马的途中，他却遭刺客暗杀，而他的同党，如约旦尼斯所言，也"意外地全部被杀"。他的基督徒伙伴之间团结得还不够，并没有强大到可以拯救这位觊觎帝位的挑战者的性命。[4]

正当霍诺留忙于应对君士坦丁三世之时，阿陶尔夫率领西哥特

地图 19-1 西哥特王国

人潜入高卢腹地。到 413 年，他们征服了高卢南部的古罗马领地纳尔榜南西斯（Narbonensis），阿陶尔夫建立了一个小型西哥特王国，定都图卢兹。最终，他为阿拉里克缔造的民族找到了一处合适的家园。

但是，阿陶尔夫并不满足于建立西哥特王国，而是梦想染指罗马帝国的统治。他与帕拉西达的婚姻赋予了他对未来世界的无限想象：不仅要控制组织散漫的西哥特王国，而且还要掌控整个帝国。

历史学家奥罗修斯写道:"既然他已经无法改变罗马,他希望通过哥特人的力量完全重建罗马,扩大罗马帝国的名声,希望子孙后代能记住他重建罗马的丰功伟绩。"[5]

阿拉里克曾经扶持阿塔罗斯为共治皇帝,随后却又剥夺了他的皇位,此后他就一直在西哥特军队里任职。如今,阿陶尔夫又为他加冕,再一次立他为皇帝,对抗霍诺留。

阿陶尔夫本可以更好地肩负起建设西哥特王国的重任。霍诺留派出他的大元帅、出生于罗马的君士坦提乌斯,讨伐这位新皇帝。君士坦提乌斯的军队不断侵扰西哥特王国,最终俘获了阿塔罗斯并将其处死,也使得阿陶尔夫的新生王国陷入饥荒与绝望之中。民众之中对阿陶尔夫的不满开始增加。415年,他的一个手下将他谋杀,并自立为西哥特国王,但仅仅在7天之后,这个篡位者就被一名叫瓦里亚(Wallia)的军事首领杀死。[6]

瓦里亚放低姿态,派人给君士坦提乌斯捎信说愿意进行谈判。他会帮助在西班牙的西罗马帝国军队对抗入侵伊比利亚半岛的日耳曼部落联盟,他会将霍诺留的妹妹帕拉西达、年轻的人质埃提乌斯(当时19岁)和5年前在罗马抓住的战俘一起送回拉韦纳。作为交换,他想为西哥特王国换得高卢西南部的土地。

霍诺留同意了这个协议。历经将近20年的流浪,西哥特人终于拥有了自己的家园。

那些重获自由的战俘很快就被安排了为国家服务的工作。417年,在帕拉西达返回拉韦纳的两年之后,她受哥哥之命嫁给了他的将军君士坦提乌斯,而他正是当年那个将她第一任丈夫阿陶尔夫逼入绝望与死亡境地的男人。我们无从知晓她说了什么,我们只知道她选择了服从。

时间线 19

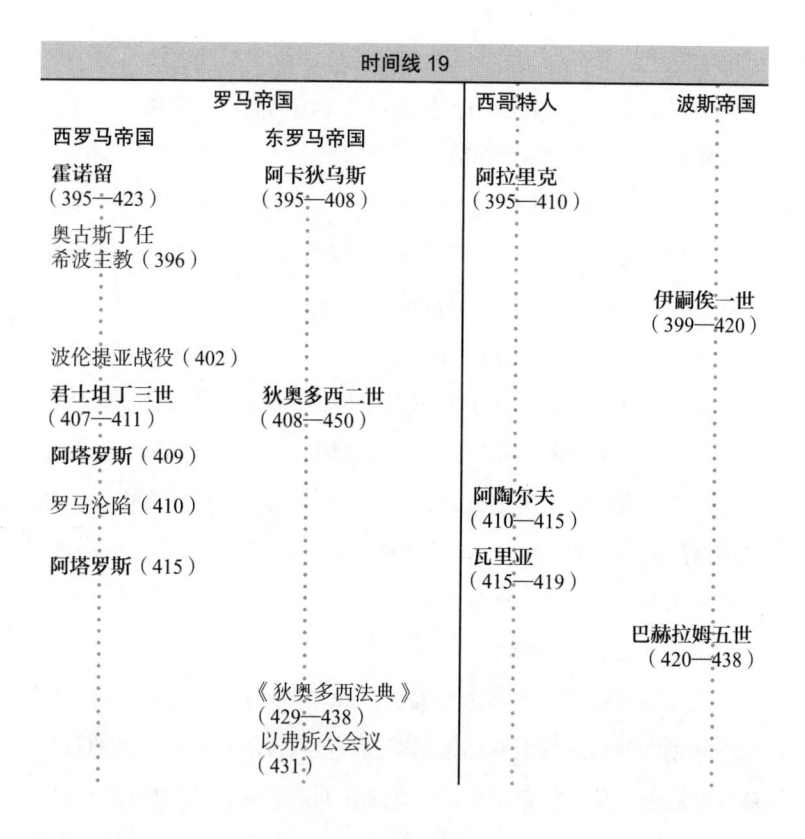

罗马帝国		西哥特人	波斯帝国
西罗马帝国	东罗马帝国		
霍诺留 （395—423）	阿卡狄乌斯 （395—408）	阿拉里克 （395—410）	
奥古斯丁任 希波主教（396）			
			伊嗣俟一世 （399—420）
波伦提亚战役（402）			
君士坦丁三世 （407—411）	狄奥多西二世 （408—450）		
阿塔罗斯（409）			
罗马沦陷（410）		阿陶尔夫 （410—415）	
阿塔罗斯（415）		瓦里亚 （415—419）	
			巴赫拉姆五世 （420—438）
	《狄奥多西法典》 （429—438） 以弗所公会议 （431）		

　　418 年，霍诺留送出埃提乌斯作为另一次交换的人质。这次交换的对象是匈人，他们一直盘踞在边境，虎视眈眈，但同意达成一项临时的和约。和约规定双方互派青年男子到对方宫廷居住，以此形式来保证双方友好的诚意。霍诺留将埃提乌斯送与匈人做人质，而他才刚刚在家待了很短时间。同样，匈人则送出了军事首领鲁阿（Rua）的侄子作为人质：一个名叫阿提拉（Attila）的 12 岁男孩。

/ 20

笈多王朝衰落

> 415年至480年间,笈多帝国日渐没落,此时,上座部佛教鼓励人们追求个人自我教化。

415年,印度国王旃陀罗笈多二世离世,在他身后留下了一个内部矛盾丛生的王国。虽说帝国建立之初重现了阿育王旧日的辉煌,但这种辉煌却是建立在阿育王早已放弃的武力征服之上的。梵文是游牧入侵者带来的一种濒临消失的语言,此时它成为官方语言,复杂精致,用于教育。尽管疆域辽阔,但是对于大部分地区,国王却只是进行名义上的统治。

外患四起更加重了内部矛盾。旃陀罗笈多二世离世后,他的儿子鸠摩罗笈多(Kumaragupta)继位,此后在他统治的39年间,嚈哒人(Hephthalites)开始零散移居兴都库什山脉一带。

他们是游牧民,来自中亚广阔的大草原。印度人称其为匈奴人(Huna),不是因为他们与西方的匈人有关系,而是因为印度人曾用

"匈奴"通称所有山脉以北的游牧部落。*更确切地讲,哒人最有可能是突厥族的一个分支。5世纪期间,他们开始走出中亚的家园,向外迁徙。他们与波斯人的战争断断续续,已有40年之久。亚美尼亚的历史学家,拜占庭的福斯图斯(Faustos of Byzantium)说道,沙普尔三世曾迎战过"贵霜王朝大王",这里的贵霜王朝就是指哒人。[1]

罗马历史学家也表示,哒人同其他游牧侵略者大不相同。"他们由一位国王统治,"普洛科皮乌斯写道,"而且,有一个合法的政府,公正公平地对待彼此和邻国,就像古罗马人和波斯人那样。"后来的阿拉伯地理学家将波斯人的历史纳入他们自己的圣书背景之中,按照他们所记载的宗谱,哒人是诺亚之子闪(Shem)的后代。但是,对北印度人民而言,他们只是操着不同语言的外族人,也就是传统意义上的野蛮人。[2]

鸠摩罗笈多将入侵的哒人驱逐出去,暂时保住了笈多王朝的疆域。有关他的其他成就的记载几乎无从查找,但一篇王室碑文却夸耀他"名扬四海"。而另一篇碑文则展示了他王国的疆域。到436年为止,王国北边延伸到吉罗娑山脉(Kailasa,即冈底斯山脉),南到温迪亚山脉上的森林,东西两侧直达海岸。这是笈多王朝曾宣称拥有过的最大疆域,鸠摩罗笈多带领王国迎来辉煌盛世。关于他的统治,有很多传说,反映了他实际征服的地方。他是"世界的主宰",拥有"雄狮般的勇猛"和"老虎般的威力",是"笈多王朝苍穹中的月亮"。[3]

不过,他执政末期似乎阴云密布,麻烦不断。碑文上提到,这

---

* 其他许多文献称哒人为"白匈奴人",这种叫法同样不够准确。

地图 20-1　哒人入侵

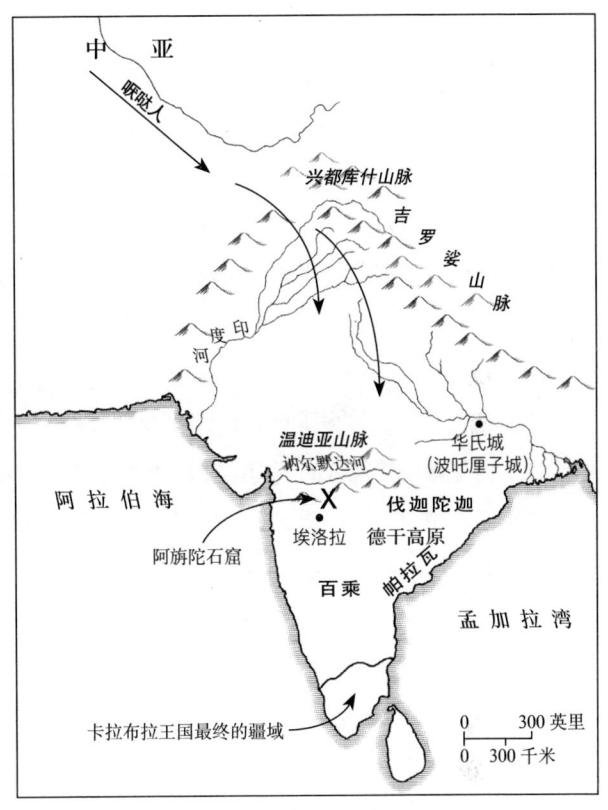

个时期他们总是在"麦卡拉"（Mekala）这一地区与德干高原以西的伐迦陀迦打仗，而旃陀罗笈多二世曾通过联姻将伐迦陀迦纳入笈多王朝的统治范围。伐迦陀迦的新国王是鸠摩罗笈多的曾侄孙纳兰陀罗西纳（Narendrasena），他差不多是在鸠摩罗笈多处于权力巅峰的时期登基的。但是，即便顶着曾叔父的光环，纳兰陀罗西纳还是走上了叛乱之路。[4] 就在鸠摩罗笈多忙于应对哒人入侵之时，纳兰陀罗西纳趁机宣布独立。

从此刻起，笈多王朝的命运开始急转直下。一场来势凶猛的入侵随之而来：入侵者的身份至今尚不清楚，但一篇碑文记载道，"他们人员充足，金钱充裕"，而且"威胁彻底摧毁笈多王国"。鸠摩罗笈多的儿子塞建陀笈多（Skandagupta）是王位继承者，他领导王国抵抗入侵者，这是一场漫长而艰苦的斗争。曾几何时，塞建陀笈多兵力不足，粮饷稀缺，军人们不得不在战场上露天席地熬过漫长的夜晚。[5]

铭文还记载道，笈多王朝最终大获全胜，将入侵者驱逐出境。然而，王国并未恢复往日的辉煌。在鸠摩罗笈多统治末期，市面流通的硬币不再由金、银铸造，而是改用铜来铸造，只是在外面镀上一层薄薄的银以做掩饰。这表明国库已彻底空虚。

455年，鸠摩罗笈多驾崩，他的儿子塞建陀笈多继位，此时的国家充满内忧外患。他再一次击退了嚈哒人的入侵，彰显他胜利的碑文记载道："他彻底摧毁了敌人的根基和自尊。"但是，这场战争也给他的国家造成了重大损失。在塞建陀笈多即位几年后，局面愈加混乱，矛盾逐渐显现：百姓贫困，官员争斗，军阀叛乱，战争不断。塞建陀笈多努力维护他的政权，并成功令帝国免遭分崩离析；纵观5世纪60年代的大多数时期，古老的笈多王朝的疆土上仍然不断出现各种胜利铭文。[6]

最后一块胜利铭文可追溯到467年。自此之后，各种记载便模糊不清了。很可能就在这一年，塞建陀笈多去世，一场王位争夺战随之爆发，王国内忧外患，局势动荡不安。起先，是塞建陀笈多的弟弟夺取了国王宝座，随后是塞建陀笈多的侄子登上了王位。最终赢取王位的是塞建陀笈多的二侄子佛陀笈多（Budhagupta）。他是

20 笈多王朝衰落

笈多王朝最后一位国王，统治帝国近20年。

佛陀笈多试图团结民心、统一思想，努力避免来自外部威胁的干扰。鸠摩罗笈多和塞建陀笈多统治期间，哒人的侵扰非常严重。不过，他们的入侵并没有造成文明的终结，不像西方的匈人入侵那般势不可当。但是，即使是应对这样的来自外部的中等程度危机，整个王国的凝聚力都被撑到了极限。在国王集中精力处理来自外部危机的时候，王国周边的那些小国家立即抓住机会，再次宣布独立，因为他们作为笈多王国的一部分，并没有从王国中真正获取丝毫利益。

实际上，很久以来，印度的很多小国本质上都是相对独立的实体，只不过它们的边境会随着战争不断发生变化。在笈多王朝无暇顾及的南部次大陆，很多王国纷纷宣布独立，声称拥有自己王国的领土。铭文和钱币上给我们留下了很多不同王室的名字，但是却没有留下关于南亚次大陆各个王国之间的争斗史。在佛陀笈多统治晚期，没有任何一个政权能够统一南亚次大陆，哪怕是统一一小部分地区都不能。

这个时期是王国的低谷期，却是宗教发展的大好时机。被称为"佛塔"的佛教纪念碑遍布全国，不少佛塔上面还刻有信徒朝拜的场景。在印度西部，一座座寺庙和僧院建在深山石窟中，它们都经过精雕细琢，里面有雕刻的石柱，并建有禅房、廊道和楼梯通道等等。这些石窟中的寺庙是专门为那些追求佛教知识的人修建的，而不是为那些追求政治权力的人修建的。这些石窟仿照木构建筑的外观修建，石椽、石梁和石柱仿佛支撑着没入岩石中的屋顶。其中，最大的寺庙约有30座，这些洞窟被称为"阿旃陀石窟"，在过去的

300年间一直都在建造当中，还得继续耗时300多年才能完工。[7]

在石窟以南80千米的埃洛拉（Ellora），有12座已经完工的简易洞穴。在伐迦陀迦王国管辖的印度地区，国王哈里舍纳（Harishena）至少赞助修建了2座石窟来庆祝他的胜利。大约475年，哈里舍纳登上王位，向北吞并了佛陀笈多统治的领地，建立了他自己的帝国，不过持续时间不长，还没等他去世，帝国就灰飞烟灭了。[8]

事实上，哈里舍纳因胜利而赞助修建石窟寺庙并不具有普遍性。大多数石窟的开凿仅仅是为了给人们提供一个礼佛之地，而非纪念征服之举。这些石窟与政治毫无干系，与那些当政的统治者也完全无关。

在这些石窟寺庙中，散布着许多房间，有寺院（vihara），这些寺院带有独立的房间、公共休息室和食堂。这里的僧人们能够心无旁骛，完全沉浸于信仰的修行中。他们并未与世隔绝；他们只不过是生活在自己的群体当中，依靠化缘获取衣服和食物（因为他们拒绝金钱，无法购买这些物品），他们同样与当地人保持联系。但是，他们不参与帝国的任何事务。[9]

此时，佛教已然分化成两大流派：上座部佛教（又称小乘佛教）和大乘佛教。两个教派都认为自然界中所有的物质稍纵即逝，唯有般若，即"通过精神修为或冥思达到一种精神境界"，才能够揭示世界本真，认识无常和虚幻。上座部佛教在印度占主导地位，教育人们通过思辨、正念和专心才能获取心灵的般若开悟；与之略显不同的是，大乘佛教在中国更流行，注重祈祷、信念、参悟和情感。[10]

上座部佛教更强调思辨和思考，更注重隐修和禁欲，这样佛教徒们才能够全身心投入研习和冥想中去。毫无疑问，上座部佛教对于那些希望征服帝国的军官或小国国王来说毫无裨益。上座部佛教

20 笈多王朝衰落

时间线 20				
西罗马帝国	西哥特人	波斯帝国		印度
			旃陀罗笈多二世 （约 380—415）	
		沙普尔三世 （383—388）		
霍诺留 （395—423）	阿拉里克 （395—410）			
奥古斯丁任 希波主教（396）				
		伊嗣俟一世 （399—420）		
波伦提亚战役 （402）				
君士坦丁三世 （407—411）				
阿塔罗斯（409）				
罗马沦陷 （410）	阿陶尔夫 （410—415）			
阿塔罗斯 （415）	瓦里亚 （415—419）		鸠摩罗笈多（415—455）	
		巴赫拉姆五世 （420—438）		
瓦伦提尼安三世 （425—455）				
		伊嗣俟二世 （438—457）		
			嚈哒人入侵	
教皇利奥一世 （440/445—461）				（伐迦陀迦）纳兰陀罗西纳 （约 440—460）
			塞建陀笈多（455—467）	
				（伐迦陀迦）哈里舍纳 （约 475—500）
			佛陀笈多（476—495）	

反对世俗的征服，也不追求将拥护者们捆绑在一面旗帜之下，相反，它鼓励追随者们在寻求个体开悟的同时共存共生。

5世纪的印度就是这样。也许是上座部佛教促使印度的版图分为众多小王国，也许是破碎的小王国特别适合上座部佛教。无论怎样，其结果都是一样的。在印度的乡间田野，各个王国比邻而居，它们都在追求各自的目标，没有一个意欲主宰其他的所有国家。

/ 21

北方的野心

> 420年,刘宋取代晋朝。位于刘宋北面的北魏兴起了炼丹热潮,第一次灭佛运动开始了。

退守南方的晋朝仅存续了一个世纪。为了继续得到士族的有力支持,历代晋朝皇帝纷纷准许那些逃出洛阳的士族享有减免税收、免服兵役以及其他特权。因此,南部的门阀士族对族谱产生了浓厚的兴趣,因为它可以证明他们有权享有这些特权。这些族谱中的关系日渐复杂,因为门阀士族越发以追溯与祖先的真实血缘关系为傲——这是那些祖先是北方游牧民族的人不能企及的。

特权带来了权力,而士族权力的壮大最终导致了晋朝的灭亡。早在15年前,将领刘裕就曾帮助晋朝平定了海寇"鬼兵"。如今,他又设法迎合财产饱受海寇劫掠和战争威胁的门阀士族。最终,他赢得了门阀士族的忠诚与支持。到了420年,刘裕迫使晋恭帝退位。

像前朝皇帝一样,刘裕决定令晋恭帝的退位合乎法理,而非简单地将其废黜。君权神授的说法要求他以德服人,而非暴力夺权。

他上书给晋恭帝,要求他昭告天下,既然刘裕保全了晋朝的天下,唯有把统治权交到他的手中才行。刘裕拥有的军队足以使晋恭帝依从。禅位仪式在专门为此建造的宫殿中举行。此后,晋恭帝退位,过起了平民的生活。[1]

眼下,将领刘裕称帝,建立了新的王朝:宋。*他死后的谥号为"武皇帝",史称宋武帝。晋朝落下帷幕。至此,中国的两大强国是南方的刘宋和北方的北魏。

在位两年后,宋武帝除掉了前朝皇帝。他令一名朝廷官员向晋恭帝下毒。那时,晋恭帝年近40岁,在都城平静地生活着。那名官员对司马家族仍旧忠心耿耿,一时间对此犹豫不决。他需要在两者之间做出选择:一是将他心目中国家的正统皇帝杀害,二是自己因未完成任务而被宋武帝处死。最终,他选择自己喝下毒药。

宋武帝又把一服毒药交给了另一名官员。被废黜的晋恭帝站在门口迎接这名官员时,当即明白了这件事。如若晋恭帝服毒,宋武帝就能声称其为自然死亡。但他拒不服毒。随后,那名官员用被子将晋恭帝活活捂死——这使得宋武帝能继续伪装下去。据说第二天,宋武帝召见了众官员,假装刚刚得知晋恭帝驾崩的消息,痛哭了许久。随后,他为被谋害的皇帝举行了一场盛大的皇家葬礼,有数百人随行送葬。[2]

宋武帝顺理成章地成为中原公认的皇帝。但他年近60岁才登上皇位,而就在谋杀晋恭帝的那一年,他染病卧床。他将皇位传给19岁的太子,即宋少帝,但这位少年好为游狝之事,仅在位两年就被废黜。之后,宋武帝的三子(宋少帝同父异母的弟弟)继

---

* 宋于420年至479年统治中国东南部,为了区别于后来统一中原的宋朝,前者被称为刘宋或南朝宋。

21 北方的野心

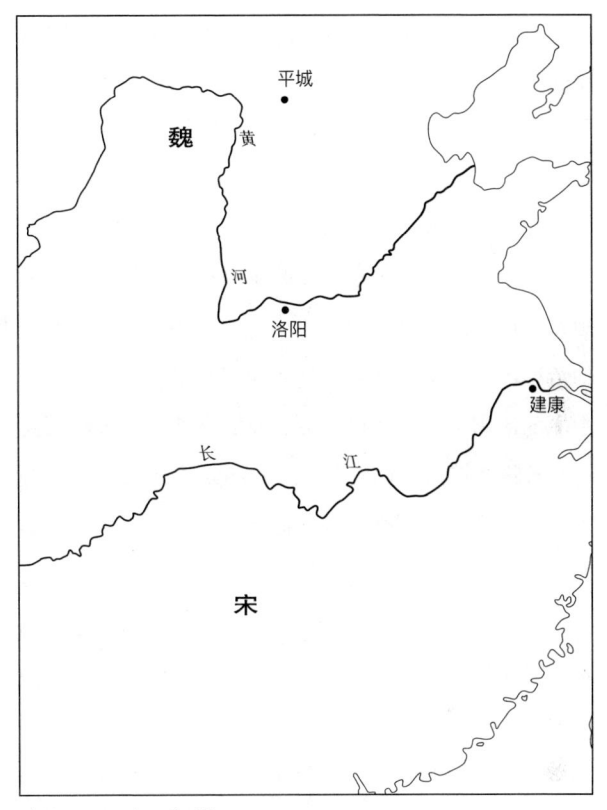

地图 21-1　宋、魏时期

位，是为宋文帝。

424 年，宋文帝登基。他在位 29 年，为宋朝带来了短暂的繁荣。这段时期史称"元嘉之治"。29 年间，宋文帝战功赫赫（大多数战争是为抗击北方的北魏，宋文帝领导了三次北伐战争），治国有方。438 年，宋文帝建立了四个儒学馆，皆指派著名的儒家学者任教，旨在令本朝的年轻人学习儒学义理和规范，以培养出更出色的官员。[3]

439 年，北魏太武帝征服了北方各国，统一北方。始建于 386 年的北魏，会在接下来的一个世纪成为北方的帝国。

如今，南北方走向彻底对立。

北魏同其他北方国家一样，源于游牧部落。公元 4 世纪以来，他们逐渐服从于一个皇帝，开始推行中央集权，制定法律，训练正规军，培养外交官。北魏统一北方之时，已经接纳了诸多中原汉人的传统习俗和生活方式。魏太武帝有个名叫崔浩的汉人谋臣，他将中原的治国之策以及律法带到北魏宫廷，辅佐魏太武帝在北魏推行这些政策和律法。在皇帝和汉人官员眼中，北魏基本已经汉化了。[4]

太武帝一直深受汉人司徒崔浩的影响。崔浩信奉一个与众不同的道教派别天师道。传统的道家崇尚无为，远离政治冲突，关注自我开悟。传说，竹林七贤是一群道家哲学家，他们生活在 3 世纪，是道家超然物外的完美典范：他们"皆崇尚虚无，轻蔑礼法，纵酒昏酣，遗落世事"。[5]

起初，道家并未过多关注来世，长生不老的说法也并非其哲学的一部分。但在公元 4 世纪前期，一位名叫葛洪的中国哲学家开始讲授一种全新的道家理念。他提倡服用神奇的长生不老药，以得到启迪。服用此药的人会更有灵性，还能够永葆青春。葛洪声称，他的家族从神仙那里得到三册经文，名为《金液神丹经》或《太清丹经》，其中附有炼制丹药的说明。早期道家通过哲学建立的学说，在公元 5 世纪却用化学的手段阐明。葛洪，这位中国的蒂莫西·利里（Timothy Leary）[*]，让道家变得更像邪教，而非哲学。[6]

---

[*] 蒂莫西·利里（1920—1996），美国心理学家和作家，以提倡用迷幻药物进行心理治疗而闻名。——编者注

21 北方的野心

424年，天师道的一位道长寇谦之离开他隐居的大山，来到北魏宫廷，为魏太武帝效力。魏太武帝沉迷于道教，因此欢迎寇谦之的到来，并为其建立道观，用赋税供养寇谦之及其弟子。442年，寇谦之献了一部符箓给魏太武帝。"从此以后，"历史学家C. P. 菲茨杰拉德（C. P. Fitzgerald）写道，"北魏皇帝一即位，都会兴建道观，登坛受箓。"[7]新兴的道教取得接近国教的地位，为帝王及其皇权提供了有力支撑。

魏太武帝热衷于新教派，使用武力来维护它。446年，魏太武帝被迫镇压叛乱，起因是一名骑兵在佛教寺庙中私藏兵器。魏太武帝深信佛教僧人一直在秘密谋反，他们妄图推翻其道教支撑下的统治。因此，他开始取缔佛教，下诏灭佛："朕承天绪，欲除伪定真……其一切荡除，灭其踪迹。"[8]

其后，他下令，从都城长安开始，屠杀全国的佛教僧人。杀戮蔓延开来。即便太子拓跋晃放缓灭佛诏书的执行，也仅仅避免了部分屠杀。拓跋晃自己就是佛教徒，他发现自己的父亲即将下达诏书，便将消息秘密传给远近寺院的僧人，劝告他们想办法脱身。许多僧人闻讯逃匿，但不是所有僧人都能幸免于难。更多的僧人遭到逮捕并被处死，北魏全国的佛教寺院都被夷为平地。

魏太武帝曾镇压反叛，杀死了（所谓的）谋反者。他向宋文帝提议，为了两个中原帝国的永久和平而联姻。魏太武帝认为，他的帝国与南方的汉人王朝势均力敌。宋文帝反对这一提议，在他看来，蛮夷此举是在自诩同刘宋地位相当。如此羞辱使宋文帝两次进攻北魏领土。[9]

这两次进攻损耗了宋文帝的兵力，却一无所获。尽管刘宋对蛮夷妄自尊大、自诩正统王室的行为表示愤怒，但事实上，刘宋日渐衰落，北魏却兴盛繁荣。宋文帝之子宋孝武帝于453年登基，在位11年。同时期的史书指出，他在位期间，君权神授的意识逐渐淡化。宋孝武帝性情轻浮，爱好玩乐。相比治理国事，他更喜欢打猎。相比授予朝廷官员和贵族正式的官衔（他们对官衔非常看重），他只喜欢给他们起有损尊严的绰号。

宋孝武帝思想浅薄，品质恶劣。他在位11年后驾崩。其子孙后代听闻他去世的消息，也并未对此表示悲痛。他性格乖张，令其大臣们深感震惊。"国将亡矣！"他们喊道。[10] 父子决裂，秩序混乱，刘宋政权很快就土崩瓦解。

21 北方的野心

时间线 21	
印度	中国
	西晋灭亡（316）
	晋元帝（317—323）
旃陀罗笈多（319—335）	
沙摩陀罗笈多（335—约380）	
	（前秦）苻坚（357—385）
旃陀罗笈多二世（约380—415）	
	淝水之战（383）
	北魏崛起（386）
	（北魏）拓跋珪（386—409）
鸠摩罗笈多（415—455）	南朝　　　　　　　　　北朝
	东晋灭亡/刘宋建立（420）
	宋武帝（420—422）
	宋少帝（422—424）
	宋文帝（424—453）　　魏太武帝（424—451）
	刘宋建立儒学馆（438）
	北魏统一北方（439）
嚈哒人入侵	
	北方第一次灭佛运动（446）
（伐迦陀迦）纳兰陀罗西纳（约440—460）	
塞建陀笈多（455—467）	宋孝武帝（453—464）
	宋明帝（465—472）
（伐迦陀迦）哈里舍纳（约475—500）	
佛陀笈多（476—495）	

/ 22
匈人

> 423年至450年间，汪达尔人在北非建立海盗王国，罗马主教成为教皇，埃提乌斯控制整个西罗马帝国，而匈人正逼近西罗马帝国的边境。

当东罗马帝国组织召开宗教大会之时，西罗马帝国在奋力求生。不列颠尼亚已经分崩离析。在瓦里亚及其继承者的统治下，西哥特人在高卢西南部繁荣发展起来。作为罗马的同盟，西哥特王国是一个独立主权国家。虽然该王国同罗马联合作战，但汪达尔人已设法控制了伊比利亚的大部分地区，并于此建立起自己的王国，粉碎了罗马人夺回所失行省领土的全部企图。

423年，西罗马帝国皇帝霍诺留驾崩。经过两年有余的权力斗争，其6岁的侄子瓦伦提尼安三世（Valentinian III，霍诺留的妹妹帕拉西达与第二任丈夫君士坦提乌斯将军所生）加冕称帝。帕拉西达作为瓦伦提尼安三世的摄政，不久后被迫任命罗马士兵埃提乌斯为大元帅。埃提乌斯少年时曾经被交给蛮族作为人质，起初被送往西哥特，随后被送给匈人。

尽管并无确切记录的遣返时间，但匈人早早就把埃提乌斯送回了国。在同匈人一起生活的日子里，他与他们缔结了友谊。霍诺留死后，经受过流放生活考验的机警的埃提乌斯向帕拉西达表示，他要得到西罗马帝国的最高军职，否则他的匈人朋友将进军拉韦纳。帕拉西达便授予了他所要求的头衔以及相关的权力。

在此期间，西罗马帝国丢失了另一部分领土。

429年，伊比利亚的汪达尔国王盖塞里克（Geiseric）组织舰队，横渡地中海，直达尼罗河入海口。之后，他开始沿北非海岸行进，征服了沿途的罗马行省以及独立的非洲国家。到430年，他行军至罗马的希波。他的军队包围了这座城市。此时，老主教奥古斯丁仍卧病在床，在弥留之际遭受疾病的折磨。这种包围维持了18个月之久。老主教曾经书写过永恒的上帝之城，但他的城市仍旧被汪达尔人围困，在他去世之时该城也未得到解救。

希波沦陷后，盖塞里克向迦太基挺进。431年，迦太基陷落，惨遭蹂躏。盖塞里克令战败的守城士兵列队，迫使他们宣誓今后绝不反抗汪达尔军队，之后才允许他们离开。罗马丢失了北非的领地。

不久后，盖塞里克决定将全部精力集中到北非政权上。他放弃了在伊比利亚的统治，转而作为海盗之王立足北非，定都迦太基。在他的统治下，强大的汪达尔王国得以迅速发展。

埃提乌斯作为大元帅以及当时西罗马帝国最有权势的人，在盖塞里克穿越地中海时，并没有为保卫罗马领土做出任何努力。他派名义上的君主瓦伦提尼安三世造访君士坦丁堡。瓦伦提尼安（时年18岁）在此与共治皇帝的女儿联姻，缔结了东罗马帝国与西罗马帝国的联盟。瓦伦提尼安三世一离开，埃提乌斯就发动了高卢战争。

北非已经失陷，而西哥特人牢牢地扎根在西南部的高卢。伊比利亚距离太远,难以夺回,而它的一部分土地目前落入另一支日耳曼部落苏维汇人(Suevi)之手。与此同时,西哥特人开始向着汪达尔人撤离的土地推进。但埃提乌斯并不愿放弃其西北边境的领土。他镇压过日耳曼法兰克人的叛乱,他们曾作为罗马同盟者驻扎在罗马境内。如今埃提乌斯集结军队,攻打勃艮第人(Burgundians),他们是另一支由日耳曼部落组成的罗马同盟者,驻扎在莱茵河谷。他们的国王贡特尔(Gundahar)在博尔贝托马古斯[Borbetomagus,即后来的沃姆斯(Worms)]建都,他对各部落走向独立感到忧虑。

埃提乌斯雇用匈人雇佣兵与他联合作战,以对抗日耳曼部族的崛起。在437年的残酷战争中,罗马人与匈人联合作战,摧毁了博尔贝托马古斯,镇压了勃艮第人,还杀害了贡特尔。在日耳曼部落中,这场战争的故事流传下来,这段历史也被写入了史诗《尼伯龙根之歌》(Nibelungenlied)。在史诗开篇,勃艮第国王贡特尔热烈欢迎屠龙者齐格弗里德(Siegfried)来到宫廷,但在即将到达匈人领地之际,贡特尔以叛国罪为由杀死了他。

多年来,埃提乌斯利用匈人确立了自己的统治权。但匈人并非对他言听计从的雇佣兵,而埃提乌斯将会发觉,自己在这场冒险游戏中失败了。

在此之前,匈人从未向罗马发动任何形式的持续性进攻。讲述匈人异常凶猛、力大如牛的故事成为罗马史书记载的重要内容。"他们让敌军仓皇逃窜,"约旦尼斯说,"因为……如果我可以这样形容的话,他们脖子上长着丑陋的块状物,但这些块状物不能称为头部,它们上面长的是针孔,而不是眼睛。"[1] 匈人对帝国还未造成巨大的威胁。虽然他们在边境挑起事端时,破坏力很强,十分可怕,不过最终他们总会撤军。

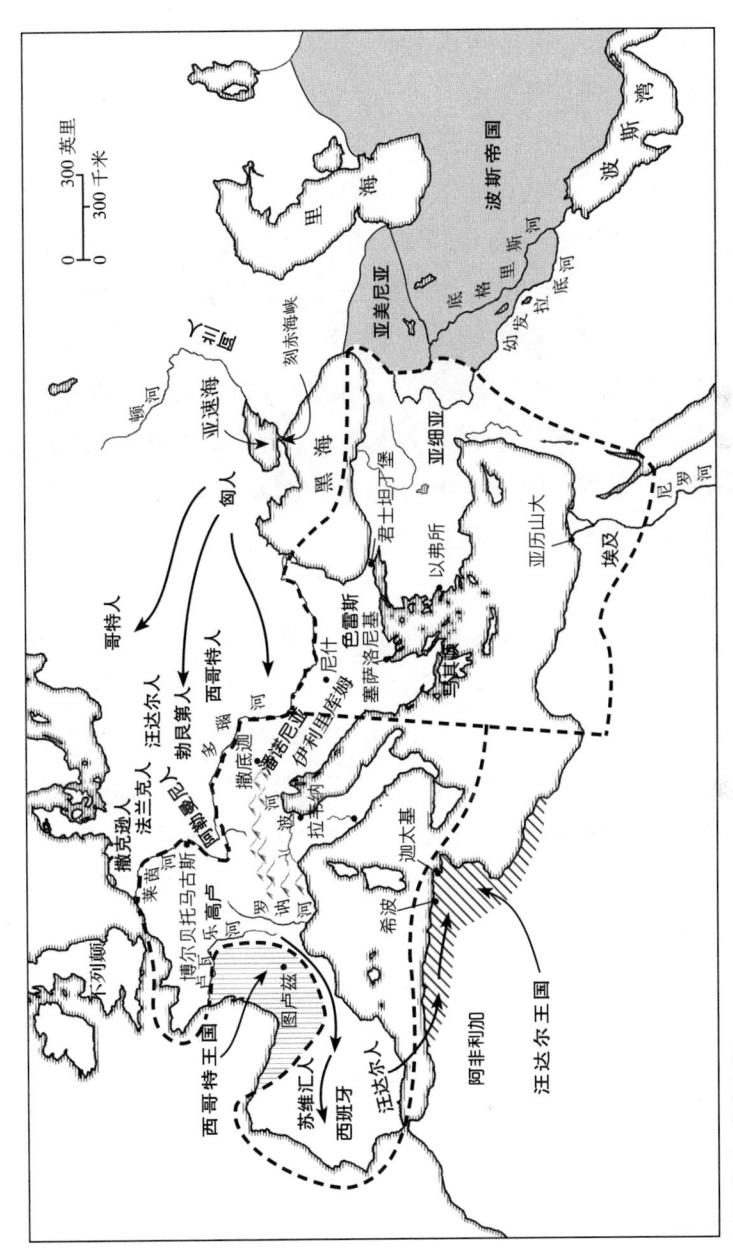

地图 22-1 匈人入侵

匈人不能发动持续性的进攻，是因为他们没有一支统一作战的军队。正如日耳曼蛮族一样，他们也是部落联盟，且彼此绝不互相效忠。"他们不屈服于任何国王的权威，"罗马史学家阿米阿努斯·马塞利努斯写道，"但只要部落首领一声令下，他们就会扫清途中的一切障碍。"他们不事耕种，相反，他们在野外放牧牛群、羊群（山羊和绵羊），这就意味着他们需要许多牧场去养活一群匈人。因此，他们沿袭了小群体游牧的生活方式。相比庞大的军队，这样更容易生存下去。他们没有一统世界的想法，他们只想努力生存。[2]

尽管埃提乌斯雇用独立的匈人分支为他作战，但匈人社会正在发生改变。在过去的几十年中，他们已从黑海东部寸草不生的领地来到哥特人相对富饶的耕地上谋生。这些耕地至少能让他们以一种全新的方式养活自己，从而结成更大的群体。

约432年，匈人首领鲁阿年幼的侄子阿提拉在拉韦纳做了几年人质之后，回到自己的部落。鲁阿设法在同自己的部落没有关联的其他匈人部落中扩大权力。到434年，阿提拉和哥哥布来达（Bleda）接替了叔叔的位置，在日渐扩大的匈人联盟中担任联合首领。6年后，阿提拉和布来达率领匈人联军，进攻多瑙河上的罗马要塞。他们持续在位于罗马一侧的河岸挑起事端，将要塞和城镇夷为平地，直到441年，他们才撤军，并同意协商休战事宜。[3]

此后的两年间，匈人一直处于休战状态。443年，他们用攻城锤突破君士坦丁堡城门，包围了塔楼。狄奥多西二世对入侵的敌军进行评估后，认为求和比反抗更为明智。随后他支付了战争赔款，并同意每年向匈人进贡。匈人再次撤军。短暂的寂静再度降临。

从君士坦丁堡撤军不久，阿提拉便杀害了自己的哥哥布来达，自称是人民唯一拥护的国王。趁着同东罗马帝国和西罗马帝国休战的喘息之际,匈人从一个松散联盟转变为一个冷酷的征服部落。在为自己的观点进行的冗长辩护(其中仅简略涉及国外事件)中,流亡的主教聂斯托里写到,匈人"分为一个个小族群",他们只是一群强盗,"除了勤于劫掠,过去并未做太多错事"。但现在,他们成了一个王国,"势力强大,整体已经超越了罗马"。[4]

在匈人兵临城下之际,东罗马帝国和西罗马帝国却正为神学的权力争论不休。

444年,罗马新主教利奥给塞萨洛尼基主教写了一封正式书信,以不容置疑的口吻告诉他,自己作为罗马主教和彼得的继承人,是唯一有权为整个基督教会做最终决定的教士。塞萨洛尼基主教曾将另一名主教送上了其教区的法庭,在利奥看来,这是一种僭越行为。无论审判原因是什么,利奥都要责备他,认为只有罗马有权对其他主教行使权力:

> 即使他的行为十分不端,令人难以忍受,你也应当等候我们的意见——在得知我们的意愿之前,你不可妄做决定……尽管所有的神父拥有同等的尊严,但他们的级别不同。即便是神圣的十二使徒,虽然都拥有尊贵的身份,但个人权力仍有所不同;虽然他们同样是由上帝拣选的,但只有一人有权领导其他人。因此,主教之间也出现了不同……对普世教会的照料应当建立在彼得一人的领导之下,任何事物、任何地方都不能同彼得的地位分离。[5]

利奥不只依赖这封信来树立自己的权威。他意欲坐上教皇的位置。445年，瓦伦提尼安三世（他的大元帅埃提乌斯在政治上仍居于主导地位）同意颁布正式法令，任命罗马主教为整个基督教会的首脑。罗马主教利奥一世成了第一任教皇。

利奥一世用帝王的方式行使权力，这激怒了亚历山大主教。罗马主教和亚历山大主教曾在以弗所宗教会议上结盟。但从那时起，亚历山大主教的权力日渐强大。如今，无论是为争夺神学的权力，还是为赢得皇帝的注意，罗马主教都将现任的亚历山大主教狄奥斯库若（Dioscorus）视为其主要竞争者。

狄奥斯库若正对利奥一世有所怀疑，因此他试着显示自己的理论权威，予以回击。尽管两人都是基督一性论*的支持者，但狄奥斯库若所信奉的基督一性论比利奥的更为极端，他坚持认为"基督肉身的两种位格转化成为单一的神性"，但这种理解几乎又偏向了异端思想，因为它往往从观点中剔除了基督的人性。[6]

449年，狄奥斯库若在以弗所召开紧急宗教会议，同能在短时间内到场签署文件的主教展开会谈，将自己坚持的基督一性论版本确立为正统思想。根据后来的记载，一些主教在空白的纸上签字（神学的内容是之后加上去的），而那些没有签字的主教却发现，他们的名字莫名其妙地出现在支持基督一性论的声明底部。所有这些举动令此次会议获得了"强盗会议"（Robber Council）的称号，这一称号谴责了会议的不合法性。**随后，狄奥斯库若宣布君士坦丁堡的主教是异教徒，并将缺席的罗马主教逐出教会，以此结束了这次会议。很显然，他企图篡夺罗马的权力，并将权力转移到亚历山大。利奥

---

* 基督一性论认为，基督的神性和人性以神秘的方式联合成一个不可分割的整体；见第18章。
** 同样的称号后来被一些天主教徒用于形容第二次梵蒂冈公会议。

一世则将在场的所有人逐出教会，以此作为回击。

他们双方目前都将对方逐出了教会，对神学权力的争夺由此展开，但一时间却陷入了僵局。那时，尽管主教们都宣称对方被革除教籍，但阿提拉的两名军官现身君士坦丁堡，带来了匈人国王的威胁。

两名军官是一对奇怪的组合：一位是匈人，另一位是出生在罗马、带有日耳曼血统的奥瑞斯忒斯（Orestes）。他们用外交辞令传达来自国王的威胁。阿提拉指责东罗马帝国违反了休战条款，要求其派遣使臣（"必须是最高级别的使臣"）在赛迪卡（Sardica）会面解决这一问题。[7] 狄奥多西二世匆忙与其谋士商讨，组织小队使臣前往阿提拉的都城。历史学家普里斯库斯（Priscus）就是这些使臣中的一员，后来他记录了罗马人前往匈人领土的过程。在途经被洗劫一空的纳伊苏斯（Naissus），也就是君士坦丁大帝的出生地时，他们发现那里只剩下遍地的石块与瓦砾。守军的尸骨散落遍地，使臣都无法找到一块空地扎营过夜。[8]

在途中，东罗马使臣还发现，他们所走的路与拉韦纳使臣所走的交叉了——原来，拉韦纳使臣也希望与阿提拉进行一场和平谈判。东罗马帝国和西罗马帝国的代表最终都抵达了阿提拉的都城，这里地处多瑙河对岸，是阿提拉将村庄改建而成的临时都城。普里斯库斯看到这座改建的都城，十分震惊，他说，比起村庄，它更"像一座大城市"，由"光洁的木板搭成了木质墙壁……餐厅空间开阔，门廊造型优美，庭院被一条宽阔的环行路环绕，俨然一座皇宫"。[9]

谈判举步维艰。阿提拉不愿轻易达成和解。最后，埃提乌斯指派的西罗马使臣扭转了局面。埃提乌斯比任何人都更了解匈人，他提出了阿提拉愿意接受的条款。于是双方使臣离去，阿提拉同意不再攻击东罗马帝国和西罗马帝国。[10]

罗马刚刚进入短暂的和平时期，另一件棘手的事情就突然出现了。

在罗马，瓦伦提尼安三世皇帝的妹妹奥诺莉亚（Honoria）大部分时间一直在宫廷生活。449年，她已经不小了，生活也变得更加索然无味。她一直未婚，虽然作为皇帝的妹妹，她享有很大的特权，但她的侄女们正渐渐长大，使得她相形见绌。为她的生活注入一丝活力的，就是她的管家尤金尼乌斯（Eugenius）。他后来成了她的情人。[11]

然而，449年年底，她的哥哥发现了二人的私情。对他来讲，这似乎是一种背叛。由于瓦伦提尼安没有男性继承人，如果奥诺莉亚与尤金尼乌斯结婚，那么他们很可能会成为下一任皇帝和皇后。随后，瓦伦提尼安逮捕了尤金尼乌斯，将其处死，接着命令他的妹妹与一位名叫赫尔库拉努斯（Herculanus）的罗马元老结婚。此人比较年长，对皇帝忠心耿耿，"即便他的妻子试图让他大展宏图，或者革命造反，他都会反对"。[12]

奥诺莉亚吓坏了。她派自己身边的一位仆人踏上危险之旅——前往阿提拉的营地。这位仆人随身携带着钱、戒指和奥诺莉亚的承诺：如果阿提拉能来解救她，她便同他结婚。"实际上，她很无耻，"约旦尼斯抱怨道，"以公共利益为代价，满足她的欲望。"[13]

但奥诺莉亚不爱阿提拉，他（除了毋庸置疑的号召力）大她十几岁，又矮又胖，长着小眼睛和大鼻子。但是，她眼中所见的，是一条能够摆脱单调乏味、毫无意义的生活的出路。如果她与阿提拉结婚，他会成为罗马皇帝，而她就是皇后。即便他战胜不了她的哥哥，她也能成为匈人的王后。

阿提拉立刻答应了。他没有给瓦伦提尼安三世写信，而是告知了狄奥多西二世——两位皇帝中他较年长，也更具权威——不仅要

图 22-1　阿提拉像
制作于阿提拉征服时期。
图片来源：Alinari / Art Resource, NY

求娶奥诺莉亚为妻，还要求西罗马帝国用一半领土作为嫁妆。狄奥多西二世随即给瓦伦提尼安三世写信，建议他满足阿提拉的要求，以此避免匈人入侵。

得知妹妹的计划与狄奥多西二世的建议后，瓦伦提尼安三世大为震怒。他严刑拷打为奥诺莉亚送信的仆人，将其斩首，还用暴力威胁奥诺莉亚。他的母亲帕拉西达（她嫁给了蛮族人阿陶尔夫）为女儿求情，希望保全她。他也断然拒绝接受阿提拉的要求。

就在这个敏感时期，狄奥多西二世在一次出宫骑马时坠马身亡了——他酷爱骑马击鞠（tzukan，马球的一种早期形式），还在君士

时间线 22

中国	西罗马帝国	汪达尔人	西哥特人	匈人	东罗马帝国
（北魏）拓跋珪（386—409）					
	霍诺留（395—423）				
	奥古斯丁任希波主教（396）				
	波伦提亚战役（402）				狄奥多西二世（408—450）
	君士坦丁三世（407—411）				
	阿塔罗斯（409）				
	罗马沦陷（410）		阿陶尔夫（410—415）		
南朝　　　北朝	阿塔罗斯（415）		瓦里亚（415—418）		
东晋灭亡/刘宋建立（420）					
宋武帝（420—422）					
宋少帝（422—424）					
宋文帝　　魏太武帝（424—453）（424—452）	瓦伦提尼安三世（425—455）	盖塞里克（428—477）			
		汪达尔人征服北非		鲁阿（约432—434）	
				布来达（434—445）/阿提拉（434—453）	
刘宋建立儒学馆（438）					
北魏统一北方（439）					
	教皇利奥一世（440/445—461）				
北方第一次灭佛运动（446）	强盗会议（449）				
					马尔西安（450—457）
宋孝武帝（453—464）					

坦丁堡建了一个马球场。[14]

与瓦伦提尼安三世一样，他也没有男性继承人。东罗马帝国最具权力的人物莫过于他的姐姐普尔喀丽娅，她与瓦伦提尼安三世共治，是共治女皇。普尔喀丽娅挑选了一个丈夫，名叫马尔西安（Marcian），以帮助自己保全女皇的宝座。马尔西安是一名军人，19年前盖塞里克从罗马人手中夺取迦太基时，他就在守城队伍之中。在发誓不再对抗汪达尔人之后，马尔西安重获自由，在接下来的近20年中军衔步步高升。他不得不同意结婚的条件：保持普尔喀丽娅的贞洁。这一点他也确实做到了（毕竟她已经51岁了）。

作为东罗马帝国的统治者，他们的第一个举动就是公然反抗阿提拉。虽然之前狄奥多西为防止匈人进攻君士坦丁堡，决定纳贡，但现在他们拒绝进贡。这就是一场赌博：阿提拉可能借机发兵，但另一方面，他已经找到了入侵瓦伦提尼安三世领地的绝佳借口。

这场赌博成功了。阿提拉集结起军队——西罗马帝国的人民为之恐慌，他们坚信，阿提拉统率的兵力达到了50万人——开始向西进军。

/ 23

阿提拉

> 450年至453年间，匈人阿提拉逼近罗马，教皇利奥一世与之商讨政治上的和平，匈人错失了建国的契机。

阿提拉并未选择穿越地形恶劣的阿尔卑斯山，直接进军拉韦纳，而是率军挺进高卢。4月，他抵达并占领了昔日罗马教区的中心梅斯（Metz）。图尔的格列高利写道："他们在复活节前夕来到梅斯，将该地夷为平地。他们手握利剑屠杀平民，在神圣的祭坛前杀死上帝的司铎。"[1]

如今，他的领土几乎从黑海延伸至意大利北部，这对罗马的两座都城来说都构成了威胁。埃提乌斯将军长期掌管西罗马帝国的事务，他组织了抵抗阿提拉的联盟。伊比利亚的西哥特人与西南部的高卢加入了西罗马帝国的队伍，归国王狄奥多里克一世（Theodoric I）统领。埃提乌斯还找到了新的盟友：萨利安人（Salians）。

萨利安人是法兰克人的一支，他们作为罗马同盟者驻扎在高卢北部，是那里最为强大的部落。如今，萨利安首领率整个法兰克联盟的士兵加入罗马阵营，帮助埃提乌斯抗击匈人。他是法兰克人中最早的"长发国王"之一。萨利安人首领都留着长发，目的是与法兰克平民区别开来，彰显自己拥有更大的权力。[2] 该首领的名字我们无从所知，但后来的编年史称他为墨洛维（Merovech）。

眼下，埃提乌斯的阵营中已有西哥特人、法兰克人以及勃艮第人（莱茵河谷的日耳曼部落，现已完全服从于罗马）。先前的蛮族人与罗马士兵的联军向着西罗马帝国的奥尔良（Orleans）进军。451 年 6 月，他们在奥尔良与匈人占领的梅斯之间的马恩河畔沙隆（Châlons-sur-Marne）同匈人交战。

约旦尼斯称，匈人将阿提拉和他的猛将置于战线中部，弱者及不太可靠的军队置于两翼，而埃提乌斯和他的罗马士兵在一翼战斗，狄奥多里克一世与西哥特人在另一翼，中部是他们"不太信任"的军队，这样布阵是为了防止他们当逃兵。[3] 这一部署大获成功。匈人的两翼被瓦解，阿提拉被迫率领军队的核心部分退回莱茵河对岸。

高卢为胜利付出了残酷的代价。战死沙场的士兵超过 15 万人。编年史家伊达提乌（Hydatius）声称，死亡人数达 30 万人。约旦尼斯称，杀戮规模之大，连流经战场的小溪的水位都不断上涨，并且"因鲜血不断注入，小溪变成了急流"。[4] 西哥特的狄奥多里克一世阵亡，他的儿子托里斯蒙德（Thorismund）率所剩无几的西哥特人回到失去国王的图卢兹。法兰克人的兵力也大幅减弱，撤军速度缓慢。

莱茵河对岸的阿提拉时刻注意着联军撤兵的动向。待联军全部撤离，他便发动了第二次进攻：这次主攻意大利。

进攻始于 452 年初，意大利北部迅速落入匈人手中。阿提拉的军队摧毁了阿奎莱亚（Aquileia），洗劫了米兰和提西努姆（Ticinum），把乡村变成了一片废墟。埃提乌斯的兵力捉襟见肘，不

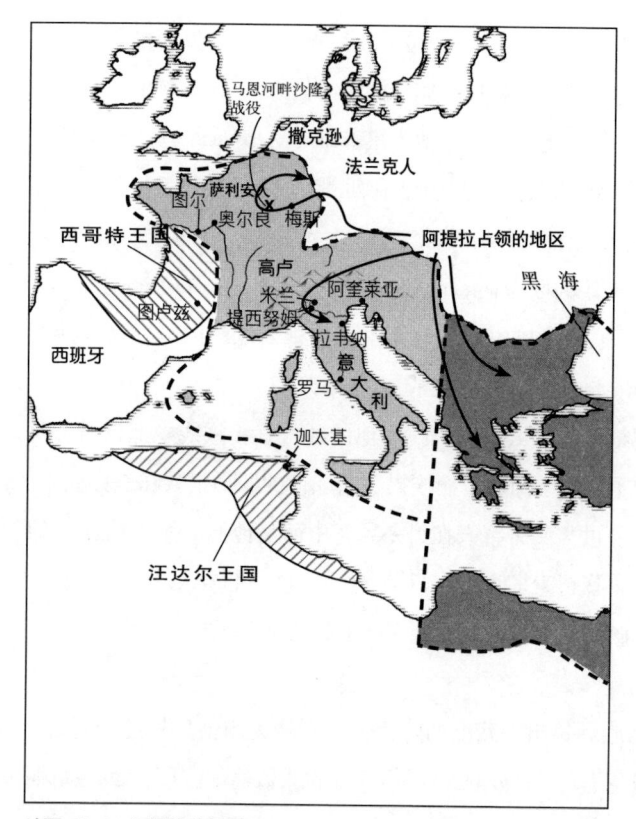

地图 23-1　阿提拉的征服

足以再次与阿提拉进行全面交锋。罗马人被迫改为对匈人进行小规模的袭扰，尽最大努力延缓匈人行军的步伐。[5]

当瓦伦提尼安三世率王公大臣离开拉韦纳，向南至罗马寻求庇护时，很明显，无论是皇帝还是大元帅，都未能停止匈人前进的脚步。因此，利奥一世作为罗马主教和基督教会第一任教皇，开始处理此事。他只身前往北部，向匈人国王求情。阿提拉答应见他，二人在波河（Po）会面。利奥一世并未记录或谈论过他们之间达成的协议，但会面结束后，阿提拉同意促成和平。

在惊慌失措的罗马人（可能埃提乌斯也是如此）看来，利奥一世成功促成和谈一定是借用了魔力。历史学家阿基坦的普罗斯佩（Prosper of Aquitaine）认为，阿提拉是被利奥一世的圣洁征服的。而执事保罗（Paul the Deacon）坚持认为，出现了一位神秘的魁梧勇士，他抽出佩剑，既像"战神马尔斯"又像"圣彼得"，站在利奥旁边，威胁阿提拉同意休战。[6]

但是把不同出发点的线索交织在一起，我们能够得出一个不太戏剧性的解释。首先，匈人损失的兵力与对手相当。阿提拉余下的军队可以在意大利北部的城镇为所欲为，但围攻罗马则很可能超出了其能力范围。其次，匈人早已收获了不少战利品，不必再拼命敛财。最后，他们正想离开意大利。炎热的夏季加剧了瘟疫的扩散，而此次"天降横祸"正严重削弱他们已然薄弱的力量。利奥一世的做法，使得阿提拉有机会在保留尊严的前提下撤军。他从意大利撤军，但依然愤愤不平，坚称倘若瓦伦提尼安三世不把奥诺莉亚嫁给他，他就会席卷西部。约旦尼斯写道："（他）似乎是为和平而后悔，为停战而恼火。"[7]

利奥一世带着胜利的光环回到罗马。这是有史以来第一次主教代理了皇帝的职权。此时距瓦伦提尼安三世颁布皇家法令，宣布利奥为整个基督教会的领袖，已有6年之久。这一法令赋予了教皇额外的权力。他是教会的精神领袖，但如果他的追随者都被杀掉，那么教会的精神便无法延续。作为精神领袖，他亦有权保证教会实体的存在。

阿提拉再也不会返回意大利。他穿过多瑙河回到都城，恢复力量，重组军队。现在，他决定结婚。他要迎娶哥特首领的女儿伊尔迪克（Ildico）。据说，她年轻貌美，联姻会使他与哥特盟友的关系更为紧密，这也是他重组脆弱军队之所需。阿提拉对多娶妻室并不排斥，也许他已经放弃通过与奥诺莉亚结婚获得"西罗马帝国皇帝"头衔的希冀。如果想得到罗马，他恐怕还是得靠战争。

他为这场婚礼举办了一场盛大的宴会。宴会上，按照约旦尼斯的说法，他"过度兴奋"。他很可能喝得酩酊大醉，结果在洞房里猝死了。约旦尼斯引用了历史学家普里斯库斯已经散逸的叙述："他躺下时，因为饮了很多酒，睡得很熟。他原本只是流了很多鼻血，但这些血竟致命地流入他的喉咙，最后将其呛死。"当他的侍从冲进屋子，已经是第二天上午了。他们发现阿提拉躺在床上，气绝身亡，而他的妻子失声痛哭，浑身沾满了他的血迹。他的大臣在深夜将其安葬，周身陪葬着珍宝，随后（同几十年前阿拉里克的臣子一样）处死了掘墓人。如此一来，便无人能找到他的墓地。[8]

阿提拉的儿子试图接替他进行统治，但当他们的领袖逝世后，匈人也开始从内部分裂。与阿拉里克率领的西哥特人一样，阿提拉率领的匈人并不属于同一个国家。他们只是一个民族：他们仍是部落的集合体，只是共同拥有一段悠久的历史和一位有号召力的领袖。

阿拉里克将自己的追随者转变为西哥特人，而阿提拉将众部落联合为一支匈人大军。然而，当新崛起的民族以一位领袖的雄心壮志为基础时，他的死亡可能意味着新生民族身份的幻灭。

至于西哥特人，他们也许在与罗马人长期打交道的过程中学会了不少有关国家治理和官僚体制运作的方法，因此他们的联盟得到延续，直至选出新任国王。但匈人远没有那么幸运。455年，他们彻底战败。从罗马边境被逼退之后，他们溃败了。他们寻求建国的契机已不复存在。

23 阿提拉

时间线 23

中国		西罗马帝国	匈人	西哥特人	萨利安法兰克人
	（北魏）拓跋珪（386—409）				
		霍诺留（395—423）			
		奥古斯丁任希波主教（396）			
		波伦提亚战役（402）			
		君士坦丁三世（407—411）			
		阿塔罗斯（409）			
		罗马沦陷（410）		阿陶尔夫（410—415）	
南朝	北朝	阿塔罗斯（415）		瓦里亚（415—418）	
东晋灭亡/刘宋建立（420）				狄奥多里克一世（418—451）	
宋武帝（420—422）					
宋少帝（422—424）					
宋文帝（424—453）	魏太武帝（424—452）	瓦伦提尼安三世（425—455）			
			鲁阿（约432—434）		
			布来达（434—445）/		
			阿提拉（434—453）		
刘宋建立儒学馆（438）					墨洛维（?—约457）
	北魏统一北方（439）	教皇利奥一世（440/445—461）			
	北方第一次灭佛运动（446）				
		强盗会议（449）			
		马恩河畔沙隆战役（451）		托里斯蒙德（451—453）	
宋孝武帝（453—464）			匈人分裂		

/ 24

正教

> 451年至454年间，东罗马皇帝与波斯国王都试图控制国家信仰。

东罗马帝国始终关注着西罗马帝国的动向。阿提拉入侵，汪达尔与西哥特王国崛起，皇帝频繁更换：东罗马的王公大臣都熟知这些情况。

他们虽然熟知这些事情，却把精力主要放在其他事情上面。君士坦丁堡的罗马宫廷专注于解决自己的问题。在西罗马帝国为生存而奋争的过程中，东罗马帝国一派升平，没有什么比这更能反映出二者共同的罗马大业已经死亡。

事实是，当埃提乌斯及其盟军正与高卢的匈人背水一战时，东罗马帝国的皇帝马尔西安还在主持一场宗教会议。他再次呼吁会议解决这一棘手的问题：基督的二性——人性和神性——之间的关系。罗马主教与亚历山大主教仍处于被对方逐出教会的状态，君士坦丁堡主教已经被认定为异教徒。马尔西安希望事态有所改观。

这一期望很难实现，毕竟马尔西安更赞同罗马主教信奉的神学思想。他希望支持自己帝国的主教，但对利奥一世关于基督二性关系的解释更感兴趣。利奥一世写道，在基督身上，人性与神性仍有区别。"虽然没有本质区别，但……两者均完整保留了各自固有的特征……因为二者相辅相成，也就是说，道成就属于道的，肉身成就属于肉身的。"[1]

马尔西安发现，该说法与自己的观点最为接近，但这不足为奇，利奥一世巧妙地概括了道成肉身的观点，而这种观点正是帝国存在的基础。也正是类似的观点，促使君士坦丁再度投入到米尔维亚桥战役之中。

虽然马尔西安宣扬利奥一世的教义，可他不承认利奥一世拥有最高精神统治权，因为这位皇帝想为自己的城市保留这种权力。君士坦丁堡必须与罗马地位平等。因此，他在451年宣布召开公会议时，拒绝了利奥一世在意大利召开会议的要求。他宣布，应在君士坦丁堡对岸的卡尔西登召开会议。对利奥来说，卡尔西登路途过于遥远，不便前去，尤其是在匈人入侵时，他离开罗马会令罗马教会群龙无首。所以，罗马主教派出几个教士作为他的代表，随身携带他的书面陈述，上面详细说明了基督的二性之间究竟是何种关系。

利奥一世认为，会议时间不应过长。他的代表们应朗读他的陈述，并在之后说明："彼得言毕，无须进一步讨论。"然而在马尔西安的指示下，君士坦丁堡的主教们一致表示，他们早就自行得出与利奥一世相同的见解了。他们还表示（亦是在马尔西安的指示下），君士坦丁堡主教尽管可能无法与罗马主教相提并论，但相比其他任何主教，他都更具权威性。他不仅是主教，也是牧首（patriarch）：一个拥有高于其他主教权力的神职人员。[2]

因此，利奥一世、马尔西安以及东罗马帝国的主教们之间书信往来频繁。利奥一世曾抱怨东罗马帝国不够尊重他的权威，而马尔西安和主教们告诉利奥一世不要多管闲事。圣言只是马尔西安谋求权力的华丽借口。"君士坦丁堡教区应占主导地位，"主教们给利奥一世写信道，"我们相信，由于您十分关心其他教区，无私地向教友倾囊相授，您已将自己作为教皇的威望传给了君士坦丁堡教廷。但您的代表却妄图反对该项决定。"利奥一世给马尔西安回信道："我很惊讶，也很痛心，普世教会由神恢复的秩序，竟再次因个人追求私利而遭到扰乱。君士坦丁堡享有崇高的地位并长期处于您的统治下。但世俗之物与神圣之物的根基不同。亚纳多留斯（Anatolius，君士坦丁堡主教）难以使它成为罗马教廷。"为了以防万一，他也给皇后普尔喀丽娅写了信。"亚纳多留斯已经被过多的欲望和一己之私蒙住了双眼，"他抱怨道，"在神圣的彼得使徒的权威之下，我们不认可主教同意（提升君士坦丁堡的地位）。"对于君士坦丁堡主教本人，利奥写道："你的欲望远超出自己的职权，也使得自己卷入了对私利的追求之中。这种目空一切的态度将扰乱整个基督教会！"[3]

与埃提乌斯同高卢的匈人之间的战争不同，这场战争并不血腥，但事态的发展却有些类似。这是一场涉及领土、权威以及合法性的争论，是一场争夺精神统治权的争论，但不管怎样这也是一种最高统治权。

利奥一世的抗议并未奏效。马尔西安一如既往地坚持君士坦丁堡主教的独立领导和权威，卡尔西登公会议也以这封信件告终。东罗马帝国同罗马的距离又远了一步。

在接下来的几年之中，宗教会议的余波扩散至整个东罗马帝国。对于亚历山大主教降级到君士坦丁堡主教之下，南部的埃及人都怨声载道。这种怨恨暗潮涌动，而且只会更具破坏性。眼下，卡尔西登公会议已经认定，基督的二性各自独立但不可分割。许多反对这种观点的基督徒开始移居波斯，在那里，他们受到波斯国王伊嗣俟二世［Yazdegerd II，巴赫拉姆五世（Bahram V，438 年驾崩）之子］的接纳。*

尽管他有意接纳难民，与马尔西安作对，但伊嗣俟二世并不支持基督教。实际上，不久前，他就把自己的观点作为正统思想强制推行：马尔西安借召开会议达成目的，而伊嗣俟二世只是简单地下令，整个帝国，包括亚美尼亚的波斯领地（该地至此仍信仰基督教），应拥护琐罗亚斯德教。该法令由亚美尼亚信仰基督教的史学家叶吉舍（Yegishe）记录，他曾当场见证该法令的颁布。"他声称，信仰基督教的我们是他的对手和敌人，"叶吉舍写道，"他下令：'我统治下的所有民族和说不同语言的人，都应抛弃他们错误的信仰，转而朝拜太阳。'"[4]

如同马尔西安一样，伊嗣俟二世有着政治与神学方面的双重动机。他对自己的信仰十分虔诚，但颁布该法令更出于一种愿望：根除所有对东罗马人的同情——尤其要在他帝国中不太忠诚的领地内推行法令。在亚美尼亚人看来，该法令既是对自由的剥夺（确实如此），也是宗教迫害。因此，他们拒绝放弃信仰基督教。

伊嗣俟二世便诉诸暴力手段。451 年，即卡尔西登公会议召开的同一年，他向亚美尼亚进军。瓦尔坦（Vartan）大将军率领聚集起来的 6.6 万名亚美尼亚人，准备背水一战。

---

* 许多前往波斯的基督徒都是聂斯托里派，他们认为，卡尔西登公会议对基督的二性并未做出严格区分。教义的差异最终使波斯的基督徒彻底与罗马和君士坦丁堡分离开来。因此，聂斯托里派基督教形成，被称为叙利亚正教会（Syrian Orthodox Church）。

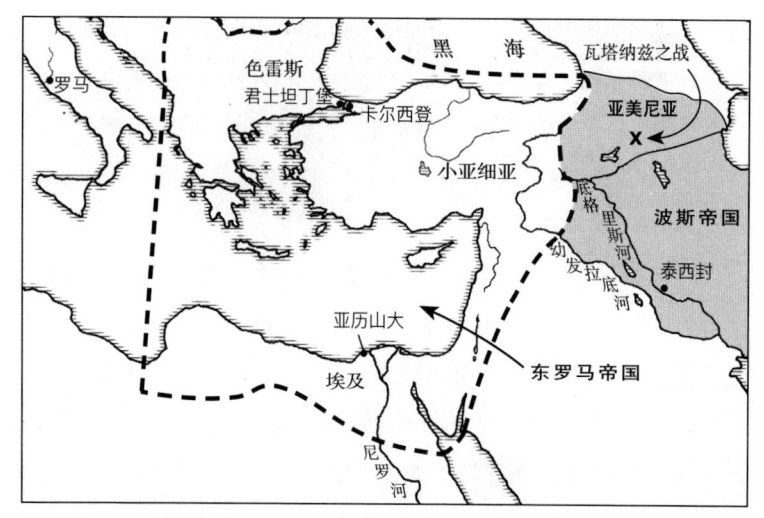

地图 24-1　瓦塔纳兹之战

在接下来的瓦塔纳兹（Vartanantz）之战中，瓦尔坦被杀，交战双方损失惨重。"双方都意识到了战败的可能，"叶吉舍称，"因为倒下的尸体众多，像石头堆成的小山一般，高低不平。"[5] 最终，波斯人击败了兵力较少的亚美尼亚军队。伊嗣俟二世囚禁、折磨那些幸存的领导人，迫使亚美尼亚并入波斯，之后任命新的统治者掌管该国。同时，伊嗣俟二世未雨绸缪，着手对付其他可能存在的异议者。公元454年，他开始颁布一系列法令，禁止波斯的犹太人过安息日，最后还禁止犹太人的子女在犹太学校接受教育。[6]

两位皇帝依然运用这一理念治国：统一的宗教信仰会使帝国壮大，推行单一神学和宗教活动的正统宗教，能使领土紧密相连。然而，无论是在波斯，还是在东罗马帝国，民众的不满只是被掩盖了，它就如同地下水一般，悄然扩散开来。

时间线 24

西罗马帝国	匈人	西哥特人	萨利安法兰克人	东罗马帝国	波斯帝国
君士坦丁三世（407—411）				狄奥多西二世（408—450）	
阿塔罗斯（409）					
罗马沦陷（410）		阿陶尔夫（410—415）			
阿塔罗斯（415）		瓦里亚（415—418）			
		狄奥多里克一世（418—451）			
					巴赫拉姆五世（420—438）
瓦伦提尼安三世（425—455）					
	鲁阿（约432—434）				
	布来达（434—445）/				
	阿提拉（434—453）				
			墨洛维（?—约457）		伊嗣俟二世（438—457）
教皇利奥一世（440/445—461）					
强盗会议（449）				马尔西安（450—457）	
马恩河畔沙隆战役（451）		托里斯蒙德（451—453）		卡尔西登公会议（451）	瓦塔纳兹之战（451）
	匈人分裂				

/ 25

爱尔兰高王

> 451年至470年间,爱尔兰归乌伊尼尔统治,帕特里克将基督教传到岛上,沃蒂根邀盎格鲁人和撒克逊人来到不列颠。

经过高卢战场,穿过伊比利亚日益壮大的西哥特人家园前的河流,在远离西罗马帝国统治的区域,不列颠各岛开始形成统一的身份认同感。

爱尔兰岛西部从未被罗马军队占领,也未同罗马的道路联结在一起,它正迂回地向着独立国家的方向前进。同罗马帝国周围的民族一样,爱尔兰民族由部落与氏族组成,每个部落均拥有一定的自治权,由军阀及其家族领导。但即便没有被罗马征服,爱尔兰部落也未能摆脱罗马的影响。451年,爱尔兰最强大的部落是芬尼(Venii 或 Feni),而芬尼最强大的氏族则是坎拉契特(Connachta)。坎拉契特家族的领袖名叫奈尔(Niall),其母为罗马人;其父名叫伊奥恰(Eochaidh),在突袭不列颠尼亚时俘虏了一个罗马女孩,后娶她作妾。[1]

奈尔是家里的小儿子，他在父亲去世后成为氏族的领导者。爱尔兰古代的史书大多数写于事件发生数个世纪之后。它们将奈尔的英勇事迹编织成神话，而且其中融合了其他爱尔兰国王的功绩，令人难以准确筛选出奈尔的部分。

但是，其中一个故事却暗示了一条极为血腥的崛起之路。根据《伊奥恰·马梅德伦子嗣历险记》(*The Adventures of the Sons of Eochaid Mugmedon*)记载，伊奥恰派奈尔和他的四位兄长（与奈尔不同，四位兄长皆为他父亲的正妻所生）去探险，以决定谁来继承王位。旅途中，几个人口渴难耐，四处寻找水源。他们发现了一口井，但是被一个可怕的女巫看管着：

> 她从头到脚，从关节到四肢，都是煤炭一样的黑色。她的头顶长满了又粗又硬的灰色长发，如同野马尾巴上的长毛一般。她口中的绿色牙齿宛如镰刀，一直延伸到耳边，能将粗壮的橡树枝条咬断。她长着烟灰色的眼睛，鼻子又歪又塌。她的腰上血管凸出，满是病变了的脓包。她的胫骨扭曲歪斜。她的脚踝很粗，肩胛骨很宽，膝盖很大。她的指甲都是绿色的。[2]

女巫要求五兄弟用性爱换取接近这口井的机会。四位兄长拒绝了。只有奈尔热切地扑到她身上，准备借此机会换些水喝。女巫立刻变成了一位身着王家紫色斗篷的美丽少女。"我是爱尔兰女王，"她告诉他，"正如你所见，起初我让人作呕，野蛮凶残，令人毛骨悚然，但最后我变得美丽动人。君权亦是如此：若没有战争和冲突，难以获得君权；但对于每个人来说，最后的结局都是美好的。"[3]

在童话中，奈尔的兄长随后自愿尊他为家族领袖。然而在奈尔崛起的过程中，先是掌管氏族大权，随后又统治芬尼部落，毫无疑问，肯定伴随着暴力、强占和流血，野蛮凶残，令人毛骨悚然。他只有一手握王冠，一手持宝剑，才可以拥有合法的王权。

在奈尔统治的几十年里，他将自己的权力由率领芬尼部落的权力扩展为领导爱尔兰领主及其他部落的权力——高王。奈尔是爱尔兰史上率先行使高王权力的领袖之一。因从周围的九个部落中救出人质，他赢得了绰号"营救九个人质的奈尔"，这使得这些人质的首领对他忠心耿耿。在他的统治下，爱尔兰一定程度上统一了起来。随后，他对高卢及不列颠的沿海地区发动了袭击。

在其中一次袭击中，他俘获了一名罗马化的布立吞人，名叫帕特里西乌斯（Patricius），并把他作为奴隶他带回爱尔兰。为奴6年后，帕特里西乌斯偷乘爱尔兰突击船，趁船停靠之际，逃至高卢。在那里，他皈依了基督教。他感觉有人召唤他回到曾经为奴的地方，教导爱尔兰人信奉基督教。

这是我们从帕特里西乌斯所作的《忏悔录》（Confession）中得知的。当他回到高王宫廷时，奈尔已经战死沙场（在不列颠或高卢），奈尔的儿子们正因王位而相争。尽管家族内部冲突不断，但帕特里西乌斯仍致力于传播基督教。此举大获成功，爱尔兰人信奉基督教的时间远早于东部的不列颠岛。后来，基督教史学家将他称为爱尔兰的使徒圣帕特里克（Saint Patrick），认为是他将蛇逐出了爱尔兰。

事实上，自冰期结束以来，爱尔兰就没有蛇。[英国教会史家比德（Bede）写道："在这里找不到爬行动物，因为尽管蛇通常会被海船从不列颠带来，但只要船只靠岸，蛇就会受空气中气味的影响，迅速死亡。"]但对于基督徒作家而言，蛇不仅仅是蛇：撒旦曾在伊甸园中化身为一条蛇，蛇（在爱尔兰本土的德鲁伊信仰中是

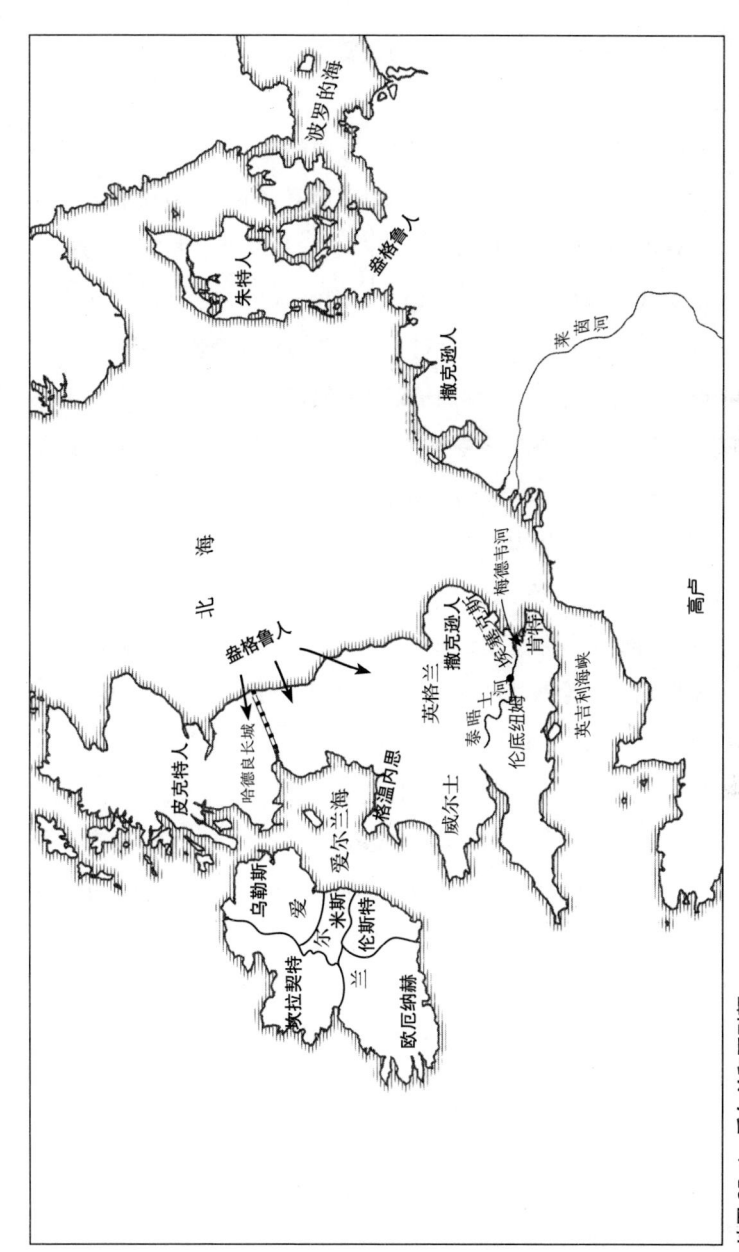

地图 25-1　爱尔兰和不列颠

受崇敬的）象征着黑暗势力，反对基督的福音。新的信仰渐渐取代了旧的信仰。[4]

到帕特里西乌斯去世时，即493年前的某个时候，奈尔的三个儿子控制了爱尔兰北半边的三个王国：塔拉（Tara）古城的所在地米斯（Midhe）、乌勒斯（Ulaidh）和其氏族最早的定居地坎拉契特。他们的后代以乌伊尼尔王朝（Ui Neill dynasty）之名统治了600多年，其影响力远远超越了中世纪。奈尔独特的Y染色体在世界各地的300万人之中被发现。他的子嗣及其繁衍能力强的后代生养了许多孩子，每12个爱尔兰人中就有1个（在爱尔兰，每5个人中就有1个属于原来的坎拉契特血统）声称奈尔是自己的祖先。[5]

尽管有优势，但乌伊尼尔王朝并未征服整个岛屿。欧厄纳赫（Eoghanach）氏族仍统治着爱尔兰的西南部，阻碍芬尼势力的扩张。而东南部的土地由伦斯特（Leinster）部落掌控。但由于遭到奈尔后代的不断攻击，伦斯特部落中的一些人离开了，后在不列颠沿岸，即后来的威尔士（Wales），定居下来。他们去那里是为了逃离爱尔兰高王的统治，但却与不列颠高王发生了正面冲突。[6]

据说，这位高王名叫沃蒂根（Vortigern）。约450年，他在执行保卫不列颠免受外敌入侵的艰巨任务时，决定将岛屿据为己有。自410年君士坦丁三世离开此地，不列颠一定程度上已被罗马人抛弃。现在，它的大部分地区被本地军阀所盘踞——大多数是罗马化的凯尔特人或凯尔特化的罗马人——此外还有少数获罗马批准的撒克逊沿海聚居地。在乌伊尼尔王朝的统治下，爱尔兰的斯科蒂海盗发动的袭击愈加凶猛：借用6世纪史学家吉尔达斯（Gildas）的生动描述，来自爱尔兰的突袭者从他们的船上涌出来，"如同艳阳高照，天气转暖时，成群的黑色蠕虫从石缝中爬出一般"。与此同时，北部的皮克特人穿过哈德良长城，发动了更为猛烈的攻击，他们要将北方据为己有。[7]

面对这种混乱的局面，不列颠众领主以及部落首领聚集起来，召开会议，推选北部君主沃蒂根做他们的统帅。沃蒂根派首领之一，不列颠军阀坎爱达（Cunedda），前去将伦斯特人逐出新领地。坎爱达同他的八个儿子及其将士服从命令，并在征服的土地上建立了自己的王国格温内思（Gwynedd）。

沃蒂根还给罗马的大元帅埃提乌斯写信，请求他帮助自己对抗皮克特人。然而，埃提乌斯没有给他回信。

无奈之下，沃蒂根建议，余下的不列颠战士应改善与撒克逊盟友的关系；不列颠应允许更多的撒克逊人在南部［尤其是东南沿海的埃塞克斯（Essex）和肯特（Kent）］定居，作为对帮助他们抗击皮克特人和爱尔兰人的战士的嘉奖，以此招徕更多的战士。其他首领对此表示赞同。因此，沃蒂根不仅把消息告知了远在北海沿岸，现丹麦以西的撒克逊人，也告知了盟友盎格鲁人——他们生活在撒克逊人的东北部，现德国与丹麦的分界线上。这一做法实属无奈之举，但却令后世的史学家对他深恶痛绝。"他们是在谋划如何掠夺我们的土地，"吉尔达斯愤愤不平地写道，"撒克逊人（不要再提他们的名字！）凶狠残暴，人神共愤，他们在进入不列颠之后，就像进入羊圈的狼一样，将北方那群人打退……他们是多么愚昧！这是多么不计后果、愚蠢至极的决定！"[8]

起初，这种做法看似有效。盎格鲁人与撒克逊人接受了邀请，并于455年左右横渡大海，加入不列颠人抗击皮克特人的战斗之中。"他们对抗从北部进攻的敌人，"比德写道，"最终，撒克逊人获得了胜利。"作为回报，沃蒂根允许盟军定居。如同十分憎恶他们的吉尔达斯所言，新来的人"将自己可怕的魔爪伸到东部，表面上是为我们而战，实际上是在攻击我们"。[9]

撒克逊人与盎格鲁人都曾在肯特的芳草茵茵的土地上定居，但他们在那里并不安分。他们野心勃勃，妄图进一步扩充领土。几个月内，一批批的撒克逊人和盎格鲁人［连同盎格鲁人的盟友朱特人（Jutes），他们就居住在盎格鲁人的土地以北的日德兰半岛上］接连搭乘维京长船抵达不列颠东南海岸。"船上载满了携带武器的战士，"不列颠史学家蒙茅斯的杰弗里写道，"他们个个身材魁梧。"沃蒂根这样做，消除了来自北方的威胁，却导致南部被入侵。[10]

在撒克逊两兄弟亨吉斯特（Hengest）和霍萨（Horsa）的率领下，朱特人攻占了南部沿海的土地。撒克逊人从深入内陆的肯特，迁至伦底纽姆的南部与西南部，而盎格鲁人则入侵泰晤士河流经的东南沿海地带。战争导致的衰败笼罩着这座岛。吉尔达斯哀叹道："所有的主要城镇都被攻占，广场中央，高墙和房屋的基石从高耸的底座上掉落下来，与神圣的祭坛和尸块一同（仿佛）被血液凝固而成的紫色沉淀所覆盖，它们看起来好似在某种常见的葡萄酒榨汁机中混合了一般。除了一座座房屋的废墟以及飞禽走兽的肚子，这里没有所谓的下葬。"[11]

不列颠部落与沃蒂根结成联盟，用了6年的时间抵抗强大的入侵者，结局却是徒劳。入侵者十分凶残，看起来势不可当。数个世纪之后，修士内尼厄斯（Nennius）在编写《布立吞人史》（*History of the Britons*）时，将沃蒂根击败侵略者的原因归结为巫术的作用。他坚持认为，沃蒂根无法建成抵御侵略者的堡垒，直到宫里的巫师告诉他，他需要找到一个一出生就没有父亲的孩子，将其杀死，然后将鲜血洒到房基上。

25　爱尔兰高王

时间线 25			
东罗马帝国	波斯帝国	爱尔兰	不列颠
		营救九个人质的奈尔（约390—约455）	
阿卡狄乌斯（395—408）			
	伊嗣俟一世（399—420）		
狄奥多西二世（408—450）			
			君士坦丁三世离开不列颠（410）
	巴赫拉姆五世（420—438）		
	伊嗣俟二世（438—457）	帕特里西乌斯返回爱尔兰	
马尔西安（450—457）			
卡尔西登公会议（451）	瓦塔纳兹之战（451）		沃蒂根（约450）
			（格温内思）坎爱达（约455—约460）
			亨吉斯特和霍萨的侵略

这种德鲁伊教的仪式表明，不列颠人走投无路，被迫采用极端且古老的方法来保卫自己的国家。但编写基督教历史的修士内尼厄斯补充说，这种献祭其实并未发生。相反，这个孩子刚被找到时就向沃蒂根展示了巫师提到的房基下的水池，水池里面睡着两条蛇：一条白蛇，一条红蛇。"红蛇是你的龙，"孩子告诉沃蒂根，"而白蛇是穿过水域攻占不列颠的人的龙。但我们的人民终将起身，将撒克逊族驱逐到海那边。"[12]

这种马后炮式的预言并未完全灵验。455 年，沃蒂根终于在肯特梅德韦河（Medway）渡口的激战中，成功打败了侵略者。

据《盎格鲁-撒克逊编年史》（*Anglo-Saxon Chronicle*）记载，

霍萨在战斗中身亡。失去了一位首领后，侵略者不得不重整旗鼓。在此期间，沃蒂根一定有过几次短暂地燃起了大获全胜的希望。但霍萨的儿子继承了父亲的衣钵，打破了这种希望。此后的 15 年间，战争仍在继续。沃蒂根及其子民与新的入侵者之间，每年都会产生新的暴力冲突，虽然双方都不占优势，但没有任何一方愿意妥协让步。[13]

/ 26

罗马神话的终结

> 454 年至 476 年间,汪达尔人洗劫了罗马,罗马的最后一位皇帝逃离了拉韦纳。

由于自身难保,埃提乌斯并未对沃蒂根的请求做出任何回应。

反对他统治西罗马帝国的不满情绪日益高涨,匈人入侵意大利也给了他一记重拳。他的权力受到了挑战,且反对者实力雄厚——尤其是元老院议员佩特罗尼乌斯·马克西姆斯(Petronius Maximus),他曾两度拯救了罗马。454 年,埃提乌斯在安排儿子与瓦伦提尼安三世之女的婚事时,犯了一个致命的错误。他的企图很明显,想让自己的家族攀上西罗马帝国的皇位。

35 岁的瓦伦提尼安三世当时已在位近 30 年之久,却一直处于他的将军的阴影之下。他失去了帝国的大部分领地:伊比利亚和大部分高卢沦于苏维汇人和西哥特人之手;汪达尔人攻克了北非,在他们伟大的国王盖塞里克的领导下,占据了西西里岛,与意大利半岛隔海相望。匈人迅速攻下了毫无防备的意大利。尽管罗马主教因恐惧而畏缩，但他仍旧接替了瓦伦提尼安三世的工作。佩特罗尼乌斯·马克西姆斯很容易就说服了皇帝，让他将不满发泄到埃提乌斯身上。"西罗马人的境况混乱不堪，"史学家安条克的约翰（John of Antioch）写道，"并且，马克西姆斯……说服皇帝，除非他迅速除掉埃提乌斯，否则死的就是他。"[1]

455 年，瓦伦提尼安三世正身处拉韦纳。埃提乌斯例行进入皇宫，准备与皇帝讨论征税问题。他站在瓦伦提尼安三世面前，正专注于陈述筹钱的困难之处。这时，瓦伦提尼安三世从座位上跳下来大喊，他再也不能容忍背叛，随后挥剑砍下了埃提乌斯的头。这位伟大的将军在众目睽睽之下倒地，死于大殿，大臣们对此都目瞪口呆。

安条克的约翰称，瓦伦提尼安随心满意足地转身，向其中一个官员问道："杀掉埃提乌斯是不是干得很漂亮？"官员回答道："干得漂不漂亮，我不清楚。但我知道，您用左手砍掉了右手。"事实证明确实如此。瓦伦提尼安三世除掉了阻止他拥有全部权力的人，但也毁掉了自己保留权力的唯一机会。仅仅数周后，佩特罗尼乌斯·马克西姆斯便说服了埃提乌斯的两名战友，趁瓦伦提尼安三世在战神广场（Campus Martius）练箭时，暗杀了他。他们偷走了瓦伦提尼安三世的皇冠，带着它逃到佩特罗尼乌斯·马克西姆斯那里。马克西姆斯手握皇冠，自立为帝。[2]

接下来的 7 年充斥着死亡与破坏。为了阻截汪达尔人，佩特罗尼乌斯·马克西姆斯试图派遣一位名叫阿维图斯（Avitus）的高卢退役指挥官，同西哥特国王在图卢兹协商结盟之策。阿维图斯是土生土长的高卢人，一直在他的庄园里过着平静的生活。但还没等阿维图斯带回与西哥特人结盟的消息，盖塞里克和他的汪达尔大军已将船停靠在意大利南部海岸了。

26 罗马神话的终结

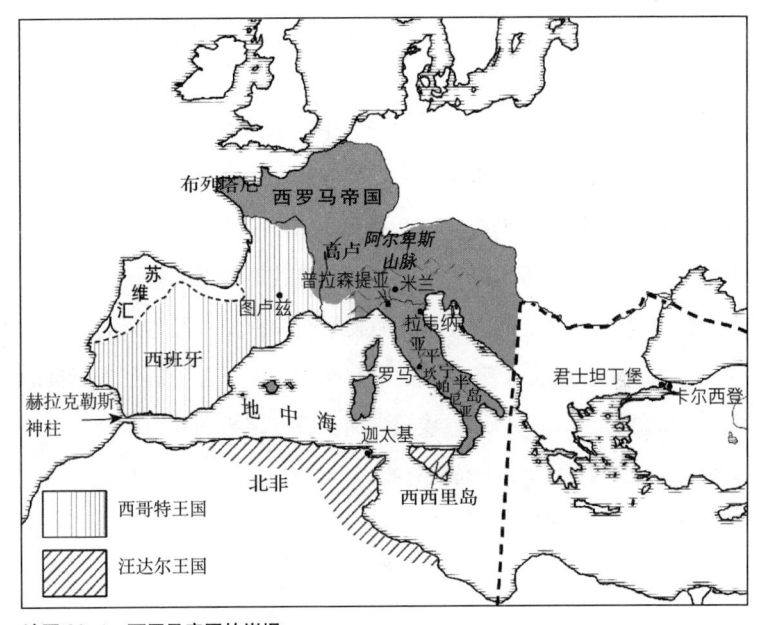

地图 26-1 西罗马帝国的崩塌

消息一出，罗马上下人心惶惶，骚乱不断。佩特罗尼乌斯·马克西姆斯见这座城市的境况越发凶险，便试图离开，但当他骑着马出现在街上时，一名暴徒扔下一块岩石，砸死了他。如今，罗马既没了皇帝，又没了大将。马克西姆斯去世3天后，也就是公元455年4月22日，汪达尔人抵达罗马，攻破了城门。[3]

此后的14天，来自北非的这群野蛮人横行全城，为了掠夺、破坏，无所不用其极。因此，他们的族名汪达尔（Vandal）演变成了一个新的动词："肆意破坏"（vandalize），即漫无目的地进行破坏。事实上，这种掠夺行径的目的十分明确。盖塞里克并不想占据罗马城，他想要罗马的财富。因此，汪达尔人进行了彻底的搜刮，偷走了城中所有的金银，甚至刮下了卡匹托尔山上朱庇特神庙屋顶的镏金。

教皇利奥一世从中调解，阻止了汪达尔人烧毁罗马、大规模屠杀罗马人的行径。但即便是利奥，也未能阻止盖塞里克绑架瓦伦提尼安三世的遗孀及其两个十几岁的女儿。汪达尔人带着三个女人、乘着满载珠宝的船回到迦太基。其中一艘载着雕像的船沉没了，至今仍陷在地中海某处的淤泥里，但其他船只都安全抵达了北非。盖塞里克后让自己的儿子霍诺里克（Honoric）娶了瓦伦提尼安三世的大女儿优多西娅（Eudocia，埃提乌斯也曾选定她为儿媳）为妻，将其余两个女人，附上他准备的礼物，送至君士坦丁堡。[4]

在君士坦丁堡，东罗马帝国的新任皇帝马尔西安热情接待了瓦伦提尼安三世的家人，但他拒绝派东罗马帝国士兵向西进军，为罗马遭到洗劫而复仇。早在20多年前，他就发誓，决不再对抗汪达尔人；当年，盖塞里克及其侵略军曾占领迦太基，将他俘虏，而日后不去对抗汪达尔人是释放他的条件。

当佩特罗尼乌斯·马克西姆斯去世、罗马遭到洗劫的消息传到图卢兹时，高卢使臣阿维图斯仍在同西哥特人谈判，而西哥特国王狄奥多里克二世（Theodoric II）建议阿维图斯自立为帝。他主动提出以自己的西哥特军队作为阿维图斯的盟军。阿维图斯接受了他的提议，向南越过阿尔卑斯山，成功进军罗马，当上了罗马一年内的第三任皇帝。

当时，罗马遭到洗劫，破败不堪、饥荒肆虐。阿维图斯设法重振饥贫交迫的罗马城，但城中所剩食物寥寥无几。他被迫遣走西哥特盟军，因为他实在没有办法供养他们。尽管如此，他也不得不先支付军饷。由于国库空虚，他只得剥下公共建筑上剩余的青铜移交给他们。[5]

这一做法激怒了罗马市民，而当时任何冒犯的举动都足以激怒他们。不到一年，阿维图斯试图维护统治的想法便破灭了。他任命拥有一半日耳曼血统的将领里西梅尔（Ricimer）为自己的大元帅。里西梅尔年轻时曾在埃提乌斯手下作战。当阿维图斯尝试恢复罗马和平时，里西梅尔身处南部，将余下的汪达尔人逐出了意大利。与阿维图斯渐失民心相反，里西梅尔深受爱戴。456年，阿维图斯为了保命，最终逃离了罗马，想要回到高卢的庄园。但里西梅尔在途中遇到了他，并将他俘获。早期的历史学家对此后发生的事情意见不一，但从表面看来，里西梅尔令人看守了他几个月，阿维图斯在此期间去世，且死因不明。

如今，里西梅尔是罗马最有权势的人。但他知道，他的蛮族血统将成为罗马元老院认可他为皇帝的阻碍。因此，他准备任命一位同僚——马约里安（Majorian）将军。马约里安现为名义上的西罗马帝国皇帝，但事实上却是里西梅尔的傀儡。

马约里安充当里西梅尔代言人的策略行之有效，这意味着里西梅尔可以将失败的责任转嫁给马约里安。460年，马约里安和西罗马军队聚集在伊比利亚海岸（多亏了与西哥特人的友谊），岸边停靠着他们的300艘战船，准备进攻北非的汪达尔王国。普洛科皮乌斯写道，船只聚集在赫拉克勒斯神柱（Pillars of Hercules），即地中海入口处，他们计划"由此穿越海峡，随后由陆路进军，对抗迦太基"。盖塞里克开始为一场大规模战争做准备，而期待胜利的意大利人已经准备好庆祝了。[6]

一场偷袭中断了此次侵略。编年史学家赫德修斯（Hydatius）称，岸边的船突然被"接到奸细送来的消息的汪达尔人控制"。[7]某种悄然进行的密谋，也许得到了西哥特人的默许，也许得到了西罗马军队中某些人的帮助，完全破坏了整个计划。

马约里安带着战败的耻辱从伊比利亚启程撤回意大利。在亚平宁山脉的山脚下，里西梅尔的部队设下埋伏，取了他的首级。而在国内，里西梅尔选中利比乌斯·塞维鲁（Libius Severus）担任西罗马帝国的下一任皇帝。[8]

塞维鲁的作为，历史上似乎没有记载。他只是里西梅尔的另一个傀儡，在位仅仅4年。465年，由于患病或中毒，他在罗马去世。随后的18个月里，里西梅尔并未急于任命下一位皇帝。西罗马对于罗马正统皇帝的看法突然暴露了其本质："罗马皇帝"是一种迷思，帮助罗马人假装自己日渐瓦解的国家仍与过去的辉煌有着某种至关重要的联系，即便现在西罗马帝国领土面积仅仅略大于意大利半岛；它也是一种可以利用的谎言，来掩盖如今罗马人同野蛮人毫无二致的事实。

最后，里西梅尔于公元467年任命了新皇帝，但这并不是因为他需要一个傀儡，而是因为他发现，这对解决自己当下面临的难题——西哥特人——十分有益。466年，西哥特国王狄奥多里克二世被弟弟尤里克（Euric）谋杀。尤里克举起了西哥特的旗帜，以高卢为中心，席卷了周边地区。他迅速占领了更多原属罗马的领地，因而里西梅尔需要反击。西哥特人曾经是可以助力的盟友，但如今却成了一个威胁。[9]

然而，若是没有傀儡皇帝，里西梅尔是不会发动一场真正的战争的。因此，公元467年，他向元老院提议，任命罗马将领安特米乌斯（Anthemius）为新皇帝，而安特米乌斯恰好迎娶了东罗马帝国皇帝马尔西安的女儿。

安特米乌斯很精明，他提议里西梅尔与自己的女儿阿莉比娅（Alypia）成婚，以表现自己额外的忠心。婚礼于467年年底举行，那时，诗人希多尼乌斯·阿波黎纳里斯（Sidonius Apollinaris）正巧抵达罗马。"我抵达时，正遇上贵族里西梅尔完婚，"他给一位朋友写信道，"对他而言，皇帝之女伸出的手代表着一种期望——国家能迎来更安定的时期。"不过对于新娘而言，这并不令她感到高兴：

> 虽然新娘已经嫁给新郎，新郎也已摘下花冠，执政官脱下了带有棕榈叶刺绣的礼袍，新娘换下了嫁衣，尊贵的元老除去了托加袍（toga），平民也摘去了斗篷，但是宫闱之中仍充斥着众多来宾的吵闹声，因为新娘还在拖延进入丈夫房中的时间。[10]

很显然，阿莉比娅对这段婚姻感到不满。里西梅尔已年逾60岁，却仍在行伍之中，还比她的父亲年长15岁。

里西梅尔同新皇帝安特米乌斯相互配合，准备发动战争，抗击西哥特人。

西哥特人曾派遣士兵帮助罗马人反击汪达尔人，但现在，这两个人四处寻找能帮助他们对抗西哥特人的战士。后来，他们在高卢西北角找到了一个新盟友。一个名叫里奥萨姆斯（Riothamus）的布立吞人在那里定居，手下拥有1.2万名战士。他们厌倦了不列颠人同盎格鲁人以及撒克逊人之间持续的战争，便越过海峡，寻求和平。[11]

然而，在这片古老帝国的土地上，和平难以实现。里奥萨姆斯明白，西哥特势力的扩张，对其名为布列塔尼（Brittany）的新家园构成了威胁。他同意派遣1.2万名战士对抗西哥特人,但西哥特国王尤里克并未给这一增援部队同罗马军队主力会合的时间。"他带领无数战士抗击布列塔尼人,"约旦尼斯称,"经过漫长的战斗,他在罗马人加入之前,就击溃了布列塔尼国王里奥萨姆斯。"[12]

对抗西哥特人的战争几乎还没开始就宣告失败,而伊比利亚的西哥特王国还在继续扩张。与此同时,罗马士兵继续同北非的汪达尔人进行徒劳的战斗。所有的事情都没有向好的方向发展。470年,安特米乌斯在病中认定是巫术给他带来了厄运。安条克的约翰写道,他"惩罚了许多涉及这一罪行的人"。尽管罪行本身是未经证实的巫术,但他还是处决了他们。[13]

身在米兰的里西梅尔听闻皇帝迫害巫师的消息,大为恼怒。他召回北非前线的6000名战士,向罗马进军。472年,他们击败了安特米乌斯,处决了他。

那场婚姻并未挽救安特米乌斯的命运,而里西梅尔在丈人死后不久,也去世了。他一抵达罗马,就染上热病。两个月后,里西梅尔离世。

失去了幕后指挥的帝国每况愈下。安特米乌斯去世后的4年间,帝国先后换过4位皇帝,然而,没有一位能够掌握实权。最后,另一名蛮族军人上台掌权。他名叫奥瑞斯忒斯,曾经出现在罗马历史的转折点上:他当时是一名出身罗马的使臣,在449年由匈人阿提拉派遣至君士坦丁堡。

匈人瓦解后,他回国为西罗马帝国军队效力,他的追随者也与日俱增。无能的尤利乌斯·尼波斯(Julius Nepos)空有罗马皇帝的头衔。475年,奥瑞斯忒斯整合军队,从各部落召集了一批日耳曼雇佣兵,向拉韦纳进军。尤利乌斯·尼波斯没有做任何抗争,就逃跑了。奥瑞斯忒斯并未自立为帝（罗马君主不能是蛮族的迷思已被揭穿，但这种观念依然在起作用），而是命自己10岁的儿子罗慕路斯（Romulus）即位。罗慕路斯是奥瑞斯忒斯与他纯罗马血统的妻子所生的孩子，身上的蛮族血统要少于他的父亲。

拉韦纳宫廷愿意接受这种谎言，这使得罗马的国号继续维持了一年多。罗慕路斯的臣民戏谑地称他为"奥古斯都路斯"（Augustulus），意为"小奥古斯都"。他在位仅一年，西罗马帝国就彻底崩塌了。

476年，这个谎言也被揭穿了。奥瑞斯忒斯曾许诺，赐予日耳曼雇佣军土地作为报酬，允许他们在意大利定居。现在，他们的领袖，将军奥多瓦卡（Odovacer）——既是日耳曼人，又是基督徒——为其追随者要求更多的土地。奥瑞斯忒斯拒绝了他的请求。时值8月，天气炎热，奥多瓦卡与雇佣军向着拉韦纳进发，以争取酬劳并进行报复。奥瑞斯忒斯与他在意大利北部的普拉森提亚（Placentia）对战。罗马军队战败，奥瑞斯忒斯也在战争中丧命。

奥多瓦卡继续进军拉韦纳，途中并未遭遇抵抗。他俘获了年幼的罗慕路斯，将其送至坎帕尼亚的一处城堡中居住。蛋堡（Castel dell'Ovo）是一座岛上的要塞，只能通过堤道抵达。在那里，末代罗马皇帝默默无闻地度过了余生。约旦尼斯写道："由此说来，罗马建城后的第709年，屋大维·奥古斯都的统治是西罗马帝国之始，如今它分崩离析……此后，哥特国王掌控了罗马和意大利。"[14] 古老的西罗马帝国曾固执地坚持，罗马大地必须由罗马人统治，可如今，帝国已不复存在。

然而，君士坦丁早在一个多世纪以前就已经将西罗马帝国推上绝路。那时，他认定仅靠罗马人自己就能够统一帝国。奥多瓦卡登

时间线 26

爱尔兰	不列颠	西罗马帝国	汪达尔人	西哥特人	萨利安法兰克人
营救九个人质的奈尔（约390—约455）					
		君士坦丁三世（407—411）			
		阿塔罗斯（409）			
	君士坦丁三世离开不列颠（410）	罗马沦陷（410）		阿陶尔夫（410—415）	
		阿塔罗斯（415）		瓦里亚（415—418）	
				狄奥多里克一世（418—451）	
		瓦伦提尼安三世（425—455）			
			盖塞里克（428—477）		
			汪达尔人征服北非		
帕特里西乌斯返回爱尔兰		教皇利奥一世（440/445—461）			墨洛维（?—约457）
		强盗会议（449）			
	沃蒂根（约450）	马恩河畔沙隆战役（451）		托里斯蒙德（451—453）	
		刺杀埃提乌斯（455）		狄奥多里克二世（453—466）	
	（格温内思）坎爱达（约455—约460）	佩特罗尼乌斯·马克西姆斯（455）			
		罗马沦陷（455）			
亨吉斯特和霍萨的侵略		阿维图斯（455—456）			
		马约里安（457—461）			
		利比乌斯·塞维鲁（461—465）			
		安特米乌斯（467—472）		尤里克（466—484）	
		尤利乌斯·尼波斯（475）			
		罗慕路斯·奥古斯都路斯（475—476）			
		西罗马帝国灭亡（476）			

图 26-1　蛋堡
罗马最后一位皇帝在这里度过余生。图片由达维德·凯鲁比尼拍摄

上了意大利王位，这只是最终确定了业已发生的事实：野蛮人已经不再需要成为罗马人。意大利的大部分地区信奉基督教，而奥多瓦卡就是一名基督徒。他自称"意大利国王"，以将自己同过去的罗马皇帝区分开来。他是一名合格的战士，也是一位称职的统治者。他的支持者认为，他的血统问题已经无关紧要。

/ 27

东哥特

> 457 年至 493 年间，伊苏里亚人登上了东罗马帝国的皇位，东哥特人掌控着意大利，而本笃会修士势头减弱。

457 年，东罗马帝国皇帝马尔西安去世，享年 61 岁。他的妻子普尔喀丽娅早在 4 年前就去世了。自 379 年便在君士坦丁堡建立统治的狄奥多西（Theodosian）王朝至此结束了。*

因为没有正统血脉的继承人，军队对于下一任皇帝的人选拥有最大的发言权。军队的指挥官通常是头号候选人，但在 457 年，军权却掌握在拥有蛮族血统的阿斯帕尔（Aspar）手中。他是阿兰人（他们曾生活在黑海东部，但早在几十年前就被匈人从他们自己的土地上驱逐出去了）。东罗马帝国仍自称为罗马帝国，对蛮族血统坚持抱有怀疑态度：正如汪达尔人斯提里科与西哥特人里西梅尔不可能成为西罗马帝国的皇帝一样，阿斯帕尔也不可能成为东罗马帝国

---

* 狄奥多西王朝存在于 379 年至 457 年间，其后是利奥王朝（Leonid dynasty），存在于 457 年至 518 年间。

的皇帝。

因此，阿斯帕尔选定色雷斯人利奥做他的代言人。此人50岁左右，性情随和，是阿斯帕尔的管家。利奥由君士坦丁堡牧首加冕称帝——这是牧首第一次在东罗马帝国行使教皇般的职权。

然而，色雷斯人利奥一登基，就证明他绝不可能受人操纵。阿斯帕尔在军队中享有盛望；为了削弱其作为将领的影响力，利奥一世与小亚细亚南部、生活在山中的伊苏里亚人（Isaurians）缔结了一系列新的同盟条约。伊苏里亚人已受罗马帝国统治500年之久，但他们仍然保留了好战和行动自由的特点。他们生活在托罗斯山脉的山坡上，几乎是独立处理本族事务的。他们拥有蛮族人的优点——在战争中善用技巧，拥有自主意志；但没有蛮族人的缺点——并入罗马帝国数个世纪的他们，毫无疑问已经罗马化了。

利奥一世没有儿子（这也是阿斯帕尔挑选他做皇帝的另外一个原因），他把女儿阿里阿德涅（Ariadne）嫁给了伊苏里亚人的首领芝诺（Zeno）。在伊苏里亚人的帮助下，利奥一世指控阿斯帕尔叛国，并于471年处决了他。[1]

3年后，这位高龄皇帝因痢疾去世。随后，他女儿年仅6岁的儿子即位，即利奥二世（Leo II）。利奥二世的父亲，即伊苏里亚人的勇士芝诺，担任其摄政。这个孩子在位10个月，其间同意加冕他的父亲为共治皇帝，此后就夭折了。伊苏里亚人便登上了东罗马帝国的皇位。

这便是伊苏里亚人混乱的崛起之路，还在君士坦丁堡引起了短暂的骚动。利奥一世的内弟设法起兵反抗芝诺，将他驱逐出城。之后，利奥一世的内弟巴西利斯库斯（Basiliscus）加冕称帝。然而，巴西利斯库斯实行沉重的税收政策，导致他民心尽失。与此同时，芝诺已经返回故乡，组建了自己的伊苏里亚军队，并于 18 个月后，率领这支军队打回君士坦丁堡。贫苦的民众如释重负，欢迎他的到来。巴西利斯库斯放弃皇位，逃至附近的一处教堂。站在教堂外面的芝诺为了让巴西利斯库斯现身，许诺不杀篡位者。但在巴西利斯库斯出现之后，芝诺就把他关在一个干燥的蓄水池内，让他活活饿死。[2]

476 年，芝诺成功复位，他在东部关注着西罗马帝国的分崩离析。日耳曼将领奥多瓦卡刚刚废黜了年幼的西罗马帝国皇帝罗慕路斯，如今他就是意大利的国王。他用武力夺取了拉韦纳。约旦尼斯称，他最初的策略是"激发他本人在罗马人中的震慑力"。[3] 但问题是，对于领土日渐扩张的意大利，他通过震慑实现的统治能够维持多久？为了巩固权力，奥多瓦卡派人向芝诺传达他的新策略：如果芝诺承认自己是意大利的合法统治者，那么他也会相应地承认芝诺是罗马的最高统治者，意大利也会臣服于东罗马帝国。

芝诺接受了他的提议，授予奥多瓦卡意大利元老（不是国王）的称号。这是名义上的再度统一：在伊苏里亚人芝诺的统治下，罗马帝国在短时间内再次合二为一。但奥多瓦卡已经取得了合法统治权，这使得他对意大利罗马人的统治变得更加容易。他继续无视芝诺的地位，行事随心所欲。477 年，他征服了之前由汪达尔人控制的西西里岛。伟大的汪达尔国王盖塞里克刚刚过世，失去他领导的汪达尔王国便步入衰落。奥多瓦卡像独立统治的国王一般，与西哥特人［此时西哥特王国的统治区域从卢瓦尔河（Loire）一直延伸到伊比利亚］和法兰克人签订条约。[4] 488 年，芝诺对奥多瓦卡日益膨胀的野心感到十分担忧。

芝诺还有另外一个关于西罗马帝国的问题需要解决。一支由东哥特人组成的联盟正从西面的土地向东进军，而且是朝着君士坦丁堡的方向。他们由一位名叫狄奥多里克（Theoderic）的士兵领导，此人是哥特人首领的儿子。东罗马帝国为确保他的父亲无越轨行为，要求他作为质子，到君士坦丁堡生活了 8 年。18 岁那年，他回到他的族人那里，随后成为他们的首领——这意味着他有责任为族人开疆拓土。东哥特王国地少人多，族人食不果腹。*

478 年至 488 年间，狄奥多里克统治下的东哥特人稳步朝着君士坦丁堡进军，途中他们还索要粮食、抢夺领地。486 年，狄奥多里克威胁要围攻君士坦丁堡。芝诺试图安抚他，授予他大元帅的称号，还将达契亚和默西亚（Moesia）地区的土地赐给他，甚至付给他一笔可观的赔偿金。但这些对策都没能彻底满足东哥特人。[5]

芝诺决定同时解决两个难题。他提出，只要狄奥多里克向西进军，驱逐奥多瓦卡，他就承认狄奥多里克是意大利的国王，并把该半岛划给他。关于是谁先想到这个计划，是狄奥多里克还是芝诺，人们意见不一。但无论是谁，狄奥多里克都对此感到满意。他一路向西，率领这支由不同民族的勇士所构成的队伍前进：其中有东哥特人、零散的匈人、对意大利不满的罗马人，以及其他流离失所的日耳曼人。高卢作家恩诺迪乌斯（Ennodius）当时还是小孩，后来他在书中写道，"全世界"都追随狄奥多里克进攻意大利——几乎多达 10 万人，以谋求建立一个国家。[6]

---

* 因为叫狄奥多里克的哥特人太多了，所以这段故事讲起来有些纠缠不清。不应把东哥特人狄奥多里克同狄奥多里克一世或狄奥多里克二世混为一谈，后两者均为西哥特联盟的首领。此外，东哥特实际上有两个联盟，而每个联盟的将领都叫作狄奥多里克。这里所说的东哥特人狄奥多里克，后来被称为狄奥多里克大帝（Theoderic the Great），他所指挥的是来自潘诺尼亚的东哥特人；而他的远房表亲，因斜视得名的"斜眼狄奥多里克"（Theoderic the Squinter），则率领来自色雷斯的东哥特人。这两位将领并不是主动联盟的，因为他们一直都在为同样稀缺的资源而竞争。他们至少有过一次共同对抗芝诺的经历，但芝诺多次与他们中的一个联盟，来对抗另一个。然而，约 481 年，"斜眼狄奥多里克"去世。随后，狄奥多里克大帝主宰了东哥特。

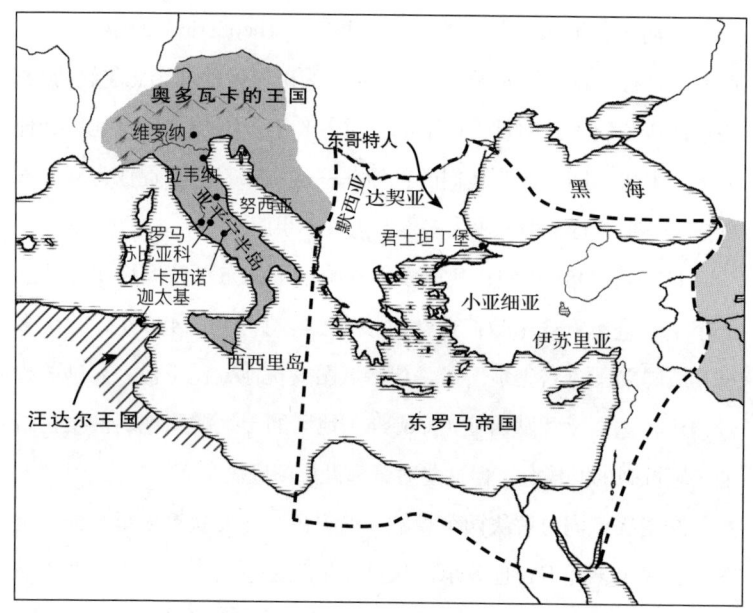

地图 27-1　奥多瓦卡的王国

当他们行军至意大利北部时,奥多瓦卡曾试图反抗。他把军队集中到维罗纳平原来抵挡入侵者,但狄奥多里克"以摧枯拉朽之势"冲破防线,向拉韦纳发起猛攻。

意大利的战争持续了三年。约旦尼斯称,这三年,奥多瓦卡大部分时间都退守在拉韦纳:"他常趁夜色袭扰哥特军队,"他写道,"率领部下反复出击……因而抵挡了一阵子。"拉韦纳日渐破败,饥荒肆虐。最终,491 年,奥多瓦卡提出了妥协:如果狄奥多里克解除对他们的封锁,他将签署协议,与他共治意大利。

狄奥多里克发现围攻的效果不佳。奥多瓦卡可以凭借水路补给城市所需,但狄奥多里克没有海军舰队,根本无法阻止他。最终,狄奥多里克同意了这一折中方案。然而，他在493年杀死了他的共治者奥多瓦卡，结束了联合统治。时人瓦伦西安努斯（Valensianus）记载道，东哥特国王"用自己的双手"将共治者砍成两半，"还夸口称自己的怀疑最终得到证实——奥多瓦卡是没有脊梁骨的"。[7]

与奥多瓦卡不同，狄奥多里克很有骨气。他对跻身"罗马贵族"不感兴趣，对君士坦丁堡的态度是口惠而实不至。如今，他是狄奥多里克大帝，是意大利国王。作为国王，他没有义务臣服于东罗马帝国皇帝。

他的第一批举措之一就是宣布，只有支持他接管意大利的罗马人仍旧可以自称为罗马公民，其余人都被剥夺了公民权。罗马公民权曾是可以引以为傲的荣誉，现在却直接与支持狄奥多里克大帝挂钩。[8]

在狄奥多里克的统治下，一度称雄世界的罗马威望渐失。狄奥多里克只在公元500年访问过罗马一次，此后再也不屑过去。元老院仍设在罗马，但运用法律的权力却在国王手中。最终，元老院认可了他的统治。

罗马文化影响了哥特人的习俗：越来越多的哥特人讲拉丁语，起罗马名字，同罗马妇女结婚，以及修建罗马式庄园。虽然罗马人在狄奥多里克政府中担任多个官职，但高层军事职位几乎全部由哥特人掌控。男孩们被送往罗马，学习语法和修辞，但哥特人统治下的拉韦纳才是王国的权力中心。[9]

526年，狄奥多里克去世。此后，两族之间的冲突急剧凸显。狄奥多里克的继承人是他10岁的儿子阿塔拉里克（Athalaric）。阿塔拉里克成了母亲阿玛拉逊莎（Amalasuntha，阿塔拉里克的摄政者）

与那些想要暗中控制王国的东哥特贵族之间权力斗争的棋子。阿玛拉逊莎想送儿子到罗马上学,接受"罗马王子"式的教育。哥特人对此提出异议,他们认为罗马的教育会让他变得懦弱。普洛科皮乌斯写道:"他们说,文学是十分缺乏男子气概的东西,而老先生说教的方式大多会导致懦弱和顺从的性格。因此,想要展示魄力的人……应当摆脱教师带来的胆怯,转而习武。"显然,尽管狄奥多里克本人在他的帝国里小心翼翼地维持着罗马人和哥特人的平等地位,但他还是对罗马教育的价值产生了疑虑。哥特人称,他"绝不允许任何哥特人送子女上学,因为他曾说过,一旦他们对鞭打产生恐惧,就永远无法消除对刀枪的厌恶"。在罗马,文学教育无疑不再像以前一样,被当作通往权力和影响力的捷径。在旧都读书的年轻人对待生活的态度也变得越发放纵和散漫。[10]

努西亚的本笃(Benedict of Nursia)是去罗马求学的年轻人之一,他是罗马贵族的儿子。同奥古斯丁一样,即便有失身份,他还是涉猎了他能接触到的各种消遣活动。但最终他对罗马的喧嚣与淫乱忍无可忍,便放弃了学业(无论如何,他并未有所收获),离开了这座城市。

格列高利一世为我们提供了仅存的早期关于本笃生平的叙述。据称,本笃隐居在罗马以东约64千米处的亚平宁山脉的洞穴里,那里靠近如今的苏比亚科(Subiaco)城。他在偶然间听闻基督教的教义,受到了感化。此后,他虔诚地投身于隐修生活,在独居中寻求对上帝恩典的理解。有关荒野隐士的消息传播开来。几年后,附近修道院的修士请他前来管理他们的团体,因为他们的院长刚刚过世。

本笃同意了。他经历过罗马的混乱生活,也进行过独处的冥想,这些都使他对团体生活产生了一种愿景——有序、安静、高效。"现在由他掌管修道院,"格列高利一世称,"他要求修士应当遵循规律的生活,这样一来,无论如何都没有人能够像以前那样,用不正当的行为逃避与上帝的对话。"有些修士不习惯如此严格的监督,便决定在他的酒里下毒。但本笃听到了风声,回到了自己的洞穴。在那里,他向来看望他的牧羊人传授教义。其中的一些人受到感化,过上了修士的生活。[11]

约529年,他带领他们登上了卡西诺(Cassino)镇附近的一座山峰。山顶原有一座阿波罗的古庙,已经成了一片破败的废墟。本笃和他的修士们将其烧毁,并开始在原址上建造属于自己的修道院。

在卡西诺山修道院内,本笃制定了他的团体所要遵循的规定:圣本笃会规(Rule of St. Benedict)。该会规成为脱离了政治斗争的国度的法律,它尝试将基督教的宗教活动恢复至和印度与中国僧人类似的境界。"我们渴望居住在天国的圣所之中,"本笃写道,"倘我们履行这种义务,我们便是天国的嗣子。"[12]

他列出的义务有:救济穷人、给衣不蔽体的人穿衣、探望病人、埋葬死者、为了爱戴基督可以舍弃一切。在日常生活中,沉默远胜于发言,因为言语往往会导致罪恶;修士在夜间应当定时起身吟唱圣歌,因而他们都和衣而睡,随时准备做礼拜、行善事;在做出影响整个团体的决定时,院长要征求修士的意见,但最终的决策由院长敲定;应"从根源上杜绝修道院内个人所有制的恶习",因此,修士们一无所有,甚至没有书籍和纸笔;每人每天要在规定时间内从事劳作;任何执意违反会规的修士将被禁止在团体内用餐和祈祷,直到悔改为止。格列高利一世称,"预言之灵"(spirit of prophecy)使得本笃能够得知修士在何时违反了会规,即便他们当

时间线 27

西罗马帝国	汪达尔人	西哥特人	萨利安法兰克人	东罗马帝国	波斯帝国
	盖塞里克（428—477）汪达尔人征服北非				
教皇利奥一世（440/445—461）			墨洛维（?—约457）		伊嗣俟二世（438—457）
强盗会议（449）				马尔西安（450—457）	
马恩河畔沙隆战役（451）		托里斯蒙德（451—453）		卡尔西登公会议（451）	瓦塔纳兹之战（451）
刺杀埃提乌斯（455）		狄奥多里克二世（453—466）			
佩特罗尼乌斯·马克西姆斯（455）					
罗马陷落（455）					
阿维图斯（455—456）					
马约里安（457—461）				色雷斯人利奥（457—474）	卑路斯一世（457—484）
利比乌斯·塞维鲁（461—465）					
安特米乌斯（467—472）		尤里克（466—484）			
尤利乌斯·尼波斯（475）				利奥二世（474）	
罗慕路斯·奥古斯都路斯（475—476）				芝诺（474—491）/巴西利斯库斯（475—476）	
西罗马帝国灭亡（476）				东哥特人侵略	
日耳曼意大利奥多瓦卡（476—493）					

时间线 27（续表）						
日耳曼 意大利	汪达尔人	西哥特人	萨利安 法兰克人	东罗马帝国		波斯帝国
						巴拉什 (484—488)
						喀瓦德一世 (488—531)
				阿纳斯塔修斯一世 (491—518)		
狄奥多里克 大帝 (493—526)						
阿塔拉里克 (526—534)						
本笃建立卡西诺山修道院						

时不在修道院中；他们返回之后，他就会告诉他们所犯的错误。他们进行了忏悔，并且"不敢再在院外擅自做出任何类似的越轨行为，因为他们如今认识到，本笃在精神上与他们同在"。[13]

作为卡西诺修道院的第一任院长，本笃正是意大利所缺少的统治者：献身于高出自身意志的神的感召，制定适用于所有人的法律并绝对公正有序地执行，还简明扼要地指出了一条通往幸福的道路。本笃会的生活方式让修士们团结在一起，赋予了他们对自己的团体的认同感。首先，这种生活方式要有序。会规在结尾指出："不管你是谁，凡愿意急奔天乡者，请你仗赖基督的助佑，先实践这本入门的小规则；然后再在天主的护佑之下，才能抵达我们上面所说的圣学及德行的巅峰。"在罗马，学问和美德曾受到过推崇，但如今毫无用处。只有在本笃会修道院锻炼心智、约束精神，才能够获得巨大的回报。[14]

/ **28**

拜占庭

> 471 年至 518 年间，波斯人反对社会改革，斯拉夫人与保加尔人登上历史舞台，蓝党和绿党在君士坦丁堡发生冲突。

萨珊波斯正处于水深火热之中。471 年，波斯国王使得整个国家陷入战乱，波斯的处境更加艰难。

伊嗣俟二世（Yazdegerd II）于 457 年去世，其长子卑路斯一世（Peroz I）同众兄弟进行了短暂的王位之争后，登上了王位。卑路斯一世统治的 27 年是波斯的一段困难时期。波斯遭受了严重的饥荒。柱头修士约书亚（Joshua the Stylite，东部的修士）亲眼目睹了当时的境况，他记载道，在波斯出现了蝗灾、地震、瘟疫以及日食。[1] 饥荒刚刚过去，与嚈哒人的战争又接踵而至。嚈哒人曾散布在兴都库什山，给印度的笈多王朝造成困扰。他们在波斯帝国以东建立了王国，但卑路斯一世与嚈哒国王就领地边界问题争论不休。

最终，471 年，卑路斯一世率兵朝着嚈哒人的领土进军。嚈哒人十分狡猾，他们在波斯军队面前撤退，之后绕到后方围困了他们。

卑路斯一世被迫投降，发誓绝不会再次发动进攻。此外，他同意向嚈哒人支付巨额赔款，金额巨大到他用了两年的时间，才从子民手中筹足这笔钱。与此同时，他的长子喀瓦德（Kavadh）需作为人质在嚈哒宫廷生活两年，以确保这笔钱——根据柱头修士约书亚的记载，赔款是由30头骡子运送的——最终能够如数奉上。[2]

卑路斯一世设法向他的子民征税，最后总算凑够了赔款，喀瓦德这才得以回国。但波斯国王对此次失利耿耿于怀，最后，他再也无法压制心中的怒火。484年，他组建了规模更大的军队，再次入侵嚈哒领地。

但这一次，他又被耍了。普洛科皮乌斯称，嚈哒人挖了一个深坑，用芦苇遮盖着，还在表面撒上了泥土，之后撤退到深坑后方，部署自己的战线。泰伯里补充说，嚈哒国王还把卑路斯一世签署的不再入侵嚈哒的条约挑在长矛尖上。波斯人浩浩荡荡地奔赴战场，结果马匹、长矛以及其他辎重全部掉入了深坑当中。卑路斯一世被杀，"整个波斯军队也同他一起遇难"。这是一次彻头彻尾的失败，或许也是萨珊波斯史上最为惨烈的失败。直至此时，嚈哒人仍旧处于乌浒河（Oxus）东岸。如今，他们控制了呼罗珊（Khorasan，位于西岸的波斯行省），而波斯人则"沦为嚈哒人的臣民和附庸"。卑路斯一世的尸体在战壕中遭到众多人马的踩踏，已经无法辨认，所以无法收殓。[3]

而在波斯的首都泰西封，卑路斯一世之子兼继承人喀瓦德被卑路斯一世之兄巴拉什（Balash）驱逐。之后是短暂的内战。由于波斯国库空虚，形势更为复杂。巴拉什派使者到君士坦丁堡请求罗马帝国的帮助，但没有任何人伸出援手。因无法同时顾及多处正面交战，巴拉什同意解决与亚美尼亚之间长期存在的问题，签署了允许亚美尼亚独立处理自身事务的条约。*与此同时，喀瓦德同之前的埃提乌斯一样，利用他曾经做人质时建立的友谊，到嚈哒寻求帮助。他用了数年劝说嚈哒国王协助他，直至488年，他才最终夺回波斯王位。[4]

这使得波斯结束和嚈哒人的非理性战争的尝试变得更加困难。喀瓦德一世（Kavadh I）并非正统的琐罗亚斯德教教徒，而是波斯先知马兹达克（Mazdak）领导的一种宗教异端的信徒。同基督教一样，琐罗亚斯德教认为善终将取得胜利。基督教的救世主将返回现世，以毁灭邪恶，把一切安排妥当；而琐罗亚斯德教的神阿胡拉·马兹达将消灭他邪恶的对手阿里曼，重建这个世界，还会复活逝者，让他们得到神佑，能够在大地上行走。[5]

马兹达克如同基督教诺斯替主义者一样，主张宇宙的最高权力掌握在一个飘忽不定、不问世事的神的手中，而两股地位稍低但能量相当的神圣力量——善良与邪恶，则在宇宙间不断抗衡。人类必须选择善良，拒绝邪恶；选择光明，拒绝黑暗。不同的诺斯替教派就实践方式提出了种种不同的主张，而马兹达克认为，寻求光明的主要方式是通过实现所有男性（有些情况下也包括女性）的平等，来摆脱人类疾苦。他宣扬人类应平等地共享他们的资源，任何人不得为拥有私人财产而给他人带来损害；人类还应以平等取代竞争，用友爱替代冲突。不同于基督教的诺斯替主义，马兹达克教派（Mazdakism）起到了推动社会平等的作用。[6]

喀瓦德一世开始按照马兹达克的思路，对国家进行改革。他颁布的法律使当时的人感到十分不解。如果我们要弄清楚他的目的到

---

* 这就是《内瓦赛克条约》（Nevarsek Treaty）。按照该条约，亚美尼亚可以作为独立的国家存在。

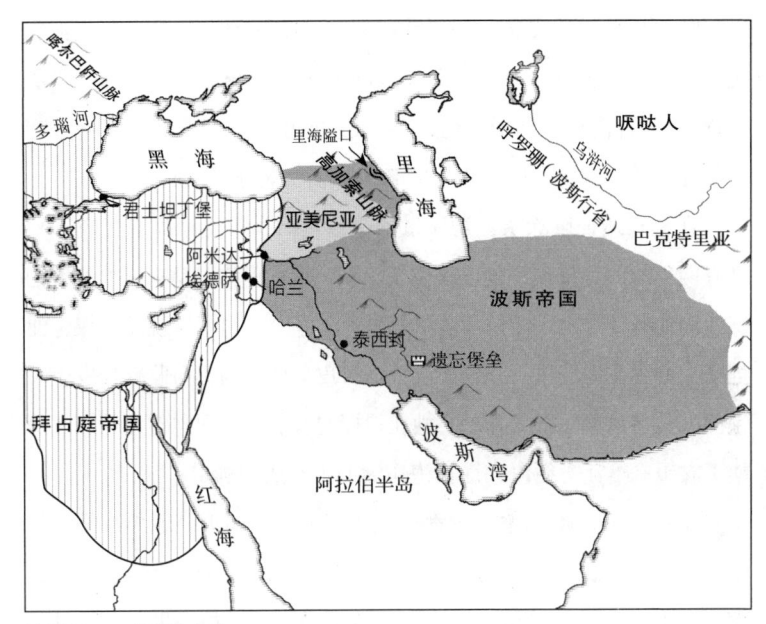

地图 28-1　波斯和哒

底是什么，那么就有必要给出一些解释。泰伯里称，他打算"掠夺富人的财产，把富人占有的太多的财产分给穷人"。而普洛科皮乌斯却写道，喀瓦德想让波斯人"共享他们的女人"。喀瓦德一世不可能试图在波斯全面推行"共产主义"，但他确实极有可能在尝试重新分配波斯权贵所拥有的部分财富（这会削弱他们的权力和影响力，只会更有利于喀瓦德一世），还意欲取消女性只能嫁给同阶层男子的制度和富有贵族将女性囚于深闺的制度。[7]

波斯贵族自然对削减他们特权的改革大为不满。496 年，喀瓦德一世的社会改革终止了。宫中权贵用武力推翻了喀瓦德一世的统治，之后把他的弟弟札马斯普（Zamasb）推上了波斯的王位。

札马斯普拒绝谋害任何同族。因此，喀瓦德一世被强制关押在波斯南部一个名叫"遗忘堡垒"（Fortress of Oblivion）的监狱。"法律规定，"普洛科皮乌斯写道，"被关入这里的囚犯，此后任何人都不得提起他。谁要是提起囚犯的名字，就要被处以死刑。"[8]

在札马斯普废除喀瓦德一世的改革之时，喀瓦德身陷遗忘堡垒已有两年时间。最后，他设法逃了出来。泰伯里称，是喀瓦德一世的姊妹助他越狱。她（通过和监狱长发生关系）获得了探视的特权，便把喀瓦德裹在地毯里一并带出。普洛科皮乌斯认为，与监狱长发生关系的人是喀瓦德一世的妻子。她获得探视权后，立即同喀瓦德一世交换了衣服；喀瓦德便以女性长袍作为掩护，成功逃走。[9]

不论如何，喀瓦德一世都逃到了呎哒。在那里，他再次请求呎哒国王帮他夺回王位。这一次，呎哒国王不仅同意了他的请求，还把自己的女儿许配给他，促成了这笔交易。喀瓦德一世率领呎哒的军队返回泰西封。波斯士兵一看到敌人，就逃散了。喀瓦德一世闯入宫殿，用烧红的铁针弄瞎了他弟弟的双眼，还囚禁了他。

他第二次掌权持续了30多年，但他没有再冒险进行更多的改革，也没有再试图通过社会公平的立法实现波斯人的平等。他只能在波斯贵族的扶持下进行统治，还要依靠他们提供军队，这就限制了他的权力。

然而，他可以攻打东罗马帝国。502年，他对罗马皇帝阿纳斯塔修斯一世（Anastasius I）宣战。

491年，伊苏里亚王朝的芝诺去世，却没有子嗣。在他去世一个月之后，他的遗孀改嫁给了阿纳斯塔修斯一世，一个地位不高却很虔诚的朝廷官员。阿纳斯塔修斯一世后来成为东罗马帝国皇帝。不论是在和平时期还是在战争年代，他都无过人之处。他最显著的特点就是拥有两只颜色不一样的、一黑一蓝的眼睛,因而被人们称为"双色眼"(Two-Eyed)。[10]

他试图击退喀瓦德一世,却徒劳无功。波斯人拿下了由罗马控制的半个亚美尼亚,围困了边境城市阿米达(Amida),封锁持续了80天。此时,喀瓦德的阿拉伯盟军在阿拉伯国王希拉(al-Hirah)的领导下,将进攻范围扩大到更远的南部,洗劫了哈兰(Harran)和埃德萨(Edessa)周边的领土。最后,波斯人占领了阿米达。普洛科皮乌斯称,当时负责看守一座塔楼的基督教修士们刚刚庆祝了宗教节日,他们酒足饭饱之后便去休息了。波斯人趁机发动了进攻。他们一进城,就开始了屠杀。柱头修士约书亚补充道,他们杀害了8万人,还将两大堆尸体置于城外,这样腐尸的味道才不会熏到占领该城的波斯人。[11]

在征服阿米达之后,波斯人很有可能继续节节胜利,但喀瓦德察觉到了嚈哒人对其另一侧边境的入侵。喀瓦德通过婚姻缔结的联盟,并没有带来与东部敌人之间的永久和平;他发现自己身陷两场战争。尽管波斯军队继续蹂躏着东罗马帝国边境的领地,但在506年,两大帝国准备签订一个条约。

战争结束了。罗马人的损失更大一些,但形势总体上没有太多变化。该条约规定把阿米达归还给罗马,但波斯人仍然保留着对他们最重要地区的控制权:和平谈判开始之前,他们已经控制了穿过高加索山脉的窄路,这条道路被古人称作里海隘口。控制此隘口的皇帝能够开放或封锁南部边境,从而应对来自北方的侵略者。[12]

波斯入侵仅仅是阿纳斯塔修斯一世面临的问题之一。一些新的民族出现在帝国西部边境,给罗马带来了无休止的麻烦。

最初的威胁来自斯拉夫人，他们的部落朝着南部和西部行进，向东罗马帝国的边境逼近。斯拉夫人来自多瑙河北岸，但他们不是"日耳曼人"——罗马人不加区分，用"日耳曼人"代指所有来自北方各地的人。虽然这种说法不准确，但日耳曼各民族所讲的是同源的语言。语言学家将其源头重构为"原始日耳曼语"（Proto-Germanic）——一种假想的语言祖先。这表明，他们两个民族之间有着某种共同的渊源，但因年代过于久远，还无法确定。然而，日耳曼各民族最原始的祖先很有可能是北欧人。斯拉夫各部落来自较远的东部地区，生活在维斯瓦河与第聂伯河之间的地区，隶属于不同语系的族群。

古代史学家究竟将哪些部落归为斯拉夫语族，而非日耳曼语族，是很难理清的。但约旦尼斯和普洛科皮乌斯认为，那些可能是由斯拉夫人组成的民族，都来自多瑙河北岸的喀尔巴阡山脉。他们定居于多瑙河谷地，后因人口膨胀，有涌入古罗马的色雷斯和伊利里库姆行省的趋势。*

阿纳斯塔修斯一世流放了企图谋反的伊苏里亚人，将他们安置在色雷斯，以解决这一难题。该举措一箭双雕，既削弱了伊苏里亚人的民族认同感，又为他们对抗斯拉夫人提供了防御措施。伊苏里亚人为了在新的国度生存，不得不击退斯拉夫人。

另一批流浪者——保加尔人，也加入了斯拉夫人的入侵行动。他们同匈人一样，来自中亚，由可汗（khan）统治。保加尔部落的大部（尚未并入任何一个王国）依旧位于斯拉夫人的东方，但他们

---

* 斯拉夫人的"发源地"是一个学术问题，亦同许多种族问题一样，本质上是一个政治议题。

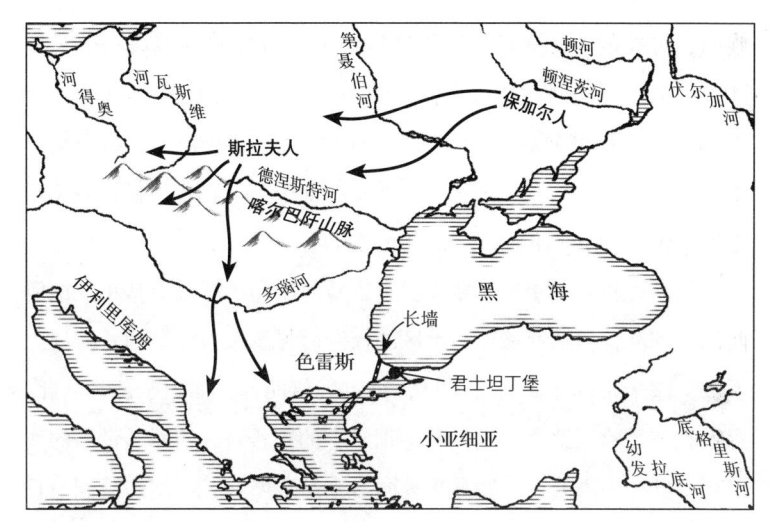

地图 28-2 拜占庭西部的骚乱

追随斯拉夫人来到西部。后世的《往年纪事——古罗斯第一部编年史》（*Russian Primary Chronicle*）记载道，保加尔人跟随斯拉夫人进入罗马领地，并在那里"欺压"罗马民众。499 年，他们横渡多瑙河，发动突袭，之后再渡河返回。他们"贪婪地劫掠，以战胜一支罗马军队为荣"。502 年，他们再次发动入侵，进行掠夺和破坏活动。[13]

东罗马帝国的领地不断缩小，不是大幅度或者一次性遭到吞并，而是一点一点地被蚕食。东部边防已被波斯人瓦解。在西部，保加尔人和斯拉夫人对色雷斯的入侵越发频繁。因此，512 年，阿纳斯塔修斯一世决定建造一道城墙，抵御他们的攻击。

建设城墙抵御蛮族，是一个古老而有效的对策：不列颠的哈德良长城只是众多为抵御侵略者建造的城墙之一。但修建城墙也意味着承认失败。它把领土分割开来：文明的与蒙昧的、罗马的与蛮族的、可控的与无序的。阿纳斯塔修斯一世修建的城墙——长墙（Long Wall）——将色雷斯同其他地区隔开。它总长约 80 千米，位于君士坦丁堡城西约 48 千米处。"它就像一道海峡，直通两侧海岸，"6 世纪的史学家埃瓦格里乌斯（Evagrius）写道，"使该城（君士坦丁堡）成为一座岛屿，而非一个半岛。"[14]

长墙挽救了君士坦丁堡，但它也暂时削弱了罗马对从小亚细亚西部到都城，包括都城周边地区的控制。尽管来自波斯的威胁挥之不去，整个帝国还是转变方针，决定远离西部，面向东部。从此，意大利被丢给了狄奥多里克和他领导下的东哥特，西罗马帝国的残山剩水已一去不复返，罗马主教同君士坦丁堡牧首之间的敌意与日俱增。而东罗马帝国开始转型，与以往稍有不同：拜占庭的罗马人少于东方人，拉丁人少于希腊人。在罗马主教看来，拜占庭的大公教徒越来越少了。

阿纳斯塔修斯一世修建长墙是为了抵御墙外的蛮族人入侵，但讽刺的是，城墙内部的蛮族人却成了一个更大的威胁。

自君士坦丁时代起，罗马的传统竞技项目角斗不再与敬拜古罗马众神密切相关，角斗现在也已经被战车比赛系统地取代。在东罗马帝国的大城市，战车比赛在竞技和娱乐项目中占据主导地位：如同现在的北卡罗来纳州夏洛特市的改装车竞速赛以及多伦多市的曲棍球比赛一样，它是整个城市的景观——即便对那些没有参与比赛的市民来说，也是日常生活的一部分。在同君士坦丁堡规模相当的城市中，每个人都知道谁是战车比赛的明星驭手，也至少都知道些比赛的结果。而且，城中的大多数居民，不论态度如何随意，也都有自己支持的战车队伍。

这些队伍不是根据驭手及其马匹划分的。城中有不同的协会和商号赞助比赛、支付马匹和装备的费用，且每个赞助方都有其标志性的颜色：红色、白色、蓝色、绿色。许多不同的驭手和马匹的组合，都有可能为某一队出战。观众则变成了狂热的追随者，但他们不关注驭手，而关注驭手为哪一队出战。蓝党就是一群狂热的追随者，而白党则是另外一群。如同现代的"粉丝"一样，这些追随者（主要是年轻人）对自己支持的一方十分投入，达到了疯狂的地步。[15]

出于狂热，他们相互憎恶。学者们也曾试图寻找更深层次的原因，来解释这种敌意：或许是因为红党由贵族组成，而白党则由商人组成；又或许是因为绿党偏向于卡尔西登基督教，而蓝党则偏向于异端的基督一性论。但这些解释都站不住脚。这些追随者毫无理智地憎恶对方，就如同足球球迷在中场休息时，不理智地攻击对方球迷一样。

518年，阿纳斯塔修斯一世寿终正寝。此时，追随者们已经形成了两个敌对的派系：蓝党（吸收了红党）和绿党（吸收了白党）。他们的斗争愈演愈烈，随时准备找借口杀害另一派系的成员。事实上，在501年的一次暴乱中，有3000名蓝党成员因对战车比赛的结果存在异议，在君士坦丁堡遭到杀害。随后，于507年和515年发生的暴乱几乎同样血腥。[16]

阿纳斯塔修斯一世虽然没有子嗣，但却有几位急于掌权的侄子。即便这里是他们的地盘，近卫军还是推选出自己的长官——70岁的职业军官查士丁（Justin）为新皇帝。

查士丁头脑精明，阅历丰富，拥有蓝党的支持。他还坚定地扶持他的侄子，一位30多岁的战士，查士丁尼（Justinian）。521年，

时间线 28

西罗马帝国	西哥特人	东罗马帝国	波斯帝国
		色雷斯人利奥（457—474）	卑路斯一世（457—484）
马约里安（457—461）			
利比乌斯·塞维鲁（461—465）			
	尤里克（466—484）		
安特米乌斯（467—472）			
		利奥二世（474）	
		芝诺（474—491）/巴西利斯库斯（475—476）	
尤利乌斯·尼波斯（475）			
罗慕路斯·奥古斯都路斯（475—476）			
西罗马帝国灭亡（476）			
日耳曼意大利		东哥特人侵略	
奥多瓦卡（476—493）			
			巴拉什（484—488）
			喀瓦德一世（488—531）
狄奥多里克大帝（493—526）		阿纳斯塔修斯一世（491—518）	
			[札马斯普（496—498）]
		查士丁一世（518—527）	
阿塔拉里克（526—534）			
本笃建立卡西诺山修道院			

查士丁任命侄子为执政官。查士丁尼在君士坦丁堡可谓是一人之下万人之上，随后他开始越来越多地掌管帝国事务。

他是一位称职的统治者，也是一位成功的军事将领。但他还是一名狂热的蓝党分子。战车比赛的追随者在城中制造的暴力事件越来越多，他却没有为平息暴力做出应有的努力。追随者的放肆行为愈演愈烈。"在夜间，他们公然携带武器，"普洛科皮乌斯写道，"而在白天，他们则在斗篷遮盖下的大腿处藏着双刃短剑。他们在黄昏时聚集，抢劫上流社会的人，广场和窄巷都是他们的作案场地。"君士坦丁堡的居民不再身着黄金腰带，也不再佩戴珠宝，因为那等于在公然"邀请"蓝党或绿党的团伙前来抢劫。人们会在日落时分赶回家，这样就能在天黑之前离开街道。这种状况持续了15年，直至战争爆发。[17]

/ 29

渴望

> 471年至527年间，北魏的势力扩大到南方。与此同时，高句丽继续对外征战，新罗谨慎地迈向建国之路。

北魏地处中国北部，国力强盛、尚武好战，而南方的刘宋逐渐衰落。尽管二者实力悬殊，但两国都承诺暂时休战。它们将更多的时间用于边界争端，却没有考虑如何加强本国的实力。同时，两国都需要重视已被搁置的国内事务。"朕承祖宗，夙夜惟惧，"北魏皇帝魏孝文帝说，"然听政之际，犹虑未周。"[1]

魏孝文帝是道教徒皇帝魏太武帝的玄孙。魏孝文帝登基之际，距魏太武帝驾崩仅有19年——魏太武帝的每位继任者，十三四岁就都有了子嗣，这的确是挺奇怪的。年仅4岁的孝文帝于471年即位。起初，孝文帝受制于其祖母冯太后。她临朝听政，成功打破了北魏的传统，成为唯一一个拥有权力的女性。北魏皇室源于游牧部族拓跋氏，按照其古老习俗，太子的母后当被处死，以防其干预朝政。而冯太后是汉人，她便设法使自己逃脱了处决。此后，她充分发挥能力与才智，以获得尽可能多的权力。这在不经意间体现出北魏习俗的残忍。

她的孙子长大后,他们二人设法达成了权力共享的管理方式,共治北魏。同时,他们开始对北魏朝廷进行变革,使其吸收更多冯太后带来的汉族传统文化,摒弃建国时鲜卑游牧部落留下的传统习俗。汉族官员在朝廷中获得了极高的地位。除了禁止鲜卑族传统服装之外,孝文帝和冯太后甚至禁止鲜卑语的使用,下令官员只能讲汉语,迫使其大家族采用汉族姓氏替代传统宗族姓氏。[2]

道教仍在中国北方宗教中占主要地位。事实上,魏孝文帝的高祖父已经推行了道教的一种独特派系,该教派专注于炼制长生不老药(魏孝文帝宫中也有位术士,花费多年时间努力研制能使皇帝长生不老的仙丹),这也是中世纪的中国在药学和化学方面有所建树的原因。[3]

但是,儒学和佛教为北魏皇室提供了更加有效的统治手段。在中国存在了几个世纪的儒家思想,为等级制度提供了范例。它描绘出一个重视秩序与道德的世界,而其重要的组成部分就是井然有序、组织合理的政府。

佛教则提供了完全不同的东西:君主政治的典范。

中国北方佛教是大乘佛教。与印度和南亚的上座部佛教相比,大乘佛教塑造了具备君王般权力的众神。然而,这些神与罗马众神不尽相同,每位神代表的是佛陀及其弟子不同形式的化身。这些化身被称为菩萨,他们是参悟正道的修行者,已经到了涅槃的境界,"轮转生死中,不受诸因缘"。但菩萨仍未脱离世间,在众生得到普度之后,菩萨才会真正涅槃。[4]

这同上座部佛教密切关注个体的理念相背离。大乘佛教不是简单地推崇归隐之道,而是称颂那些普度弱者的佛教徒,认为他们更伟大、更有成就。菩萨是仁慈君王的象征。北魏时期的佛教赋予皇帝掌管意识形态的力量,支撑起整个体制,巩固了皇帝的统治。魏孝文帝和他的祖母建造了富丽堂皇的佛教寺院,为其提供土地和银两,并下令在北魏北部、首都平城(今山西省大同市)附近的悬崖上雕刻了大量佛像,从此坚定地踏上了政教合一的道路。[5]

在他们的资助下,南部和西部的佛教僧人纷纷迁往北魏,佛教寺院也在全国各地兴建起来。其中最有名的寺院是少林寺,它位于号称"中岳"的嵩山之上,是为印度高僧跋陀而建。少林寺的僧人要为皇帝和北魏百姓的和平生活祈福,这是朝廷出资修建寺院的条件。作为祈祷和冥想的一部分,僧人们也会操练一套强身健体的功法,以集中精神。相传,北魏将军造访寺院时见到僧人们正在练功,认识到这种系统性的功法对打仗练兵具有借鉴意义,随后便加以采用。这些功法被视为中国武术的源头。[6]

490年,冯太后去世,留下23岁的魏孝文帝独掌政权。他为冯太后整整守丧3年——按照传统,这是母亲而非祖母(祖母离世通常守丧1年)离世后应遵循的礼节。[7]

守丧结束后,他召集北魏的部族首领——现在是改为汉姓、人数翻倍的王公贵族,领导他们以南伐的名义进军南方。不过,到达洛阳后,他命军队在洛阳的遗址驻扎,这里曾是晋朝都城,由于缺乏补给、惨遭劫掠,于311年沦陷。"平城,"魏孝文帝对大臣说,"此间用武之地,非可文治。"魏孝文帝计划将北魏变为一个彻底汉化的王朝,而700多千米以南的洛阳,正是他实施计划的关键。他打算重建洛阳,并从平城迁都于此。他还计划重塑两尊巨型佛像(它们位于两处悬崖上,俯瞰着贯穿洛阳城的一条河流),以此希望佛像神圣的目光继续注视着新都城。[8]

重建工作历时9年,但魏孝文帝没能活着看到它竣工。他于

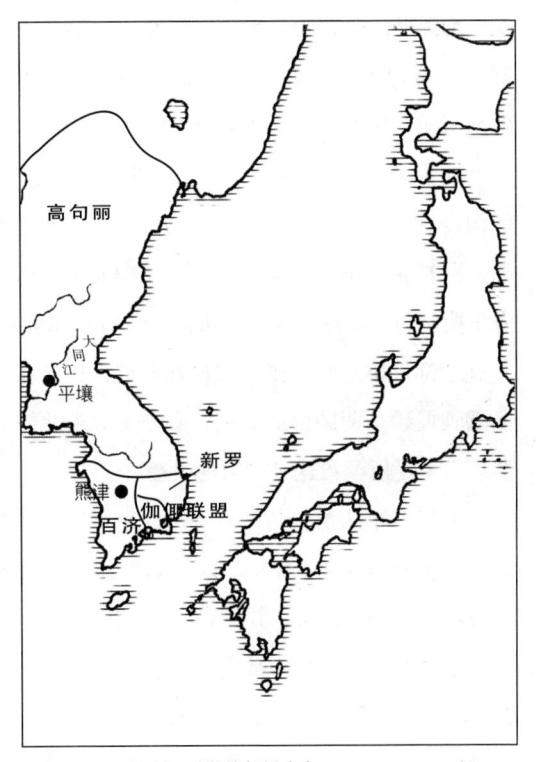

地图 29-1　长寿王时期的朝鲜半岛

499年因病驾崩，终年32岁。随后，他16岁的儿子魏宣武帝即位。在鼎盛时期，这座重建的城市中居住着50多万人口，约20米厚的城墙保护着城内的百姓和500座佛教寺院。在这里只讲汉语。城内巨大的藏书阁汇集了许多汉学经典，供北魏之后的官员学习。这个曾经的蛮族部落正渐渐超越晋朝昔日的辉煌。[9]

位于东方朝鲜半岛上的小国百济，因高句丽疆域和势力日益膨胀而感到担忧，向北方的北魏朝廷寻求庇护，渴望结盟。[10]

413 年，伟大的高句丽王广开土王的儿子长寿王继位。他在位 78 年，赢得了"长寿"的王号。几十年来，长寿王一直小心翼翼地将高句丽一块块征服来的土地，整合为一个国家。

在位第 20 年之际，他下令迁都。他的父亲已经定都于鸭绿江边的国内城，这是一个易守难攻的好地方，但随着高句丽的领土沿半岛一路扩张，国内城如今位置过于偏北，不适合作为政治中心。长寿王决定将都城南迁至位于大同江广阔平原上的平壤。[11]

迁都平壤意味着把重心放在南部，这使新罗和百济两个南部国家感到惶恐。两国都认识到，必须要寻求北魏的帮助，而刘宋国力渐衰，不足以颠覆这种势力的平衡。

北魏派军队前去帮助百济，而新罗也与邻国结盟。然而，这三道防线依然不够。475 年，高句丽的长寿王率军进攻百济都城。他在战场上俘获了百济王并将其斩首，残存的百济政权被迫迁都熊津。

百济几乎在战争中被毁灭。与此同时，高句丽的疆域大大扩展，其辽阔的领土一直延伸至西北部和朝鲜半岛南部。

但是，尽管邻国和盟友惨遭灭亡，新罗却存活下来。在某种程度上，这是因为高句丽把百济视作威胁，而对付新罗则来日方长，毕竟新罗已经落后于其他两个国家。500 年，新罗统治者智证王即位之时，新罗依旧没有什么产业，几乎没有对外贸易，仍采用原始的统治形式。因此，整个国家似乎尚未成形，甚至没有一个公认的正式国名。

智证王推动了新罗的觉醒。他第一次采用汉人的君主称号"王"，而不是传统的称号"麻立干"（maripkan），后者意思更接近于"执政的贵族"。他开始禁止一些比较古老而骇人的新罗习俗，譬如奴隶给主人陪葬等。他请来汉人谋臣，教新罗的人民使用牛耕（他们从未这样做过），并演示如何搭建地下冰窖，用来在炎热的夏季保存食物。[12]

像北魏君王一样，这位新罗王把汉人的政治制度、技术，甚至是汉服、汉姓作为强国的关键。凭借汉人的文化，他把新罗塑造成一个真正的国家。智证王作为新罗开国之王的神话般的身份，留下了一些传说，传说其阴茎长达43厘米，因此很难找到妻子。[13]

514年，智证王的继任者法兴王即位。在他领导下，新罗颁布了成文法典（520年），确立了国教，成为一个真正的中央集权国家。也正是在法兴王统治时期，佛教终于传入新罗。

百济和高句丽已经信奉佛教100多年，但直至527年，新罗依然没有皈依佛教。这一年，印度高僧阿道（Ado）抵达新罗都城，最终帮助新罗王摆脱了尴尬困境。据《海东高僧传》的历史记载，中国南方的刘宋皇帝当时已经派遣使节出使新罗，并带来佛香作为礼物。但无论是新罗王，还是他的朝臣，都不知道佛香为何物（或者说，不知如何理解这份礼物的含义）。

身在宫中的阿道解释称，应当烧香供佛。汉人使节向他作揖，并说："此边国高僧何不远。"紧随其后，书中记载道，法兴王"敕许斑行"。不久，法兴王更进一步，诏告天下，奉佛教为国教。这些记载直截了当地表明，朝政虽全由"蛮夷"之人掌控，但他们了解自己的弱点，在更有经验的汉人使节面前，没有丢掉自己的尊严。[14]

防止日后丢失尊严的唯一办法就是进一步汉化。不久之后，新罗形成了自己的历史版本：是的，尽管佛教很晚才传入新罗，但法兴王声称，宫廷的匠人在打地基的时候，发现了很久之前的佛塔以及其他结构——"桩基、石龛和台阶"，那是前朝佛教寺院的遗迹。法兴王重写了新罗的历史：数百年以来，佛教已经融入新罗的历史之中，甚至比融入邻国的历史更长。在这种虚构历史的支撑下，新罗决定与高句丽争夺朝鲜半岛的统治权。[15]

时间线 29

东罗马帝国	波斯帝国	中国 南朝	中国 北朝	高句丽	百济	新罗
	伊嗣俟一世（399—420）					
狄奥多西二世（408—450）				长寿王（413—491）		
		东晋灭亡／刘宋建立（420）				
	巴赫拉姆五世（420—438）	宋武帝（420—422）				
		宋少帝（422—424）				
		宋文帝（424—453）	魏太武帝（424—452）			
	伊嗣俟二世（438—457）	刘宋建立儒学馆（438）	北魏统一北方（439）			
			北方第一次灭佛运动（446）			
马尔西安（450—457）						
卡尔西登公会议（451）						
瓦塔纳兹之战（451）		宋孝武帝（453—464）				
色雷斯人利奥（457—474）	卑路斯一世（457—484）					
		宋明帝（465—472）				
			魏孝文帝（471—499）			
		宋后废帝（473—476）				
利奥二世（474）						

时间线 29（续表）

东罗马帝国	波斯帝国	中国		高句丽	百济	新罗
		南朝	北朝			
芝诺（474—491）/巴西利斯库斯（475—476）						
		宋顺帝（477—479）				
东哥特人侵略						
	巴拉什（484—488）					
	喀瓦德一世（488—531）					
阿纳斯塔修斯一世（491—518）				文咨王（492—519）		
	[札马斯普（496—498）]					
			魏宣武帝（499—515）			智证王（500—514）
						法兴王（514—540）
查士丁一世（518—527）						

/ 30

怨恨

> 479年,南方的刘宋朝瓦解,
> 534年,北方的北魏分崩离析。

北部和西部的国家为了自身利益,迅速推行汉人的传统文化,而南部的汉人政权刘宋却正陷入土崩瓦解的境地。宋孝武帝是一位有失体统的皇帝,他背弃了儒家尊卑有序的原则,贪图享乐,不理朝政。后来,被戏称为"猪王"的宋明帝篡权夺位。宋明帝在位7年之后,宋后废帝继承皇位。他是一个放浪不羁的少年,又因行为荒诞(在小睡的官员腹部画一个靶心,然后用包起箭镞的箭射向它),令人忍无可忍,仅仅在位5年。朝廷官员们刺杀了他,后拥护其10岁的弟弟宋顺帝即位。[1]

两年后,即479年,一位激愤的大臣暴力夺权,成为新王朝的开国皇帝齐高帝。刘宋至此终结,南齐登上历史舞台。

然而,事实证明,南齐的存在不过是一场家族权力之争罢了。齐高帝登基时年事已高,在位3年便去世了,后其子齐武帝继位。

30 怨恨

齐武帝在位 11 年，在他去世之后，家族争权混战接连发生。最终，494 年，齐武帝的弟弟夺权称帝，是为齐明帝。他在位短短 4 年就去世了。[2]

他的继任者乃其子齐炀帝。齐炀帝因明显缺乏理智（在父皇的葬礼上，他因看到一个秃头男子，竟忍不住放声大笑），被后世贬为"东昏侯"。尽管如此，他却明白，想要建造一座华丽的新皇宫，就必须向百姓征收重税。征税使百姓不堪重负。时常能见到有人因积蓄被搜刮一空，沿着街一边走，一边哭诉。

后来，东昏侯昏庸无道，竟因怀疑一名官员谋反，便将其毒死。这位官员正是萧衍将军的兄长，而萧衍在军队中威望极高。萧衍听闻兄长被害，随即开始大规模招兵买马，准备造反。次年，他率军攻进南齐都城南京（时名建康），围攻此地两个月之久。城中粮草断绝，饥荒肆虐，8 万多人因此丧命。在这段艰难时期的末尾，宫中的宦官杀死了东昏侯。他们取了东昏侯的首级，派人送给了萧衍。[3]

萧衍现在成为国中权力最大的人，他犹豫良久，才决定掌权。短短一年多的时间里，他便升任大司马，把精力都用在辅佐东昏侯 13 岁的弟弟齐和帝身上。在中国，人们认为君主必须世袭。与罗马不同，中国从来都不是一个有军事力量就可以掌权的国度。萧衍必须遵循王朝制度，这种制度中只有皇室成员具有继承皇位的合法性。即便一个家族已经取得了政权，它依然必须证明自身是天命所归。

东昏侯死后不满一年，萧衍将军便说服少年皇帝让位给他。我们不知道他向齐和帝施加了何等压力，但毫无疑问，这位年轻人认为，举行典礼，禅位给大司马，就能保命。然而，他大错特错。当刺客前来刺杀齐和帝时，他允许齐和帝喝酒喝到不省人事，然后才取了他的命。[4]

南齐于479年建立，502年灭亡，仅存在20余年。502年，萧衍即位，成为新王朝的开国皇帝，其死后谥号为"武"，故史称"梁武帝"。梁是南朝第三个朝代，大约持续了50多年，其中梁武帝在位统治47年。

但它仍自诩为一个朝代。梁武帝把自己并不显赫的家族变成皇族，成为符合皇室继承体制的继承人。他强硬的个性确实给南部带来了暂时的安定。在位的大部分时间里，他都在试图重建国家的官僚制度；设立了五经馆，用以培养年轻官员；宣布所有的皇位继承人必须完全接受儒家教诲。他还击退北魏大军，加固边防。

梁武帝是一个佛教徒，并且在他统治期间，他对佛教的虔诚与日俱增。他资助印度僧人云游，以便他们能来都城宣讲经义；修建寺院（到他退位时，南梁境内共有近2000多所寺院）；下令编纂中国第一部《大藏经》，这是当时最完整的佛教经文集；尽力遵循佛教禁止杀生的教义，甚至下令规定儒家、道家的祭祀仪式不能选用通常的祭品，而是改用蔬菜和捏成动物形状的面食代替。[5]

他竭尽全力广施德治，巩固皇位。作为南朝统治者，他已置身于数千年古老的皇室传统之中，这种传统为他提供了一种合法的掌权方式。以德服人的皇帝受上天眷顾，获得神圣的统治权。自第一位天子在黄河流域建立统治以来，历史学家和哲学家便认为，他们是因其美德才掌握政权。子曰："道之以德，齐之以礼，有耻且格。"这解释了君权神授的缘由。[6]如果一个王朝变得暴虐和腐败，那么它就会失去神授的权力（这是天命，即上天赋予的王权）。梁武帝的新王朝将会通过德治赢得天命。

然而，就梁武帝的情况而言，这个治理之策的结局不尽如人意。在实施德治的同时，他愈加确信，佛教要求他放弃对世俗权力的野心。527年，他脱下皇袍，穿上僧衣，舍身出家，遵守戒律，研究佛法。据有关史料记载，比起皇宫，他在佛寺更为愉悦。[7]

群臣求他回朝。他出家为僧后显然没有指定一人代理朝政，况且群臣因无权制定皇家律法，难以治国理政。寺院方丈想从中谋取好处，便不允许梁武帝还俗回朝，除非群臣能从国库中拿出巨额钱财交给寺院。收到这笔钱财之后，他才将梁武帝礼送出寺院。此时，皇帝才不情愿地回朝理政。

在北方，魏宣武帝在新都城洛阳统治北魏。接着，魏宣武帝入侵南方，但是由于梁武帝奋力抵抗，北魏失利。尽管魏宣武帝发动了多次进攻，但他5年内攻下南梁的计划还是泡汤了。于是他把重心放在继承父皇的改革上，欲使本朝完全汉化。

但这种把北魏两个完全不同的群体——时常迁徙的游牧士兵和生活有规律的定居者——联合起来的企图，现在开始结出苦果了。

在北魏过去的游牧民族体系中，部落首领的权力大都平等。最高首领的权力稍大一些，以监督为部落发展所进行的共同努力。这种体系的残余势力令魏宣武帝深受困扰。当地的贵族们，即部落首领们的后代，将他团团包围，一边向居住在这片土地上的农民征税（税收本应上缴国库），同时征兵以扩充军队（军队本应为皇室利益服务），一边要求拥有土地管辖权。这些地主游离于两种身份之间——一边是强大、忠于皇室的贵族，另一边是独立、弱小的地方统治者——但他们的本性倾向于实现独立。[8]

为了约束他们的权力，魏宣武帝继续推行父皇的土地改革。依据新颁布的法律，北魏的土地不再属于个别家庭或贵族，而属于国家。国家有权拨地给个人，而个人可以通过劳作养活全家，并直接向朝廷缴纳税金。当农民去世之后，政府可以重新把他的土地分配给别人。

这就是均田制。它阻止了贵族们兼并越来越多的土地，也阻止了贵族们将兼并所得的土地传给他们的子孙后代以便在北魏境内建成独立的世袭国家。但这也引起了前部落首领们的强烈不满，因为他们发觉自身的传统权力受到了挑战。[9]

这些贵族陷入身份转换的重压之中。与皇帝一样，他们渴望成为汉人。因此，他们即便对自己丢失传统权力感到不满，也必须摆脱曾经粗野的战士身份，以保护自己的新身份。

在魏宣武帝和他的继任者在位期间，这种"摆脱"表现为轻视驻守北方边境的士兵。北魏一直遭受游牧民族的攻击，这些游牧民族并没有形成任何王国，仍旧出没在更靠北的草原。多年来，北魏对待这些游牧民族的策略之一便是捉拿他们，再将他们集中至北部的戍边军队之中——事实上，把一部分俘虏安置于驻守北魏边境的军队是为了缓解威胁。[10]

这就意味着驻守边境的主要是蛮族人，相比宫中贵族，北魏驻军的习性更接近于游牧民族。北魏向南迁都洛阳，加大了北部士兵同地位节节攀升的贵族之间的隔阂。士兵接受指派去往北部边境作战，曾经是一种荣誉，如今却成了一种惩罚。贵族对北部边境士兵的忠诚持怀疑态度，认为士兵随时可能叛变。519年，在朝廷为官的一名贵族提议，取消武将担任官职的资格——这个提议表明，贵族越发地轻视已经吸纳了蛮族人的军队。跨越半个地球，同样的轻视也曾使伟大的罗马战士阿拉里克和斯提里科无法登上皇位。[11]

该提议一经传出，洛阳士兵便发起了暴动。暴动的士兵打伤了这名贵族和他的父亲，烧死了他的哥哥。魏宣武帝已于515年驾崩，其皇后，即如今的皇太后胡氏，辅佐其子魏孝明帝继位。胡太后承诺此提议一定不会施行，才平息了暴乱，但这种轻视的姿态表明，边境士兵与朝廷之间存在着很大的敌意。524年，北部驻军起兵反抗。

北魏同其边防军队之间的战争持续了数年。本应在洛阳处理国家大事的胡太后，却对城外发生的任何事情都不管不顾，即使是北方叛乱也不例外。除了派遣北魏柱国大将军尔朱荣的军队前去镇压，她没有采取任何措施缓解足以亡国的仇恨。528年，她已将朝廷的大部分权力交付于宠臣，却拒绝给予年轻的魏孝明帝任何权力。

此时，魏孝明帝年满18岁，已经能够进行反击。他向尔朱荣下诏，命其从北部边境返回，铲除胡太后及其宠臣的势力。尔朱荣响应皇帝的要求开始南返，但在他抵达洛阳之前，魏孝明帝已被得知消息的胡太后毒杀。

之后，胡太后同其宠臣扶植一个两岁的孩子为傀儡皇帝。对此，尔朱荣及其部下宣称，魏孝明帝的一个堂叔才是合法的皇帝，并于行进途中，在军帐中拥其为帝。尔朱荣回到洛阳之后，攻陷了都城，俘虏了胡太后，把她同傀儡小皇帝一并沉入黄河淹死。随后，他召集约2000名支持胡太后的文武百官来到他的帐前，将他们全部杀害，史称"河阴之变"。[12]

新皇帝魏孝庄帝对尔朱荣的野心有所顾忌（不论是在东方还是在西方，只是在名义上领导一位野心勃勃的将领，都非长久之计），便同意迎娶尔朱荣的女儿，并立其为后——这样才有可能使尔朱荣放弃争夺皇位的想法，毕竟理论上他的外孙能够成为皇帝。但两人

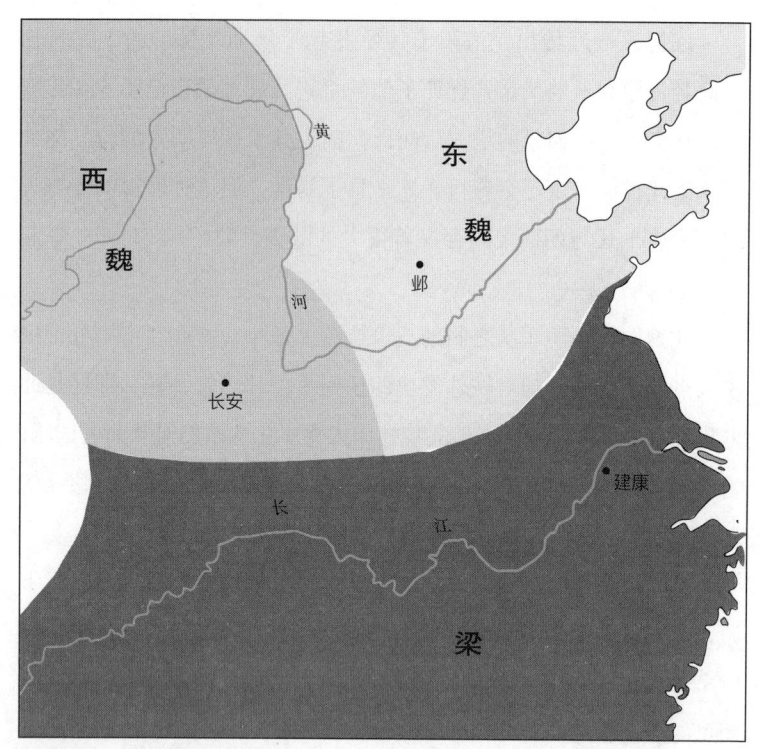

地图 30-1 北魏的分裂

之间的猜疑不断加深。530年,在尔朱荣来到洛阳皇宫,等待他的第一个外孙降生时,魏孝庄帝趁机派人将其暗杀。

这件事引发了内战:一方是尔朱荣的亲信和他的部下,另一方是魏孝庄帝和驻守洛阳的军队。两个月后,尔朱荣的侄子尔朱兆在洛阳附近的一场战役中俘虏了皇帝。他率军攻入城内,四处劫掠,还杀害了魏孝庄帝尚在襁褓中的儿子。之后,他勒死了皇帝。

直至534年,皇族同尔朱氏族人之间的内战仍在继续,他们对

时间线 30

东罗马帝国	波斯帝国	中国	
		南朝	北朝
		宋文帝（424—453）	魏太武帝（424—452）
	伊嗣俟二世（438—457）	刘宋建立儒学馆（438）	北魏统一北方（439）
			北魏第一次灭佛运动（446）
马尔西安（450—457）			
卡尔西登大公会议（451）	瓦塔纳兹之战（451）	宋孝武帝（453—464）	
色雷斯人利奥（457—474）	卑路斯一世（457—484）	宋明帝（465—472）	
			魏孝文帝（471—499）
利奥二世（474）		宋后废帝（472—477）	
芝诺（474—491）		宋顺帝（477—479）	
巴西利斯库斯（475—476）		刘宋灭亡/南齐建立	
东哥特人侵略		齐高帝（479—482）	
	巴拉什（484—488）	齐武帝（483—493）	
	喀瓦德一世（488—531）		
阿纳斯塔修斯一世（491—518）			
	[札马斯普（496—498）]	齐明帝（494—498）	
			魏宣武帝（499—515）
		齐和帝（501—502）	
		南齐灭亡/南梁建立	
		梁武帝（502—549）	
			魏孝明帝（515—528）
			河阴之变
查士丁一世（518—527）			魏孝庄帝（528—530）
查士丁尼大帝（527—565）			北魏分裂成西魏和东魏（534）

于皇位的争夺使得北魏帝国分裂成两个独立的国家：东魏和西魏。洛阳是叛乱的中心，在遭到劫掠之后，几近荒无人烟，成为一座空城。两个国家都由权倾朝野的将军扶植傀儡皇帝统治，也都摆好架势，准备随时同对方开战。[13]

儒家崇尚的社会秩序和佛教推崇的顺从思想已经过时。为了使国民汉化，魏孝文帝推行的改革犹如埋下了一根弦，这根弦一旦被拉紧，整个国家便会支离破碎。

/ 31

推选的国王

> 481 年至 531 年间，克洛维成为首位法兰克国王，不列颠领袖安布罗修斯·奥勒良击退了撒克逊人，东哥特人也推举出了新的国王。

萨利安法兰克人在与阿提拉的战争中损失惨重，之后零零散散地向西撤退，回到他们在莱茵河西岸的领地。虽然与匈人的战争削弱了他们的实力，但如今他们又东山再起。

约 457 年，半传奇式的人物墨洛维去世。他的儿子希尔德里克（Childeric）继位，成为萨利安法兰克人的新首领。尽管希尔德里克自称"法兰克国王"，还在北部城市康布雷（Cambrai）修建王宫，但他只是众多首领之一。其他法兰克部落即便承认长发的萨利安人是联盟的领袖，也保持着本部落的独立性。还有一些小法兰克国王散布在各地，一些罗马人的小国国王亦是如此。在罗马人完全放弃对高卢的控制以后，叛变的罗马将军在卢瓦尔河北岸建立了自己的狭小领地。

希尔德里克被迫与这些敌对的国王交战，其中包括意大利的奥多瓦卡、东部的阿勒曼尼人侵略者，以及进入卢瓦尔河流域的撒克逊海盗。他在 481 年去世之时，即便拥有国王的头衔，也只不过算是萨利安人的首领。[1]

尽管如此，他 15 岁的儿子克洛维还是继位了。克洛维在他 20 岁时，击败了一个罗马人统治下的邻国，还将其领地据为己有。这是他继位后的首次大捷。在接下来的 10 年里，他占领了附近的图林根人（Thuringii）、勃艮第人和阿勒曼尼人的土地。后来，他领导法兰克人取胜的本领为他赢得了越来越大的权力，使他凌驾于其他部落首领之上。[2]

他也利用姻亲关系与其他国家结盟——他自己就同勃艮第的日耳曼部落的国王的女儿结婚，缔结了两国之间的外交关系。这位公主名叫克洛提尔德（Clotild），是名基督徒。据法兰克史学家图尔的格列高利称，她开始向她的丈夫传教。"你所崇拜的诸神没有什么神通，"克洛提尔德坚称，"他们甚至不能自救，更不必说拯救别人了。战神马尔斯和智神墨丘利曾为别人做过什么吗？"

这种说法很务实。496 年，克洛维发现，认同他妻子的观点是明智之举。根据格列高利的记载，克洛维当时正与阿勒曼尼人作战，眼看就要战败。这时，他抬起头，望着天空。"耶稣基督，"他祈祷道，"如果你助我战胜敌人，我便信奉你。我已向我的诸神祈求，但我十分确信，他们无意帮助我。"阿勒曼尼人顿时溃散，宣布投降。克洛维回去后皈依了基督教。他和克洛提尔德召兰斯（Reims）主教前来为他施洗。[3]

对于图尔的格列高利而言，克洛维就是法兰克的君士坦丁。毕竟，克洛维的确与君士坦丁十分相似。如同阿拉里克领导下的西哥特一样，法兰克是一个邦联，而不是一个国家：法兰克人因风俗习惯、地理位置和生存需要凝聚在一起。他们在罗马境内生活了一个多世纪,也已经接纳了罗马的行为方式——对战神马尔斯和其他罗马众神的崇拜,以及罗马化的军队组织形式——这是把他们凝聚在一起的最为坚强的纽带。

然而,西罗马帝国的瓦解导致了这种"罗马性"(Romanness)纽带的断裂。同君士坦丁一样,克洛维认识到,需要一条更为坚强的纽带,把他的子民凝聚在一起(也需要这样一条纽带,帮助他实现对全国的统治)。而基督教将成为法兰克各部落之间新的黏合剂。

图尔的格列高利坚信克洛维是虔诚的:"如同君士坦丁再世,"他奉承道,"他移步走向洗礼池,准备用流水洗去旧疾(麻风病)留下的疤痕,洗净常年累积的污迹。"之后他不带一丝讽刺意味地补充道:"他军中的 3000 余名士兵同时接受了洗礼。"军队整体皈依基督教,与克洛维的自身救赎形成了完美的配合,且这种配合不可或缺,也恰到好处:信奉基督教的王室和皈依基督教的军队,将是法兰克作为新晋的统一基督教国家的核心吸引力。[4]

皈依基督教的成效很快显现。507 年,已经受洗的信奉正统基督教的克洛维信心十足,要向伊比利亚信奉阿里乌派的西哥特人发动集中攻击:"这些阿里乌派教徒占据着高卢的一部分,我很难继续袖手旁观,"他对众位大臣说,"上帝保佑,让我们入侵他们。在击败他们之后,我们将接管其领土。"

在其岳父勃艮第国王的增援下,克洛维向着卢瓦尔河以及西哥特边境进军。双方在武耶(Vouille)交锋,该地位于卢瓦尔河西南部的西哥特境内。西哥特国王阿拉里克二世(Alaric II)战死沙场,西哥特军队也溃败逃散。法兰克人向南猛攻,入侵了图卢兹。西哥特余下的王室成员携阿拉里克二世 5 岁的儿子阿马拉里克

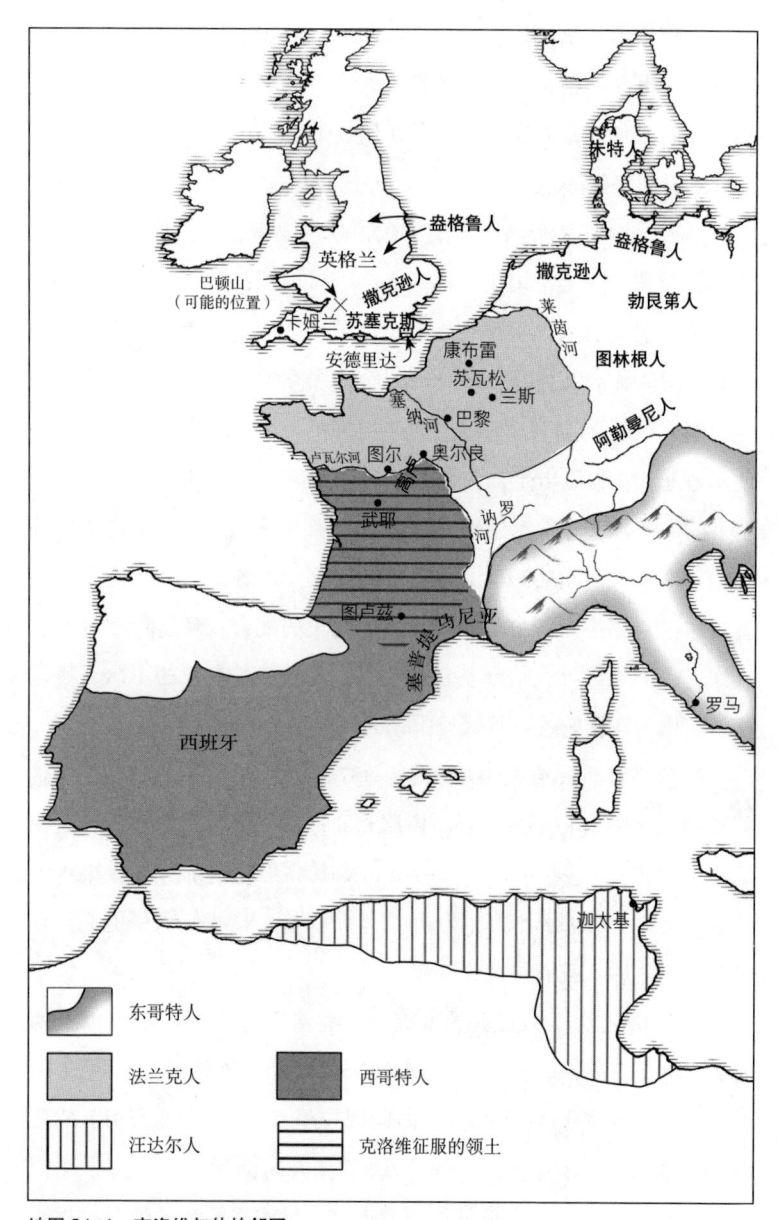

地图 31-1 克洛维与他的邻国

(Amalaric），逃往伊比利亚。[5]

意大利的东哥特军队也卷入了战斗。狄奥多里克大帝的女儿嫁给了阿拉里克二世，那么年幼的阿马拉里克——可能会是下一任西哥特国王——就是东哥特王室的一员。508年，东哥特军队抵达南部的罗讷河（Rhône），迫使克洛维从塞普提马尼亚（Septimania）撤军。此地靠海，是高卢的一小块区域。然而，这场胜利微不足道。虽然它阻止了克洛维在地中海沿岸建立自己的政权，但图卢兹仍在法兰克人手中，而如今的塞普提马尼亚只是西哥特统治下高卢的一隅。西哥特人几乎已经被完全驱逐至伊比利亚，在那里，他们不得不从头开始，重建支离破碎的王国。[6]

克洛维凯旋而来，从图卢兹运回了满车的金银珠宝。他在图尔稍作休息，感谢上帝帮助他取得胜利。也是在那里，他收到了一封来自君士坦丁堡的信。东罗马帝国皇帝有意授予同样信奉基督教的克洛维一个荣誉封号，承认他是西部蛮族之光。

然而，克洛维误解了他的意思。他自称"西罗马帝国的执政官奥古斯都"，身着紫袍，头戴王冠。毫无疑问，这并不是东罗马帝国皇帝的意图。但他也没有反对：克洛维距东罗马帝国很远，且他的权力能够牵制意大利的狄奥多里克，而后者才是更大的威胁；让克洛维在破败的小城康布雷紫袍加身，也没有什么害处。

但克洛维没有止步于康布雷。他既然是奥古斯都，是皈依基督教、取得战争胜利的罗马国王，就需要一个新的都城。随后，他定都于塞纳河上的罗马古镇，鲁特蒂亚-巴黎西（Lutetia Parisiorum），并开始加固城墙。他在领地颁布了一部用拉丁语撰写的法典，即《萨利克法典》（Pactus Legis Salicae）。该法典明令禁止了日耳曼民族过去的传统——血亲复仇，并以罚款和刑罚取代家族间的报复性杀戮。[7]

他还一个接一个地清除了可能威胁他独掌大权的法兰克部落首领。从509年直至去世，克洛维作为法兰克第一位基督教国王、第一位颁布法典的国王，以及第一位统领整个国家的国王，在新都巴黎进行统治。此后的200余年，他的后代统治着以传奇勇士墨洛维的名字命名的墨洛温王朝（Merovingian dynasty）——法兰克人的第一个王朝。

在海峡对岸，另一位与罗马稍有渊源的国王也在奋力保全其尚存的领土。他就是安布罗修斯·奥勒良（Ambrosius Aurelianus）。他的出身鲜为人知，但他可能拥有皇室血统。485年，在克洛维开启10年征战之际，安布罗修斯·奥勒良也领导不列颠的统治者们加入抗击撒克逊侵略者的大战之中。

30年来，不列颠的本土人一直在抗击撒克逊人和盎格鲁人的入侵。抵御他们的进犯，已经成为两代人的生存之道。早在455年，沃蒂根就设法除掉了撒克逊人的一员大将。他在去世之前，率领部下继续抗击了15年，然而敌人却仍在边境骚扰。后世的英国史学家们以各种莫须有的罪名指控他，譬如谋害了不列颠的合法国王并取而代之（尽管在5世纪，还不存在任何与"不列颠的合法国王"相近的概念），以及将撒克逊人请入国门，把不列颠交到他们手中，来换取同撒克逊妇女亲热的机会。尽管沃蒂根一生都在对抗侵略者，但他也未能将他们驱逐，而他最终失败的辛酸过往仍萦绕在不列颠人的心中。[8]

在沃蒂根去世之后，安布罗修斯担任了不列颠的战争领袖。安布罗修斯的背景已不可考，但在吉尔达斯撰写的史书，也是最早的记载中，他被称为"罗马绅士"，而其"紫袍加身"的父母惨遭侵略者杀害。马姆斯伯里的威廉（William of Malmesbury）称他是"唯一幸存的罗马人"。而比德故作神秘地说，他的"父母是著名的皇室成员"，还称安布罗修斯是谨言慎行之人（viro modesto）。[9]

这些说法并不可靠。但在不列颠，最后剩下的几位罗马将领之一很可能是安布罗修斯的生父；又或者，在西罗马帝国灭亡之际，几名罗马将领自立为王，而安布罗修斯则是其中一人的后代。无论出身如何（他没有对外宣扬），他都继承了罗马军队的传统，且再次将不列颠的小国国王团结到了一起。

与沃蒂根相同的是，安布罗修斯最初对盎格鲁-撒克逊侵略者发动的突袭战况不佳。473年，他遭遇惨败。此后，477年，他再度受到重创——当时，为数更多的撒克逊人在靠近不列颠安德里达（Anderida）要塞的南部海岸登陆。他们的指挥官是埃勒（Aelle）将军。埃勒就近在南部地区建立了自己的王国：南撒克逊王国，后简称为苏塞克斯（Sussex）。他是第一批在不列颠称王的撒克逊人之一，而撒克逊人在不列颠的势力正逐渐深入。[10]

485年，不列颠人进行了反击。据说在巴顿山［Mount Badon，又或许是英格兰东南部的索斯贝里山（Solsbury Hill），虽然无人知晓其确切位置］山顶，不列颠人在安布罗修斯的领导下，大获全胜。关于巴顿山战役的叙述众说纷纭，其中还充斥着后世之人的揣测。一些著名的人物也出现在这些叙述当中：安布罗修斯的兄弟尤瑟·潘德拉贡（Uther Pendragon）与他并肩作战；康沃尔公爵（duke of Cornwall）格洛斯（Gorlois）率领部队在一翼发动进攻；安布罗修斯的得力部下是一位名叫亚瑟（Arthur）的战士；沃蒂根（不知以何种方式死而复生）加入撒克逊人阵营，攻打自己的子民。这些说法互相抵触，甚至连具体时间都不能完全确定。唯一能确定的是，不列颠人取得了胜利。

成千上万的撒克逊人遭到杀害，还有数百人被驱逐出英格兰，回到高卢及其周边地区。关于安布罗修斯的传说大量涌现。在面临看似不可阻挡的破坏与灭亡之时，他不仅是最后一个罗马人，也是最后一位文明的卫士。[11]

巴顿山战役的胜利并没有终止撒克逊人争夺领地的脚步。据《盎格鲁-撒克逊编年史》（Anglo-Saxon Chronicle）记载，不列颠人同余下的撒克逊人之间的战争仍在继续。491年，南撒克逊人领袖埃勒攻占了不列颠的安德里达要塞，掌控了南部海岸，还将当地居民赶尽杀绝，以此加强了对自己王国的统治。据《盎格鲁-撒克逊编年史》记载，"甚至没有一个布立吞人幸存"。[12]

尽管如此，巴顿山战役还是暂时阻止了新的军队涌入岛内。正如爱尔兰民俗学家霍根（Daithi O Hogain）所说，"对不列颠本土人的侵略'暂时'受阻"。[13]

但"不列颠本土人"性情软弱，他们团结一致，也只是因为他们必须要将撒克逊人驱逐出去。他们没有不列颠王国，没有不列颠高王，没有共同的宗教信仰，也没有一个国家的理念。在6世纪初，如果说一个人是不列颠人，那就是说他不是撒克逊人。即便是受到再微不足道的挑战，各个独立的国王和部落首领都唯恐失去自己的权力。511年，距安布罗修斯成功挽救不列颠已经过去了26年，亚瑟可能在对抗另一位不列颠国王的战争中丧命，而那位国王曾是他的盟友。这场战役发生在西南海岸附近的卡姆兰（Camlann），其中，手刃这位不列颠救星的却是不列颠人，而不是撒克逊人。[14]

亚瑟名垂千古，被称为"布立吞人之王亚瑟"（Arthur, King of the Britons）。在这个世界上，文明和秩序都不是自然而然形成的，而亚瑟就是这样一位斗士：他经常受到其他军事领袖的威胁，最后还遭到那些他本能够信任的人的背叛，以失败告终。正如威尔士诗人塔利辛（Taliesin）、英国史学家蒙茅斯的杰弗里、法国诗人、十字军战士罗伯特·德·博龙（Robert De Boron），以及托马斯·马洛礼（Thomas Malory）所润色的那样，在那个死亡便意味着王权毁灭的时代，亚瑟的悲惨结局只是一个缩影。在不列颠的黑暗时期——事实上，大多数日耳曼民族亦是如此，包括撒克逊人——国王的权力不能世袭。国王要成功领导部落赢得战争，才能取得统治权；他的追随者会赋予他权力，因为他当之无愧。但去世之后，他的权力就会消失，而他的追随者将联合起来，推选下一任国王。[15]

对于罗马人（以及波斯人）而言，君权的含义截然不同。罗马人认为，君权代表世代延续的不朽与永恒，它比任何一个在位的君主都要持久：这是罗马帝国的理念。君王会将实践这种理念的权利传给自己的儿子（因而王权世袭成为可能），他的死亡不会削弱君权。

但是在不列颠，国王去世之后，他的王国也就不复存在。随后，就会有另一个人称王，建立一个新王国。这是大多数日耳曼民族所认同的观点，也可以用来解释狄奥多里克大帝为什么会将罗马公民权与其子民的忠诚度联系到一起。一旦征服了意大利，他就是罗马的统治者。

古罗马帝国的理念是否影响了安布罗修斯·奥勒良的思维方式，我们不得而知。他是可能拥有罗马血统的不列颠"绅士"，但他与罗马皇帝之间不一定存在血缘关系。然而600年后，在发生了翻天覆地变化的英国，蒙茅斯的杰弗里回顾并再现了（或许毫无意义）那个国王去世就意味着王国毁灭的时代：亚瑟在卡姆兰一役中身负重伤，但他并没有死。他把王位传给堂兄弟，自己则被送往阿瓦隆岛（Isle of Avalon）疗伤。他的王国依然存在。虽然他悄无声息地离开，同王国和子民相距甚远，但他还活着。亚瑟在国家和国王合二为一的时代，成就了不列颠的新理念。如同国家理念一样，他永远存在于人们的心中。

511年（卡姆兰战役同年），法兰克国王克洛维去世了。

作为法兰克独掌大权的国王，他仅仅在位两年，也没有指定的继承人。相反，他把他的王国留给四个儿子共同统治：希尔德贝特一世（Childebert I）、克洛多梅尔（Chlodomer）、克洛泰尔一世（Chlothar I）和提奥多里克一世［Theuderic I，不要跟意大利的狄奥多里克大帝弄混了。Theuderic是日耳曼语，有多种变体，相当于英文的"Henry"（亨利）］。克洛维常年征战，为自己赢得了"法兰克国王"的尊位。他的王国里尽是好战的法兰克人，他们持有古老的日耳曼王权理念：他们有权选择自己的国王。他们非常痛恨任何把王国留给唯一指定继承人的行为，况且继承人也未曾在战争中证明过自己。不过，克洛维把对法兰克人的统治权留给了他的家族，这是完全不同的。对于法兰克人来说，这种理念他们再熟悉不过了——他们已经接受了这个萨利安家族的统治。

他的四个儿子选择了不同的城市作为各自的权力中心：长子提奥多里克一世去了兰斯；克洛多梅尔在奥尔良进行统治；希尔德贝特一世留在了鲁特蒂亚-巴黎西；而最小的儿子，克洛泰尔一世，则把苏瓦松（Soissons）作为他的都城。524年，这种格局第一次被打破。克洛多梅尔在对勃艮第人的远征中战死沙场，他的弟弟克洛泰尔一世却带领着另外两个兄弟赶到奥尔良，在哥哥的几个儿子继承

时间线 31

中国		萨利安法兰克人	西哥特人	日耳曼意大利	不列颠
南朝	北朝				
					沃蒂根（约450）
		墨洛维（?—约457）			
宋孝武帝（453—464）					
宋明帝（465—472）		希尔德里克（约457—481）			
	魏孝文帝（471—499）		尤里克（466—484）	安布罗修斯·奥勒良（约470—约511）	
				奥多瓦卡（476—493）	
宋顺帝（477—479）刘宋灭亡/南齐建立					（苏塞克斯）埃勒（477—514）
齐高帝（479—482）		克洛维（481—511）			
齐武帝（483—493）			阿拉里克二世（484—507）		巴顿山战役
齐明帝（494—498）				狄奥多里克大帝（493—526）	
	魏宣武帝（499—515）				
齐和帝（501—502）南齐灭亡/南梁建立梁武帝（502—549）					
			阿马拉里克（511/526—531）		
		克洛泰尔一世/希尔德贝特一世/提奥多里克一世/克洛多梅尔（511—524）			卡姆兰战役
	魏孝明帝（515—528）				
	河阴之变魏孝庄帝（528—530）			阿塔拉里克（526—534）	
	北魏分裂成西魏和东魏（534）		狄乌蒂斯（531—548）		

统治之前，杀害了他们。四个国王变成了三个。

过去日耳曼民族的家族制度会使国家陷入内战，但也能使不称职的国王远离王位。531年，年轻的西哥特国王阿马拉里克被自己的部下杀害。他曾经得到过大部分人的支持，却没能证明自己是善战的将领。西哥特人推选了新国王，代替了他的位置。这位新国王本是一位名叫狄乌蒂斯（Theudis）的军官，他没有王室血统。他甚至都不是西哥特人。他来自意大利，是一名东哥特军官。数年前，阿马拉里克年纪尚小，而狄乌蒂斯被意大利的狄奥多里克大帝派至伊比利亚，监视王室的一举一动。

然而，他的血统与他的实力相比，无足轻重。因此，他成了西哥特的新国王。自此，血统对于推选西哥特国王影响甚微，西哥特也已恢复到按照旧时日耳曼民族的标准来推选国王的状态。[16]

/ 32

敌人入侵与火山喷发

497年至535年间,哒人在印度北部建立了一个王国,而喀拉喀托火山的喷发困扰着这个国度。

495年,笈多王朝的国王佛陀笈多去世,他在位近20年。很难确定之后究竟是谁接替了他的王位,但他的弟弟那罗信诃笈多(Narasimhagupta)最有可能掌管了帝国。他们的高叔公旃陀罗笈多二世将笈多王朝发展至最盛。但在那罗信诃笈多的统治下,王朝急剧衰败:附属国纷纷脱离控制,小国国王逐个宣告独立,由北部进入印度的哒人的规模也从涓涓细流发展成为汪洋大海。

一位哒勇士在众人之中崭露头角:500年至510年间,战争领袖吐拉摩那(Toramana)征战于印度北部,接连制服了一众小国国王。到了510年,他在帝国内一路推进,到达了笈多王朝的南部边境城市伊兰(Eran)。

伊兰的统治者是巴努笈多(Bhanugupta),他拥有王家血统。他同他的将军古帕拉贾(Goparaja)联手,对哒人展开了英勇的反击。然而，他们失败了：古帕拉贾战死沙场，巴努笈多竟然从历史记载中消失了，而那罗信诃笈多的下落无人知晓。吐拉摩那将伊兰据为己有，自立为王。此时，笈多王朝被迫一路退回至其东部的发源地。[1]

吐拉摩那最初的领地位于印度河西岸，而在他穿过群山、向南推进之时，他依然控制着内陆的这片领地。这使他的帝国版图自波斯东部边境延伸至印度群山，跨越了中亚和印度的边界。他在奢羯罗（Sakala）建都，并在短时间内将其发展成为一个大都市，一个"繁荣的贸易中心"。据《弥兰陀王问经》（*The Questions of King Milinda*）记载：

> 在奢羯罗，公园、花园、树林、湖泊以及水库比比皆是，这是一个山环水绕、绿树成荫的天堂。聪明的建筑师们规划了这座城市，这里的人们也不懂得什么叫作压迫，因为他们所有的敌人和对手都已经被镇压了。整座城的防御工事非常壮观，其中有众多坚固的塔楼和壁垒，有雄伟的城门和拱门通道，还有粉墙包围、深壕环绕、地处中央的王家城堡。建筑师们还合理规划了街道、广场、十字路口和集市……在奢羯罗，到处都是钱币，到处都是金器、银器、铜器和陶器——整座城如同一处充满金银财宝的矿井，闪烁着耀眼的光芒。此外，仓库中还储备了大量的财物、粮食以及其他有价值的东西——食品、饮料、糖浆、蜜饯，都应有尽有。[2]

《弥兰陀王问经》的末尾指出，吐拉摩那的这座城市就像是众神的居所。

尽管如此，他的帝国依然保留了一个游牧国家的特性。用史学家查尔斯·艾略特（Charles Eliot）的话来说，哒人"在侵占的大片土地上收取贡赋，却未曾制定具体的法规，也并未划分明确的国界"[3]。同笈多人一样，哒人没有试图在其领地强制推行法律、建立严格的行政机构。一位拜访过吐拉摩那宫廷的中国使者称，有"四十国"向这位哒国王缴纳贡赋，但要求边境子民朝贡，是帝国对他们进行统治的唯一手段。

吐拉摩那建造了宏伟的都城，他自己似乎也满足于此。他于515年至520年间去世，后由其长子摩醯逻矩罗（Mihirakula）继位，但帝国的性质却发生了变化。

摩醯逻矩罗拥有同其游牧民族祖先一般的品性：粗鲁无礼、不修边幅、对新臣民的佛教信仰尤为抵触。早在几十年前，哒人就已经皈依了摩尼教和聂斯托里派基督教。这两个教派是经由波斯，向东逐渐传入印度的。或许是因为边境动荡不安，摩醯逻矩罗决定强制推行一种新的正统宗教，以清除佛教信仰。*

他似乎没有对印度教持相同的怀疑态度。事实上，6个世纪之后，印度史学家凯尔哈拉（Kalhana）在书中写道，摩醯逻矩罗对佛教的抵制，使得印度教的婆罗门（brahmans）在帝国中掌握了权力：他们获得了封地，比信仰佛教的人更有权势。不过，他把佛教视为敌对势力，很可能因为它是笈多王朝的国教。[4]

佛陀笈多国王的名号是在向佛陀致敬，而他的继任者同样是虔

---

* 摩尼教倾向于把善恶视为两种相互对抗的平衡力量，而卡尔西登基督教坚称，向善的上帝是全能的，且恶终究会臣服于善；聂斯托里派教徒认为，基督有两个独立的位格——人性与神性，而卡尔西登基督教主张，这两个位格虽截然不同，但在耶稣身上却神奇地合二为一，因而耶稣既是上帝，也是人，二性不可分离。因此，摩尼教与聂斯托里派的"异端学说"都趋向于二元论（dualism），而卡尔西登基督教则偏向于二性统一（unity）。

诚的佛教徒：首先是他的弟弟那罗信诃笈多，之后是那罗信诃笈多的儿子和孙子。后三位国王在位期间，帝国领地逐渐缩小。到摩醯逻矩罗继承父亲的王位时，笈多王朝的统治范围已经缩减至恒河流域的摩揭陀。尽管如此，笈多王朝仍是印度边境上最强大的对手。摩醯逻矩罗的第一步就是要摧毁他们的宗教。[5]

约518年，中国的一个佛教使团到印度北部搜寻佛经，以供收藏和保存。根据他们自己的记录，他们设法携带170卷佛经离开了印度。他们还觐见了摩醯逻矩罗，不过对他没有什么好印象。关于这位国王，他们记载道，他"立性凶暴，多行杀戮"。虽然他统治下的印度人主要是印度教教徒（属于婆罗门种姓），但他们曾经非常重视佛教教义——直到后来摩醯逻矩罗继位，下令毁坏佛教庙宇、寺院以及佛经。[6]

摩醯逻矩罗非但没有巩固他的王国，反而削弱了其实力。笈多王朝仍在竭力驱逐哒人，许多憎恨摩醯逻矩罗高压统治的地方领袖也加入其中。528年，马尔瓦（Malwa，原属笈多王朝，在落入哒国王的控制前赢得独立）的统治者与摩醯逻矩罗进行了一场规模宏大的战役，最后大获全胜，将敌军驱逐至旁遮普北部的地区。此后的十几年，摩醯逻矩罗虽然仍生活在自己那个已经萎缩了的王国，却没能重返曾经统治下的印度北部的土地。

笈多王朝也未能填补权力的真空。在与哒的战争中，寺院和城市遭到摧毁，贸易路线也被打乱。在此后的几年里，印度北部恢复到混乱分裂的状态：到处都是由独立国王统治的小国、从中亚迁移到无主之地的部落，以及翻山越岭来到平原落户的由农民和牧人组成的小群体。必要的时候，这些小国和部落会联手驱逐那些试图重返的哒人，但此类零星的防御活动并未成就任何一位强有力的

32 敌人入侵与火山喷发

统治者。[7]

在印度中部和南部，各小国国王继续独立统治。关于这些国王，除了从碑文和钱币上搜集来的信息——名号与统治时期——我们知之甚少。印度的国王并不渴望西方国王所实现的统一。其学者也未曾试图将历史事件用某种气势恢宏、意味深长的方式进行叙述。但各国却不乏学术成就：虽然北方地区一片混乱，笈多王朝的天文学家阿耶波多（Aryabhata）在499年却计算出了圆周率（π）的数值以及太阳年的准确时长，还提出地球或许是一个球体，它在围绕太阳公转的同时也绕轴自转。这无疑是对宇宙模型的论断，但它只是一种观察，无意为政治活动增添某种含义。

东南沿海的印度诸邦国跨越印度洋，同更远的东部岛屿进行贸易往来：大型岛屿苏门答腊岛（Sumatra），以及小型岛屿爪哇岛（Java）。关于这些王国，除了它们与印度之间持续的贸易关系外，我们知之甚少。在苏门答腊岛南端，干陀利（Kantoli）正值建国初期（在下个世纪将获得进一步发展）；而在爪哇岛北端，塔鲁玛迦（Tarumanagara）则由国王坎德拉沃曼（Candrawarman）统治。两岛之间的喀拉喀托火山，在冰层的覆盖之下日渐聚积着蒸汽和熔岩。

535年，喀拉喀托火山爆发。*爆炸将山体碎片抛至空中，落到约11千米外的地区。大量火山灰连同蒸发的海水向上喷涌，呈羽状，大概有48千米高。火山周围的土地向内坍塌，导致附近约48千米的海水翻涌不止。印度尼西亚编年史《列王传》（*The Book of*

---

* 这是大致时间。戴维·基斯（David Keys）在他1999年出版的《大灾难》（*Catastrophe*, Ballantine Books）一书中，用很长的篇幅回顾了535年喀拉喀托火山爆发的情景。这场火山爆发不是没有可能发生在其他年份，但从对树木年轮的记录来看，535年最为接近。

Ancient Kings）描述了浪潮席卷苏门答腊岛和爪哇岛的情景，而在当时，这两个岛可能是连在一起的。"居民惨遭溺死，他们的全部家当也被冲走，"书中记载道，"洪水退去之后，山上及周围的土地变成了汪洋大海，而这座岛屿也一分为二。"[8]

《列王传》的叙述并不完全可信，毕竟它来源于对后世史料的抄录，更像是在描写后世火山喷发的情景。但这本印度尼西亚的史书，并不是唯一能够证明535年发生灾难的史料。喀拉喀托火山喷发的影响波及到更远的地区。中国的《南史》中有对此次喷发的记载："雨黄尘如雪。"普罗洛科皮乌斯写道，536年，在拜占庭上空，"这一整年，太阳像月亮一样，发出的光并不明亮。这看上去很像日食，因为太阳投射的光有些昏暗"。叙利亚的米迦勒（Michael the Syrian）写道："太阳暗淡无光，这种暗淡持续了18个月之久。太阳每天只出现4个小时，可发出的不过是微弱的光……水果没有熟透，酿出的酒味道就像酸葡萄。"爆炸产生的火山灰在整片天空中蔓延，挡住了太阳的热量。酸雪降落至南极洲和格陵兰岛，覆盖在冰面上4年之久。[9]

两年后，在538年的初秋，罗马元老卡西奥多鲁斯（Cassiodorus）当时正在拉韦纳的东哥特宫廷任职，他在写给手下一位官员的信中感叹：

> 太阳，这颗最亮的恒星，似乎已经失去了它惯有的光芒，而换上了蓝色的新装。令人惊奇的是，我们站在正午的阳光下，却看不到自己的影子；我们感受得到，它强大的热量变得微弱，而这些现象连同一次短暂的日食，持续了整整一年。月

32 敌人入侵与火山喷发

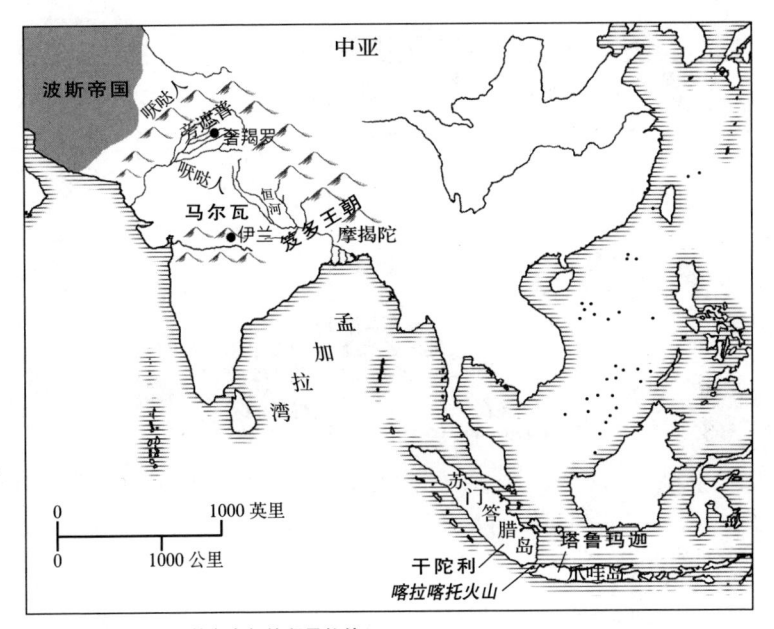

地图 32-1　印度及其东南部的贸易伙伴

亮也是一样,即便在满月之时,也缺乏它本来的光辉。迄今为止,这一年都很反常。我们度过了一个没有暴风雪的冬天,一个缺乏温暖的春天,以及一个并不炎热的夏天。本该是谷物生长的月份,天气却变得寒冷,这让我们如何期待丰收?……所有的季节似乎都混在一起。曾经在细雨中成熟的水果,如今在这干枯的大地上无处寻觅……苹果在本该成熟之时,却十分坚硬,其酸味如同晚熟的葡萄串。[10]

作物减产不只发生在东部地区。在靠近现在的智利、加利福尼亚以及西伯利亚的地区,树木年轮记录显示,约535年至540年间,

时间线 32

萨利安法兰克人	西哥特人	日耳曼意大利	不列颠	印度	东南亚
墨洛维 （?—约 457）			沃蒂根 （约 450）	塞建陀笈多（455—467）	
希尔德里克 （约 457—481）					
	尤里克 （466—484）				
			安布罗修斯·奥勒良 （约 470—约 511）	（伐迦陀迦）哈里舍纳 （约 475—500）	
		奥多瓦卡 （476—493）		佛陀笈多 （476—495）	
			（苏塞克斯） 埃勒 （477—514）		
克洛维 （481—511）					
	阿拉里克二世 （484—507）		巴顿山战役		
		狄奥多里克大帝 （493—526）			
				那罗信诃笈多 （497—约 510）	
	阿马拉里克 （511/526—531）		卡姆兰战役	吐拉摩那 （约 510—约 520）	
克洛泰尔一世/ 希尔德贝特一世/ 提奥多里克一世/ 克洛多梅尔 （511—524）					
					（塔鲁玛迦）坎德拉沃曼 （约 515—约 535）
				摩醯逻矩罗 （约 520—528/543）	
克洛泰尔一世/ 希尔德贝特一世/ 提奥多里克一世 （524—534）					

萨利安法兰克人	西哥特人	日耳曼意大利	不列颠	印度	东南亚
		阿塔拉里克（526—534）			
狄乌蒂斯（531—548）					喀拉喀托火山喷发（535）（塔鲁玛迦）苏利耶沃曼（约535—约561）

时间线 32（续表）

"作物长势在夏季大幅下降"——证明了这些年份的夏季气温过低、缺乏日光。太阳变暗引发了中世纪的瘟疫与饥荒。[11]

在东部，苏门答腊岛和爪哇岛的文明都被摧毁。而在塔鲁玛迦，坎德拉沃曼国王遭到杀害，他的继承人苏利耶沃曼（Suryawarman）迁都到更远的东部，远离了这片灾难之地。但王国已经遭受了致命的打击。岛上一度繁荣的文明化为了废墟，如今只剩下一些碑文，以及被摧毁的印度教和佛教寺庙的遗址。[12]

/ 33

美洲

> 大约500年至600年间,在爆发旱灾和饥荒前,中美洲城市一直处于蓬勃发展时期。

喀拉喀托火山的火山灰,被风吹到了地球的上空,笼罩了地球5年之久。而地球上的另一端,夏天变得寒冷而阴沉。[1] 干旱侵袭了美洲的森林和田野,美洲厄尔尼诺现象30年来反常地频繁发生,旱灾与洪水轮番登场,庄稼颗粒无收。*

当罗马、埃及和东方的伟大的城市文明一片繁荣之时,在中美洲土地上生活的人们也发展出他们自己的复杂文明。与罗马人、埃及人和中国人不同的是,中美洲的人们没有把统治者的故事记录下

---

* 靠近南美洲海岸的太平洋表面温度显著升高时,就会产生厄尔尼诺现象。这样的变化会改变天气模式,给南美的一些地区带来强烈的暴风和洪水。厄尔尼诺现象还会减少富渔区的鱼类数量,给以鱼类为主食的人的生活带来困难。科学家翔实地记录了535年到593年中南美洲暴发的干旱和洪水灾害——他们是通过研究树木年轮、湖泊沉积物和其他实物证据来获得这些数据的。灾害爆发的原因仍存在争议。在我看来,喀拉喀托火山的喷发是最有可能的原因。还有人把灾害归咎于埃尔赤松火山(El Chichón)的喷发或是北美发生的彗星撞击。

来。考古学家可以追溯城市的兴衰、贸易路线的开辟、商品的交换，但是历史学家却很难找到足够的文字材料帮他们把历史串成完整的叙事。中美洲不乏塑像和雕刻，但却没有对它们的文字说明；有年代日期和对应的统治者的列表，但却没有他们的故事。

不过，如今我们至少可以把零碎信息拼凑起来，勾画出一个始于6世纪的故事的大体轮廓。在从中美洲大陆桥突出来、直插进墨西哥湾的一个半岛上，一个人们熟悉的现象正在酝酿。一群部落民族因为文化和语言而建立了松散的联系，他们建造城市、缔结同盟、一起行动。这个文明呈现出鲜明的特色，我们称之为玛雅文明。玛雅人领土的西南方向，有一个叫作瓦哈卡谷（Valley of Oaxaea）的肥沃平原，在那里，另外一群小部落的领土被统一起来（主要靠武力），受它们当中最强大的城市——阿尔万山（Monte Alban）的领导管辖，我们可以把他们看作是一个独立的民族——萨波特克人（Zapotec）。阿尔万山成为王国的都城，它的人口超过2万，覆盖了38平方千米的山脉和溪谷地区。[2]

玛雅人和萨波特克人都会书写。他们的记录虽然简洁而神秘，但这样的文字特点让我们得以一窥（虽然看不清楚）一个与大洋对岸国家完全不同的世界。在近东和埃及，文字的发展是受经济推动的，人们需要记录下货品和钱款往来。对于玛雅人和萨波特克人来说，文字有一个非常独特的功能，它可以帮助他们记录时间。[3]

计算时间可不是一件容易的事情。两个民族都使用一种神圣的历法，这种历法很看重生日和吉日。对于今天的我们来说，这种历法复杂得几乎无法使用。这种历法的基础是20的倍数而不是10的倍数（20进制而不是10进制），其核心是，20天为一组，每天都有不同的名字。在中美洲的一年中，每组中的每一天都会重复13次，每次都用一个数字做记号，从 1 到 13，所以，5"花"和 5"鹿"不是同一天，5"花"和 12"花"也是代表不同的日期。名称和数字的所有组合循环一周需要 260 天。如果一个周期的第一天是 1"花"，那么下一次 1"花"出现会在第 261 天，也就是下一个周期的第一天。

这个 260 天的周期叫作神圣周期，但是它与地球的公转并不吻合。所以，人们既使用 260 天的神圣周期，又使用 365 天的历法。在 260 天之后，第二个循环再进行 105 天，一年才算结束。两种历法的所有序列组合方式进行一遍需要约 52 年，也就是 18 980 天（260 和 365 的最小公倍数），每天都有不同的意义。[4] 从玛雅人和萨波特克人留下来的寥寥的文字记录可以看出，他们按照这样的历法体系来安排出生、死亡、嫁娶、征战和君王的登基。时间推移、每一天和它的神圣意义之间的关联，在每一个王国的历史中都占据核心地位。时间是造物主的第一件作品，它出现于"世界觉醒之前"[5]，所以，每一个创造性的行为、每一位神明、每一个人从诞生之时就已经被嵌入这种精准的历法模式中了。

中美洲大陆桥的第三大王国用另外一种稍稍不同的方式来计算时间。这个王国的中心是特奥蒂瓦坎城（Teotihuacan），它在 500 年时是世界第六大城市。*

大约 12.5 万人住在这个城市，他们讲着各种语言。很多人曾经在附近的田野务农，但是后来，特奥蒂瓦坎的君王为了防止附近村庄扩张发展为城市，继而威胁他们的权力，就命令这些农民搬到城墙里面住。于是，特奥蒂瓦坎帝国的中心就全部在城墙里面了，它

---

* "特奥蒂瓦坎"是在这个城市衰亡很久以后阿兹特克人给它起的名字（阿兹特克人要再过好几个世纪才会进入历史）。没有人知道这个城市古代的名称。

就像一个煎鸡蛋，中心最厚实，边缘几乎什么都没有了。它是人口最密集的中美洲城市（这项纪录直到 15 世纪才被打破），还拥有最多的纪念王权的石碑。[6]

这个文明的特征就通过城市本身表现出来，人们把对神圣时间的遵守直接融入了它的街道和城墙。特奥蒂瓦坎遗留下来的系谱和历法资料非常少，但这个城市本身就是一个矩阵，神圣的时间和尘世的存在在这里相遇。这座城市中的建筑坐东朝西，指向西边的地平线，也就是太阳落山的地方。城市的地图上没有标明河流或者土地的起伏，却标示出了日出、日落、月相和星位。特奥蒂瓦坎最大的建筑——太阳金字塔位于城市中心，面朝西方；一条运河穿过城市中心，使流经城市的河水改道为东西方向。城里的主干道——亡灵大道，从南到北穿城而过，最北端就是月亮金字塔。亡灵大道的南端矗立着羽蛇神金字塔，这是为了纪念一位人类的保护神而建造的。[7]

关于这位神以及人们拜神的细节，我们只能从几百年后被记录下来的传统中知道一些，而这些传统习俗中有多少是从 6 世纪开始人们就一直遵守的，就不得而知了。那个保护神被后来的人称作羽蛇神（Quetzalcoatl）。在人和众神的战争中，人类被毁灭，而羽蛇神让人类起死回生，这是他最伟大的事迹。羽蛇神下到骨主米克特兰堤库特里（Bone Lord Mictlantecuhtli）掌管的死者之地，从那里分别取回了一个男人和一个女人的骨头。然后，他割下自己的阴茎，把鲜血滴在人的骨头上，使他们复活。

在特奥蒂瓦坎的宗教信仰中，死亡不是终点，而是一个开始。流血产生生命。特奥蒂瓦坎人，和他们东边的玛雅人和萨波特克人一样，相信一种叫作托纳力（tonalli）的力量，那是一种光或是孕育生命的热。用宗教学者理查德·哈利（Richavd Haly）的话来说，托纳力是一种维系一代又一代人之间关系的血缘纽带，人出生之时托纳力就产生了，它联结着新生儿和他的祖先。作为回馈，人们以血祭天，来完成这个循环：血液——生命——血液。[8]

在古罗马帝国的遗迹之上建立起来的国家，越来越多的基督徒达成共识，认为生和死是相对立的；而在中美洲，生和死是共同存在，相互作用的。骨主自己不只是死之源，也是生之源；死者之地不仅是冥界，它与地球一起存在。[9]

因此，羽蛇神金字塔是沾染着鲜血建起来的，这一点都不值得奇怪。金字塔上还建有一个纪念保护神的寺庙。金字塔的角上是巨大的坟墓，里面有 200 多个殉葬者，他们被分组埋葬，组数正是历

图 33-1　特奥蒂瓦坎的太阳金字塔
在巨大的金字塔上，台阶上的游客显得很渺小。图片来源：乔纳森·基恩 / the Image Bank / Getty Images

33 美洲

地图 33-1 中美洲的城市

法里的重要数字。羽蛇神金字塔代表着时间的开始，生命的开始。因此，它也是死者之地的再造，生命从这里出现。

历法上的循环意味着每一位中美洲国王的统治都循着上一个循环中前任国王的足迹。他统治时期的每一个里程碑——出生、婚娶、加冕、出征、死亡，都在复杂的历法中占有独特的位置。日历上已经挤满了格子。加冕那天，国王可能会看一眼编年史，就会知道上一个循环中的这一天一个国王死亡了或者出生了。18 980 天的一个大循环中的每一天都连接着过去和现在的事件。[10]

通过这种方式，过去总是在场，参与当下的历史；中美洲统治者们依靠自己与他们那个世界的传奇开始之间的联系来维系自己的权力。从那时的雕刻和象形文字可以看出，国王会主持复杂的放血仪式，呼应并让人联想起使人类起死回生的那次流血。国王站在金字塔顶象征性地割伤自己，他不仅仅是在简单模仿羽蛇神的行为，更重要的是，在那一刻他与羽蛇神在一起成为神的代表，甚至是神的化身。[11]

宣称自己是神的朋友或者是神本身，是历代统治者一直沿用的控制人民的一种手段。当人民拥有同样的信仰的时候，这个方法也是好用的。比如，中美洲的王国几乎无一例外都是这样的。只要神仍然强大、被人民爱戴，国王也会强大、被人民爱戴。

6 世纪中叶的国王则没那幸运，被国王称为朋友的神同时也是自然元素之神。羽蛇神掌管着风，特奥蒂瓦坎的守护神——特拉洛克（Tlaloc）——则是雨神。从公元 6 世纪 30 年代开始的干旱和暴风的轮番肆虐意味着，要么是神对人发怒了，要么是神不再保护这个城市了。无论是哪种解释，神明在人间的代表都遇到麻烦了。

恶劣天气的影响可以从特奥蒂瓦坎的墓地看出来，540 年左右埋葬的人体骨骼呈现出营养不良的迹象。25 岁以下人口死亡率翻了一番。600 年左右（很难确定具体的日期），特奥蒂瓦坎发生了一场暴乱。亡灵大道上的雄伟庙宇和王家住宅都被破坏和烧毁。通往寺庙顶部的楼梯被砸烂，那里曾经是神职人员和国王觐见神明的地方。塑像、浮雕和雕刻都被破坏了。人们在王宫的走廊和房间发掘出很多碎人骨。暴民的怒火直指统治者、贵族和祭司,他们是管理城市的精英,却没有很好地保护城市。[12]

干旱和洪水影响了整个中美大陆桥,但对萨波特克的都城阿尔万山的影响却不容易追溯。

从特奥蒂瓦坎被烧的建筑可以看出,被迫搬进城里的人对统治者非常憎恨,因为他们一直生活在一个高压独裁的政府统治之下,所以,饥荒发生的时候,人民就准备好暴动了。像特奥蒂瓦坎的国王一样,萨波特克的统治者也并不温文尔雅。阿尔万山建筑遗址上的浮雕表现的,大概是来自瓦哈卡谷边远地区的战败的部落首领被萨波特克的征服者剥光衣服游街示众,并被弄残肢体。[13] 萨波特克人没有像特奥蒂瓦坎一样把人口集中在一个城区,这样做的话,当食物来源不稳定的时候,城市在饥荒和瘟疫面前就会不堪一击。萨波特克人的分布区域很广阔,并没有被饥饿和痛苦逼得暴动。从我们可以读到的萨波特克的象形文字中,看不出任何国家衰落的记录。

但是考古学显示,550年到650年间,阿尔万山的人口开始流向周边的农村。瓦哈卡谷的村庄和农场继续被占据;这不是萨波特克人的灭亡,而是对其城市里的统治者的拒绝。人民存活了下来,而国家却灭亡了。像特奥蒂瓦坎的统治者一样,阿尔万山的国王未能说服他们的臣民,使他们相信自己受神明恩宠。[14]

玛雅的城邦发生了什么,就更加模糊了。与其邻居不同的是,玛雅的城邦都各自保持独立。它们的自治权非常强大,会为了权力而争斗,也会缔结同盟,一起行动。被我们所知的只有几个名字和一些事迹:"天眼王"(Sky Witness)统治着卡拉克穆尔(Calakmul) 5万多的人民10年之久;562年左右,卡拉阔尔(Caracol)的国王"水王"(Lord Water)打败了邻国蒂卡尔(Tikal)的国王,把后者送上祭坛。玛雅的遗址体现了建设者的高超技艺：坎昆城（Cancuen）因其王宫规模巨大而引人注目，奇琴伊察城（Chichen Itza）有玛雅最精致复杂的球场，在球场的一个神圣仪式上，球员代表着生或死，他们为了把球投进一个石环而争斗，而这个神圣的仪式对我们来说仍然是一个谜。（浮雕上有被砍头的球员，这意味着流血是比赛的一个重要部分。）

但大多数关于玛雅的记录——精细的历法、系谱、年表——在534年就中断了，之后的将近一个世纪里，都是空白。考古学必须填补这个空白：玛雅大城市的外围堡垒被烧毁，人口减少，树木年轮显示当时出现了绵长、凉爽、潮湿的夏季。饥饿也袭击了玛雅。官方记录的缺乏也传递了一些信息。当灾难来袭时，神明的支持就不能维护王权了，一旦人民意识到国王在饥荒、干旱和洪水面前是无力的，王权就岌岌可危。*

---

* 大破坏的几十年（在有的城市持续了60年，有的城市则有120年之久）通常被看作是中美洲历史的早期古典时代的最后阶段。所谓前古典时代是从大约公元前1500年到公元250年；在此之后，根据考古学家的划分，中美洲文明分为早期古典时代（约250—650年），晚期古典时代（约650—900年），早期后古典时代（900—1200年），晚期后古典时代（从1200年直到被西班牙人征服）。见：Richard E. W. *Ancient Civilizations of the New World*（Westview Press, 1997），Chapters 2 and 3。

时间线 33

印度	东南亚	中美洲		
		玛雅	萨波特克	特奥蒂瓦坎

（伐迦陀迦）哈里舍纳
（约 475—500）

佛陀笈多（476—495）

那罗信诃笈多（497—约 510）

吐拉摩那（约 510—约 520）

　　　（塔鲁玛迦）坎德拉沃曼
　　　　　（约 515—约 535）

摩醯逻矩罗
（约 520—528/543）

　　　喀拉喀托火山喷发（535）

　　　（塔鲁玛迦）苏利耶沃曼
　　　　　（约 535—约 561）

玛雅人城市占主导地位

特奥蒂瓦坎的鼎盛时期

人口迁离阿尔万山

（卡拉克穆尔）
"天证王"
（约 560—570）

（卡拉阔尔）
"水王"（约 6 世纪 60 年代）

特奥蒂瓦坎被毁（约 600）

/ 34

伟大神圣的王权

> 510年到529年间,一位阿拉伯国王改信犹太教,而查士丁尼大帝娶了一位女演员,并声称自己是上帝的代言人。

在非洲,尼罗河的东边,阿克苏姆人(Axum)的军队正计划入侵阿拉伯。

他们的目标是红海另外一边的阿拉伯王国希木叶尔(Himyar)。希木叶尔已经在阿拉伯半岛的南部存在了600年,并逐渐扩张,直到它控制了其阿拉伯半岛西南角的古国和阿拉伯中部的肯德(Kindites)部落。

希木叶尔人和阿克苏姆人是有一些共同点的;几个世纪以来,他们通过非洲和阿拉伯半岛之间的狭窄海峡往来迁徙,由此海峡两岸产生了很多"非洲阿拉伯王国"。但是,自从阿克苏姆的国王埃扎纳(Ezana)改信基督教,并且与罗马皇帝君士坦丁缔结同盟后,阿克苏姆的人民已经信仰基督教200年了。[1]

而大多数希木叶尔人,仍沿袭着阿拉伯的传统习俗。这些习俗多种多样，甚至互相矛盾。510年的时候，"阿拉伯人"的意思无非就是"这个人生活在阿拉伯半岛上"，这样的称呼越往北越模糊，半岛北边是波斯和罗马控制的土地。阿拉伯人的城市都集中在沿海地区和半岛北部，而被统称为贝都因人（Bedouins）的游牧民族生活在沙漠里。虽然贝都因人与城市居民或多或少算是同一部落的后裔，但双方仍然为生存资源而竞争，并对彼此的生活方式不屑一顾。

宗教信仰让他们进一步分化。基督教的聂斯托里派向南流传到了阿拉伯北方的一些城市，甚至到了一些北方部落。加萨尼（Ghassanid）原本是阿拉伯南部的游牧民族，从5世纪起他们就向北移动，后来在叙利亚南部定居下来，务农为生，改信基督教。在502年，他们同意成为拜占庭的同盟者（foederati）。但是大多数阿拉伯人是忠于传统的神明的，各种神殿圣祠里都供奉着这些神。而今天的我们对那些神几乎一无所知。多年以来，人们建立的最大的神殿坐落于希木叶尔和地中海之间的麦加城。该神殿被称为克尔白（Ka'aba），里面安放着"黑石"。"黑石"是一块面向东方的神圣岩石（可能是陨石）。内陆的部落会到神殿里拜神，神殿周围约32千米以内是禁止战争的。[2]

希木叶尔位于阿拉伯半岛的一隅，它的国王德·努瓦斯（Dhu Nuwas）预见到王国未来面临的两大威胁。它的东北方向是波斯，波斯曾至少一次侵入阿拉伯半岛；自325年波斯国王沙普尔二世远征之后，拉赫姆人（Lakhmids，幼发拉底河南侧的阿拉伯部落）就如同波斯伸进阿拉伯半岛的一只手臂，靠着波斯的金钱和武器支持，占领了附近的部落。希木叶尔西北方向的拜占庭，野心勃勃地想要向阿拉伯半岛扩张，它有两个盟友——红海对面的阿克苏姆和叙利亚南部的加萨尼。虽然有肯德部落作为缓冲地带，德·努瓦斯未来的统治仍然不安稳。[3]

于是他采取了极不寻常的一步：他皈依了犹太教，并宣布希木叶尔是一个犹太王国。[*]

在中世纪，几乎没有人会把变成犹太人作为获得成功的手段。不过，德·努瓦斯已经击退了阿克苏姆国王迦勒（Caleb）发动的周期性的袭击。他想与拜占庭的基督教盟友保持距离，又不想完全疏远波斯。波斯国王喀瓦德一世对犹太人是有好感的。

作为一个信奉犹太教的君主，德·努瓦斯宣称自己国内的拜占庭和阿克苏姆的基督徒为敌人。他开始逮捕来自这两个国家的商人，把他们处死。后来这场大清洗的对象还包括希木叶尔当地人，因为德·努瓦斯怀疑他们是间谍。基督教已经传播到希木叶尔国土，影响了上层阶级的贵族，而这些人最可能随时威胁到他的王权。这些贵族大量集中在叙利亚和波斯商队路线交会处的绿洲城市奈季兰（Najran）。518年到520年间，德·努瓦斯大肆屠杀奈季兰的基督徒。

他的做法不仅没有保住王国，反而摧毁了这个国家。[4]

521年，大清洗的消息传到了拜占庭皇帝查士丁一世的耳朵里。查士丁一世刚刚任命他的侄子查士丁尼为执政官，两个人正在解决波斯人最近的敌意行为。查士丁一世的前任皇帝阿纳斯塔修斯一世每年向波斯王喀瓦德一世进献贡品，这种做法换来了很多年的相对和平的两国关系。而查士丁一世决定不再出钱进贡，波斯国王一怒之下，派出一支拉赫姆人雇佣军进攻拜占庭的边境。

在521年初，查士丁一世向拉赫姆王国派出一名使臣，试图与

---

[*] 有证据表明，在前一个世纪，国王卡瑞布·阿萨德（Karib Asad，385—420年在位）在位时，信仰就改变了，但是更多的证据支持德·努瓦斯是第一个改宗的国王。不管是哪种解释，改变信仰的动机都是一样的。见：Tudor Parfitt, *The Road to Redemption*（Brill Academic, 1996), pp. 7ff.

得到波斯支持的侵袭者直接和谈。使者团当中有一个叙利亚的传教士，人称贝斯阿萨姆的西缅（Simeon of Beth Arsham）。后来，西缅写信给一位主教朋友时提及了大清洗的消息；拜占庭的使者与拉赫姆的国王曼迪尔（Mundir）就在拉赫姆的军营里谈判，这时候岗哨传来消息说，另外一个使团到来了。这是来自希木叶尔的使团，他们带来了国王德·努瓦斯给他的阿拉伯盟友曼迪尔的信，信上说奈季兰的基督徒们都死了。

据西缅回忆，信中描述了背叛和欺骗；德·努瓦斯派出犹太教拉比到奈季兰的基督教堂，承诺说，如果基督徒们愿意和平投降，德·努瓦斯就会把他们送到红海对岸的阿克苏姆。西缅写道："他对基督徒们发誓，以摩西十诫、约柜、亚伯拉罕、以撒和雅各的名义发誓，如果他们愿意交出奈季兰城的话，他就绝对不会伤害他们。"但是，当基督徒投降之后，德·努瓦斯下令把他们都处死，男人、女人和儿童都被砍头，他们的躯体被扔到一个火坑里。德·努瓦斯在信的最后提出，如果曼迪尔王也皈依犹太教，他就会向后者支付 3000 迪纳里币（dinari）；这样，阿拉伯半岛的犹太教信徒就可以结盟对抗基督教，并且把拜占庭的势力完全驱逐出半岛。[5]

西缅的言辞偏激，从他的其他著作也可以看出他对大清洗心怀怨恨，所以，我们对他的叙述可以存疑，只是部分采信。但他显然不是唯一记录了大屠杀的人。当大屠杀的消息传到君士坦丁堡后，查士丁一世和查士丁尼向阿克苏姆军队提供船只和士兵，全力支持其消灭希木叶尔王国。

普洛科皮乌斯记载了那次远征：阿克苏姆的国王迦勒率领他的舰队渡红海而来。听到这个消息，希木叶尔剩余的基督徒们在手臂上文了一个十字标记，这样前来进攻的阿克苏姆人就会知道他们的身份，不杀他们。迦勒在战争中遇到了德·努瓦斯，并击败了他。传说德·努瓦斯看到他的军队落败，就掉转马头，朝红海奔去，溺水而死。自此，国家灭亡，这是一次没有救赎的洗礼。[6]

阿克苏姆的迦勒把希木叶尔的领土收入囊中，并任命他的一个信奉基督教的军官为总督。但是，他对红海对面这片土地的控制并没有持续多长时间。

不过，德·努瓦斯的那封信产生了一个谣言，至今仍有人相信。希木叶尔王国在很早以前扩张到赛伯邑人（Sabeans，即示巴人）曾统治的土地上，示巴女王就向北而行到达了耶路撒冷，面见以色列王所罗门。据说，德·努瓦斯曾以约柜的名义向基督徒发誓。也许很久以前丢失的约柜被女王的后人带到了南边的示巴。而德·努瓦斯的誓言意味着，他曾经拥有约柜。可能是迦勒在战胜后洗劫希木叶尔都城时，把约柜带回到红海对面的阿克苏姆了。

传说约柜仍然保存在阿克苏姆古都的圣母马利亚锡安教堂。*

拜占庭帝国和波斯军队之间的小规模冲突不断，但是一段时间里，两个帝国谁也不愿意发动全面战争。喀瓦德一世暂时失去了他的阿拉伯雇佣军。希木叶尔灭国之后，肯德人从西南邻国的统治中被解放出来，他们开始与拉赫姆人打仗，接下来的好几年里，拉赫姆的国王曼迪尔花了很多的精力保护自己的人民。拜占庭的皇帝查士丁一世因为旧伤复发而病倒，他是在军队时受的伤，后来饱受其折磨。而执政官查士丁尼恋爱了。

他爱上了一个女演员。在东罗马帝国，戏剧行业的从业人员，

---

* 这个故事的其他版本说，所罗门和示巴女王有一个儿子，这个儿子把约柜带到了阿克苏姆。但是这些故事都是在 8 世纪以后出现的，大概都源于上面提到的那些历史事件。

既要在台上表演，还要在台下为愿意付钱的男性顾客提供服务。那个引起了查士丁尼注意的演员叫狄奥多拉（Theodora），她还不到20岁，从小就不得不自己养活自己。在那个社会里，没有父亲和兄长保护的女性获得工作的机会是很少的。

狄奥多拉的故事被罗马的历史学家普洛科皮乌斯记载下来。他曾在《战争史》（History of the Wars）一书中给拜占庭的军事史做过清晰可靠的年表。普洛科皮乌斯是真正的男人；他崇尚力量，蔑视迟疑和妥协；他认为，一个真正的帝王应该不受女性影响。在普洛科皮乌斯撰写的有关查士丁尼与狄奥多拉的传记中提到，聪明善辩的查士丁尼在婚后变得明显依赖妻子，字里行间都是尖刻的讽刺。

尽管普洛科皮乌斯语气刻薄，我们有理由相信他列举的事实是确凿的。毕竟，狄奥多拉婚前的经历在她的时代是尽人皆知的。她的父亲是一名训熊师，受雇于绿党，在战车大赛的中场休息时进行表演。后来他因病去世，留给妻子三个都不满7岁的女儿。绿党又聘请了新的训熊师。狄奥多拉的母亲为了生存，强迫女儿们为蓝党表演。在那个时代，参与娱乐活动就会堕落为娼，狄奥多拉在青春期之前就已经在妓院里待了很多年。普洛科皮乌斯的笔对狄奥多拉的永不满足的欲望毫不留情（他说狄奥多拉可以一晚上睡40个男人而不觉得满足），但是从他尖刻的记述中浮现出一个更阴郁的画面。"她非常聪明、机智，"他写道，"哪怕对于最离谱的要求，她也毫不犹豫地顺从。如果她被人痛打或者扇耳光，她会对此轻蔑视之，或大笑而过。"毕竟，她别无选择。[7]

当她年仅十几岁的时候，就被一位罗马官员看上了。这个人正要去北非赴任，管理一个包括五个城池的地区（Pentapolis）。狄奥多拉随他一起赴任，但是一到了北非，她就被抛弃了。她沿着海岸线走（普洛科皮乌斯说，"她连最基本的生活必需品都没有，于是她又像以往一样把身体当作非法交易的工具来赚钱养活自己"），最终她到达了拜占庭的埃及城市亚历山大。[8]在那里，她成了一名异教徒。

在前一个世纪中的神学战争中，亚历山大失去了威望。尽管这个城市的基督教团体历史悠久，规模也比较大，但是在基督教的等级制度中，亚历山大主教的地位排在罗马教皇和君士坦丁堡牧首的后面。亚历山大人对于这样的教会权威排序是非常不满，因此，那些对君士坦丁堡和罗马的卡尔西登派基督教教义有异议的基督徒们，都把亚历山大看作一个非常不错的避难所。事实上，亚历山大的基督徒倾向于认为卡尔西登教义并没有充分彻底地谴责聂斯托里派（聂斯托里派认为基督有两个独立的性质，即人性与神性）。卡尔西登公会议中的神父们自称一位论者，他们小心地避免任何听起来是多神论的言辞。卡尔西登派的教义认为，耶稣和上帝是"同一位，同一种存在，而不是说基督被分成了两个位格"。[9]

但卡尔西登教义还是认为基督具有二性，尽管两者并不存在混沌、分歧或者背离的地方，但是二性的特点都被保留下来。卡尔西登公会议几乎已经走到了一性论的边缘，但亚历山大的基督徒对于这样的含糊其词很不满。他们的不满，一方面是因为这样的教义是强加给他们的，一方面也是因为他们不希望在自己神学体系中有二元性的暗示。人们越往东走，就越能发现波斯人是信仰多神的。所以，通过声称自己信仰唯一的上帝，来划清自己与邻居的界限，就显得越发重要。亚历山大的主教蒂莫西三世（Timothy Ⅲ），不仅捍卫基督一性论，还欢迎那些因为不完全行持卡尔西登派教义而被驱逐出罗马、君士坦丁堡和安条克的教士到亚历山大来。其中就有哈利卡那索斯的尤里安（Julian of Halikarnassos）。他对人们宣讲："基督是神性的,连他的身体也是不朽的,基督的化身只是在形象上是真实的。"[10]

狄奥多拉改信了基督教,此后余生都坚持她最初接触到的极端的基督一性论。她改信基督教之后不久就离开了亚历山大。即使是普洛科皮乌斯也不得不承认,狄奥多拉受洗之后,她就放弃了以往营生的手段。因为没有办法生活下去,她就去安条克投奔一位住在那里的老朋友。那个朋友也是女演员。

她的名字叫马瑟多尼(Macedonia),她找到了一种新的生存之道。她放弃了卖淫,而加入了皇家的秘密警察。安条克是拜占庭第三重要的城市(仅次于君士坦丁堡和亚历山大)。查士丁尼显然有一个间谍和线人网络,让他可以了解到各地的隐秘动向。马瑟多尼是这些线人之一。普洛科皮乌斯说,她一般是通过写信向她的上级报告情况的,但某次查士丁尼必定是亲自来到了这个城市,因为正是借这个机会,马瑟多尼把狄奥多拉介绍给了查士丁尼。

狄奥多拉已经不再为了钱而提供陪伴服务,而比她大20岁的查士丁尼出人意料地答应要娶她。522年的时候,狄奥多拉住在查士丁尼为她提供的位于君士坦丁堡的房子里。查士丁尼试图说服他的叔叔和婶婶认可他的婚姻。君士坦丁在200年前就通过了一项旨在保护官员道德品性的法令,根据这项法令,身为执政官的查士丁尼不得娶一名演员为妻。但更大的障碍似乎是来自他的婶婶——查士丁一世的妻子尤菲米娅(Euphemia)。尤菲米娅宣布,她将永远不会认可这个婚姻,不是因为狄奥多拉曾在妓院待过,而是因为她是一个基督一性论者。

524年左右,尤菲米娅去世。年迈的查士丁一世立刻就通过法律解除了君士坦丁的禁令。他下令:"舞台上的女性,只要改变心意，放弃这个不光彩的职业，那么她所有的污点就应该被洗清。"退出舞台的女演员，因为帝国法令而得到救赎，她们可以与任何自己心仪的人结婚。法令一经公布，查士丁尼就和狄奥多拉在君士坦丁堡的索菲亚教堂结婚了。[11]

这项法令是查士丁一世在帝位上的最后一个重大举动。查士丁将近80岁了，经常生病，体力不支。527年4月1日，他任命查士丁尼为共治皇帝和他的继承人。在8月初的炎热天气里，查士丁一世去世；他的侄子称帝，只有20多岁的狄奥多拉被封为皇后。

几十年来，君士坦丁堡的帝王都是军人出身，他们首要关心的事情就是保护帝国的边境，使之不受由波斯人和匈人的侵扰，他们还关注管理和赋税、条约和联盟。查士丁尼并没有忘记这些事情。但他首先是一个基督教的皇帝；他自认为是代表上帝在人间履行职责，自狄奥多西一世以来，查士丁尼是最看重此事的皇帝。[12]

528年，他任命了一个委员会来收集几百年来东部帝国通过的那些庞杂的、甚至彼此矛盾的法律，把它们编写为一部连贯一致的法典。法典的第一卷于次年完成，我们从查士丁尼对此的贡献，可以看出在他的理想世界中他自己占据的准确位置。"有什么能比皇权更伟大、更神圣？"他问道，然后下令：

> 皇帝对法律的任何解释，不管是在请愿书上做出的解释，还是在司法法庭上做出的解释，还是以其他方式做出的解释，都应当被认为是合理的、毋庸置疑的。因为，如果只有皇帝有权制定法律，那么就只有皇帝有权解释法律了。皇帝应该被视为法律唯一的制定者和解释者。这并没有否定古代法律的制定

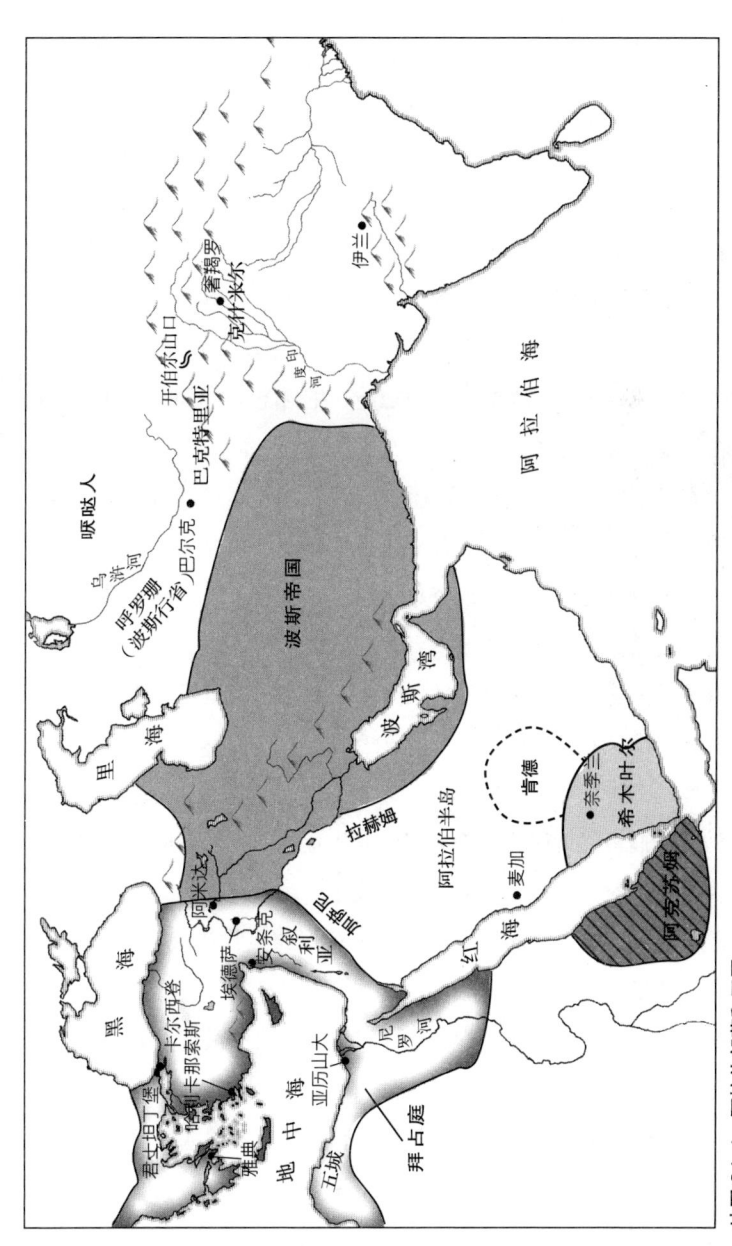

地图 34-1　阿拉伯部落和王国

者，因为皇权赋予了他们同样的权力。[13]

"更伟大、更神圣"：查士丁尼声称自己对罗马传统和基督教有双重的权威性，两者之间没有矛盾。他既是奥古斯都·恺撒的继承者，也是基督在人间的代表。他的法典对于赋税、誓言、土地所有权和信仰等方面都做出了规定。法典第一卷中的第一条规定是关于"三位一体"的。查士丁尼写道："我们承认，上帝的唯一爱子，上帝的上帝，于世界和时间出现之前，生自圣父，与圣父一起永恒存在，是万物的创造者。"[14]

查士丁尼即位18个月后，他的话已经成为法律。不只是世俗的法律，还是神圣的法律。这种变化是悄无声息地发生的。尽管他声称行使古罗马的统治权，但查士丁尼对自己神圣权威的声明是一个全新的说法。这个说法需要基督教神学的支持，即，到达上帝面前只有唯一的途径，只有唯一的语言，只有唯一的圣子，所以，上帝在人间的代言者也是唯一的。

罗马万神殿并不能使帝国的法律更令人信服，过去专制独裁的罗马帝王们最终诉诸武力来实现他们的意志。查士丁尼并不避讳使用武力，但对他来说，武力只是手段之一。他对权力的最终诉求是他的意志和上帝意志的统一。没有人可以与皇权竞争，529年的法典禁止传统罗马和希腊宗教的信徒在公共场合布道。最终，最后一个教授柏拉图哲学思想的学校——雅典学院——关闭了。学院里的教师都去了波斯：同时代的历史学家阿伽提亚斯（Agathias）这样写道："我们这时代最优秀的哲学家，不认同流行的基督教观念而认为波斯的体制更加合理，他们都去了一个纯净的地方，希望在那里度过余生。"[15]

时间线 34

中美洲			拜占庭帝国	波斯帝国	阿拉伯	非洲
玛雅	萨波特克	特奥蒂瓦坎				
玛雅人城市占主导地位		特奥蒂瓦坎的鼎盛时期				
				喀瓦德一世 (488—531)		
			阿纳斯塔修斯一世 (491—518)			
				[札马斯普 (496—498)]		
					(拉赫姆)曼迪尔 (约 504—554)	
					(希木叶尔) 德·努瓦斯 (约 510—525)	
			亚历山大主教 蒂莫西三世 (517—535)			
			查士丁一世 (518—527)			(阿克苏姆) 迦勒 (约 520—540)
			查士丁尼大帝 (527—565)			
			《查士丁尼法典》 第一卷(529)			
人口迁离阿尔万山						
(卡拉克穆尔) "天证王" (约 560—570)						
(喀拉克尔) "水王" (约 6 世纪 60 年代)						
		特奥蒂瓦坎被毁 (约 600)				

/ 35

瘟疫

> 532年到544年间,查士丁尼和狄奥多拉的统治挺过了一场暴动,拜占庭军队击败了汪达尔人和东哥特人,却没有战胜波斯人,腺鼠疫在金角湾暴发。

532年,萨珊波斯和拜占庭的君主共同决定停止边界争端,使自己有足够的时间来解决国内问题。他们发誓休战,保持永久的和平。这样的和平持续了8年。

58岁的波斯国王喀瓦德一世已于一年前去世,临终前指定他最喜欢的儿子(第三个儿子)库思老作为他的继承人。由于库思老不是长子,为了捍卫王权,他不得不与自己的手足对抗。他还镇压了乘机造反的马兹达克派的残余势力。库思老命令屠杀造反者,把领导造反的人斩首,还把造反者的财产都分给了波斯的贫民。[1]

正当库思老在波斯建立他的势力的时候,查士丁尼差一点就失去了他在君士坦丁堡的皇权。他的叔叔查士丁一世曾勉强地维持帝国的现状;而查士丁尼是一个改革者,一个建设者,一个充满活力、亲自参与实践的皇帝,对帝国的大事小情他几乎都要亲自过问。据

35 瘟疫

普洛科皮乌斯的记载，查士丁尼的睡眠和饮食都很少，有的时候一晚上只睡一个小时，一天甚至很多天都顾不上吃饭。庞大的法典在他的宏伟蓝图中只是冰山一角。他计划在君士坦丁堡大兴土木，收复西部的失地，还兴致勃勃地要把帝国打造成上帝在人间的天国。[2]

所有计划的实现都要靠税收。查士丁尼征收新的赋税，导致民怨沸腾。为了获得支持，查士丁尼呼吁蓝党对皇帝忠诚（他从年轻时就一直支持蓝党）。不过派系是不可能安分的：他们有武器，有野心，随时可能打起来。要求党派忠诚是很荒谬的："他们既不关心神的事，也不关心人的事，只对征战感兴趣，"普洛科皮乌斯写道，"当他们的国家在最艰难、最迫切需要他们的时候，他们都视而不见，除非时势可能对他们的党派有好处。"[3]

对于查士丁尼来说，蓝党的支持是完全靠不住的。532 年 1 月，两名罪犯——一个是蓝党，一个是绿党——在君士坦丁堡的法庭被判处绞刑。公开行刑的时候，他们碰上了一个笨拙的刽子手。一连两次，绞索都没有发挥作用，罪犯降到地上的时候还活着。正当刽子手要试第三次的时候，附近一个修道院的僧侣上前干涉，要求对罪犯进行庇护。可是为时已晚。犯人遭受的折磨已经引起观众的愤怒。绿党和蓝党都造反了，他们联手对抗君士坦丁堡的政府。[4]

党派成员被（似乎是正义的）悲愤点燃，进而变得疯狂。城市里的生意人被肆意屠杀。君士坦丁堡的建筑被纵火，索菲亚教堂、宫殿建筑群的一部分、市场和几十座富人的房子在大火中化为乌有。暴徒们要求查士丁尼交出民众最憎恶的两名政府官员，并处决他们。官员并没有被交出来，所以，暴动变得更加激烈。暴徒冲上街头高喊"尼卡！"（"尼卡"是希腊语，意思是"胜利"）。

这时，查士丁尼、狄奥多拉和君士坦丁堡的高级官员"把自己关在宫殿里，不敢出声"。也许他们希望叛乱之火自行熄灭。他们不知道，暴徒们正在寻找一个新的统治者。去世的皇帝阿纳斯塔修斯一世有一个侄子，叫伊帕提乌斯（Hypatius），他和妻子住在君士坦丁堡；伊帕提乌斯听说暴动的消息后，就赶回家，锁上门户。但暴徒还是强行把他拉出来，拥立他为帝，并护送他到他们在竞技场（城市中心的大型战车竞赛场地）搭建起来的皇位上。[5]

听到这个消息，查士丁尼觉得自己最好去最近的码头，乘坐那里的一艘帝国战船逃跑。狄奥多拉拦住了他。"一个皇帝，绝不可以逃亡，"她说，"如果你想活命，很简单。这里是大海，这里有船只。但是请考虑清楚：一旦你活下来了，你可能会情愿用一死代替苟安。至于我自己，我相信一句古话，紫袍是最好的裹尸布。"狄奥多拉的早年生活极其艰辛，她不想再回到那种生活。[6]

狄奥多拉的这番话让查士丁尼一下子冷静下来。于是，被围困的皇帝和朝臣决定再坚守一下。查士丁尼的总兵贝利萨留（Belisarius）和恰好在君士坦丁堡公干的伊利里库姆军队的指挥官，一起制定了一个计划。他们已经从附近城市召集援军，那些士兵很快就能到达这个城市。有了援兵的支持，他们就可以带兵从竞技场两侧的两个门闯进去，他们希望这样的突袭能造成人群惊慌逃窜。与此同时，查士丁尼的一名秘书冒充帝国的叛徒，对叛军的首领说查士丁尼已经逃跑，使叛军放松了警戒；另一名官员拿了一袋子钱到竞技场贿赂叛军，挑拨离间结盟的蓝党和绿党。[7]

增援部队赶到后，两位将军就带兵悄悄穿过街道。那个时候，街上已经没有什么人了，因为大家都在竞技场为新皇帝欢呼。贝利萨留召集士兵在靠近皇座的右侧小门集合，而伊利里库姆的指挥官则绕到被称为死亡之门的入口。士兵们突然闯入，竞技场上的人群登时大乱，预料中的恐慌出现了。很快，贝利萨留带兵扫平了叛乱；根据普洛科皮乌斯的记述，超过3万人在那一晚被屠杀。第二天，伊帕提乌斯被抓，后被军队里不知名者暗杀。

尼卡叛乱是对查士丁尼权力的最后一次挑战。接下来的30年里，查士丁尼都推行独裁统治，这部分源于他深信自己是上帝派来统治帝国的，部分是因为他下决心绝不再被这样的叛乱威胁。很明显，他不再像以往那样偏向蓝党；在查士丁尼此后的统治时期里，两个党派一直有矛盾冲突。

这次暴动给城市留下了创伤——几十座公共建筑被烧毁，大片的富人区也化为灰烬。查士丁尼规划了一个宏大的建筑项目，任命塔拉勒斯的安特米乌斯（Anthemius of Tralles）为监工。一座座宏伟炫目的建筑物从废墟上拔地而起。圣索菲亚大教堂成为重建的城市建筑中的明珠。安特米乌斯是一位成就显赫的数学家，他设计了一个新型的由拱支撑的圆屋顶，普洛科皮乌斯曾评价它是一个神奇的设计。*普洛科皮乌斯写道："这个设计非常优雅动人，但是也让人胆战心惊，因为它看起来好像是浮在空中，没有什么坚固的基础，非常危险的样子。"天花板表面涂了金粉，上面还镶嵌了石头来增添色彩和光亮。教堂的内部装饰用了4万磅的银子，里面陈列了各种圣物和珍宝，"就像一片鲜花盛开的草地"。普洛科皮乌斯暗暗称奇："满眼是紫色的、绿色的、红色的、白色的器物。"[8]

查士丁尼不仅让都城大放异彩，还计划收复一部分西部失地。先前，拜占庭的一些行省被蛮族占领——伊比利亚半岛的西哥特人、

---

* 安特米乌斯既是一位建筑师，又是一位有名的数学家。他写过一些关于圆锥、抛物线和椭圆性质的论著，此后几个世纪人们仍然在对这些问题进行研究。见：Spiro Kostoff ed. *The Architect: Chapters in the Historg of the Proftssion*（Oxford University Press, 1977）。

北非的汪达尔人、意大利的东哥特人和高卢的法兰克人，这些蛮族建立了自己的王国。但是在查士丁尼看来，那些都算不上王国，它们只是罗马土地上长出来的杂草。他不打算入侵，他要收复失地。查士丁尼一直把西部的土地看成是罗马的土地，也自然应当是他的土地。

他的第一个目标是北非，他任命贝利萨留带兵出征。贝利萨留率领5000骑兵和1万步兵乘船从君士坦丁堡出发。他到达北非海岸的时机恰到好处——半数的汪达尔士兵被派往别处镇压起义去了。汪达尔国王盖利默（Gelimer，开国国王盖塞里克的远亲）没有足够的兵力抵挡拜占庭人。于是，他带着自己的护卫从迦太基的王宫逃走。贝利萨留到达汪达尔都城的时候，还带着历史学家普洛科皮乌斯。普洛科皮乌斯是这样记述这次侵略的："完全没有人阻止我们入城……迦太基人打开了城门，城里到处都点着火把，亮如白昼。剩下的那些汪达尔人都坐在教堂里，恳求饶命。"[9]

拜占庭人和平占领了这个城市；后来，盖利默召集旧部攻城，企图夺回王位，但是最终他的军队被消灭了。最后一次战斗发生在533年11月中旬，汪达尔人被击溃，他们的国家灭亡了。自从477年汪达尔的开国国王去世之后，国家就在衰落。根据普洛科皮乌斯的记载，到533年的时候，迦太基的城墙就开始破败坍塌了。在盖塞里克统治的50年里，国家政局稳固，但是一旦没有了他，这个国家就很难存活。它的臣民甚至没有除了"盖塞里克的跟随者"之外的身份认同。[10]

贝利萨留胜利回到君士坦丁堡。535年，查士丁尼派贝利萨留第二次西征，目标是意大利。帝国象征性的心脏仍然在那里，而

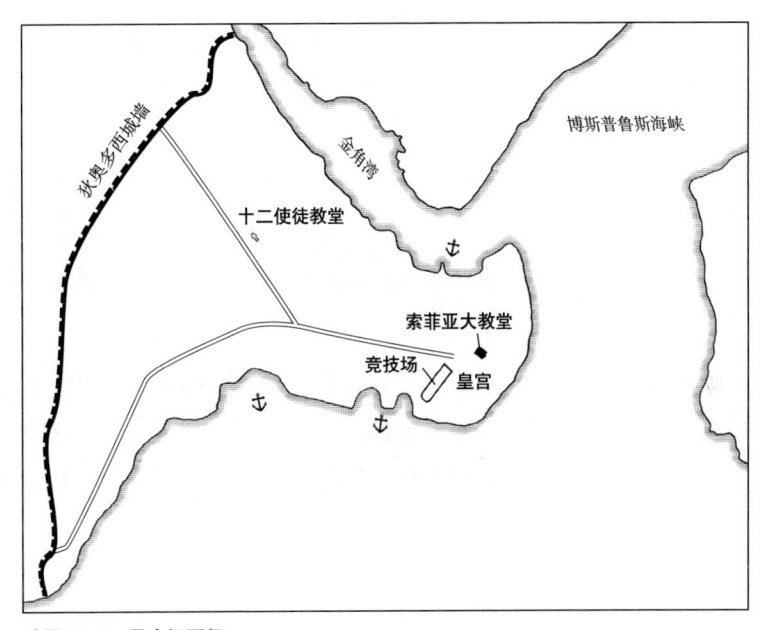

地图 35-1　君士坦丁堡

东哥特国王并没有完全控制那里的土地。年少的国王不堪忍受摄政和贵族之间常年的激烈争吵，只能借酒消愁。18岁时，他就因饮酒过度而死。他年长的亲戚狄奥达哈德（Theodahad）被选为新的东哥特国王。[11]

535年末，贝利萨留登陆西西里岛，轻而易举就攻取了这个岛。之后他来到意大利的海岸，占领了古老的海滨城市那不勒斯。在那之前，那不勒斯是被东哥特控制的。

失去那不勒斯的狄奥达哈德王位不保。城市陷落后，狄奥达哈德想通过出卖一部分国土给查士丁尼来换得和平，东哥特人对此大为不满，于是他们请出一名叫作维迪吉斯（Witiges）的勇士废黜并杀死国王。那时候，日耳曼流行的一个习俗是从战争领袖中挑选人作为国王。维迪吉斯在一封公告信中对人民说：

> 请记住，我们的同胞，哥特人，世世代代都是在刀林剑雨中、站在盾牌上长大的，按照神的旨意，我们都有王者的尊严，因此对于一个从战争中赢得声望的人来说，武器就是荣誉的象征。我不是在宫殿的大厅，而是在广阔的平原上被选为国王的。我不是因为巧言令色，而是因为在战场上的勇猛被选为国王的。当哥特人凝望着他们的王——一个从战士中站出来的王时，他们与生俱来的勇敢会被唤醒。[12]

当维迪吉斯在拉韦纳接受加冕时，贝利萨留正从海滨挺进。536年11月，贝利萨留攻克了罗马。

但是贝利萨留无法复制在北非轻松取得的胜利。他又花了4年时间才进入拉韦纳，俘获了维迪吉斯。540年，贝利萨留宣布自己为意大利的总督。[13]

100多年来，拜占庭帝国第一次处于复兴的边缘。但是，皇帝和将军之间的沟通却出了问题了。查士丁尼认为贝利萨留想自立为意大利的国王。于是，他命令贝利萨留回到君士坦丁堡，而不允许他留在意大利巩固征战的成果。贝利萨留开始带着维迪吉斯返回君士坦丁堡，在意大利留下一支主力部队来维持拜占庭的统治。为了保护拜占庭的要塞，查士丁尼与北方的三个联盟的部落（格皮德人、伦巴第人、鲁尔人）签订条约，让他们在亚平宁山脉东北面的意大利边境安居，这样一来，万一有外敌入侵意大利，这些部落可以作为缓冲。[14]

图 35-1　索菲亚大教堂的穹顶

图片来源：Panoramic Images/Getty Images

贝利萨留一走，东哥特人就选出一个名叫托提拉（Totila）的士兵做国王，并且开始反抗拜占庭的占领。接下来的几十年里，东哥特人和拜占庭军队一直在拉锯，轮番控制意大利。维迪吉斯在狱中死去。查士丁尼的部落联盟一直在意大利的边境安扎，但是他们并不出手干预这场拉锯战，因为他们没有足够的兵力彻底结束这场战争。东哥特的一个使臣说："这场战争看起来对双方都没有好处。"这样说其实是口下留情了。[15]

拜占庭在意大利和北非的战争已经掏空了国库，更不要提浩大的建筑工程。萨珊波斯和拜占庭之间所谓"永久的和平"规定，拜占庭需要每年向波斯帝国进贡，但是查士丁尼已经拿不出贡品了。拜占庭开始欠债。540年，库思老一世带兵挺进叙利亚，作为惩罚，他们洗劫了古城安条克。[16]

此时贝利萨留还没有带兵返回君士坦丁堡，查士丁尼没有力量可以抵挡外敌。他派人给库思老一世送信，承诺说一旦状况改善，他一定会奉上迟交的贡品。库思老一世接受了他的承诺，就开始缓慢地撤兵，带着安条克的俘虏穿过叙利亚行省。他一边退兵，一边向沿途的拜占庭城市勒索赎金，作为对这次征战的回报，他威胁城市居民，如果不给钱，他就把他们烧死。[17]

与此同时，查士丁尼正努力搜集拼凑贡品给波斯。库思老一世虽然同意退兵，但是坚持要留一支波斯部队在拜占庭境内。他还下令开始一个建筑项目——实际上，他的目的是激怒拜占庭皇帝——他让建筑师在自己的国土上复制一个和安条克一样的城市，后来他把俘虏都关在这个城里。阿拉伯的历史学家泰伯里写道："俘虏们走进城门，他们发现这里完全复制了他们之前在安条克的每座房子，就仿佛他们从未离开过那个城市一样。"大部分波斯人都把它叫作希

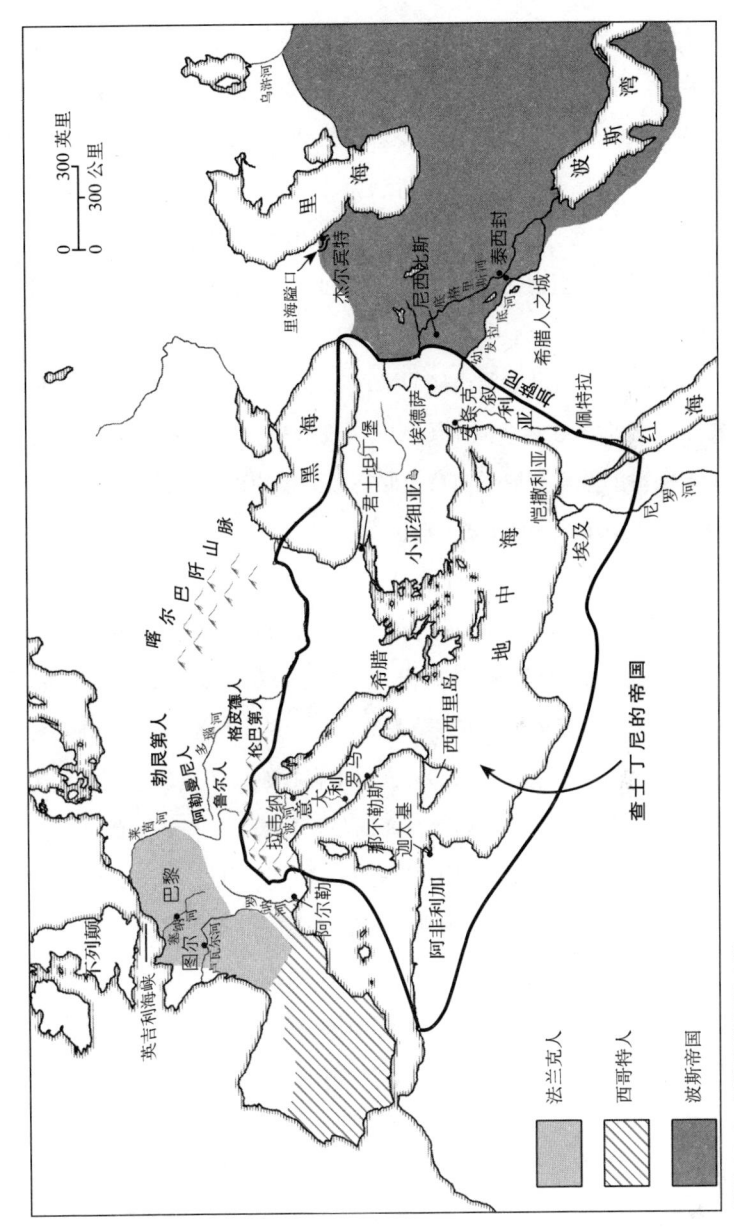

地图 35-2 重新征服罗马土地

腊人之城（Town of the Greeks），但是库思老一世把它叫作"更好的安条克"。预见到战争要爆发，库思老一世还修建了城墙来加强杰尔宾特（Derbent）的防御工事，这个城市护卫着里海隘口。[18]

查士丁尼并不急着刮空他所剩无几的钱库来发动更多的战争，他写信给库思老一世，请求恢复和平，但是库思老一世对此不予理睬。库思老一世决定结束"永久的和平"，于541年再次入侵拜占庭。

这个时候，贝利萨留已经回来，奉命在东部指挥防御作战。他赢得了一些小的胜利，但是不久之后，形势就开始偏向波斯一边。库思老一世的军队夺取了佩特拉要塞和周边的土地，贝利萨留收回尼西比斯（Nisibis）的计划失败。[19]

拜占庭军队的战况不好，但是此时，一个更可怕的敌人在逼近。542年，正当库思老一世率领军队跨过幼发拉底河，准备再次对拜占庭的边境发起攻击的时候，一艘运输船停靠于金角湾码头。它从尼罗河口岸带来了拜占庭急需的粮食。过去几年因为夏季阴冷，拜占庭的食物供给减少，东部的人口正在挨饿，体质越来越差。这艘船抛下锚不久，一场疾病就在海滨蔓延开来。一些古老的民族知道这种病，但是它对君士坦丁堡的人来说是全新的疾病。染病的人会突发高烧，腹股沟和腋下肿胀，然后就会昏迷甚至死亡。

医生解剖死者的身体，试图找出病因，他们看到身体里有奇异脓肿，在脓肿部位的中心有死亡的组织。他们束手无策，完全阻挡不住疾病的蔓延。最初，疾病致死的情况和其他的流行病一样，发生在君士坦丁堡人口密集的郊区。但是仅仅几天后死亡人数就翻倍了，然后又翻了一番。这不是简单的流行病。它已经变成了一场史无前例的大灾难——腺鼠疫（黑死病）暴发了。普洛科皮乌斯写道：

"人类几乎要因为这种疾病灭绝了。"[20]

疾病在这个城市全面暴发,持续了整整3个月。普洛科皮乌斯说:"据说,每天的死亡人数达到了5000人,然后是1万人,后来更多。"一些病人浑身都起了黑色豆大的脓疱,然后吐血而死。还有一些人,因为高烧而神志昏迷,身上的肿胀部位开始腐烂破裂,最后他们在痛苦尖叫中死去。一些人在被病魔折磨好几天之后才死去;还有一些人从家里出来的时候还是健康的,走在路上就突然高烧倒地了,然后躺在路上直到死去。"人们出门之前都会在脖子或是手臂上戴一个写有自己名字的标牌。这样的话,如果染病死去,他们损毁变形的尸体就能被活着的亲人认领。"瘟疫的幸存者以弗所的约翰(John of Ephesus)说道。[21]

君士坦丁堡的腺鼠疫是老鼠身上的跳蚤带来的,这些老鼠随船从一个码头到另一个码头。此前,君士坦丁堡没有暴发过腺鼠疫,但是535年之后的湿冷夏季造成了三种影响,成为腺鼠疫的诱因——低温为鼠疫杆菌的产生和繁殖提供了理想环境;君士坦丁堡的作物多年歉收,不得不增加粮食的进口,所以,大量船只从地中海各个地区抵达金角湾;此外拜占庭人也比以前更加虚弱和饥饿。船只把死神带到这个城市,是迟早的事情。

越来越多的人在死去。历史学家埃瓦格里乌斯身上也出现了脓肿,但是最终他成为少数幸存者之一。但是他失去了妻子和子孙。他写道:"有的人因为失去孩子和朋友而想死去,他们故意与死者接触,但是他们却没有死,就好像是瘟疫在故意和他们作对。"那些尸体最初被埋葬在君士坦丁堡的墓地。后来墓地没有空位了,人们就在城里到处挖大的墓坑。没有什么丧葬仪式,那些尸体被尽快地扔到了墓坑里。查士丁尼(据普洛科皮乌斯说,查士丁尼自己也染上瘟疫而出现炎症，但是他后来康复了）意识到，城里再也没有地方可以做墓地了，他就命令人们砸开金角湾对面的塔顶，把尸体都扔到塔里。"城市里臭气熏天，让住在里面的人愈加痛苦。"普洛科皮乌斯写道。[22]

瘟疫暂时中止了拜占庭和波斯之间的战争。瘟疫在波斯都城泰西封也出现了，于是库思老一世放弃了战争，渡过幼发拉底河回自己的国家照顾臣民去了。下一年，瘟疫向西蔓延，一直到了法兰克人的土地。图尔的圣格列高利曾记述了543年阿尔勒暴发的"腹股沟肿胀"。

但是，瘟疫的致命性也恰恰是它的弱点。到543年，瘟疫夺走了太多人的生命（仅仅在君士坦丁堡就有20万人丧生），由于没有未被感染的受体了，它的势头开始减弱。

这意味着，库思老一世可以再次攻击拜占庭了。544年，他率领大军直捣拜占庭的要塞埃德萨（Edessa）。如果埃德萨陷落，库思老一世就可以扫平拜占庭，一路向前，占领小亚细亚。埃德萨是一座防守严密的要塞，所以库思老一世周密地部署了进攻计划。库思老一世的士兵在城墙外面把土和木料层层叠放，筑起一个巨大的环形土墩。"土墩越来越高，几乎高过埃德萨的城墙了。这样，进攻者就可以从有利地势朝守城者投掷石弹。"埃瓦格里乌斯写道。惊慌的守城者想拆除那个土墩，他们从城墙下面挖地道一直通到土墩，土墩底下被挖出一个地洞，他们打算在那里放火，可是地下的空气稀薄，火烧不起来。[23]

后来，他们使用硫黄和柏油的混合物，把土墩里的木头点燃了。烟从土墩里冒出来。为了不让波斯人发现地下起火了，城墙上的士兵把点着的箭射向土墩，这样小火的烟就能掩盖住大火的烟。

终于，土墩上的木料和土都被吞没在熊熊火焰中，随即坍塌了。

库思老一世命令军队向城墙发起最后的进攻，但是城里的男女老少组成人梯，把加热的油从城墙上泼向敌人。于是，波斯军队开始撤退，库思老一世也无法迫使士兵冲锋。当一名翻译来到城墙上，提出订立一个协议时，库思老一世答应了。埃德萨城赔付给波斯大量的金子，波斯撤军了，之后不久双方就签订了一个五年协定，这给两个饱受战争和瘟疫之苦的帝国带来了暂时的和平。[24]

普洛科皮乌斯和埃瓦格里乌斯都把埃德萨的解围归功于一个圣物，这个圣物被保存在埃德萨好几百年了。据埃德萨城里的人说，公元30年的时候，一个名叫阿布加（Abgar）的国王统治着埃德萨。后来，他病倒了，就派使者去耶路撒冷，请先知耶稣治愈他。耶稣回信承诺会通过这封信和送信的门徒来治愈他。当信到达埃德萨的时候，阿布加已经康复。恺撒利亚（Caesarea）的主教优西比乌在4世纪早期宣称见过那封信，还把它从叙利亚语翻译过来。[25]

不久以后，这个故事的情节变得丰富起来。据说，送信的弟子不仅带来了耶稣的信，还带来一块有神奇力量的布，上面有耶稣的真容，非常神圣。这块布被称为曼德兰（Mandylion），埃德萨人把它当作宝贝珍藏起来。普洛科皮乌斯说，人们相信，只要曼德兰布还在，城池就不会被攻陷。埃瓦格里乌斯坚称，当洗过曼德兰布的水撒到木头上时，土墩下面的火才烧了起来；炙热的大火让库思老一世被迫意识到"自己竟然想战胜我们崇拜的上帝，这是多么可耻和愚蠢"。[26]

与关于瘟疫的记述相比，埃德萨解围的这个故事展现了一个世界，在这个世界里，基督教与纯粹自然力量共存，尽管很不稳定。

时间线 35

阿拉伯	波斯帝国	拜占庭帝国	汪达尔人	萨利安法兰克人	西哥特人	日耳曼意大利
				克洛维 (481—511)		
	喀瓦德一世 (488—531)				阿拉里克二世 (484—507)	
		阿纳斯塔修斯一世 (491—518)				狄奥多里克大帝 (493—526)
	[札马斯普 (496—498)]					
(拉赫姆) 曼迪尔 (约504—554)					阿马拉里克 (511/526—531)	
(希木叶尔) 德·努瓦斯 (约510—525)				克洛泰尔一世/ 希尔德贝特一世/ 提奥多里克一世/ 克洛多梅尔 (511—524)		
		亚历山大主教 蒂莫西三世 (517—535)				
		查士丁一世 (518—527)				
				克洛泰尔一世/ 希尔德贝特一世/ 提奥多里克一世 (524—534)		
		查士丁尼大帝 (527—565)			阿塔拉里克 (526—534)	
		《查士丁尼法典》 第一卷 (529)				
	库思老一世 (531—579)		盖利默 (530—534)		狄乌蒂斯 (531—548)	
		"尼卡暴动" (532)				狄奥达哈德 (534—536)
		夺取罗马城 (536)				维迪吉斯 (536—540)

时间线 35（续表）						
阿拉伯	波斯帝国	拜占庭帝国	汪达尔人	萨利安法兰克人	西哥特人	日耳曼意大利
		夺取意大利（540）				
		君士坦丁堡发生瘟疫（542）				托提拉（541—552）

普洛科皮乌斯的记述很直白："人们无法解释这场灾难，只能认为它是上帝的旨意。"后来他补充道："我不知道，是身体的不同造成了病症的多样，还是把疾病带到世间的上帝的意愿造成了病症的多样。"埃瓦格里乌斯把瘟疫的进程归因于"上帝的好意"；以弗所的约翰说，恐怖"是恩典的象征，也是对忏悔的呼唤"[27]。然而，这两个 6 世纪的历史学家都没有说，解救埃德萨的上帝为什么不能把人们从瘟疫中解救出来。战争是人和人的战争，而瘟疫是另外一码事，它按照上帝的旨意发生，又与人世间的事情搅在一起。

/ 36

天赋王权

> 536年到602年间,百济王向日本的大和统治者求助,佛教向东传入日本列岛,大和王朝颁布了日本的第一部"宪法"。

536年时,佛教已经传入新罗9年,新罗的法兴王宣布了一个新时代的开始——他创立年号"建元"。至此,法兴王已经把佛教确立为国教,颁布了新罗的法典,新罗已经有了一套官僚机构。年号的创立标志着新罗国进入了一个新的时代,它与邻国百济和高句丽的政治地位变得同等重要。[1]

朝鲜半岛呈现出三国鼎立的局面。三个国家在语言、种族、习俗、文化、宗教方面,都是一样的。新罗羽翼日丰,国力可与百济和高句丽相抗衡。新罗、百济、高句丽都是佛教国家,都有君主、官僚机构和法典,都效仿中国,都想成为三国中的霸主。

无奈的是,朝鲜半岛上的扩张空间实在有限。半岛的南边和东边都临海,西面是中国,北方是寒冷地带。所以,三个国家总是挤来挤去,霸权不断从半岛的一边更迭到另一边。欧洲的西哥特人、东哥特人、法兰克人都有足够的空间可以拓展疆域，而不至于经常与其他国家相互挤压。而朝鲜半岛上的三个国家之间则战争不断，相互制衡，谁也不能消灭谁，谁也不能控制谁。

540年左右，新罗国蓬勃发展，邻国百济也是万象更新。新罗的法兴王使用年号来统一人民，让人民感觉到他们在亚洲民族的宏大历史中也占有了一席之地；而百济的国王则是在地理上做文章。百济圣王把都城从狭小的被群山庇护的熊津移到了泗沘，泗沘位于锦江边广阔的中部平原地带。这次迁都传达的信息非常简单：百济不再只是修筑城墙、小心防御了，它要开始扩张领土了，并打算控制整个朝鲜半岛。[2]

为了在三个国家中称霸，百济圣王与中国的南梁结盟。高句丽也与中国南方的势力结盟，而百济的外交步伐比高句丽迈得更远一些，百济圣王与中国北朝的东魏和西魏进行外交接触。高句丽仍然是三国中最大最强的一个，也是中国北方王朝的死敌，这些王朝与半岛的距离很近，随时会威胁到半岛北部地区。百济与大陆隔海相望，所以百济圣王更愿意做出友善的姿态，尤其是做出陷高句丽于不利的姿态。

6世纪40年代，高句丽国内时常发生暗杀和内战。虽然它的国力仍然很强，但是都城平壤局势动荡，这就意味着它很少有精力防卫自己的边界。与此同时，新罗的法兴王去世，年轻而有雄心的真兴王嗣位，他继承了一个组织有序、和平稳定、准备扩张的国家。百济国王趁机说服真兴王与他联手，攻击高句丽。

百济圣王尤其看重汉江流域的土地，那里曾是百济的领土，但是一个世纪以前，高句丽的广开土王带兵占领了这片土地。在百济圣王看来，那是一块被掠走的土地。高句丽可能会把它看做自己的

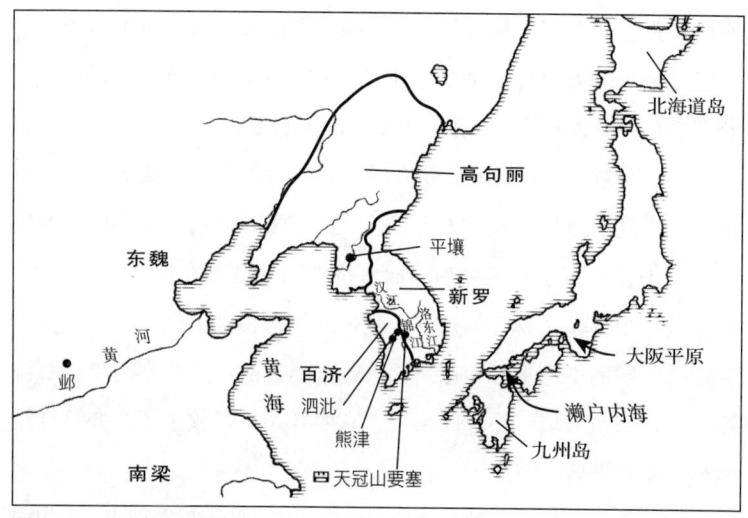

地图 36-1　6 世纪时的远东

领土，但它是百济被夺走的土地。

高句丽的兵力分散，所以国土很难防守。551 年，新罗和百济的联军把高句丽的势力从汉江流域驱赶了出去。但是新罗的真兴王耍了一个两面三刀的阴谋。他接着就调转矛头对准他的盟友，自己把汉江流域的土地霸占了。

百济圣王派兵死死地守着汉江的下游地区，但是他的军队很快就被赶走了。百济与高句丽打了一仗，却什么都没有得到。所以，百济圣王生气极了。他回国制定了一个新的计划，派人给东边的日本国送去了很多礼物，包括金、铜制的佛像，还有佛经，请求日本君王相助。[*]

---

[*] 人们普遍认为佛教传入日本的时间是 522 年，不过佛像和经书可能在这以前就已经传到了日本。有关这一争议的简单总结，请参见：Robert Reischauer, *Early Japanese History (C.40BC-AD1167)*, part A (Peter Smith, 1967), pp.134ff.

至少两个世纪以前，朝鲜半岛上的国家就知道他们东边的岛国住有居民了。那些居民被称作"倭"，他们有时会与朝鲜半岛贸易，偶尔也参与战争。

我们对于倭人的早期生活知之甚少。日本的早期历史没有文字记载，直到公元 7 世纪，日本才有了最早的史书——《古事记》。由于没有历史故事可以依据，考古学家考察了那时候的器物，把日本历史的第一个时期叫作"绳纹时代"*。这一时代得名于出土陶器的特征，"绳纹"指用绳索在陶坯上压出的纹样。

公元前 400 年左右，一种新的文化出现了，它从日本列岛的北边开始向南传播，新文化带来了新的耕作方法、铸铜工艺上的革新和其他方面的进步。这些技术很可能是由中国的移民带到日本的，或是从朝鲜半岛传入的，或是两者兼有。日本原住民文化与这些新技术的融合标志着一个新的历史时期的到来——弥生时代，这个时代起始于（经历了一个世纪左右的过渡期后）约公元前 300 年，结束于约公元 250 年。

到公元 250 年，日本像它西边的邻国一样，已从一个充满了武士联盟的地区变为一个有君主的国家。被称为"宇治"（uji）的武士部族仍然存在。这个国家的地理特点（由四个大的岛屿和一群小岛组成，山脉又把大的岛屿切分成了小的独立地带）使它被多个独立的集团管辖。然而，到了公元 270 年，日本至少有一个君主和一个王室家族。大和国统治着日本最大岛屿上平坦肥沃的平原——大

---

* 绳纹时代从约公元前 10000 年到约公元前 400 年。考古学家把绳纹时代又细分为草创期（约公元前 10000 年到约公元前 7500 年）、早期（约公元前 7500 年到约公元前 4000 年），前期（约公元前 4000 年到约公元前 3000 年）、中期（约公元前 3000 年到约公元前 2000 年），后期（约公元前 2000 年到约公元前 1000 年）和晚期（约公元前 1000 年到公元前 400 年），划分的依据是陶器的样式变化、耕种的发展和其他文化成就。

阪平原，这里有到内海最近的通道。³*

大和国统治第一个时期的标志是公元 4 世纪末有神话色彩的应神天皇加冕。应神天皇是《古事记》里记载的第一位有真实历史原型的日本君王，他 70 多岁即位，统治时长令人难以置信——达到了 40 年。

实际上，真正的应神天皇可能不是一位继承祖先王位的国王，而是一个降服了邻国的英勇酋长。接下来的几个世纪里，应神天皇的家族可能在大阪平原进行统治，但是他们不是整个岛屿的统治者，就更别提统治附近的岛屿了。尽管后来，他们被称为"天皇"，但他们并不能指挥征服世界的军队，也不能控制贸易路线，他们只是提供了一个人神之间的连接点、一个稳定的中心（当时的史料并没有提及神是怎样为岛国的人民提供这个中心的）。**

大和国周围的土地被很多氏族首领和战将控制。南边九州岛上的居民被叫作"蕃"，意思是"外族"。据人们的记忆，蕃的祖先们是从朝鲜半岛或是中国中原地区移民到日本建立新家园的人。北边是北海道岛，那里的居民被大和人叫作"夷"，也就是"野人"。完全不需要王室系谱，一个民族就在文明（它自己）与野蛮（别的民族）之间划清了界限。⁴

522 年百济送给大和统治者的礼品，让后者面临两个选择——

---

* 大和时代分为两个时代——古坟时代（270—约 538）和飞鸟时代（538—715）。两个时代都因为当时的坟墓样式而得名。

** 在提到这个时期日本的统治者时，我像琼·皮戈特（Joan Piggott）一样，避免使用"帝王"或是"皇帝"等字眼。皮戈特写道："'帝国'这个词，很容易让人联想到一个建立在征战基础上的尚武的政权……事实是，日本的国土并不是天皇征战得来的；除了一些边防军，天皇没有常备军，国土处于割据状态。参见：Joan Piggott, *The Emergence of Japanese Kingship*（Stanfovd University Press, 1977），p.8。

接受并结盟，或者拒绝并孤立。

据日本的史书记载，钦明天皇召集对他忠诚的氏族首领们，并询问他们的意见——是否应该接受百济来的礼品。天皇名义上是人神之间的连接点，但是在倭人的土地上，氏族首领们行使着很大的真实的政治权力，在这件事情上他们的意见出现了分歧。掌管传统拜神活动的中臣氏首领和担任大连（最高级官员之一）的物部氏首领以佛教是外来的为由，反对接受百济的礼品。另一方面，日本权力最大的是苏我氏的首领，他认为，既然其他的国家都追随佛陀，日本也应该皈依佛教。很显然，他被百济圣王的巧言说服了。百济圣王的来信是这样说的："且夫远自天竺爰泊三韩，依法奉持无不尊敬。"在中国及其以东的国家，没有人愿意生活在无佛教的落后状态里，脱离主流。[5]

钦明天皇想保留那尊金、铜制的佛像，所以他派遣了一支军队去支援百济。之后，百济圣王对天冠山要塞发起了一次进攻，这是新罗边境的防守要塞。虽然获得了日本的援军，百济仍然战败。百济圣王被杀，百济军队被赶出新罗，新罗战胜后，真兴王信心大涨，挥师南下，不仅获取了汉江周边的土地，还占领了洛东江沿岸直到半岛南部海岸的土地。

几年后，在真兴王的统治下，新罗成为半岛上面积最大、国力最强的国家。半岛的政治版图发生了变化。新罗取代高句丽，成为三国中的霸主；百济的新王威德王，也就是圣王的儿子，仓皇地与百济先前的敌人高句丽结盟，以保护自己不受到攻击。[6]

与此同时，在半岛以东，佛教正处于危险中。

大和国的钦明天皇准许苏我氏的首领苏我稻目建一个寺院，开始行持佛陀的教诲，但是佛教在这个国家还是新生事物。中臣氏的首领早就警告说，日本的古老神明一定会惩罚这个入侵的外来宗教。最初，苏我稻目对这个警告置之不理，直到一场传染病在首都暴发并愈演愈烈。最终他不得不听从中臣氏的建议，把佛像扔到河里，并烧毁寺庙。[7]

但是佛陀的教诲已经在人心中扎下了根。我们很难完全弄清楚在佛教进入日本之前，日本的传统信仰（后来被称作神道教）是什么样的。佛教是与文字一起传入日本的，所以，我们得到的所有文字记述都书写于佛教进入日本文化之后。最早的神道教要为神（kami）举行一些仪式。在象征神的圣地，世俗存在与神圣世界是相交的，氏族首领要监督这些仪式的进行，保证圣地不受玷污。[8]

不管神道教还包含其他什么东西，在6世纪时，神道教与一些特定的地方已经紧密地联系在一起；从最严格的意义来说，它成为了一种地方性信仰。佛教的普世意义意味着两种信仰不会冲突。佛教讲的是普遍真理，它的关注点非常广泛，它可以解答神道教不会探讨的问题。那尊金、铜制的佛像可能已经沉在河床的泥土里了，但是在552年以后，佛陀的话语已传遍日本的土地，势不可当。

通过摈弃佛教，苏我稻目保护了自己氏族的势力；而中臣氏再也不能以异端邪教为理由来挑战苏我氏对天皇的掌控了。钦明天皇和他的皇族自称"大王"，但是这种称呼值得商榷；因为，他们代表了神性，天赋予他们王权，但是他们在人间行使权力却越来越要倚靠苏我氏的势力。[9]

钦明天皇的三个妻妾中，有两个来自苏我氏族。钦明天皇亲自安排他的儿子，也就是后来的敏达天皇与自己的一个女儿成婚，这个女儿是钦明天皇的一个出自苏我氏的妻子所生，是皇子同父异母的妹妹。钦明天皇此举是为了让苏我氏坚定地忠诚于君王。钦明天皇去世后,敏达天皇和平即位。13年后,敏达天皇去世,他同父异母的弟弟用明天皇统治不到2年,之后,另外一个弟弟崇峻天皇统治5年。这些皇子都是钦明天皇的苏我氏妻子所生。作为既得利益者,苏我氏也努力维护他们的权力。

崇峻天皇,像他的哥哥们一样,是靠着苏我氏的影响力而获得了皇位并维持统治。与兄长们不同的是,他与拥戴自己的人非常不和。

他与苏我氏的首领也是自己的舅舅苏我马子发生过争执。史书中记载:"崇峻帝即位,(马子)为大臣如故。帝甚恶马子骄恣专权。""有献山猪者,帝指猪曰:'朕有所疾,何日得斩之如猪头!'"苏我马子听到这样直言不讳的话,就先下手为强,派人刺杀了自己的外甥。先前,他还率领自己的氏族对苏我氏最大的敌人——不信佛教的物部氏——发起了攻击,物部氏是同样不信佛教的中臣氏的盟友。尘埃落定后,物部氏遭受重创(尽管没有被毁灭),崇峻天皇也死了。[10]

皇位候选人中地位最高的是一位女性,名字叫推古,她非常有资格掌权:她是钦明天皇的一个女儿,也是前面几任天皇的妹妹,她的母亲来自苏我氏,她不仅是敏达天皇的妹妹,也是他的妻子。苏我马子希望推古登上皇位。除此之外,他还安排一个苏我氏亲戚做摄政——圣德太子。圣德太子是一个佛教学者,后成为日本第一个真正的政治家。[11]

593年,圣德太子被任命为摄政时仅有19岁,到30多岁的时候,他的事业达到鼎盛。他派使臣到中国学习;为了削减氏族首领的权力,他建立了一套中国式的政府组织,设立"冠位十二阶"官位制度，以分大小的六种美德订立十二级官衔，以此提醒官员们，他们是因为自己的品行而不是自己的出身在政府服务的。对于大和家族执政的原则，他亲自制定了一个书面的规定。有史以来第一次，天皇掌权时可以不再含糊地说自己得到了神明的认可和支持。

604年，日本的《十七条宪法》颁布。这不是一部西方意义的宪法；它没有对政府的结构做出安排，也没有对统治者的权力做出限制。相反，这部宪法规定了大和君主统治国家以及人民应当被统治的原则：

> 然上和下睦，谐于论事，则事理自通，何事不成。
> 承诏必谨。君则天之，臣则地之……是以，君言臣承，上行下靡。故承诏必慎。不谨自败。
> 百姓有礼，国家自治。[12]

这部宪法的字字句句都在向人们传达一个信念：君王就是政府，君王就是法律。如果君王是法律，那么就没有必要制定书面的法律条文来限制君王。统治者的品德高尚是最重要的。宪法不意在订立法律，而是定义统治者和被统治者的品格。品格是一切其他事情的源头。

它依据一个非常简单优雅的理念——如果皇族品德高尚，心灵纯洁，那么这个国家就能太平。它的核心思想是一种否定苏我氏权力的政治哲学。如果皇权天赋，君主还是人间法律的化身，那么日本就可以彻底摆脱苏我氏的操纵。苏我氏族长任命圣德太子做摄政，结果反倒拆了自己的台，削弱了自己的权力。

然而，像天命论一样，《十七条宪法》也有一个让君王感觉芒

时间线 36

阿拉伯	波斯帝国	拜占庭	高句丽	百济	新罗	日本
			长寿王 (413—491)			
	喀瓦德一世 (488—531)					
		阿纳斯塔 修斯一世 (491—518)	文咨王 (492—519)			
	[札马斯普 (496—498)]				智证王 (500—514)	
(拉赫姆)曼迪尔 (约504—554)						
(希木叶尔) 德·努瓦斯 (约510—525)					法兴王 (514—540)	
		亚历山大主教 蒂莫西三世 (517—535)				
		查士丁一世 (518—527)	安藏王 (519—531)			
				百济圣王 (523—554)		
		查士丁尼大帝 (527—565)				
		《查士丁尼法典》, 第一卷(529)				
	库思老一世 (531—579)		安原王 (531—545)			
		"尼卡暴动"(532)				
		夺取罗马城 (536)			新罗建元(536)	
						钦明天皇 (539—571)
		夺取意大利 (540)			真兴王 (540—576)	
		君士坦丁堡 发生瘟疫(542)				

时间线 36（续表）							
阿拉伯	波斯帝国	拜占庭	高句丽	百济	新罗		日本
			阳原王 （545—559）				
				威德王 （554—598）		佛教传入日本	
			平原王 （559—590）				
							敏达天皇 （572—585）
					真智王 （576—579）		
							用明天皇 （585—587）
							崇峻天皇 （587—592）
							推古天皇 （592—628）
							圣德太子 （593—622）
							《十七条宪法》 （604）

刺在背的地方。君王如果失德，就意味着法律的精神力量不再具有继承性，天皇不再是理所当然的统治者，而仅仅是以王者的形象示人。失德意味着君王可以被废黜，这完全符合宪法。

/ 37

重新统一

> 546年至618年，中国动荡的局面逐渐结束，隋朝最终统一南北，却被唐朝坐享其成。

海的对面，南朝的梁武帝再一次舍身寺庙，一心追求觉悟。到546年，他已经做南梁的皇帝44年了，外部战争让年迈的他身心俱疲，不得安宁。大臣们又一次拿钱赎他出来，赎金比上一次的还高。梁武帝只得离开寺院，回到皇宫。

他回宫后不久，北方出现权力更迭。东魏实际掌权的柱国大将军高欢去世。高欢一直在蒙蔽人民，使人们以为正统的北魏统治者还掌握着政权；实际上，高欢才是幕后的统治者，坐在王位上的只是一个有皇室血统的傀儡。按传统，天子要由上天选出来，但是高欢的儿子可没有耐心等待。550年，他废黜了傀儡皇帝，自立为帝，建立了一个新的王朝——北齐。两年后，他把傀儡皇帝全家都杀死了。

当时，统治中国的三个王朝是南梁、西魏和北齐。其中，西魏和北齐的统治者有北方游牧民族血统,南梁仍然把他们看作是异族。

中原人和夷狄之间的矛盾远远没有结束。南方人嘲笑鄙视北方人,而北方人对自己"野蛮的过去"很敏感。公元6世纪时,北方人杨衒之写道,曾有一个醉酒的南方士人(陈庆之)大声对伙伴们说,北朝人就是一群野蛮人。"秦朝玉玺,今在梁朝。"他轻蔑地笑说。这话被北方的一个士人(杨元慎)听了去。

这位士人立刻反驳说,他才不会在南方生活:"江左假息,僻居一隅,地多湿垫,攒育虫蚁,疆土瘴疠,蛙黾共穴,人鸟同群。……虽立君臣,上慢下暴……我魏膺箓受图,定鼎嵩洛,五山为镇,四海为家。移风易俗之典,与五帝而并迹;礼乐宪章之盛,凌百王而独高。岂卿鱼鳖之徒,慕义来朝,饮我池水,啄我稻粱,何为不逊,以至于此?"[1]北方士人的论辩提到的礼仪、法律、习俗、学问和君权神授——每一个古老传统,都被南方人称作是自己的传承和成就。

当北齐王朝取代前朝后,北方人就收敛起敌意,转而与南方缔结同盟。曾为东魏效命的大将军侯景认为他在新的政权里没有什么前途了。于是他给梁武帝送了一封信,表示愿意把东魏南部的十三州和一支规模可观的军队拱手让给梁,只要梁许诺他在朝廷里做一个高官。[2]

梁武帝接受了这个赠予,但是当承诺兑现的时候,侯景发现自己要被当成人质送回东魏。他还发现,梁武帝的一个侄子(也是其养子)萧正德正对自己的爵位不满。于是,548年,侯景集结起一支队伍,向南梁都城建康进发,萧正德在建康做内应,被围困数日的老皇帝苦苦防守。据史书记载,饥饿的人们在街上追逐老鼠,期望能吃到一口肉,士兵们则把自己的皮革盔甲煮软来吃。

最后，梁武帝看到大势已去，于是令人打开城门，放敌人进城。萧正德囚禁了养父梁武帝，每天只给他极少的食物，以至于这位老皇帝逐渐虚弱而死。老皇帝当时已经85岁了，自从他起兵夺权以后，有三次试图放弃皇位。

梁武帝的太子萧纲随后被立为帝，即位后两年多就被侯景所害，史称梁简文帝。梁简文帝的弟弟起兵讨伐侯景，侯景战败，最后尸体被愤怒的建康百姓撕成碎片。[3]

萧纲的弟弟萧绎登上皇位，其死后谥号为"孝元"，史称梁元帝，是南梁的第三个皇帝。梁元帝喜好读书，信仰道教（与父亲的信仰不同），个人藏书超过了20万册。他的统治维持还不到4年，他的一个侄子勾结西魏，集结了一支军队，杀回南方，围攻江陵。梁元帝战败，他看到大势已去，烧毁了自己的藏书，后被俘遭害。父亲梁武帝信佛，最终并未成就佛道；而梁元帝的道教信仰也没有解救他。

南梁的政权一直不稳定，从549年到555年，就先后出现了两个皇帝。557年，这个短命的王朝终结了，一位将军建立了一个新的朝代——南陈。这个新王朝持续时间只有30多年。

北方的情况也没有好到哪里去。西魏衰落了，一个权臣废黜了皇帝，建立北周，立其一个堂弟为帝。在那之前的几十年里，东魏、西魏和南梁统治着中国；而现在鼎立的三个国家是北齐、北周和南陈。577年，北周灭了北齐，中国再次出现南北并立的两个王朝——北周和南陈，它们疆域与40年前北魏和南梁的疆域差不太多。

宫廷里的暗杀和篡位愈演愈烈，已经司空见惯了。皇位的正统性在长江两岸是一个谜；有一段时间，人们看到，上天总是将皇权赋予那个握着刀剑的最强势的人。

南方和北方形成了两个独立的国家；它们都在经历缓慢的转变，越来越融合。但是，江面宽广、水流平缓的长江横亘在傲慢的南方和雄心勃勃的北方之间。

一个叫颜之推的南方人原先在南梁朝廷做官，后被西魏所俘。流亡中，他写下了一系列家规（《颜氏家训》），要他的儿子们遵守，让他们不忘记南方人的做事原则。他警告儿子说："世人多蔽，贵耳贱目，重遥轻近。少长周旋，如有贤哲，每相狎侮，不加礼敬；他乡异县，微借风声，延颈企踵，甚于饥渴。校其长短，核其精粗，或彼不能如此矣。所以鲁人谓孔子为东家丘，昔虞国宫之奇，少长于君，君狎之，不纳其谏，以至亡国，不可不留心也。"南方的女人从不抛头露面，颜之推警告他的儿子们要小心北方的女人，因为她们"专以妇持门户，争讼曲直，造请逢迎，车乘填街衢，绮罗盈府寺，代子求官，为夫诉屈"。他还补充说："此乃恒、代之遗风乎？"颜之推的话里不无对野蛮人的鄙夷。[4]

北周的周武帝一直雄心勃勃要统一全国——自西晋瓦解以来200多年，华夏大地一直处于分裂状态。周武帝年轻，有抱负，有理智。但是正当他计划征战时，却病倒了。他35岁时病死战场。

统一全国的光荣使命就落到了他的一位朝臣身上了。杨坚与周武帝年龄相仿，为了皇帝南征北战，他的女儿是太子妃，后被册封为隋朝的公主。杨坚忠诚于皇族，于578年帮助先帝之子、也是他的女婿周宣帝登上北周的皇位。

周宣帝这时已经19岁了，他的父皇早年便立他为太子。与先帝不同的是，宣帝对于长久的荣耀没有兴趣，而是对眼前的权力更加着迷。他自称为"天"，把臣下叫作"地"；禁止大臣们佩戴任何饰品和穿有装饰的衣服，以使他自己的服装可以出众炫目；对任何冒犯他的人,他都痛下杀手;为了炫耀王权,他巡视乡间,花费惊人,把朝廷扔给他的岳父杨坚替他管理。登基不到一年,他就禅位于6岁的儿子,但他还掌控大权,这样他就可以更加肆无忌惮地吃喝玩乐,包括鞭打和强奸宫中的女人。[5]

而在朝廷里,由于杨坚的努力,一切都井然有序。周宣帝又要倚靠他,又很嫉恨他。据关于隋朝的史书记载:"帝(杨坚)位望益隆,周宣颇以为忌。"周宣帝还威胁要杀死皇后——杨坚的女儿,并密谋要杀死杨坚。[6]

最终,这位荒淫无道的皇帝在580年病死,年仅21岁,这对于北方中国来说实在是一件幸事。杨坚看到山河破碎,十分危险,就果断采取行动。他伪造了一份诏书,任命自己为辅政大臣,辅佐新皇帝,也就是他7岁的外孙周静帝,并开始建立一个核心关系圈,帮助自己日后在北方称帝。

在他的密友当中有一位才能出众的将军,名叫高颎,还有一位文官叫李德林。高颎帮助杨坚扫除异己,李德林写政论文章,为杨坚称帝的合理性辩护。580年9月,年幼的皇帝发布诏书,赞扬杨坚的德行,诏曰:"……上柱国、大冢宰、隋国公坚,感山河之灵,应星辰之气,道高雅俗,德协幽显……合天地而生万物,顺阴阳而抚四夷。"[7]

像他之前的很多将军一样,杨坚寻求的不仅仅是权力。在过去的几十年里,仅凭征战打下的江山都很短命。杨坚追求的是一个长久的帝国,这意味着他需要上天的授命。

诏书一个接一个地发布。杨坚先是给自己的曾祖父、祖父和父亲都追授了谥号。581年1月,他受王爵,爵位高于朝中众臣。一个月后,周静帝就颁布了退位诏书,内容基本上是李德林拟就的,年幼的周静帝在诏书最后盖了自己的印章。杨坚依传统三让而受命，在众人"劝说"下登基。他定国号为"隋"，改元"开皇"，死后谥号"文皇帝"。[8]

杨坚诛杀了许多北周宗室成员，确保没有人挑战他的宝座。其中就有"依隋意"被暗害的他的外孙。[9]

582年，南陈的皇帝驾崩，他放荡奢侈的儿子陈后主即位。隋文帝看到他统一全国的机会来了。

他为入侵南陈精心准备了7年。他先是派奸细带着二三十万张告示到南方，上面列举了南陈新皇帝的种种过失，声称上天因此收回了在南陈的天命。[10]

589年，真正的战争开始了。隋文帝派兵向南朝的都城南京进发；当军队来到城门下的时候，南陈的政权已经崩溃了。隋军不费吹灰之力就控制了南京，继而控制了整个南方。隋文帝使南北再次统一，使用的战略是先文后武。

接下来他推行了一整套快速有效的改革。他下令，除了军队，其他人不得拥有武器。这样就减少了叛乱的可能性，彻底消灭了私人之间的血腥私斗。他下令重新修缮破败的长城，那是抵抗北方蛮族入侵的屏障。他把南北方繁杂随意的政府简化为一个理性高效的政府，使其高度组织化和等级化，每一个府衙都有自己的等级、特权甚至是自己特别的官服。像西方的查士丁尼大帝一样，他下令起草适用于全国的新法典，取代原来混乱的、甚至是相互矛盾的地方法规。为了弱化南方对于北方的敌意，他让太子（后来的隋炀帝）娶了一位南方的妻子。隋文帝意识到，要使南北方团结，就必须实现它们之间的自由交流。他开始在现有的河道之间修建一系列新运河，他的儿子即位后，继续开挖更多的河道，这些运河最终连接起

37 重新统一

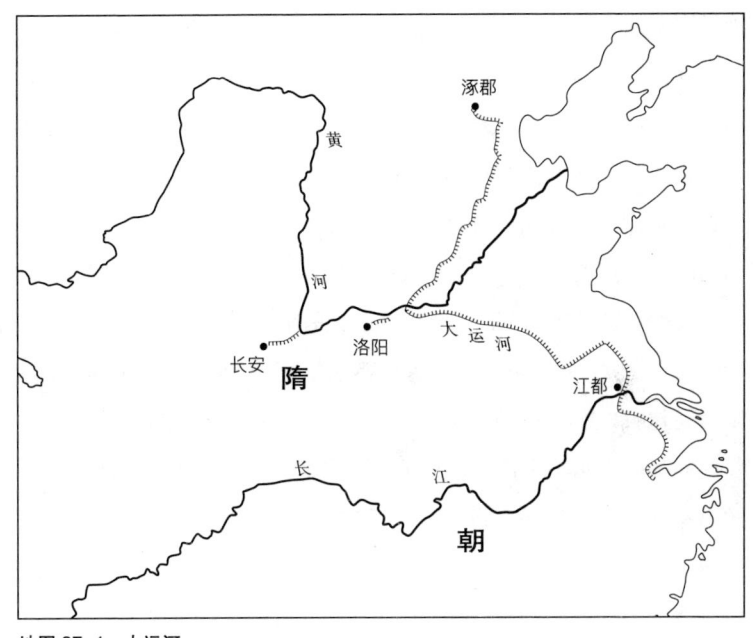

地图 37-1　大运河

长江和黄河水域。最终建成的运河被称作"大运河"。[11]

隋文帝发现,当一个国家面临外敌的时候,它的凝聚力就会增强。于是他发动了一场与朝鲜半岛的高句丽的战争。他认为,高句丽距离隋太近,一直是一个隐患,但是同时又较弱,不足以造成任何严重的或是直接的威胁(新罗仍然是半岛上的霸主)。

这是一个灾难性的错误判断,正是这个错误使得隋朝迅速灭亡,但是这个错误造成的后果一直到10年后才显现出来。

604年,隋文帝驾崩。他一手将中国变成一个强大的新兴国家,中国有了新的法律、新的防御工事、新的运河、新的战争。华夏大地见证了他的美德和恶行。

他的儿子继续保持着这些美德与恶行，只不过他恶的方面表现得更加突出。一方面，无论大运河是多么伟大——实际上大运河是一个由天然河道和人工河道组成的复杂网络，从北到南绵延千里，沿途的堤岸上有道路、驿站和皇家亭台，大运河的修造耗费了巨大的人力。数十万人每年都有一段时间被迫到运河上出力，很多人累死，很多人因为误了农事、不能照料家畜而贫困。运河的修建也消耗了大量的国家税收。隋文帝统治后期，隋朝陷入了与高句丽的战争泥淖。隋对高句丽久攻不下，因为后者有大将乙支文德带兵抵抗。[12]

隋炀帝继承了帝位，也继承了父皇留下来的问题，而且他让问题迅速恶化了。隋炀帝没有紧缩开支，而是继续完成父亲的愿望，即用不到一代人的时间快速建立起一个强国。为了完成大运河的修建，他增加赋税，征发劳役；他还通过建好的运河南巡，皇家船只首尾相连、绵延数十里。他在庆祝大运河工程成就的同时，却忽视了巨大的人力成本。他疯狂地想要征服高句丽，把国库里剩下的钱全部撒到战场上了。士兵们被送到朝鲜战场上，踩着同胞的尸体继续作战。[13]

他还不罢休，征募和役使了足够的人手，准备做殊死一搏。612年，他带领号称百万的强兵进入高句丽，而乙支文德率军于萨水设伏。那场战役非常激烈，血流成河，隋朝的士兵被包围并被歼灭了。

这场战役的惨败宣告了隋炀帝的末日。后来，隋朝的一名官员起兵造反，617年，起义军占领了长安，次年，隋炀帝在江都被杀。起义军的领袖登上皇位，是为唐高祖，自此，一个新的王朝——唐朝——建立起来。

唐高祖接手的是一个凋敝的国家。隋朝末期，南方和北方都非

时间线 37

高句丽	百济	新罗	日本	中国 南朝	北朝
				梁武帝（502—549）	
		法兴王（514—540）			魏孝明帝（515—528）
安藏王（519—531）					
	百济圣王（523—554）				
					河阴之变 魏孝庄帝（528—530）
					北魏分裂为西魏和东魏（534）
安原王（531—545）					
		新罗建元（536）			
			钦明天皇（539—571）		
		真兴王（540—576）			
阳原王（545—559）					
				梁简文帝（549—551）	东魏灭亡／北齐建立（550）
	威德王（554—598）				
			佛教传入日本		
平原王（559—590）				南梁和西魏灭亡／南陈和北周建立（557）	
				周武帝（561—578）	
				北齐灭亡（577）	
			敏达天皇（572—585）		
		真智王（576—579）		周宣帝（578—579）	
		真平王（579—632）		周静帝（579—581）	
				北周灭亡／隋朝建立（581）	
				隋朝 文帝（581—604）	
			用明天皇（585—587）		

时间线 37（续表）				
高句丽	百济	新罗	日本	隋朝
婴阳王 （590—618）				隋朝重新统一中国（589）
			推古天皇（592—628） 圣德太子（593—622） 《十七条宪法》（604）	
乙支文德的抵抗				炀帝（604—618） 隋朝灭亡/唐朝建立（618）

常贫困，还面临高句丽的攻击，国库亏空。[14]

虽然隋朝有很多致命的缺点，但是却解决了很多根本性的难题。唐高祖接手了一个强有力的行政管理结构，一部法典，一条南北的商贸路线，一座防御工事得到加强的都城，一套治理边远地区的体系，还有一套税收体系。唐朝统治中国长达几个世纪，这要归功于隋朝血腥而短命的改革。

/ 38

南印度国王

> 543年至620年间,遮娄其王朝不断扩张,一位博学多才的帕拉瓦统治者奋起反击,北印度的戒日王几乎占领了整个南印度。

543年,南印度大地上那些呈锯齿状相嵌的小国开始合并成统一的帝国。

向着征服大业跨出第一步的是遮娄其的统治者——补罗稽舍(Pulakesi)国王。遮娄其部落居住在德干高原上,可能是很久以前从北方迁徙过来的,但现在他们俨然已是土生土长的中印度人了。几个世纪以来,它们基本上都能和平发展,然而,公元6世纪,魄力十足、野心勃勃的补罗稽舍国王开始着手将部落王国缔造成一个小的帝国。

补罗稽舍在伐陀毗(Vatapi)定都,他不断向外征服,带领遮娄其王朝与邻近部落作战,走出中印度地区。他吞并了伐迦陀迦王国。在笈多王朝走向衰落的最后时日,伐迦陀迦的势力曾昙花一现,如今在补罗稽舍的进攻下土崩瓦解。他又征服了西海岸的土地,这意味着，遮娄其现在可以不受任何阻碍地与阿拉伯人进行生意往来了。然而，他的权势并不是只靠挥刀舞剑得来的。他还吹嘘说自己祖上有 59 个王室成员，这让他的王朝显得特别古老神圣。[1]

为了进一步壮大声势，他举行了马祀，这是一种古代印度教的仪式，目的是借国王之手给子民带来健康和力量。

马祀，用印度学家赫尔曼·奥登堡（Hermann Oldenberg）的话来说，是"展示王家赫赫威权的最高圣礼"。这是一场精心准备、耗时费力的宗教仪式。一整年的时间，献祭用的马匹由专人负责自由散养，之后才被带回到国王这里。祭司用金色的布料盖住马匹，在为期三天的节庆活动结束之际，国王亲自用右手将其宰杀，然后，王后要盖着金色的布料躺在马尸旁边，以示与之发生关系。马与国王的力量融为一体，这种力量进入王后体内，之后她生下的王室继承人也同样身负神力。力量和性是相互关联的。王位及其血脉传承，彼此缠绕交错。这是国王的祭祀，而不是一个小国君主的祭祀。[2]

在此基础上，补罗稽舍的儿子们以刀剑为后盾，坚称他们享有统治权。566 年，国王驾崩，其子诘底跋摩（Kirtivarman，即称铠王一世）继位，并在随后的 30 年间进一步扩大了遮娄其的势力范围。诘底跋摩的碑文上写道，在其征服过程中，他击败了附近曾统治印度大部分地区的古老的孔雀王朝（Mauryans）的后裔。他还建立了伐陀毗，修建新的寺庙和公共建筑，并定都于此。

597 年，诘底跋摩与世长辞，其幼子补罗稽舍二世继位。然而，补罗稽舍二世继位后未能即刻开始统治其子民。在位 13 年间，其叔父曼伽梨娑（Mangalesa）摄政，甚至在补罗稽舍二世成年以后他仍然掌控王国。曼伽梨娑不愿放弃刀剑政策，摄政期间，他继续推行父兄的扩张之策。

遮娄其的力量席卷次大陆的中心，但此时地处东海岸的帕拉瓦（Pallava）开始崛起，形式变得错综复杂。

古时候，帕拉瓦人住在伐陀毗，如今，这里是遮娄其的都城。早在200年前，遮娄其已经将他们赶走，迫于无奈，他们只得移居文吉（Vengi）境内。两国人民因多年前结下的梁子早已产生了难以泯灭的仇恨：遮娄其居高临下，指责帕拉瓦人"性本恶"，而帕拉瓦人则痛恨遮娄其的侵略扩张。[3]

600年前后，帕拉瓦国王摩诃因陀罗跋摩（Mahendravarman）上台掌权。他也是一个魅力非凡的统治者，点燃了国家扩张的导火索。但就目前局势而言，他避免与遮娄其产生正面冲突，而是穿过戈达瓦里河（Godavari）以北的领地开拓他的征服道路。在南印度王编年史中，摩诃因陀罗跋摩引人注目，这并不是因为他战绩辉煌（每一个南印度王都极力吹嘘自己的军事成就），而是因为他一直对艺术保持着饱满的兴趣，即使在指挥与邻国不可避免的战争时也是如此。他自称Vichitrachitta，意为"充满新奇想法的人"；他热衷于建筑学（开创了一种雕刻岩石寺庙的新方法）、绘画（他委托宫廷的一位学者为画家们撰写了一本绘画手册）、城镇设计（他结合自己的工程技艺修建了一座座新城）、音乐（一般认为是他发明了记谱法），以及写作（他用梵文写了两部戏剧，其中一部讽刺了他自己的统治）。[4]

如果摩诃因陀罗跋摩和朝臣、僧侣们一起住在西方，而这些人决定将摩诃因陀罗跋摩按上帝旨意征服的确切地点载入编年史的话，那么摩诃因陀罗跋摩肯定会以一位博学多才的国王、一位碰巧投生成国王的天才的形象而流芳百世。然而，我们只能从后人撰写的几行碑文上来了解他的成就。

与此同时，遮娄其开始遭受内战之苦。国王的叔父曼伽梨娑野心勃勃，拒绝交出执政大权。他本人仍然担任摄政，并希望能够将自己的儿子扶上王位。他曾率领遮娄其战胜强敌卡兰查尔（Kalachuri）；像诘底跋摩一样，他也在都城伐陀毗新建了许多建筑和石窟寺。他具备国王应有的所有品质，包括王室血统，只可惜他不是第一顺序继承人。

610 年，年轻的补罗稽舍二世摆脱了叔父的控制。补罗稽舍二世的御用诗人拉维科蒂（Ravikirti）撰写碑文，记录了他的生平事迹：诗文中写道，补罗稽舍二世是补罗稽舍一世的孙子，与祖父同名，是合法的王位继承人，也是家族中第一个像皇帝一样统治遮娄其王朝的君主。他的祖父曾举行过马祀，因此他是唯一有权统治国家的人。[5]

有关叛乱的具体细节记载得并不详尽。我们只知道补罗稽舍二世赢得了足够多士兵的支持，组建了一支军队。而曼伽梨娑虽然领导有方，也具备王室血统，但这显然是不够的，因为他不是第一顺序继承人，有实力也不能服众。在斗争中，他惨遭杀害，随即补罗稽舍二世宣誓王权。

之后他立刻握起了手中之剑。被他击败又被迫归顺的首领有好多人：甘加斯（gangas）、拉塔（Latas）、马拉瓦（Malavas）、瞿折罗（Gurjaras），以及许多其他部落都赫然在列。遮娄其的权力横跨德干高原的诸多地区，帕拉瓦和遮娄其的军队也开始爆发冲突。两国国王——遮娄其的补罗稽舍二世和帕拉瓦的摩诃因陀罗跋摩——均野心勃勃，每一方均以海为界，搭建了持续战争的舞台，这场战争刻画着印度数十年的历史。

然而，有一个比两国都强大的威胁在北方突然膨胀起来。

在经历了笈多王朝和嚈哒人的统治之后，印度北部已然分裂成一个个彼此竞争的小国和城邦。但是，大约7世纪初，一个拔群出萃的男孩曷利沙·伐弹那（Harsha Vardhana）在父亲临终的时候继承了王位，史称戒日王，他统治着一个北方小城塔内萨尔（Thanesar）。他也是一个魅力十足、意志坚定的单身汉，改变了整个国家的面貌。

与摩诃因陀罗跋摩不同，戒日王有一个专门负责记录的朝臣。此人名叫巴纳（Bana），他给后世留下了赞美国王功绩的颂文——《戒日王传》（Harsha Carita）。文中这样描述戒日王的王室血统：他"与国王一脉相承，用自己的辉煌功绩称霸世界，带领整齐划一的军队占据各个地区"。事实上，戒日王的家族并不是特别出众，他们统治的领土也不算广阔，但他随后的征服之路需要这种荣耀。[6]

戒日王刚加冕称王，就有一个仆人慌慌张张地给他带来一个消息。他的妹妹兰雅诗（Rajyasri）当初为了缔结条约嫁给了邻国国王，而现在她的丈夫突然过世了，她成了寡妇。她的国家即将遭到外敌入侵，而她本人也要在火葬柴堆上被活活烧死，为亡夫殉葬。

戒日王急召军队攻入邻国去救她，据巴纳说，他就在柴堆即将点燃之际，将她从金字塔型的柴堆上救了下来。然后，他宣称将该国据为己有。

随后他取得了一系列胜利，在印度北部所向披靡。一个个部落首领成为他的手下败将，相继发誓效忠于他。随着领地的扩张，戒日王将都城东迁至曲女城（Kannauj），这里更靠近他蘑菇形领地的中心位置，他在这里奉他的妹妹为共治女王，与他一起统治。他的妹妹负责国内统治，而他负责在外征讨。他将塔内萨尔和曲女城联

地图 38-1　戒日王的王国

合起来，打败了邻近部落，并将征讨范围不断扩大。[7]

620年，他将目光转向南方，在讷尔默达河与遮娄其王补罗稽舍二世会战。要想保住自己的王国，补罗稽舍二世就需要将戒日王挡在河对岸。但他的军队寡不敌众。中国高僧玄奘曾在戒日王统治期间，历时17年，游历了整个印度，据他推测，戒日王麾下有10万骑兵，10万步兵，还有6万象兵。[8]

补罗稽舍二世的御用诗人后来写道，他们的军队处于弱势，战前总是以酒壮胆，兵将和战象都喝上一顿，借着酒劲，他们无所畏惧、威力强大、势不可当。这件事得到了玄奘的证实："每将决战，饮酒酣醉，"他写道，"一人摧锋，万夫挫锐……复饲暴象，凡数百头，将欲陈战，亦先饮酒，群驰蹈践，前无坚敌。"[9]

向酒中借来的胆色可能在随后的战斗中发挥了作用，但补罗稽舍二世的任务简单明确：要想进入遮娄其领土，戒日王的军队必须强行通过山间小路，这里的地势易守难攻。印度中部遍布高山、河流和沙漠，长期以来，这对每一位想要将南北印度合二为一的国王来说，都构成了很大的障碍。

遮娄其军队凭借地利，成功抵御住了戒日王强大的入侵之势。从那时起，讷尔默达河就成为戒日王王国的南部边界。这对戒日王来说是十分尴尬的。因为补罗稽舍二世虽然在自己的领地高高在上，但与戒日王相比就相形见绌了，在戒日王征服的广阔天地中，补罗稽舍的领土简直就是沧海一粟。

但补罗稽舍划地为营，守住了自己的领土。他从对抗戒日王的战场归来，大获全胜。他还击败帕拉瓦国王摩诃因陀罗跋摩，夺取了北方的文吉。多年以前，帕拉瓦人被逐出伐陀毗后就定居于文吉。遮娄其再次将帕拉瓦人从他们的家园赶走。[10]

时间线 38

中国		印度
南朝	北朝	
		吐拉摩那（约510—约520）
	魏孝明帝（515—528）	
		摩醯逻矩罗（约520—528/543）
	河阴之变	
	魏孝庄帝（528—530）	
		（遮娄其王朝）补罗稽舍一世（543—566）
	北魏分裂为西魏和东魏（534）	
梁简文帝（550—551）		
	东魏灭亡/北齐建立（550）	
梁元帝（552—555）		
	南梁和西魏灭亡/南陈和北周建立（557）	
	周武帝（561—578）	
		（遮娄其王朝）诘底跋摩（566—597）
	北齐灭亡（577）	
	周宣帝（578—579）	
	周静帝（579—581）	
	北周灭亡/隋朝建立（581）	
	隋朝	
	文帝（581—604）	
	隋朝重新统一中国（589）	
		（遮娄其王朝）补罗稽舍二世（597/610—642）
		（帕拉瓦）摩诃因陀罗跋摩（600—630）
	炀帝（604—618）	
		戒日王（606—647）
	隋朝灭亡/唐朝建立（618）	

/ 39

两位皇帝

> 551 年至 579 年间,伦巴第人占领意大利,波斯人进军阿拉伯,查士丁尼和库思老都将大位传给了不及他们本人的继承人。

在君士坦丁堡,鼠疫最终消散。与波斯人缔结的 5 年休战条约保护了东部边境。查士丁尼终于可以将注意力转回到征服西部上来。

在意大利,拜占庭军队的战斗力已经达到了极限,坚持不了太长时间;因此,查士丁尼派宦官将军纳尔西斯(Narses)前往意大利(贝利萨留最近刚刚退役),让他从格皮德人(Gepids)和伦巴第人中招募雇佣兵。

这两个部落均已同意定居在意大利北部边缘,但事实证明,从伦巴第人中更容易招募到能参与实战的雇佣兵。很久之前,伦巴第人可能就从波罗的海另一边的寒冷北方而来,古代的历史学者称这个地方为斯坎迪亚(Scandia)。他们在自己的口述历史中(几百年后,8 世纪时由执事保罗记载整理)证实了这一说法:"(斯堪的纳维亚半岛)各民族……人口增长过快,如今已经无法聚居在一起了,"保罗写道,"据说因此他们把整个族群一分为三,抽签决定哪些人必须舍弃家园,另寻他处容身。"伦巴第人就是抽中了签的那一支,他们被迫远走,寻找新的家园。[1]

551年前后,纳尔西斯来到意大利,他将潘诺尼亚许给伦巴第人作新领地,以此换取他们的帮助。有了伦巴第人这支援军,他又重新发起了攻打东哥特人的战争。东哥特人的国王托提拉夺回了罗马,在那里而非在拉韦纳展开防御,但纳尔西斯招募的雇佣兵已有近3万人,这些人里不仅有伦巴第人,还有部分格皮德人,以及打算碰碰运气的匈人。当纳尔西斯对罗马展开袭击后,6000名东哥特人战死沙场,托提拉也不幸丧命。[2]

哥特贵族推选出另一位国王,但他也命丧战场。纳尔西斯带领雇佣兵夺回拉韦纳,并将那里重建为一个拜占庭地方首府。东哥特人的统治已经结束,现在,以查士丁尼大帝的名义,意大利将由拜占庭派来的总督(exarch)接管,总督是军事指挥官,同时也有权管理民事事务。君士坦丁堡恢复了帝国往日的生气——但多年的战争刚刚结束,这场战争摧毁了农村,破坏了城市,人民生活在贫困之中。[3]

552年,查士丁尼也再次掌管伊比利亚南部。西哥特国王惨遭谋害,整个宫廷陷入一片混乱之中;有一个贵族阿塔纳吉尔德(Athanagild)将消息传到君士坦丁堡,(不明智地)为自己谋取王位而寻求帮助。拜占庭舰队前来支援,阿塔纳吉尔德夺取了王位,但在554年,拜占庭军队夺取了南部沿海的所有港口和要塞,查士丁尼在此建立拜占庭行省,首府设在卡塔赫纳(Cartagena)。[4]

瘟疫过后,查士丁尼打开了胜利之门。他即将重建古罗马帝国,恢复旧日辉煌;如今,拜占庭的统治已延伸至地中海西部沿岸;罗马重新回到他的手中。

但东边立刻又出现了新的挑战。

再一次，组织散漫的部落联盟统一成一个新的国家。自5世纪以来，来自中国北方，被中国人称之为突厥的游牧民族，向西拓疆，直达中亚。552年，他们的一位战争领袖土门（Bumin）召集自己的部落和盟友们一起聚集在阿尔泰山脉一个名叫额尔古纳昆（Ergenekon）的地方，自立为王。虽然具体情况我们也无从得知，但他能这样做，必然是靠多年征战打出来的威望。他还迎娶了前西魏皇室的公主，以此为他的暴力夺权增添了一重皇家的光环，并在于都斤（Otukan）建立了都城，自称"伊利可汗"。

由伊利可汗创建的新国家人称突厥汗国（Gokturk Khaghanate），也是第一个突厥人的王国。在伊利可汗的大本营位于高原之上，那里流传着很多关于突厥的传说：额尔古纳昆是突厥人祖先的家园，在人们的记忆中，这里俨然一个如天堂一样的地方。[5]

额尔古纳昆聚会之后不久，伊利可汗去世，其子木杆可汗（Mukhan）接掌这个全新的国家。木杆可汗开始攻打邻近的部落，扩张突厥领土，迫使离他最近的部落——游牧的阿瓦尔人（Avars）——向西方的波斯和拜占庭迁移。[6]

558年，流离失所的阿瓦尔人来到了拜占庭边界，迫使查士丁尼收留他们。随后，他们继续向西，终于在多瑙河附近定居下来，就在格皮德人的东边。他们不是唯一受到新突厥汗国侵扰的民族；木杆可汗还征服了保加尔人（Bulgars）东部的部落，滋扰留在顿河西岸居住的部落。有些人越境进入拜占庭的土地，但查士丁尼并没有收留他们，而是将已经退休的贝利萨留召回，派遣手下最有经验的将领将他们驱逐出境。[7]

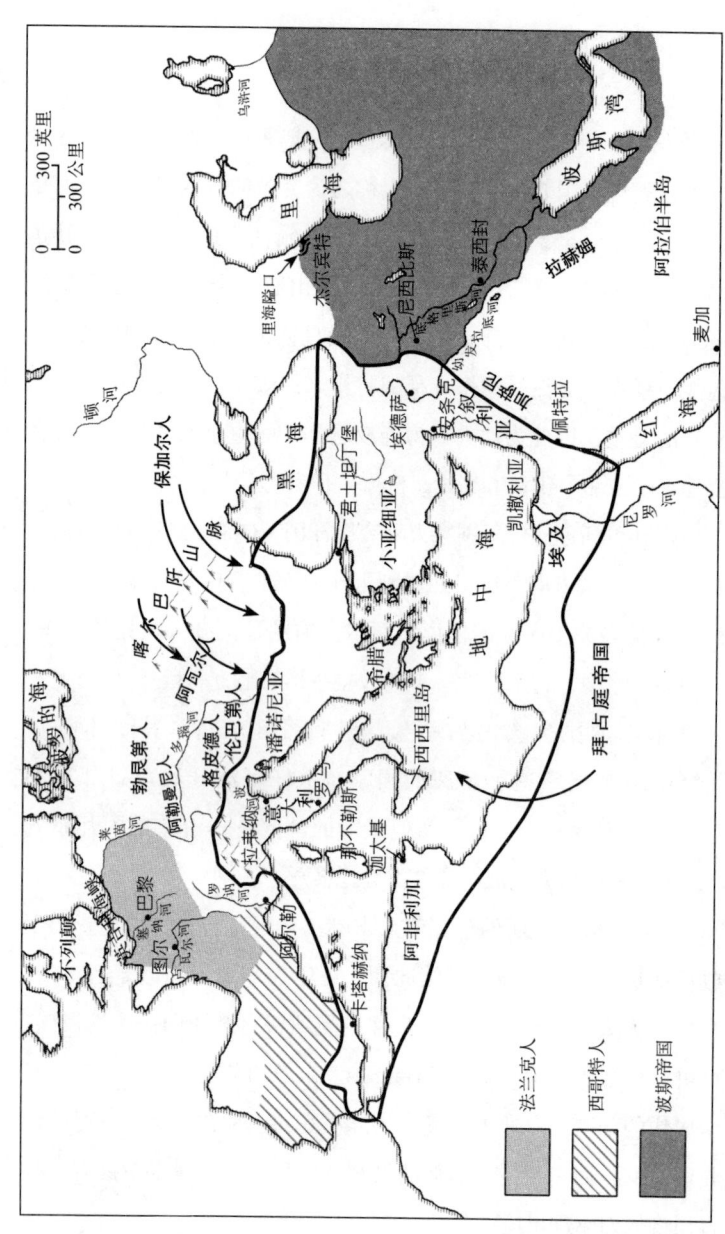

地图 39-1 拜占庭的最大领土

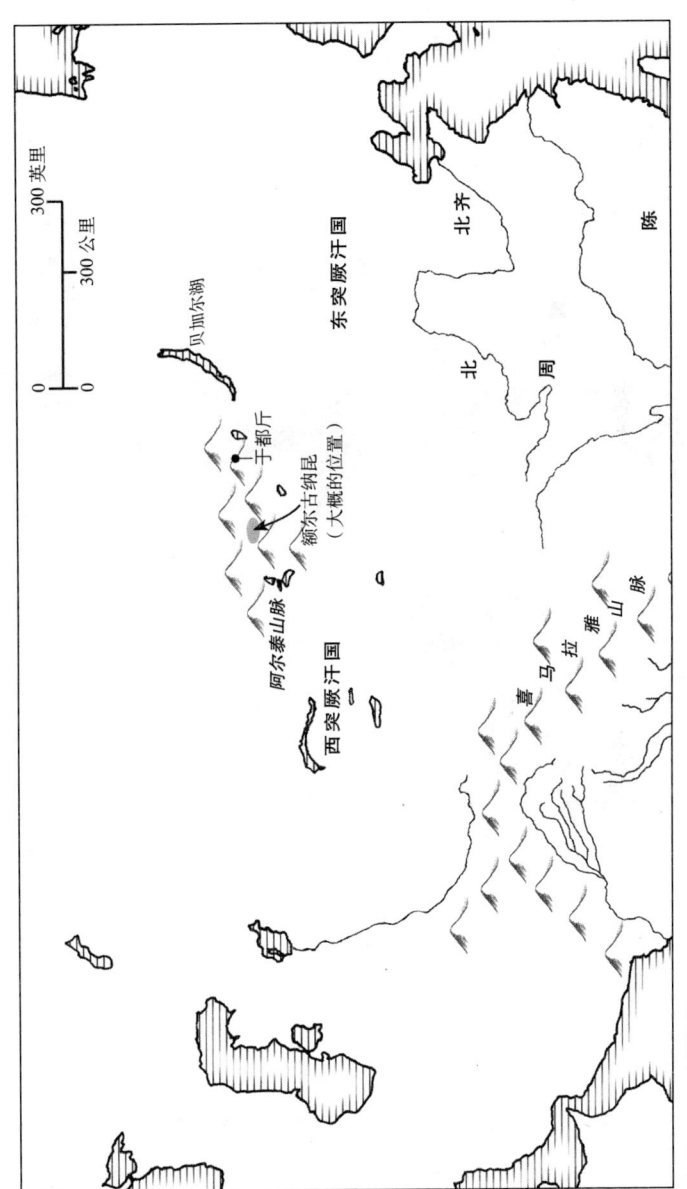

地图 39-2 突厥汗国

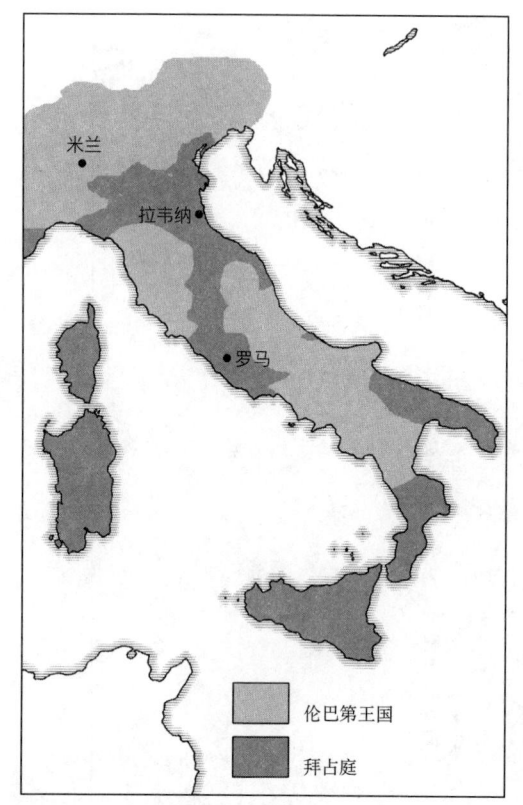

地图 39-3　意大利伦巴第

　　他成功了——这唤起了查士丁尼对共事了一辈子的老伙计曾有过的戒心。虽然查士丁尼已在位统治了数十年，但想必他仍觉得自己的皇位坐得不稳。562 年，他指控贝利萨留贪污并将其监禁，但次年，他又动了怜悯之心，放他出狱并赦免了他。这是两人之间最后一次发生冲突。他们都死于 565 年；那一年，查士丁尼 82 岁，贝利萨留 60 岁。

随着查士丁尼的离世，罗马帝国也失去了任何再次复兴的机会。548年，狄奥多拉未生过子女就离世了，她可能死于癌症。查士丁尼此后也没有再婚，因此他没有子嗣。后来，他的侄子查士丁二世继位称帝。几乎与此同时，西部新收复的领土开始四分五裂。

在意大利，查士丁二世即位的第二年，拜占庭的统治受到鼠疫威胁。天主教执事保罗描述了感染者典型的大腿根部出现肿块和高热的症状、尚未被掩埋的成堆的尸体，以及变得空无一人和脆弱不堪的意大利。"百姓舍弃了家园，空荡冷清的房子里只剩看门狗。"他写道：

> 在你的眼前，世界又恢复了古老的寂静：田野里听不到任何声响，听不到牧羊人吹响口哨，没有人在牛群中警惕野兽，没有人去伤害家禽。庄稼早已过了收割的季节，眼看一天天过去却无人收割；眼看就要入冬了，葡萄园里落叶遍地，一串串葡萄却还亮闪闪地挂在枝头无人采摘；军号响彻日夜，如同战士的回声；似乎能听到军队的低喃；没有路人经过，也看不到凶手的影踪，但死者的尸体却已无法用肉眼辨别；田园变成了世人的坟墓，而百姓的住所则已成为野兽栖身之处。这些可怕的情景只发生在罗马人身上、发生在意大利境内。[8]

瘟疫消失后，大片空旷的土地无人占据，因此，伦巴第国王阿尔博因（Alboin）将目光投向这里。

这是因为潘诺尼亚的土地已不够容纳他的人民了。他们的人口增长了，部分原因是他征服了邻近的鲁尔人和格皮德人这两个部落（据保罗的记述，他在战斗中杀死了格皮德国王，强行迎娶了这位国王的女儿,还按照落后的古老战争习俗把老国王的头骨制成了酒杯)。现在,伦巴第人的总人口超过了 25 万,他们需要更大的居住空间。[9]

568 年,伦巴第人大批涌入意大利。569 年,阿尔博因带领手下的伦巴第勇士征服米兰,开始向南一路挺进。意大利中部的拜占庭领土随即迅速沦陷。留在拜占庭人手中的领地只剩下两处:一处是南部沿海;另一处是从拉韦纳沿海岸线向南直到罗马的地方(就在这个地方,教宗本笃一世获得了拜占庭皇帝的保护)。意大利再次易手。

同时,西哥特国王雷奥韦吉尔德(Leovigild)——阿塔纳吉尔德的胞弟和接班人——登基称王,掌管伊比利亚,并忙于夺回在先祖手中丧失的土地。查士丁二世无法组织起像样的防守,更不用说夺回有争议的土地了。拜占庭试图恢复古罗马的领地已经不可能了。*

君士坦丁堡以东,萨珊波斯国王库思老一世的经历则与此完全相反。他对东部地区的征服(早在几年前他就已经消灭了哦哒人)将波斯推向了权力的最高峰。**库思老一世将其治下的广阔土地重新组织起来,一分为四,各分配一员大将统领。四个部分分别是从哦哒人手中夺得的远东部土地,王国的中部区域,西部与拜占庭边境相邻的地方,以及南部阿拉伯地区。[10]

570 年,库思老得到了扩大其在阿拉伯地区领土的机会。

---

* 拜占庭仍掌管意大利境内的一块土地,此后统治了几个世纪之久,同时,效忠拜占庭的城市与君士坦丁堡之间的关系日趋复杂,但拜占庭帝国此后再也无法重新称霸半岛了。

** 这个最高峰适用于中世纪的波斯帝国,它通常被称为"波斯萨珊王朝",以区分于古代波斯帝国,二者地理位置相同,但古代波斯帝国最终被亚历山大大帝征服。波斯一直无法恢复独立自主的国家身份,直到公元 224 年,萨珊家族的阿尔达希尔宣称自己是复兴的波斯帝国国王。

39 两位皇帝

阿克苏姆王国正打算穿过红海，攻击阿拉伯人的麦加城。攻击再次以圣战的形式展开：阿克苏姆国王阿伯拉哈（Abraha）是基督徒，而麦加则是传统阿拉伯宗教的中心。这里也同样不堪一击。麦加群龙无首，没人能够将人们组织起来进行有效的防御。阿拉伯人生于哪个部落就忠于哪个部落，部落是他们的伦理中心，也就是说他们对其他部落是不需要讲什么义气的。袭击另一个部落，劫掠他们的食物、牲畜和女人，这是常事，没什么道德上的对错。阿拉伯人生活在干旱的土地上，小国林立，冲突不断。麦加由出身名门望族的首领组成的会议主导，会议成员权力平等；按照惯例，所有人均不得在天房克尔白这处圣地动武，只有这件事说明他们还承认存在可能将所有部落团结起来的更加强大的力量。这里没有共同的法律约束，没有中央集权，也没有让人信服的战争领袖。即便是麦加最强大的部落，古莱什族（Quraysh），也被一分为三，领导人之间彼此争夺统治权。[11]

阿克苏姆的阿伯拉哈不仅集结了军队和战船，还带了好几头大象——这也是阿拉伯战争中首次使用大象。他下令军队横跨红海，准备围攻麦加。但在他攻占整个城池之前，他的军队却因瘟疫溃不成军，无奈之下，他被迫撤兵。大象参战那年他不战而败，50年后，这件事在《古兰经》中留下了记录，人们认为这是天意：

> 难道你不知道你的主怎样处治象的主人们吗？
> 难道他没有使他们的计谋变成无益的吗？
> 他曾派遣成群的鸟去伤他们，
> 以黏土石射击他们，
> 使他们变成吃剩的干草一样。[12]

他们这次战败，不是因为手中没有利剑。

为了避免再次遭受攻击，南部的阿拉伯部落寻求库思老的援助。575年，他率步兵和海军舰队南下，进驻阿伯拉哈原来想要攻占的那块领地。

波斯的干预阻止了阿伯拉哈发动第二次进攻的企图。现在，基督教已经没有机会向东扩展至阿拉伯半岛了。麦加不会易主；古莱什部落将继续膜拜天房克尔白；古莱什部落的小孩，包括后人熟知的当时年仅5岁的穆罕默德，也不会在十字架下成长。[13]

面对库思老对阿拉伯政治的干预，查士丁二世并未做出任何挑战。事实上，他似乎已经神志不清了。据以弗所的约翰所说，当他对某人生气的时候，就会张嘴咬他们，只有当侍从们让他坐进一辆小车，拉着他围着宫殿转圈的时候，他才会平静下来。[14]

帝国很长时间都没有出过一个精神不正常的皇帝了：几十年来，皇位上坐的都是狡黠精明的明君。查士丁二世的妻子索菲亚是大名鼎鼎的狄奥多拉的侄女，她说服查士丁二世指定其得力干将，侍从提比略（Tiberius），为他的摄政。查士丁二世同意了，直到578年他去世之前，都由索菲亚和提比略共同统治帝国。查士丁二世的葬礼之后，提比略正式加冕称帝；索菲亚表示，如果他与妻子离婚，她就愿意嫁给他，但是提比略拒绝了。[15]

579年，也就是一年后，在位统治48年的波斯国王库思老一世去世。尽管库思老一世抛弃了马兹达克运动的信条，但他一直努力确保他的统治公平公正。后世历史学家泰伯里对他赞颂不已，罗列了库思老一世的一系列改革举措：血缘关系存疑的儿童仍然享有继承权；违背个人意愿结婚的妇女，如果愿意，可以选择离婚；被定罪的盗贼除接受刑罚外，还应做出赔偿；亲属或城邦必须供养寡妇

时间线 39

印度	非洲	拜占庭帝国	波斯帝国	西哥特人	突厥人	伦巴第人
（伐迦陀迦）哈里舍纳（约 475—500）				阿拉里克二世（484—507）		
			喀瓦德一世（488—531）			
		阿纳斯塔修斯一世（491—518）				
那罗信诃笈多（约 497—约 510）			[札马斯普]（496—498）			
				阿马拉里克（511/526—531）		
吐拉摩那（约 510—约 520）	（阿克苏姆）迦勒（约 520—540）					
		亚历山大主教蒂莫西三世（517—535）				
摩醯逻矩罗（约 520—528/543）		查士丁一世（518—527）				
	（阿克苏姆）阿伯拉哈（约 525—约 553）	查士丁尼大帝（527—565）				
		《查士丁尼法典》第三卷（529）				
			库思老一世（531—579）	狄乌蒂斯（531—548）		
		"尼卡暴动"（532）				
		夺取罗马城（536）				
		夺取意大利（540）				
		君士坦丁堡发生瘟疫（542）				
（遮娄其王朝）补罗稽舍一世（543—566）		狄奥多拉去世（548）				

时间线 39（续表）

印度	非洲	拜占庭帝国	波斯帝国	西哥特人	突厥人	伦巴第人
					（突厥汗国）伊利可汗（552—553）	
					木杆可汗（553—572）	
				阿塔纳吉尔德（554—567）		
（遮娄其王朝）诘底跋摩（566—597）		查士丁二世（565—578）	雷奥韦吉尔德（568—586）		阿尔博因（565—572）	
		提比略二世（578—582）				
			霍尔米兹德四世（579—590）			
		莫里斯（582—602）				奥塔里（584—590）
			库思老二世（590—628）			阿季卢尔福（590—616）
（遮娄其王朝）补罗稽舍二世（597/610—642）						
（帕拉瓦）摩诃因陀罗跋摩（600—630）						
戒日王（606—647）						

和孤儿。此外，他还征服了新的领地，在波斯修建了运河和灌溉渠道等基础设施，重建了桥梁，修葺了村庄，道路得到精心维护，税务和行政官员都训练有素，军队也兵强马壮。[16]

但是，查士丁尼大帝和库思老一世这两个伟大君主的相继离世，结束了两个帝国的辉煌时代。拜占庭已经开始走下坡路；没有伟大的君主掌舵，波斯能否维持现有的强大，还有待观察。

/ 40
宫相

> 558 年至 656 年间,法兰克人的领土一分为三,墨洛温王朝的国王们逐渐让出了手中的权力。

到 558 年,法兰克由原来的四方统治再次变回了统一王权。克洛维的三个继承人相继死于疾病或谋害,唯一幸存的子嗣克洛泰尔一世,像他的父亲一样成为整个法兰克王国的统治者。

整个法兰克王国再次臣服于唯一的王权,统一的局面维持了三年。561 年,克洛泰尔在打猎期间高烧不退,一病不起,不久便去世了,此时他已在位 50 年,王位留给了他依然在世的四个儿子。

他本人就经历了兄弟阋墙,但仍下不了决心指定唯一的继承人。而且法兰克武士首领的旧思想也存留了下来:国王之位应属于强者,而不应仅靠血脉继承。克洛泰尔就是因为比兄弟们更加能征善战、机智聪颖才赢得了王位,因此他的四个儿子谁也不能获得法兰克至高王权的免费通行证。

兄弟四人意识到彼此都是竞争对手。因此,从父亲去世那一天起,他们就不是联合统治者,而是并立的,甚至是敌对的国家中各自独立的国王。

567年,二哥查理贝尔特(Charibert)去世,剩下的三个国王随即夺取了他的领土。之后100年,法兰克王国一直保持着三足鼎立的局面。由西吉贝尔特(Sigebert)统治的北部边境,人称奥斯特拉西亚(Austrasia),其都城原本是兰斯,但后来,西吉贝尔特为阻止四处游荡的阿瓦尔人,将都城移至靠近边境的梅斯(Metz);贡特拉姆(Guntram)统治着勃艮第(Burgundy),数年前,此地被法兰克吞并;希尔佩里克(Chilperic)则统治着法兰克中南部领土纽斯特里亚(Neustria),苏瓦松和巴黎等城市都坐落于此。

勃艮第是三个王国中最小的一个,纽斯特里亚和奥斯特拉西亚在领土和国力方面则不相上下。纽斯特里亚的希尔佩里克和奥斯特拉西亚的西吉贝尔特都觊觎着大王的宝座,因此西吉贝尔特决定通过与西哥特的阿塔纳吉尔德国王之女、公主布伦希尔德(Brunhilda)联姻,以提高自己上位的机会。

阿塔纳吉尔德同意缔结这门婚事,打发女儿从西班牙的家里出嫁,并准备了丰厚的嫁妆。消息一出,纽斯特里亚的希尔佩里克意识到,他的哥哥在这场权力争夺中已占了先机。因此,"虽然他已妻妾成群,"图尔的格列高利写道,"但他仍然求娶布伦希尔德的妹妹加尔斯温特(Galswintha)。"他还承诺,如果国王阿塔纳吉尔德同意这门婚事,他会休掉自己所有的妻子。[1]

西哥特国王一定以为自己真是撞了大运。因此将布伦希尔德送走之后,他将加尔斯温特也送上了出嫁之旅。当她到达希尔佩里克的宫廷之后,希尔佩里克信守承诺,将她奉为自己唯一的妻子。"他深爱着她,"格列高利不带任何感情色彩地写道,"因为她

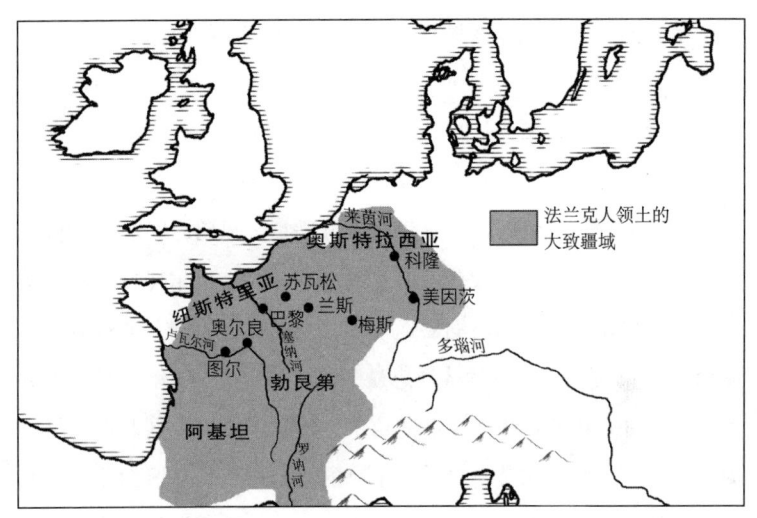

地图 40-1　法兰克领土

嫁妆丰厚。"

但加尔斯温特很快发现，其实自己的丈夫仍然深爱着他的前妻之一，此女名为弗蕾德贡德（Fredegund），尽管名义上她已被希尔佩里克休弃，但仍会定期在国王的寝殿出现。加尔斯温特向他抱怨，他置之不理；她要回娘家，他断然拒绝；终于，有一天早上，有人发现她被勒死在床上。当宫廷诗人万南修·福多诺（Venantius Fortunatus）为她撰写悼词的时候，不得不谨慎措辞。他先是描述了这场婚姻，然后直奔主题，讲述了她从生到死的种种过往，却只字未提她死去时的样子和她的死因。"她与丈夫婚后不久，"他机智地解释说，"却在生活刚刚开始的时候，就被死神夺去了生命。"[2]

她的丈夫希尔佩里克和她的对手弗蕾德贡德两个人都有嫌疑，有可能是他们直接夺走了她的生命，或者至少是他们一手操纵了这件事情。因为缺乏证据（即使希尔佩里克把弗蕾德贡德接回后宫，封她为后），他们逃脱了罪责，未受处罚。但是如今已当上奥斯特拉西亚王后的布伦希尔德从来也没有原谅或忘记自己妹妹惨遭杀害的事实。

随后的战争持续了7年，仍然未分胜负，兄弟之间都没有从彼此身上得到值得一提的收获。希尔佩里克和西吉贝尔特总是针锋相对，但贡特拉姆由于自己的领地较小，立场摇摆不定，谁对他的生命构成的威胁更小，他就选择忠诚于谁。最终，575年，弗蕾德贡德（现已登上纽斯特里亚王后之位）派出两名刺客，到西吉贝尔特的宫殿行刺。刺客假装自希尔佩里克的宫廷叛变，自愿倒戈并奉西吉贝尔特为王，但西吉贝尔特甫一露面，他们就用沾着毒药的刀子刺杀了他——这种长长的斯堪的纳维亚刀具通常是当餐具用的，而不是武器。[3]

西吉贝尔特毒发之后，在痛苦中死去，留下5岁的儿子希尔德贝特二世（Childebert II）继位，由妻子布伦希尔德摄政。如今，布伦希尔德更多了一个憎恨妯娌的理由：她认为弗蕾德贡德应该为她妹妹和丈夫的死负责。

她尽心尽力地辅佐儿子统治王国，并说服膝下无子的叔叔贡特拉姆收养了他。如此一来，希尔德贝特二世小小年纪就既是奥斯特拉西亚的国王，又是勃艮第的王位继承人，等到贡特拉姆死后，他就可以将这两个王国合二为一了。

此外，布伦希尔德还监督奥斯特拉西亚的日常管理。她变成了一个特别能干的统治者，能干得让法兰克贵族们感到恼火。后来的日耳曼史诗《尼伯龙根之歌》(Song of the Nibelungs) 中，不仅记载了她的人格魅力，还描述了法兰克人对她的不满情绪，在这部史诗中，她远嫁而来（故事中说她来自冰岛）成为日耳曼国王之妻。国王的朋友们提出反对意见，其中一个朋友西格弗里德（Sigfrid）对他说："你这个王后太恐怖了。"⁴ 但尽管法兰克人敌视他的母亲，但希尔德贝特二世仍拒绝把她送走，即使当他成年之后，他仍让她留在宫里，做他的顾问。

纽斯特里亚这边的弗蕾德贡德也想像自己的妯娌一样掌握大权。584 年，希尔佩里克因个人恩怨被一名男子谋杀，他膝下无子，但就在葬礼之后，弗蕾德贡德诏告天下，说她怀上了丈夫的继承人。

消息一出，人们疑心四起。事实上，婴儿刚一出生，贡特拉姆［他通常性情温和，被编年史家弗莱德加（Fredegar）形容为"心地纯良"］便公开表示，孩子的父亲是法兰克朝臣，而不是他已过世的弟弟。因此，弗蕾德贡德召集了三个主教和"三百个有头有脸的人物，他们都发誓说，纽斯特里亚的希尔佩里克国王就是男孩的父亲"。⁵

无奈之下，贡特拉姆被迫让步。他心地太善良了，无法违背主教的话，于是他赶往巴黎参加孩子的洗礼仪式。弗蕾德贡德以小男孩有权有势的祖父（假定这是真的）的名字给他取名为"克洛泰尔二世"，并且以其摄政的身份统治纽斯特里亚。

592 年，勃艮第的贡特拉姆去世，把归他统治的那部分法兰克地区留给了侄子兼养子——奥斯特拉西亚的希尔德贝特二世。这意味着，布伦希尔德如今辅佐她的儿子同时统治着奥斯特拉西亚和勃艮第两个王国，而弗蕾德贡德则担任纽斯特里亚的摄政。法兰克的统治权已经落到这两个强大的女人手中，法兰克人弗蕾德贡德和西哥特人布伦希尔德，她们因为个人恩怨彼此厌恶，而且，她们都有权决定自己王国的行动。

这两个人谁都不会允许大权旁落。布伦希尔德的儿子希尔德贝特二世于595年去世，当时他只有20多岁。布伦希尔德立刻将矛头指向弗蕾德贡德，认为是她从远方派人来毒害了她的儿子。然而，儿子的死却正好将她推到统治奥斯特拉西亚和勃艮第两个王国的位置上。她两个年幼的孙子，一个9岁，一个8岁，瓜分了奥斯特拉西亚和勃艮第，而她则顺理成章地成为他们的摄政。

弗蕾德贡德和她的儿子，克洛泰尔二世，立即试图占领巴黎。据法兰克编年史家弗莱德加说，这场战争引发了"大屠杀"，但几乎一无所获。这两个王后之间的仇恨本来有可能会发展成一场全面的战争，这将摧毁法兰克人的王国；但597年，弗蕾德贡德去世了，她的儿子开始独立统治。[6]

两年后，已故的希尔德贝特二世的长子、奥斯特拉西亚的提奥德贝尔特二世（Theudebert II）已年满13周岁。他有资格独立统治了，所以他罢免了祖母布伦希尔德，这一举动赢得了奥斯特拉西亚贵族的大声喝彩。布伦希尔德南下进入勃艮第，希望她的小孙子提奥多里克二世（Theuderic II）能收留她，但显然她在中途迷路了。"有个穷人发现她独自徘徊，"弗莱德加说，"应她的要求，他将她带到提奥多里克面前，提奥多里克热情款待了自己的祖母，并举行了欢迎仪式。"[7]

法兰克王国再次形成三足鼎立、彼此敌对的局面。599年，纽斯特里亚的克洛泰尔二世已满15周岁，他少年老成，试图攻击自己的两个堂侄，占领他们的土地，但两兄弟决定结成统一战线。他们联合勃艮第和奥斯特拉西亚的军队，打败了克洛泰尔二世，夺取并瓜分了他的大部分领土。

布伦希尔德现在居住在勃艮第，其国土面积日益扩大，实力与日俱增。布伦希尔德重返权力之巅，又恢复了昔日专横的作风。据编年史家弗莱德加说，她不但指控数名贵族叛国并将其处死，以夺取对方的土地，而且还策划行刺其他多名重臣。600年，提奥多里克已年满13周岁，但他仍然无法摆脱祖母布伦希尔德，使自己独掌勃艮第大权。他把她迎进了门，结果她却如同一只帽贝，死抓住权杖不放。提奥多里克转眼就满20岁了，早已过了一个国王应该结婚生子的年龄，却仍旧孤身一人，受祖母的摆布。

他赶不走她，又不愿意向奥斯特拉西亚的兄长或纽斯特里亚的堂叔求助（三人中他年纪最小，也许是害怕敞开国门之后，搞不好会失去王位），因此他出去找了一个新的盟友。607年，他派遣使节出访西班牙，请求西哥特国王维特里克（Witteric）将女儿厄明博加（Ermenberga）下嫁于他。

西哥特王国正处于鼎盛时期，若西哥特和勃艮第结成联盟，勃艮第就会成为三个法兰克王国中最强大的一个。但显然布伦希尔德一想到自己会失去宫廷实际控制者这一地位就无法忍受。据历史学家弗莱德加的说法，布伦希尔德故意对提奥多里克说他新娘的坏话，布伦希尔德是个狡诈机智的女人，在她的挑唆下，厄明博加抵达之时，提奥多里克早已失去了对这次联姻的兴趣。他一次都没有与妻子同房，一年后就将她送回了娘家。[8]

取而代之的是，他与纽斯特里亚的堂叔克洛泰尔二世结盟，共同对抗他的哥哥、奥斯特拉西亚的提奥德贝尔特二世。612年，联军在阿登（Ardennes）森林的边缘袭击了提奥德贝尔特的军队。"战况惨烈，双方伤亡惨重，战死的士兵连倒下的空间都没有，"弗雷德加的记述中这样写道，"他们战死之后，尸首彼此支撑，仍然呈站立姿势，就像仍然活着一样……乡间尸横遍野。"提奥多里克和克洛泰尔二世向科隆进军，掠夺了提奥德贝尔特的财宝，并将他本人俘获。弗莱德加补充说，一个士兵捉住提奥德贝尔特年幼的儿子兼继承人，"用脚踢他，把他往石头上摔，摔得脑浆迸裂"。[9]

布伦希尔德从来没有忘记自己的长孙做出过将她赶出宫廷的决定。她命提奥多里克将自己的兄弟囚禁起来，然后让人在监狱里杀害了这位年轻的国王。提奥多里克将奥斯特拉西亚据为己有，自己当上了奥斯特拉西亚和勃艮第的联合国王，然而，他在之后不到一年就死于痢疾——仍然没有留下一个合法的继承人。

为了避免王国落入布伦希尔德之手，奥斯特拉西亚宫相沃纳哈尔（Warnachar）和勃艮第宫相雷多（Rado）采取了行动。

"宫相"（Mayor of the Palace）是法兰克国王得力助手的头衔，担任这个职位的官员需要负责照看王室庄园，并监管其他政府官员，通常身兼首相和管家之职。当国王年幼、体弱，或是死去之后，他的宫相会暂代其统治。

沃纳哈尔和雷多都不想看着他们的国土由布伦希尔德接管，因此，他们一起请求克洛泰尔二世出兵。613年，克洛泰尔二世同意出兵，他一路上基本未遭到什么抵抗。他俘虏了伯母布伦希尔德，让她饱经折磨之后才处死了她。"他对她怀着满腔的怒火，"弗莱德加在编年史中如是写道，"连续三天，她尝遍了各种酷刑，然后，克洛泰尔二世下令，让她骑着骆驼游街示众。最后，她的头发、一只胳膊和一条腿被绑在一匹未被驯服的马的尾巴上，马蹄乱踏，将她踏成了碎片。"[10]

法兰克王国再次统一，而国王克洛泰尔二世，则是所有国王中唯一有可能跟王室家族没有任何血缘关系的一个。

克洛泰尔二世开始尝试建立某种秩序，整顿眼下混乱的局面。

615年，他发布了《巴黎敕令》(Edict of Paris)，其中除其他规定外，他还承诺，法兰克国王不会凌驾于奥斯特拉西亚、纽斯特里亚和勃艮第当地王室的权威之上。三个法兰克王国将在克洛泰尔二世的带领下联合起来，但不会有单一的集权政府，宫相这个职位也不会合而为一。相反，每个宫相仍旧管辖自己的领地。[11]

这或许就是宫相沃纳哈尔和雷多当初和他达成的协议的一部分：他们想要他插手干预，但不能以牺牲自己的权力为代价。克洛泰尔二世发兵入侵，帮助这两个宫相除掉了布伦希尔德，使他们的权力变得更加坚固：现在这两个人的权力都比之前在国王手下更大了。两年后，克洛泰尔二世同意宫相采取终身制，这使他们的权力变得更加根深蒂固。

如今，这两个宫相不仅享有相对独立的统治权，而且也不能被免职。克洛泰尔二世做了一个魔鬼交易。他戴上了法兰克王冠，但国土有三分之二处于两位宫相的统治之下——他无法通过法律手段除掉他们，他们在自己的领地拥有立法权，而且如今他们都能独立行事，不用再像过去一样受讨厌的王室子孙及其母亲或祖母的控制。

617年颁布的法令赋予了宫相终身的权力，这使宫相逐渐转换成了统治者的角色——这种角色转换后来使得法兰克墨洛温王朝的国王没有什么重要性可言了。

几十年来，法兰克王国先后出过三个宫相，他们分别出自奥斯特拉西亚、纽斯特里亚和勃艮第的宫廷。克洛泰尔之所以同意这样的安排，是因为他想要让法兰克政治中强烈的地方性色彩同一个地位更高的大王结合起来。

但这种做法并不完全成功。即使有了独立自主的宫相，奥斯特拉西亚的贵族仍旧试图争取更大的独立性——特别是独立于纽斯特里亚。或许是由于古时候部落间的差异，或是各氏族之间说不清道不明的敌意导致了国家的分裂，总之法兰克王国的东西两部分越来越有可能坚持要求各自的利益分离。西法兰克人将自己的土地称为法兰西亚（Francia），而将东部称为"东部地区"（East Land），或奥斯特拉西亚。反过来，奥斯特拉西亚人则拒绝将西部称为法兰西亚，他们坚持使用纽斯特里亚，或"新西部地区"（New West Land）这样的名称来称呼对方。

623年，克洛泰尔二世答应让自己20岁的儿子达戈贝尔特一世（Dagobert I）担任奥斯特拉西亚的统治者，如此一来，奥斯特拉西亚人不仅有一位独立的宫相，还有一位独立的国王。虽然有两重因素导致达戈贝尔特的独立统治基本如同空中楼阁：一是他牢牢受制于自己的父亲，二是无论如何他朝廷的实权都掌握在宫相老丕平（Pippin the Elder）的手中；但这还是加深了奥斯特拉西亚人想与纽斯特里亚和勃艮第分离的愿望。

629年，克洛泰尔离世，结束了他长达45年的统治，此时，达戈贝尔特才有机会行使一些实权。他同父异母的弟弟查理贝尔特试图执掌纽斯特里亚，但达戈贝尔特起初威逼他撤回到阿基坦那一小块领地上，然后又派人行刺他，将整个王国据为己有。[12]

如今，整个法兰克王国再次处于同一个国王的统治之下，奥斯特拉西亚的贵族则再次表示反对。达戈贝尔特曾经帮助他们维持自己的独立性，但现在显然成了他们的麻烦。

达戈贝尔特被迫沿用父亲的策略。他将自己3岁的儿子西吉贝尔特三世（Sigebert III）推上奥斯特拉西亚国王的位子，奥斯特拉西亚王国的实权再次落入宫相手中。法兰克人笨拙地试图平衡国王的权力、王室家族的权力，以及法兰克贵族（以前的氏族首领）想要实现自治的强烈愿望。立个年幼的国王，然后由当地的宫相替他执掌权力，这虽说不算是个稳妥的解决方案，但也是个可行之策。

639年，达戈贝尔特去世，王国仍旧处于分裂状态：西吉贝尔特三世和他的宫相仍旧掌控着奥斯特拉西亚。与此同时，达戈贝尔特的幼子克洛维二世也在纽斯特里亚和勃艮第加冕称王，在这两个王国，各有一名宫相辅佐他进行统治。

虽然这些国王你方唱罢我登场，但真正重要的并不是哪一个王子登上了王位，而是各国宫相的权力。虽然当时设立宫相这个职位是为了维持法兰克三个王国的独立自主，但宫相们也很注意巩固自己的权力。[13]

老丕平死后将这一职位传给了儿子格林莫尔德（Grimoald）。以前宫相的职权不是世袭的，都是由国王任命的。但如今，宫相也像王位一样，可以由子孙后代来继承了。

这时格林莫尔德又说服了年轻的奥斯特拉西亚国王西吉贝尔特三世，让他同意立格林莫尔德的儿子为王位继承人。如此一来，宫相家族就要被纳入王室了。可惜格林莫尔德的野心没能实现，西吉贝尔特三世很快就有了自己的儿子。

格林莫尔德拒绝尝到失败的滋味。656年，西吉贝尔特三世意外地英年早逝，格林莫尔德随即发动政变。他下令让西吉贝尔特年仅6岁的继承人达戈贝尔特二世（Dagobert II）剃度出家（将他头顶的头发剃光，表明他决心成为神职人员——剃度象征着对肉体的毁损，表示此人打算献身服侍上帝，因此就不适合担任俗世的统治者了），并将他送到了一所修道院里。接着，他把自己的儿子，"被领养的希尔德贝特"（Childebert the Adopted）推上了奥斯特拉西亚国王的宝座。

有鉴于此,纽斯特里亚和勃艮第的国王克洛维二世下令出兵。克洛维的军队俘虏了格林莫尔德和他的儿子"被领养的希尔德贝特"。两人都被处死,奥斯特拉西亚的王位空了下来。

但克洛维二世并没有把剃度出家的合法国王(他的侄子)从修道院接回来,而是任由他的臣子厄西诺德(Erchinoald)宣布他为整个法兰克人领土的王,厄西诺德还同时成为了所有三个王国的宫相。法兰克的宫相们原本意图保留本国王权的独立性,但他们本身却成了对王权的威胁。[14]

克洛维二世成为整个法兰克的国王,但他一年以后就去世了,留下三个非常年幼的儿子,其中两人名正言顺地加冕为奥斯特拉西亚和纽斯特里亚的国王,第三个则在修道院里长大成人。但在接下来的15年里,两位年轻的国王几乎毫无建树,而宫相们则为权力争斗不休。后来,编年史家将这些统治者称为最初的"懒王"(rois faineants),即"无为之王",这一称谓一直伴随着墨洛温王朝直到王朝的最后一位国王。[15]

时间线 40

西哥特人 / 拜占庭	伦巴第人	法兰克人
亚历山大主教的蒂莫西三世（517—535）		克洛泰尔一世 / 希尔德贝特一世 / 提奥多里克一世 / 克洛多梅尔（511—524）
查士丁一世（518—527）		
查士丁尼大帝（527—565）		克洛泰尔一世 / 希尔德贝特一世 / 提奥多里克一世（524—534）
《查士丁尼法典》第一卷（529）		
狄乌蒂斯（531—548）		克洛泰尔一世 / 希尔德贝特一世（534—558）
阿塔纳吉尔德（554—567）		克洛泰尔一世（558—561）
查士丁二世（565—578）	阿尔博因（565—572）	贡特拉姆 / 希尔佩里克一世 / 西吉贝尔特一世 / 查理贝尔特一世（561—567）
雷奥韦吉尔德（568—586）		贡特拉姆 / 希尔佩里克一世 / 西吉贝尔特一世（567—575）
提比略二世（578—582）		贡特拉姆 / 希尔佩里克一世 / 希尔德贝特二世（布伦希尔德）（575—584）
莫里斯（582—602）		贡特拉姆 / 克洛泰尔二世（弗蕾德贡德）/ 希尔德贝特二世（布伦希尔德）（584—592）
		克洛泰尔二世（弗蕾德贡德）/ 希尔德贝特二世（布伦希尔德）（592—595）
		克洛泰尔二世（弗蕾德贡德）/ 提奥德贝尔特二世 / 提奥多里克二世（布伦希尔德）（595—612）
维特里克（603—610）		
		克洛泰尔二世 / 提奥多里克二世（布伦希尔德）（612—613）
		克洛泰尔二世（613—623）
		《巴黎敕令》（615）

西哥特人 / 伦巴第人 / 拜占庭	时间线 40（续表）法兰克人
	克洛泰尔二世 / 达戈贝尔特一世（老丕平任宫相）(623—629)
	达戈贝尔特一世（老丕平任宫相）(629—633)
	达戈贝尔特一世（老丕平任宫相）/ 西吉贝尔特三世 (633—639)
	克洛维二世 / 西吉贝尔特三世（格林莫尔德任宫相）(639—656)
	克洛维二世（厄西诺德任宫相）(656—657)

注　释

01　没落和重建

1. Denis Twitchett and Michael Loewe, eds., *The Cambridge History of China*, Volume I: *The Ch'in and Han Empires, 221 BC–AD 220* (1986), p. 225.
2. Clyde Bailey Sargent, trans. *Wang Mang: A Translation of the Offcial Account of His Rise to Power* (1977), p. 55.
3. Ibid., p. 178.
4. Charles O. Hucker, *China's Imperial Past: An Introduction to Chinese History and Culture* (1975), p. 129.
5. Ban Gu, quoted in J. A. G. Roberts, *The Complete History of China* (2003), p. 57.
6. J. A. G. Roberts, p. 57.
7. Ann Paludan, *Chronicle of the Chinese Emperors: The Reign-by-Reign Record of the Rulers of Imperial China* (1998), p. 45.
8. J. A. G. Roberts, p. 59.
9. Franz Michael, *China Through the Ages: History of a Civilization* (1986), p. 82.
10. Jan Y. Fenton et al., *Religions of Asia* (1993), p. 141.

02　继承问题

1. Suetonius, *Tiberius* 25, in *Lives of the Caesars*, translated by Catharine Edwards (2000), p. 111.
2. Ibid.
3. Suetonius, *Tiberius* 43, in *Lives of the Caesars*, p. 119.
4. Suetonius, *Tiberius* 75, in *Lives of the Caesars*, p. 134.
5. *Acts of Thomas*, 2.4.
6. Ibid., 1.16.
7. Rom. 6:8–14, NIV.
8. Josephus, *Wars of the Jews*, ii, in *The Works of Josephus*, 184–203.
9. Tacitus, *Annals of Imperial Rome*, 12.62, 280.
10. I. A. Richmond, *Roman Britain* (1978), p. 30.
11. Ibid., p. 33.
12. Dio Cassius, *Roman History* (1916), 62.16–1.
13. Tacitus, *Annals of Imperial Rome*, 15.44.
14. Sulpicius Severus, "The Sacred History of Sulpicius Severus," in *Nicene and Post-Nicene Fathers, Second Series*, vol. 11, edited by Philip Schaff and Henry Wace (1974), book 2, chapter 29.
15. Suetonius, *Nero* 57, in *Lives of the Caesars*, p. 227.
16. Suetonius, *Galba*, in *Lives of the Caesars*, pp. 236–237.
17. Finley Hooper, *Roman Realities* (1979), p. 393.

03 罗马世界的边缘

1. Hooper, p. 403.
2. Pliny, Letter 6.20 in *The Letters of the Younger Pliny* (1963).
3. *De Vita Caesarum: Domitianus,* in *Suetonius,* edited by J. C. Rolfe (1914), vol. 2, 339–385.
4. *Domitian* 13, in Suetonius, *Lives of the Caesars,* sec. 13, p. 289.
5. Tacitus, "Life of Cnaeus Julius Agricola," in *Complete Works of Tacitus,* translated by Alfred John Church and William Jackson Brodribb (1964), pp. 707–708.
6. Chris Scarre, *Chronicle of the Roman Emperors* (1995), p. 83.
7. Ibid., p. 88.
8. *Trajan,* in Anthony Birley, *Lives of the Later Caesars* (1976), p. 44.
9. Epictetus, "Discourses 4," in *Discourses, Books 3 and 4,* translated by P. E. Matheson (2004), i. 128–131.
10. Dio Cassius, *Roman History* (1916), p. lxix.
11. Eusebius, *Ecclesiastical History,* translated by A. C. McGiffert, 1890.
12. Ibid.

04 幼主即位

1. J. A. G. Roberts, p. 60.
2. Ibid.
3. John King Fairbank and Merle Goldman, *China: A New History* (2002), p. 60.
4. Hucker, p. 131.
5. Michael, p. 84.
6. Ibid.

05 错误的继承

1. Scarre, p. 110.
2. *Marcus Antoninus* 2, in Birley, p. 110.
3. Birley, *Marcus Antoninus* 7, in Birley, p. 115.
4. Birley, *Marcus Antoninus* 12, in Birley, p. 122.
5. Birley, *Marcus Antoninus* 17, in Birley, p. 125.
6. Marcus Aurelius, *The Meditations of Marcus Aurelius,* translated by George Long (1909), 6.2.
7. Ibid., 30.
8. *Marcus Antoninus* 28, in Birley, p. 136.
9. Scarre, p. 122.
10. *Commodus* 9, in Birley, p. 170.
11. *Commodus* 16, in Birley, p. 175.
12. Rafe de Crespigny, trans., *To Establish Peace,* vol. 1 (1996), p. xi.
13. Ibid., p. 17.
14. Michael, p. 133; Paludan, p. 55.
15. de Crespigny, vol. 1, p. xxxviii.
16. Ibid., vol. 2, p. 396.
17. Hucker, p. 133.

18. *Caracallus* 2, in Birley, p. 251.
19. *Caracallus* 4, in Birley, p. 253.
20. Darab Dastur Peshotan Sanjana. *The Kârnâmê î Artakhshîr î Pâpakân, Being the Oldest Surviving Records of the Zoroastrian Emperor Ardashîr Bâbakân, the Founder of the Sâsânian Dynasty in Irân* (1896), 1.6.
21. Scarre, p. 147.
22. Birley, *Heliogabalus* 5, in Birley, p. 293.

06 帝国拯救者

1. al-Mas'udi, *El Masudi's Historical Encyclopedia, Entitled "Meadows of Gold and Mines of Gems,"* Book 2 (1841).
2. John Curtis, *Ancient Persia* (1990), p. 61.
3. "Yasna 12: The Zoroastrian Creed," translated by Joseph H. Peterson (electronic text at www.avesta.org, 1997), sections 1, 3, 9.
4. Jordanes, *The Origin and Deeds of the Goths*, translated by Charles C. Mierow (1908), 1.9.
5. Jordanes, 2.20.
6. Lactantius, "Of the Manner in Which the Persecutors Died," in *The Anti-Nicene Fathers*, vol. 7: *Fathers of the Third and Fourth Centuries*, edited by Alexander Roberts and James Donaldson (1974).
7. Ibid.
8. Eutropius, *Abridgement of Roman History*, translated by John Selby Watson (Bohn, 1853), 9.13.
9. Ibid., 9.14.
10. Scarre, p. 193.
11. Eusebius, "The Oration of the Emperor Constantine," 24, in *Nicene and Post-Nicene Fathers*, Second Series, Vol. I, edited by Philip Schaff and Henry Wace (1974).
12. Eutropius, 9.18.
13. Ibid., 9.18.
14. Ibid., 9.20.
15. Lactantius, "On the Manner in Which the Persecutors Died."
16. Ibid.
17. Eutropius, 9.23.
18. Ibid., 9.27.
19. Eusebius, "Life of Constantine," in *Nicene and Post Nicene Fathers*, Second Series, vol. 1, edited by Philip Schaff and Henry Wace (1974), 26.
20. Ibid., 28, 29.
21. Ibid., 38.

07 追求天命

1. Luo Guanzhong, *Three Kingdoms*, trans. Moss Roberts (1991), pp. 922–924.
2. John MacGowan, *The Imperial History of China* (1897), p. 154.
3. Ibid., p. 155.
4. Luo Guanzhong, p. 935.
5. C. P. Fitzgerald, *China* (1938), p. 255.

6. MacGowan, p. 160.
7. Ibid., p. 161.
8. Demetrius Charles Boulger, *The History of China*, vol. 1 (1972), pp. 134–135.
9. Franz Michael, *China through the Ages* (1986), p. 90; Ann Paludan, *Chronicle of the Chinese Emperors* (1998), p. 64; Rodney Leon Taylor, *The Religious Dimensions of Confucianism* (1990), p. 14.
10. Thomas J. Barfield, *The Perilous Frontier* (1989), p. 115.
11. Jacques Gernet, *A History of Chinese Civilization*, 2nd ed., trans. J. R. Foster and Charles Hartman (1996), p. 187.
12. Marylin M. Rhie, *Early Buddhist Art of China and Central Asia*, vol. 2 (1999), p. 279.
13. MacGowan, p. 187; Barfield, p.117.
14. Gernet, p. 183.
15. Mohan Wijayaratna, *Buddhist Monastic Life*, trans. Claude Gransier and Steven Collins (1990), p. 3.
16. Michael, p. 101.
17. Kenneth Kuan Sheng Ch'en, *Buddhism in China* (1972), pp. 57–58; William Theodore de Bary et. al., *Sources of Chinese Tradition*, Vol. 1 (1963), p. xxi.

08 上帝统治下的统一帝国

1. 血腥场景的具体描写参见 Lactantius, "Of the Manner in Which the Persecutors Died," chapter 44, in Philip Schaff, ed., *Anti-Nicene Fathers*, Vol. 7 (1896); and in Zosimus, *Historia Nova* (1814), book 2。
2. Zosimus, book 2.
3. Lactantius, "Of the Manner in Which the Persecutors Died," chapter 49, in Schaff, *Anti-Nicene Fathers*, vol. 7.
4. Lactantius, *De Mortibus Persecutoram*, chapter 45, in *University of Pennsylvania, Dept of History: Translations and Reprints from the Original Sources of European History*, vol. 4:1 (1897), pp. 28–30.
5. Eusebius, *Life of Constantine*, 1.41, trans. Averil Cameron and Stuart G. Hall (1999), p. 86.
6. A. A. Vasiliev, *History of the Byzantine Empire*, 324–1453, vol. 1 (1952), p. 47.
7. Eusebius, *Life of Constantine*, 4.61; Vasiliev, pp. 48–49.
8. Chris Scarre, *Chronicle of the Roman Emperors* (1995), p. 215.
9. J. N. D. Kelly, *Early Christian Doctrines*, rev. ed. (1976), pp. 138–139.
10. Ignatius, *Letter to the Ephesians*, 7, in Philip Schaff, ed., *Ante-Nicene Fathers*, vol. 1 (1867).
11. Kelly, *Early Christian Doctrines*, p. 141.
12. Ibid., pp. 227–229.
13. Eusebius, *Life of Constantine*, 2.72.
14. Sozomen, *The Ecclesiastical History*, 4.16, in Philip Schaff and Henry Wace, eds., *A Select Library of the Nicene and Post-Nicene Fathers*, second series, Vol. 2 (1892).
15. Vasiliev, p. 54.
16. Vasiliev, p. 53.
17. Sozomen, *Ecclesiastical History*, 2.3, in Schaff and Wace, vol. 2.
18. Photius, *Epitome of the Ecclesiastical History of Philostorgius*, trans. Edward Walford (1860), 1.9.
19. Vasiliev, p. 59; Sozomen, *Ecclesiastical History*, 2.4, in Schaff and Wace, vol. 2.
20. Eusebius, *Life of Constantine*, 3.47.

09 精神上的帝国

1. Ranbir Vohra, *The Making of India* (2001), p. 28.
2. K. A. Nilakanta Sastri, *A History of South India from Prehistoric Times to the Fall of Vijayanagari*, 3d ed. (1966), p. 92.
3. Romila Thapar, *Early India* (2002), p. 282.
4. Ibid., p. 283.
5. John Keay, *India* (2000), pp. 138–139.
6. Stanley Wolpert, *A New History of India*, 7th ed. (2004), p. 85.
7. Keay, p. 132.
8. Thapar, *Early India*, p. 280.
9. The Kalinga Edict, trans. by Romila Thapar, *Asoka and the Decline of the Mauryas*, 3d rev. ed. (1998), p. 255.
10. Thapar, *Early India*, p. 238.
11. Vasudev Vishnu Mirashi, *Literary and Historical Studies in Indology* (1975), pp. 119–121.
12. Thapar, *Early India*, p. 286; Keay, p. 142.
13. Faxian, *A record of Buddhistic kingdoms*, trans. James Legge (1886), pp. 42–43, 79.

10 来自萨珊波斯帝国的威胁

1. Richard N. Frye, *The History of Ancient Iran* (1983), p. 309; Muhammed ibn Jarir al-Tabari, *The History of al-Tabari*, vol. 5 (1999), pp. 51–52.
2. al-Tabari, *History*, vol. 5, pp. 54–55.
3. Ibid., pp. 52–53.
4. T. D. Barnes, "Constantine and the Christians of Persia," *The Journal of Roman Studies*, 75 (1985), p. 132; also see Eusebius, *Life of Constantine*, 4.8.
5. al-Tabari, *History*, vol. 5, p. 155.
6. Vahan M. Kurkjian, *A History of Armenia* (1958), pp. 119–120.
7. Schaff and Wace, *Select Library*, vol. 13, p. 244; Barnes, p. 128; Aphrahat, "Demonstration XXI: Of Persecution," in Schaff and Wace, *Select Library*, vol. 13, p. 519.
8. Barnes, p. 132; Eusebius, *Life of Constantine*, 4.56–57.
9. Scarre, p. 221; Eusebius, *Life of Constantine*, 4.75.
10. Frye, *The History of Ancient Iran*, p. 310.
11. Christopher S. Mackay, *Ancient Rome* (2004), p. 316.
12. Ibid., p. 317.
13. Frye, *History of Ancient Iran*, p. 310.
14. Ammianus Marcellinus, *The History of Ammianus Marcellinus*, (1982), vol. 1, 18.6.21–22.
15. Ibid., 18.8.
16. Ibid., 19.2.

11 叛教者

1. Vasiliev, p. 69; Mackay, p. 320.
2. Vasiliev, p. 75.
3. Quoted in E. A. Thompson, *The Huns*, rev. Peter Heather (1999), p. 23.
4. Vasiliev, pp. 72–73.

5. al-Tabari, *History*, vol. 5, p. 59; Ammianus Marcellinus, *The History of Ammianus Marcellinus*, vol. 2 (1986), 23.5.10–11.
6. Ammianus, *History*, vol. 2 (1986), 25.3.15–23; Theodoret, *Church History*, 3.10, in Schaff and Wace, *Select Library*, vol. 3.
7. Ammianus, *History*, vol. 2, 25.5.4–6, 10.14–15; Mackay, p. 321.
8. al-Tabari, *History*, vol. 5, pp. 62–63.
9. Vasiliev, p. 78.
10. Ammianus II (1986), XXV.10.12–15.

12 地震与入侵

1. Zosimus, book 4; Theodoret, *Church History* 4.4, in Schaff and Wace, *Select Library*, vol. 3.
2. Ammianus Marcellinus, *The Later Roman Empire*, trans. Walter Hamilton (1986), 26.4.
3. Ibid.
4. Zosimus, book 4.
5. Vasiliev, p. 79; Socrates, *Church History*, 4.2, in Schaff and Wace, *Select Library*, vol. 2; Zosimus, book 4; Ammianus, *Later Roman Empire*, 26.5.
6. Gavin Kelly, "Ammianus and the Great Tsunami," *The Journal of Roman Studies*, (2004), p. 143.
7. Ammianus, *History*, vol. 2, 26.10.16–18.
8. Ammianus, *Later Roman Empire*, 26.4.
9. Socrates, *Church History*, 4.5 in Schaff and Wace, *Select Library*, vol. 2.
10. Kelly, "Ammianus and the Great Tsunami," p. 143; Libanius, "On Avenging Julian (Or. 24.14)," quoted in Kelly, p. 147.
11. "Letter of Auxentius," trans. Peter Heather and John Matthews, *The Goths in the Fourth Century* (1991), p. 138.
12. Gerhard Herm, *The Celts*, (1976), p. 226.
13. Quoted in Daithi O Hogain, *The Celts* (2003), p. 191.
14. Ibid., p. 205.
15. I. A. Richmond, *Roman Britain* (1955), p. 228.
16. O Hogain, p. 206.
17. Richmond, pp. 63–64.
18. Ammianus, *History*, vol. 3, 29.6.1.
19. Ibid., 29.6.5–6.
20. Ibid., 30.5.13–14.
21. Ibid., 30.6.3.
22. Ammianus, *Later Roman Empire*, pp. 412–415; Thompson, p. 26; Vasiliev, p. 86.
23. In Jordanes, *The Gothic History of Jordanes*, trans. Charles Christopher Mierow (1915), book 24.
24. Genesis 6:1–4.
25. Vasiliev, p. 86.
26. Ammianus, *History*, vol. 3, 31.8.6; Socrates, *Church History*, 4.38, in Schaff and Wace, *Select Library*, vol. 2.

13 重建王国

1. *San-kuo chih* 30, trans. Michael C. Rogers, in Peter H. Lee et al., eds., *Sourcebook of Korean Civilization*, vol. 1 (1993), p. 17.

2. James Huntley Grayson, *Early Buddhism and Christianity in Korea* (1985), p. 19.
3. Chan Master Sheng Yen, *Zen Wisdom* (1993), p. 169; Ch'en, pp. 59–61.
4. Edward T. Ch'ien, "The Neo-Confucian Confrontation with Buddhism," *Journal of Chinese Philosophy*, 15 (1988), pp. 349–350; Ki-baik Lee, *A New History of Korea*, trans. Edward W. Wagner (1984), p. 38; Lee and deBary, p. 35.
5. Lee, *New History of Korea*, p. 37.
6. Grayson, *Early Buddhism and Christianity in Korea*, p. 26.
7. Lee, *New History of Korea*, p. 38; Lee and deBary (1993), p. 25; John Whitney Hall et al., *The Cambridge History of Japan* (1988), p. 361.

14 大公教会

1. Vasiliev, p. 79; Zosimus, book 4.
2. Gregory of Nyssa, "On the Divinity of the Son and of the Holy Spirit," In A. D. Lee, *Pagans and Christians in Late Antiquity* (2000), p. 110.
3. Sozomen, *Ecclesiastical History*, 7.4, in Schaff and Wace, *Select Library*, vol. 2.
4. Vasiliev, p. 80; Codex Theodosianus, 16.1–2, in Theodosius, *The Theodosian Codes and Novels and the Sirmondian Consititutions*, ed. Clyde Pharr, with Theresa Sherrer Davidson and Mary Brown Pharr (1952).
5. Sozomen, *Ecclesiastical History*, 7.12, in Schaff and Wace, *Select Library*, vol. 2.
6. Ibid.
7. Vasiliev, p. 87.
8. Scarre, p. 229.
9. Vasiliev, p. 81.

15 逐出教会

1. John Davies, *A History of Wales* (1993), p. 52.
2. O Hogain, pp. 206–207; Geoffrey of Monmouth, *The History of the Kings of Britain*, trans. Lewis Thorpe 1966), 9.2.
3. Zosimus, book 4.
4. al-Tabari *History*, p. 68.
5. Walter Pohl, "The Vandals: Fragments of a Narrative," in A. H. Merrills, ed., *Vandals, Romans and Berbers* (2004), p. 34; Paulus Orosius, *The Seven Books of History against the Pagans*, trans. Roy J. Defarrari (1964), p. 352.
6. Ambrose of Milan, *The Letters of St. Ambrose, Bishop of Milan*, trans. H. Walford (1881), letter 20; George Huntston Williams, "Christology and Church-State Relations in the Fourth Century (concluded)," *Church History*, 20:4 (1951), p. 5.
7. Sozomen, *Ecclesiastical History*, 7.13, in Schaff and Wace, *Select Library*, vol. 2.
8. Socrates, *Ecclesiastical History*, 5.14, in Schaff and Wace, *Select Library*, vol. 2; Orosius, book 7.
9. "The Memorial of Symmachus," in Ambrose of Milan, *Letters*, letter 7.
10. Ambrose of Milan, *Letters*, letter 8.
11. Sozomen, *Ecclesiastical History*, 7.25, in Schaff and Wace, *Select Library*, vol. 2.
12. Theodoret, *Church History*, 5.17, in Schaff and Wace, *Select Library*, vol. 3.
13. Vasiliev, p. 82.

16 一分为二

1. Orosius, book 7; Sozoman, *Ecclesiastical History*, 7.24 in Schaff and Wace, *Select Library*, vol. 2; Socrates, *Ecclesiastical History* 5.25, in Schaff and Wace, S*elect Library*, vol. 12.
2. Finley Hooper, *Roman Realities* (1979), p. 536; Vasiliev, p. 90; Zosimus, book 5; J. B. Bury, *A History of the Later Roman Empire*, vol. 1 (1966), p. 62.
3. Roger Collins, *Early Medieval Europe, 300–1000*, 2d ed. (1999), p. 30.
4. Ibid., pp. 23–24, 39.
5. Bury, *History of the Later Roman Empire*, vol. 1, p. 64; Vasiliev, p. 91.
6. Claudian, "Against Rufinus," in *Claudian* (1922), trans. Maurice Platnauer, pp. 88–89.
7. Ibid., p. 88; Zosimus, book 5.
8. Zosimus, book 5.

17 罗马沦陷

1. Henry Chadwick, *The Early Church* (1967), p. 169; Kelly, *Early Christian Doctrines*, pp. 13–14.
2. Augustine, *Confessions*, trans. Henry Chadwick (1998), 8.12.
3. Norman Cantor, *The Civilization of the Middle Ages* (1984), p. 51.
4. Kelly, *Early Christian Doctrines*, pp. 410–411.
5. Philip Schaff, ed., *A Select Library of the Nicene and Post-Nicene Fathers*, vol. 4, first series (1889), p. 751.
6. Kelly, *Early Christian Doctrines*, p. 411.
7. Schaff, *Select Library*, vol. 4, p. 906.
8. Zosimus, book 5.
9. Procopius, *History of the Wars, Secret History, and Buildings*, trans. Averil Cameron (1967), I.2.
10. Ibid.
11. Claudian, *De Bello Gothico* 26.
12. Thomas Hodgkin, *Italy and Her Invaders* (1892), pp. 721–723.
13. O Hogain, p. 208; Collins, pp. 13, 25.
14. J. B. Bury, *History of the Later Roman Empire*, vol. 1, p. 113.
15. Ibid., p. 117; Collins, p. 14; Gregory of Tours, *The History of the Franks*, trans. Lewis Thorpe (1974), 2.8.
16. Zosimus, book 6.
17. Jerome, "Letter CXXVII," in Schaff and Wace, *Select Library*, vol. 6.

18 一性论与二性论

1. Agathias, *The Histories*, trans. Joseph D. Frendo (1975), 4.26.8.
2. al-Tabari, *History*, vol. 5, p. 71.
3. Thompson, p. 35.
4. al-Tabari, *History*, vol. 5, p. 73.
5. Ibid., pp. 88–89.
6. Procopius, *History of the Wars, Secret History, and Buildings*, I.2.
7. Bury, *History of the Later Roman Empire*, vol. 1, p. 128.

注 释

8. George Ostrogorsky, *History of the Byzantine State*, rev. ed., trans. Joan Hussey (1969), p. 58.
9. Ugo Bianchi, "The Contribution of the Cologne Mani Codex to the Religio-Historical Study of Manicheism," in Mary Boyce, *Papers in Honour of Professor Mary Boyce* (1985), pp. 18–20.

19 找寻家园

1. Jordanes, 30.157–158.
2. Ibid., 31.160.
3. Sozomen, *Ecclesiastical History*, 4.14, in Schaff and Wace, *Select Library*, vol. 2.
4. Collins, p. 25; O Hogain, p. 210.
5. J. M. Wallace-Hadrill, *The Long-Haired Kings and Other Studies in Frankish History* (1962), pp. 25–26; Orosius, book 7.
6. Peter Heather, *The Goths* (1996), pp. 148–149.

20 笈多王朝衰落

1. David Christian, *A History of Russia, Inner Asia and Mongolia* (1998), p. 248.
2. Procopius, *History of the Wars, Secret History, and Buildings*, book 3; Wilhelm Barthold, *An Historical Geography of Iran*, trans. Svat Soucek (1984), pp. 19–20; Thapar, *Early India*, p. 286.
3. Radha Kumud Mookerji, *The Gupta Empire* (1969), pp. 70, 74.
4. Sastri, *History of South India* (1966), p. 109.
5. D. K. Ganguly, *The Imperial Guptas and Their Times* (1987), pp. 108–109.
6. H. C. Ray, *The Dynastic History of Northern India (Early Mediaeval Period)*, 2d ed., vol. 1 (1973), p. xxxiii; Mookerji, p. 92; Thapar, *Early India*, p. 286; Hermann Kulke, *A History of India*, 4th ed. (2004), p. 90.
7. Keay, p. 102; Sastri, *History of South India*, p. 444.
8. Sastri, *History of South India*, p. 83.
9. Ibid., p. 117.
10. Michael, pp. 96–97.

21 北方的野心

1. MacGowan (1897), p. 201.
2. Ibid., p. 202.
3. Ibid., p. 208.
4. Gernet, pp. 175–176, 181.
5. Ch'en, p. 61.
6. Fabrizio Pregadio, *Great Clarity* (2005), p. 6.
7. Fitzgerald, *China*, p. 267.
8. MacGowan, p. 211.
9. Paludan, p. 219.
10. MacGowan, p. 214.

22　匈人

1. Jordanes, 24. pp. 86–87.
2. Ammianus, *Later Roman Empire*, 31.2; Thompson, pp. 48, 54.
3. Thompson, p. 68.
4. Jordanes, 35.181–182; Nestorius, *The Bazaar of Heracleides*, trans. G. R. Driver and Leonard Hodgson (1925), 2.2.
5. Leo the Great, "Letter XIV," in Schaff and Wace, *Select Library*, vol. 12.
6. Ostrogorsky, p. 59.
7. Thompson, p. 113.
8. Ibid., p. 116.
9. 普里斯库斯的描述保存于 Jordanes, 24.178–179。
10. Thompson, pp. 144–145.
11. J. B. Bury, "Just Grata Honoria," *The Journal of Roman Studies*, 9 (1919), p. 9.
12. Ibid.
13. Jordanes, 42.224.
14. Bury, *History of the Later Roman Empire*, vol. 1, p. 199.

23　阿提拉

1. Gregory of Tours, 2.6.
2. Ian Wood, *The Merovingian Kingdoms, 450–751* (1994), p. 37.
3. Jordanes, book 38.
4. Hydatius, *The Chronicle of Hydatius and the Consularia Constantinopolitana*, trans. R. W. Burgess (1993), p. 101; Jordanes, book 40.
5. Jordanes, book 42.
6. Otto J. Maenchen-Helfen, *The World of the Huns* (1973), p. 141.
7. Ibid., p. 139; Hydatius, p. 103; Jordanes, book 43.
8. Ibid., book 49.

24　正教

1. Kelly, *Early Christian Doctrines*, pp. 331, 339; Letter 28, "To Flavian, commonly called 'the Tome.'" in Schaff and Wace, *Select Library*, vol. 12.
2. Collins, p. 74.
3. Letter 93, "From the Synod of Chalcedon to Leo"; Letter 104, "Leo, the Bishop, to Marcian Augustus"; Letter 105, "To Pulcheria Augusta about the self-seeking of Anatolius"; Letter 106, "To Anatolius, Bishop of Constantinople, in rebuke of his self-seeking," all in Schaff and Wace, *Select Library*, vol. 12.
4. Yeghishe, *History of Vartan and the Armenian War*, 2d ed. (1952), pp. 4, 11.
5. Ibid., p. 75.
6. al-Tabari, *History*, vol. 5, p. 109.

25　爱尔兰高王

1. O Hogain, p. 211. 奈尔生活的确切时间无法确定，他统治爱尔兰的时间大概在 390—

455 年。
2. Tom Peete Cross and Clark Harris Slover, eds., *Ancient Irish Tales* (1936), p. 510.
3. Ibid., p. 512.
4. Patrick, *Confession*, in Joseph Cullen Ayer, *A Source Book for Ancient Church History* (1913), pp. 568–569; Bede, *Bede's Ecclesiastical History of the English People*, ed. Bertram Colgrave and R. A. B. Mynors (1969), 1.1.
5. Louise T. Moore et al., "A Y-Chromosome Signature of Hegemony in Gaelic Ireland." *The American Journal of Human Genetics*, 78 (Feb. 2006), pp. 334–338.
6. O Hogain, pp. 212–213.
7. Gildas, *The Ruin of Britain and Other Works*, trans. Michael Winterbottom (1978), 19.1.
8. O Hogain, pp. 214, 217 (O Hogain notes that "the sources ... are confused and largely unreliable," making this a *probable* sequence of events); Gildas, 23.1.
9. Bede, 1.15; Gildas, 23.4.
10. Geoffrey of Monmouth, 6.10.
11. Gildas, 24.2–3.
12. Nennius, *History of the Britons*, 42, in J. A. Giles, *Old English Chronicles* (1908).
13. M. J. Swanton, trans. and ed., *The Anglo-Saxon Chronicle*, (1998), p. 13.

26　罗马神话的终结

1. C. D. Gordon, *The Age of Attila* (1960), p. 51.
2. Ibid., pp. 51–52; Bury, *History of the Later Roman Empire*, vol. 1, pp. 182–183.
3. Bury, *History of the Later Roman Empire*, vol. 1, p. 235.
4. Procopius, *History of the Wars and Buildings*, trans. H. B. Dewing, vol. 2 (1916), 3.25–26.
5. Bury, *History of the Later Roman Empire*, vol. 1, p. 237.
6. Procopius, *History of the Wars and Buildings*, trans. H. B. Dewing, Vol. 5 (1928), VII.4–13.
7. Hydatius (1993), p. 113.
8. Ibid., p. 115.
9. Collins, p. 33.
10. Sidonius Apollinaris, *Letters*, trans. O. M. Dalton (1915), 1.5.
11. O Hogain, p. 215.
12. Jordanes, 45.237–238.
13. Gordon, p. 122.
14. Jordanes, book 46, p. 119.

27　东哥特

1. Bury, *History of the Later Roman Empire*, vol. 1, pp. 230–231.
2. Ibid., p. 252.
3. Jordanes, 46.243.
4. Collins, p. 33; Bury, *History of the Later Roman Empire*, vol. 1, pp. 278–279.
5. John Moorhead, *Theoderic in Italy* (1992), pp. 16–17.
6. Ibid., pp. 19–20.
7. Anonymous Valensianus, quoted in Thomas S. Burns, *A History of the Ostrogoths* (1984), p. 72.
8. Moorhead, p. 30.
9. Ibid., pp. 73, 100–101, 140–142.

10. Moorhead, p. 60; Procopius, *History of the Wars and Buildings*, trans. H. B. Dewing, vol. 3 (1919), 5.2.
11. Gregory the Great, *The Dialogues of St. Gregory*, ed. Edmund G. Gardner (1911), 2.3.
12. Benedict, *The Holy Rule of St. Benedict*, trans. Boniface Verheyen, OSB (1949), prologue.
13. Gregory the Great, *The Dialogues* (1911), II.12.
14. Henry Bettenson and Chris Maunder, eds., *Documents of the Christian Church*, 3rd ed. (1999), p. 141.

28 拜占庭

1. Joshua the Stylite, *The Chronicle of Joshua the Stylite*, trans. W. Wright (1882), 1.
2. Procopius, *History of the Wars and Buildings*, vol. 1 (1914), 1.3; Joshua the Stylite, 10–11.
3. Procopius, *History of the Wars and Buildings*, vol. 1, 1.4; al-Tabari, *History*, vol. 5, p. 111, 116; Joshua the Stylite, 11.
4. al-Tabari, *History*, vol. 5, pp. 128–129; Joshua the Stylite, 18–19.
5. Mary Boyce, "On the Orthodoxy of Sasanian Zoroastrianism," *Bulletin of the School of Oriental and African Studies, University of London*, 59:1 (1996), p. 23.
6. Ehsan Yarshater, "Mazdakism," in Ehsan Yarshater, ed., *The Cambridge History of Iran*, vol. 3(2) (1983), p. 1019.
7. al-Tabari, *History*, vol. 5, p. 132; Procopius, *History of the Wars and Buildings*, vol. 1, 1.5.
8. Procopius, *History of the Wars and Buildings*, vol. 1, 1.5.
9. al-Tabari, *History*, vol. 5, p. 136; Procopius, *History of the Wars and Buildings*, vol. 1 (1914), 1.6.
10. Bury, *History of the Later Roman Empire*, vol. 1, p. 290.
11. Procopius, *History of the Wars and Buildings*, vol. 1, 1.7; Joshua the Stylite, 53.
12. Procopius, *History of the Wars and Buildings*, vol. 1, 1.10.
13. Samuel Hazzard Cross and Olgerd P. Sherbowitz-Wetzor, trans. and ed., *The Russian Primary Chronicle* (1953), p. 55; Bury, *History of the Later Roman Empire*, vol. 1, p. 294.
14. Evagrius Scholasticus, *Ecclesiastical History*, trans. E. Walford (1846), 38.
15. Timothy Gregory, *A History of Byzantium* (2005), pp. 121–123.
16. Geoffrey Greatrex, "The Nika Riot: A Reappraisal," *The Journal of Hellenic Studies*, 117 (1997), p. 64.
17. Procopius, *The Secret History*, trans. G. A. Williamson (1966), p. 73.

29 渴望

1. Duan Wenjie, *Dunhuang Art* (1994), p. 127.
2. Gernet, pp. 192–193; J. A. G. Roberts, *The Complete History of China* (2003), pp. 68–69.
3. Joseph Needham et al., "Chemistry and Chemical Technology," in *Science and Civilization in China*, vol. 3, part 3 (1976), p. 119.
4. Michael, pp. 96–97; W. Scott Morton and Charlton M. Lewis, *China*, 4th ed. (1995), pp. 77–78.
5. Richard Dawson, *Imperial China* (1972), p. 33.
6. Wong Kiew Kit, *The Art of Shaolin Kung Fu* (2002), p. 19.
7. Norman Kutcher, *Mourning in Late Imperial China* (1999), p. 93.
8. David A. Graff and Robin Higham, eds., *A Military History of China* (2002), p. 33; Roberts, p. 69; Dawson, p. 33.

9. MacGowan, p. 223.
10. Lee, *New History of Korea*, p. 40.
11. Ibid., pp. 38–40.
12. Ibid., p. 43; Keith Pratt, *Korea* (1999), p. 3.
13. Ilyon, *Samguk Yusa,* trans. Tae-hung Ha and Grafton K. Mintz (1972), pp. 67–68.
14. Lee and de Bary, pp. 72–73.
15. Ibid., pp. 77–78.

30 怨恨

1. MacGowan, p. 225; Paludan, p. 72.
2. MacGowan, p. 225.
3. Ibid., pp. 226–227; Paludan, p. 73.
4. MacGowan, pp. 228–229.
5. MacGowan, p. 233; Fitzgerald, *China*, p. 279.
6. de Bary et al., p. 176.
7. MacGowan, p. 237.
8. Mark Elvin, *The Pattern of the Chinese Past* (1973), p. 47.
9. Graff and Higham (2002), p. 31.
10. Gernet, p. 175; Barfield, p. 124.
11. Barfield, p. 25.
12. Boulger, p. 163.
13. Roberts, p. 69.

31 推选的国王

1. Gregory of Tours, 2.18–19; Collins, p. 36.
2. Gregory of Tours, 2.27; Collins, p. 33.
3. Gregory of Tours, 2.30.
4. Ibid., 2.31.
5. Ibid., 2.37; Patrick J. Geary, *Before France and Germany* (1988), pp. 86–87.
6. Collins, pp. 36–37.
7. Geary, pp. 90–91.
8. Geoffrey of Monmouth, *History of the Kings of Britain*, trans. Lewis Thorpe (1966), 6.14.
9. Gildas; 25.3; William of Malmesbury, *Gesta Regum Anglorum,* vol. 1, trans. R. A. B. Mynors et al. (1998), 1.8; Bede, 1.16.
10. Swanton, pp. 14–15.
11. O Hogain, p. 216; Herm, p. 275.
12. Swanton, p. 15.
13. O Hogain, p. 216.
14. Herm, p. 277; O Hogain, p. 217. O. 霍根认为卡姆兰的位置更靠北，在哈德良长城西部的终点。
15. J. M. Wallace-Hadrill, *Early Germanic Kingship in England and on the Continent* (1971), p. 14.
16. Collins, p. 43.

32 敌人入侵与火山喷发

1. Mookerji, pp. 119–120; Kulke, p. 90.
2. T. W. Rhys Davids, trans., *The Questions of King Milinda* (1890).
3. Charles Eliot, *Hinduism and Buddhism*, vol. 3 (1921), p. 198.
4. Thapar, *Early India*, p. 287.
5. Alexander Cunningham, *The Bhilsa Topes* (1854), p. 163.
6. Samuel Beal, trans., *Travels of Fah-hian and Sun-yung, Buddhist Pilgrims, from China to India (400 A.D. and 518 A.D.)*, (1969), p. 197.
7. Ganguly, *Imperial Guptas*, p. 120; Thapar, *Early India*, p. 287.
8. David Keys, *Catastrophe* (1999), pp. 254, 262–269. 爪哇和苏门答腊的陆地可能曾经是连在一起的，不过不完全确定。
9. Ibid., pp. 5, 247, 251; Procopius, *History of the Wars and Buildings*, vol. 2 (1916), 4.14; Charles Cockell, *Impossible Extinction* (2003), p. 121.
10. Cassiodorus, *The Letters of Cassiodorus*, trans. Thomas Hodgkin (1886), pp. 518–520.
11. John Savino and Marie D. Jones, *Supervolcano*, (2007), p. 85.
12. Keys, p. 259.

33 美洲

1. Keys, pp. 5, 189–190.
2. Richard E. W. Adams, *Ancient Civilizations of the New World* (1997), pp. 50–51.
3. Joyce Marcus, "The Origins of Mesoamerican Writing," *Annual Review of Anthropology*, 5 (1976), p. 37.
4. Ibid., pp. 39–40.
5. Elizabeth Hill Boone, *Cycles of Time and Meaning in the Mexican Books of Fate* (2007), p. 14.
6. Keys, pp. 186–87; Adams, pp. 43–44; George L. Cowgill, "State and Society at Teotihuacan, Mexico," *Annual Review of Anthropology*, 26 (1997), pp. 129–130.
7. Saburo Sugiyama, "Worldview Materialized in Teotihuacan, Mexico," *Latin American Antiquity*, 4:2 (1993), p. 105.
8. Richard Haly, "Bare Bones: Rethinking Mesoamerican Divinity," *History of Religions*, 31:3 (1992), pp. 280–281.
9. Ibid., p. 287.
10. Boone, p. 13.
11. Haly, p. 297; Keys, p. 193.
12. Rene Millon, "Teotihuacan: City, State and Civilization," in Victoria Reifler Bricker, ed., *Supplement to the Handbook of Middle American Indians*, vol. 1, pp. 235–238; Norman Yoffee, ed., *The Collapse of Ancient States and Civilizations* (1988), pp. 149ff; Keys, pp. 192–193, 197–198.
13. Ernesto Gonzalez Licon, *Vanished Mesoamerican Civilizations*, trans. Andrew Ellis (1991), pp. 81–83.
14. Ibid., p. 92.

34 伟大神圣的王权

1. John J. Saunders, *A History of Medieval Islam* (1978), pp. 5–6.
2. Karen Armstrong, *Muhammad* (1993), p. 62.

3. Irfan Shahid, *Byzantium and the Arabs in the Sixth Century,* vol. 2, Part 1 (2002), pp. 2–3, 140; Hugh Kennedy, *The Prophet and the Age of the Caliphates,* 2d ed. (2004), p.17.
4. Alois Grillmeier, *Christ in Christian Tradition,* vol. 2, trans. O. C. Dean (1996), p. 306.
5. "The Letter of Simeon of Beth Arsham," quoted in Dionysius, *Chronicle,* part 3, trans. Witold Witakowski (1996), pp. 53–57, and in Stuart Munro-Hay, *The Quest for the Ark of the Covenant* (1996), pp. 60–62.
6. Procopius, *History of the Wars and Buildings,* vol. 1, 1.10; Saunders, *History of Medieval Islam,* p. 13; Armstrong, *Muhammad,* p. 56; Grillmeier, p. 320.
7. Procopius, *Secret History,* 1.1–1.2, 9.15.
8. Ibid., 9.27–30.
9. James Stevenson, ed., *Creeds, Councils and Controversies* (1966), p. 337.
10. Severus of Al'Ashmunein, *History of the Patriarchs of the Coptic Church of Alexandria,* trans. B. Evetts (1904), Chapter 13; Antigone Samellas, *Death in the Eastern Mediterranean (50–600 a.d.)* (2002), p. 41 n. 77.
11. Fred Blume, trans., *Annotated Justinian Code* (2008), 5.4.
12. Gregory, pp. 124–126.
13. Blume, 1.14.
14. Ibid., 1.1.
15. Quoted in Sara Rappe, *Reading Neoplatonism* (2000), p. 197.

35 瘟疫

1. al-Tabari, *History,* vol. 5, pp. 148–149, 398.
2. Procopius, *Secret History,* 13.32.
3. Procopius, *History of the Wars and Buildings,* vol. 1, 1.24.
4. Bury, *History of the Later Roman Empire,* vol. 1, pp. 340–341.
5. Procopius, *History of the Wars and Buildings,* vol. 1, 1.24.
6. Ibid., 1.24.
7. Bury, *History of the Later Roman Empire,* vol. 1, pp. 344–345.
8. Procopius, *History of the Wars and Buildings,* vol. 7 (1940), 1.i.
9. Procopius, *History of the Wars and Buildings,* vol. 2, 3.20.
10. Pohl, "The Vandals," pp. 44–45; Collins, pp. 38–39.
11. Gregory, p. 121; Procopius, *History of the Wars and Buildings,* vol. 3, 5.3.
12. Cassiodorus, p. 444.
13. Gregory, p. 136; Bury, *History of the Later Roman Empire,* vol. 1, pp. 394–395.
14. Collins (1999), p. 198; Burns, pp. 206–207.
15. Procopius, *History of the Wars and Buildings,* vol. 3, 6.6.
16. al-Tabari, *History,* vol. 5, p. 158.
17. Ehsan Yarshater, ed., *The Cambridge History of Iran* (1983), p. 155.
18. al-Tabari, *History,* vol. 5, pp. 157–158.
19. Yarshater, p. 155.
20. Procopius, *History of the Wars and Buildings,* vol. 1, 2.22.
21. Ibid., 2.13; William Rosen, *Justinian's Flea* (2007), p. 223.
22. Evagrius Scholasticus (1846), 29; Procopius, *History of the Wars and Buildings,* vol. 1, 2.23.
23. Bury, *History of the Later Roman Empire,* vol. 1, pp. 434–435.
24. Procopius, *History of the Wars and Buildings,* vol. 1, 2.27.
25. Eusebius, *Ecclesiastical History,* Books 1–5, trans. Roy J. Deferrari (1953), p. 82.
26. Procopius, *History of the Wars and Buildings,* vol. 1, 2:12; Evagrius Scholasticus, 27.

27. Procopius, *History of the Wars and Buildings*, vol. 1, 2.22; Evagrius Scholasticus 29; Rosen, pp. 222–223.

36 天赋王权

1. Lee, *New History of Korea*, p. 43.
2. Ibid., p. 46.
3. Robert Karl Reischauer, *Early Japanese History (c. 40 bc–ad 1167)*, part A (1967), pp. 8–9; Milton W. Meyer, *Japan*, 3d ed. (1993), p. 27.
4. Reischauer, p. 11.
5. Reischauer, p. 134; Richard Bowring, *The Religious Traditions of Japan, 500–1600* (2005), p. 15.
6. Lee, *New History of Korea*, pp. 44–47.
7. Reischauer, p. 134.
8. Bowring, pp. 40–41.
9. Joan R. Piggott, *The Emergence of Japanese Kingship* (1997), p. 75.
10. Reischauer, p. 138.
11. Reischauer, p. 139; Meyer, p. 33.
12. Kuroita-Katsumi, *Prince Shotoku and His Seventeen-Article Constitution* (1940), pp. 20–22.

37 重新统一

1. Yang Xuanzhi, "A Northerner's Defense of Northern Culture," in Patricia Ebrey, ed., *Chinese Civilization*, 2d ed., (1993), pp. 10–110.
2. MacGowan, pp. 240–241.
3. Paludan, p. 75.
4. Yan Zhitui, "Advice to His Sons," in Ebrey, pp. 110–111.
5. Arthur F. Wright, *The Sui Dynasty* (1978), pp. 57–58.
6. Quoted in ibid., p. 58.
7. Ibid., pp. 61–62.
8. Ibid., p. 63.
9. Ibid.
10. Paludan, p. 77.
11. Rayne Kruger, *All Under Heaven* (2003), pp. 184–186; Charles O. Hucker, *China's Imperial Port* (1975), p. 138.
12. Kruger, p. 189.
13. Ibid.; Roberts, p. 104.
14. Roberts, p. 82.

36 南印度国王

1. Thapar, *Early India*, p. 328; Benjamin Lewis Rice, *Mysore Inscriptions* (1983), p. 319.
2. Hermann Oldenberg, *The Religion of the Veda* (1988), p. 250; Wendy Doniger O'Flaherty, ed., *Textual Sources for the Study of Hinduism* (1990), pp. 15–17.
3. Rice, pp. 303, 305.
4. Pran Nath Chopra et al., *History of South India* (1979), p. 61.

5. Sachindra Kumar Maity, *Professor A. L. Basham, My Guruji and Problems and Perspectives of Ancient Indian History and Culture* (1997), p. 189.
6. Bana, *The Harsha Carita*, trans. Edward B. Cowell and F. W. Thomas (1968), chap. 4.
7. Wolpert, p. 94; Bana, chap. 8.
8. Karl J. Schmidt, *An Atlas and Survey of South Asian History* (1995), p. 29.
9. Maity, pp. 189–190; Rice, p. 322.
10. Thapar, *Early India*, p. 330.

39 两位皇帝

1. Gwyn Jones, *A History of the Vikings* (1984), p. 25; Paul the Deacon, *History of the Lombards*, trans. William Dudley Foulke (1974), 1.2.
2. Burns, p. 214.
3. Gregory, p. 137.
4. Collins, pp. 43–48.
5. Michael M. Gunter, *The Kurds and the Future of Turkey* (1997), p. 7.
6. R. N. Frye, "The Political History of Iran under the Sasanians," in Yarshater, p. 156.
7. Bury, *History of the Later Roman Empire*, vol. 2, p. 33.
8. Paul the Deacon, 2.4.
9. Ibid., 1.27.
10. al-Tabari, *History*, vol. 5, pp. 149–150.
11. Saunders, *History of Medieval Islam*, p. 22; Armstrong, *Muhammad*, p. 58–59.
12. Saunders, p. 14; Thomas F. Cleary, trans., *The Essential Qu'ran* (1988), Surah 105.
13. Saunders, *History of Medieval Islam*, p. 14.
14. Bury, *History of the Later Roman Empire*, vol. 2, pp. 76–77.
15. Gregory, p. 150.
16. al-Tabari, *History*, vol. 5, pp. 156–161.

40 宫相

1. Gregory of Tours, 4.27–28.
2. Venantius Fortunatus, *Venantius Fortunatus*, trans. Judith W. George (1995), p. 47.
3. Gregory of Tours, 4.51.
4. Frank Glessner Ryder, trans., *The Song of the Nibelungs* (1962), pp. 95–97, 188, 197.
5. Gregory of Tours, 8.9
6. Fredegar, *Fredegarii Chronicorum Liber Quartus cum Continuationibus*, trans. J. M. Wallace-Hadrill (1960), 4.17.
7. Ibid., 4.19.
8. Ibid., 4.30.
9. Ibid., 4.38.
10. Ibid., 4.42.
11. Geary, pp. 152–154.
12. Fredegar, 4.67.
13. Ibid., 4.85.
14. Ibid., *Continations* 1–2.
15. Geary, p. 180.

授权声明

Union of American Hebrew Congregations: Excerpt from *The Jew in the Medieval World*, edited by Jacob R. Marcus, Copyright © 1938. Used by permission of Union of American Hebrew Congregations.

Liverpool University Press: Two lines from *Venantius Fortunatus: Personal and Political Poems*, translated by Judith W. George, Copyright © 1995. Used by permission of Liverpool University Press.

Michael Marra: Five lines from *The Aesthetics of Discontent: Politics and Reclusion in Medieval Japan*, Copyright © 1991. Published by permission of Michael Marra.

W. W. Norton: Five lines from *Beowulf*, translated by Seamus Heaney. Copyright © 2000 by Seamus Heaney. Used by permission of W. W. Norton & Company, Inc.

Bantam Books: Four lines from *The Divine Comedy by Dante Alighieri: Inferno*, translated by Allen Mandelbaum, Copyright © 1980 by Allen Mandelbaum. Used by permission of Bantam Books, a division of Random House, Inc.

Taylor and Francis Group, LLC: Sixteen lines from *The Anglo-Saxon Chronicle*, translated by Michael Swanton, Copyright © 1998. Used by permission of Taylor and Francis Group, LLC.

Anmol Publications Ltd: Five lines from *The Royal Gurjars: Their Contribution to India*, by Nau Nihal Singh, Copyright © 2003. Used by permission of Anmol Publications Ltd.

The Free Press: Nine lines from "Song of the Six Prefectures," translated by Patricia Buckley Ebrey. Reprinted with the permission of The Free Press, a division of Simon & Schuster, Inc., from *Chinese Civilization: A Sourcebook*, 2nd edition, by Patricia Buckley Ebrey. Copyright © 1993 by Patricia Buckley Ebrey. All rights reserved.

Sh. Muhammad Ashraf Publishers: Nine lines from Surah 34 and eight lines from Surah 93 in *The Holy Qur'an*, translated by Abdullah Yusuf Ali. Used by permission of Sh. Muhammad Ashraf Publishers, Lahore, Pakistan.

White Pine Press: Ch'oe Ch'i Won, "At My Study on Mount Kaya," translated by Kim Jong-Gil, from *Among the Flowering Reeds: Classic Korean Poems Written in Chinese*. Translation Copyright © 1987, 2003 by Kim Jong-Gil. Reprinted with the permission of White Pine Press, www.whitepine.org.

HarperCollins Publishers: Five lines from Surah 105, translated by Thomas Cleary, from *The Essential Koran* by Thomas Cleary. Copyright © 1994 by Thomas Cleary. Reprinted by permission of HarperCollins Publishers.

SUNY Press. Excerpts from *The History of al-Tabari, Volume V: The Sasanids, the Byzantines, the Lakhmids, and Yemen*, by Muhammad ibn Jarir, translated by Clifford Edward Bosworth, Copyright © 1999. Used by permission of SUNY Press.

SUNY Press: Excerpts from *The History of al-Tabari, Volume XV: The Crisis of the Early Caliphate*, by Muhammad ibn Jarir, translated by R. Stephen Humphreys, Copyright © 1990. Used by permission of SUNY Press.